믿음의 유산을 물려주신 어머니

김수옥 권사께

(1927~2005)

요셉의 섭리살이

도지원 지음

요셉의 섭리살이

providence

도지원 지음

청교도신앙사

Contents

● **정창균** _ 합동신학대학원대학교 총장, 설교학

이 책은 창세기의 요셉과 말년의 야곱의 인생을 집중적으로 다룬다. 저자는 요셉의 긴 인생살이 탐구를 마치며 이렇게 결론짓는다. "요셉은 하나님의 섭리 가운데 살다가 죽었다. 그의 인생살이는 결국 놀라운 섭리살이였다. 오늘 우리의 인생살이도 그렇다." 요셉의 인생살이는 사실은 하나님의 섭리살이였으며, 우리의 인생살이도 사실은 요셉의 인생처럼 하나님의 섭리살이라는 결론인 셈이다.

이 책의 가장 뛰어난 점은 성경을 도덕과 윤리의 교과서로 사용하는 것을 끝까지 거부한다는 점이다. 그는 시종일관 요셉을 본받자는 데로 가기를 거부한다. 그는 요셉이 아니라, 요셉의 하나님에게로 우리의 시선을 이끈다. 눈에 보이는 인생을 사는 사람은 요셉이지만, 요셉의 인생이 그렇도록 연출하는 이는 하나님이라는 사실을 탁월하게 밝혀낸다. 이것을 위하여 저자는 꼼꼼하고 철저하게 본문 읽기를 수행한다. 그는 먼저 요셉의 인생살이를 치밀하고 자상하게 관찰한다. 그리고는 그 안에서 집요하게 하나님을 밝혀낸다. 그가 그렇게 밝혀낸 하나님을 그는 섭리하시는 하나님이라고 단정한다. 그는 그렇게 요셉의 하나님을 만난다. 그리고는 요셉의 하나님이 바로 지금 이곳에서 인생을 살아가는 우리의 하나님이라는 데로 나아간다. 그런 의미에서 요셉이나 오늘의 우리나 동일하게 단순한 인생살이가 아니라, 섭리살이를 하고 있는 것이라고 결론짓는다. 나의 인생살이가 하나님의 섭리가 작동하는 현장이요 무대라는 사실 확인이야 말로 우리의 자존심과 명예와 소망의 확고한 근거가 된다.

이렇게 하여 저자는 단순한 도덕적 본문읽기를 극복하고 신학적 읽기에 성공하고 있다. 요셉에서 요셉의 하나님에게로, 그리고 요셉의 하나님에게서 우리의 하나님으로 진행하여 나가는 것은 저자가 초지일관 유지하는 본문접근의 방식이다. 이 책을 찬찬히 읽노라면 저자는 신학과 본문해석, 그리고 청중에 대한 관심에 내공이 깊은

설교자라는 것을 감지할 수 있다. "섭리살이"라는 말로 신자의 인생살이를 풀어내는 데서 드러나는 것처럼 저자의 재치 있고 신선한 언어감각도 그의 글을 읽는데 재미를 더한다.

심리적 성경읽기 혹은 모범적 성경읽기가 지배적인 현실에서, 하나님 중심적 성경읽기의 탁월한 전형을 보기를 원하는 독자라면 이 책을 필히 읽기를 권한다. 한 사람의 일상적인 인생살이 속에서 하나님의 섭리가 어떻게 작동하는가, 그것을 어떻게 확인하며 사는가에 관심에 있는 독자들에게도 이 책을 권한다.

● **류호준** _ 백석대학교 신학대학원 구약학 교수

"우리 만남은 우연이 아니야"로 시작되는 가요가 있습니다. "우연"이 아니라면 뭘까요? 보통 "필연"이라고 생각합니다. 그러나 신앙인은 인생살이의 온갖 일들이 결코 우연(偶然)히 오지 않는다고 믿습니다. 하나님의 섭리를 믿기 때문입니다. 파란 만장한 인생을 살면서 하나님의 섭리의 생생한 구현을 경험했던 구약의 대표적 인물은 요셉일 겁니다. 이 책의 저자는 하나님의 섭리가 요셉 내러티브의 씨줄과 날줄이 되어 희망이라는 아름다운 문양을 만들어 내고 있음을 설득력 있게 보여주고 있습니다. 친숙한 언어 사용, 가독성 높은 서술, 정확한 성경해석, 목회자의 온화함, 말씀에 대한 깊은 숙고 등이 묻어 나오는 45편의 설교문은 장인의 공방에서 나온 격조 있는 예술품과 같습니다. 성경을 사랑하는 신자들은 물론 구약 본문을 가지고 씨름하는 신학생들과 분주한 목회자들에게 좋은 모범이 될 것이기에 마음으로 추천합니다.

● **서문강** _ 중심교회 목사

'하나님을 아는 지식'의 원천은 하나님의 말씀인 성경입니다. 성경은 그 원저자이신 하나님께서 항상 살아계시니 성경은 죽은 책이 아닙니다. 그래서 20세기 개혁주의 전통에서 최고의 설교자로 인정받는 로이드 존스(D. M. Lloyd-Jones, 1899-

1981) 목사님은 목회로 섬기던 런던의 웨스트민스터 채플 강단에서 힘주어 말하였습니다. '성경은 오늘 저녁 이 런던에서 일어나고 있는 일에 대해서 여전히 말하고 있습니다.' 이 '요셉의 섭리살이'는 옛 이야기가 아니라 오늘 현실 속에서 하나님의 사람들을 다루시는 하나님의 섭리의 손길을 보게 하는 살아있는 책입니다. 저자 도지원 목사님 스스로 목회와 삶의 현장에서 겪은 하나님의 섭리 속에서 받은 영적 촉수(觸手)로 성경에 기록된 '요셉의 산 믿음의 삶'을 더듬어 내었습니다. 지상의 영적 순례길을 아직도 걷고 있는 독자들은 이 책으로 '하늘에 속한 위로의 생수'를 마시게 되리라 확신합니다.

● **송인규** _ 한국교회탐구센터 소장

그리스도인의 신앙 생활을 한 마디로 묘사하면 무엇이 될까? 도지원 목사님에 의하면 그것은 "섭리살이"다. 하나님의 섭리는 인격적 존재를 포함하여 모든 피조물을 망라하지만, 그 실상과 작동 원리에 가장 민감해야 할 대상은 역시 그리스도인들이다. 하나님께서는 그 분의 뜻과 계획을 이루시기 위해 일하시되 우리 그리스도인들을 보존하시고 다스리심으로써 그리하신다. 그런 점에서 우리의 인생은 철두철미하게 섭리살이인 것이다.

「요셉의 섭리살이」는 하나님께서 어떻게 한 사람(혹은 한 가족)의 생애를 인도하시고 이끌어 가시는지 그 주권적 역사를 생생히 소개한 인생 이야기다. 비록 요셉이 살아 간 시대와 오늘날은 여러 가지로 다르지만, 그럼에도 불구하고 하나님의 섭리를 좇아 생을 꾸려야 한다는 점에서는 요셉이나 우리나 차이가 없다. 도지원 목사님의 강해집은 요셉의 생애를 통해 바로 이러한 섭리살이의 진면목뿐 아니라 이와 연관된 사안들을 간결하고 명확한 필치로 풀어 내 준다.

추천사의 입장에서 볼 때, 이 책자의 특징이자 강점은 세 가지다. 첫째, 요셉의 생애가 하나님의 섭리라는 관점에서 매우 일관성 있게 기술되고 있다. 요셉이 겪은 크고 작은 사건들, 그에게 닥친 고난 · 불행 · 해악, 이런 저런 사람들과의 인연과 얽힘이 모두 그를 위한 하나님의 섭리적 조치였음을 밝힌다. 우리는 책자의 내용을 읽으며 요셉의 배후에 우뚝 서 계시고, 앞서 행하시며 요셉을 인도하시는 크신 하나님을 뵙게 된다.

둘째, 하나님의 섭리와 관련하여 그리스도인들이 알아야 할 바가 주옥 같이 엮여 있다. 예를 들어, 하나님의 섭리는 인간의 실패와 제약성, 그리고 심지어 죄악에도 불구하고 불가사의하게 이루어진다는 점이다. 또, 어느 누구의 예상이나 계획/의도를 훨씬 뛰어넘는 경우가 허다하다는 것이다. 그러기에 하나님의 섭리를 믿는 그리스도인들이라면 인생살이가 어렵다고 낙심할 필요도 없고 형통하다고 자만할 이유도 없다. 우리로서는 그저 하나님의 말씀과 약속을 믿고 순종하면서 하루 하루의 삶을 성실하게 살아갈 뿐이다.

셋째, 「요셉의 섭리살이」는 성경 본문의 배경과 의미를 효과적으로 드러낸다는 점에서도 인정을 받을 만하다. 본문에 대한 분석과 해설은 복잡하지 않으면서도 내용 파악에 큰 도움을 준다. 다루고 있는 본문이 창세기 37-50장의 다른 부분과 어떻게 연관되는지 빠짐없이 설명이 되어 있다. 창세기 저자의 내러티브적 흐름을 감안하여 우리말 성경에 빠지거나 모호한 부분이 원래 히브리어에는 어떻게 표현되어 있는지 친절히 안내한다. 본문의 주된 아이디어가 성경 다른 곳 어디에서 조명 받을 수 있는지 부지런히 병행 구절을 소개한다.

오늘날과 같은 과학 시대에도 사람들은 미래가 불안해 점을 치거나 운세를 확인하고 싶어 안간힘을 쏟는다. 심지어 그리스도인들조차 이런 식으로 유혹을 받곤 한다. 우리가 믿는 하나님께서 섭리의 하나님이 되심을 확실히 하는 그리스도인들만이 미신과 불안을 이길 수 있다. 바라기는 「요셉의 섭리살이」가 이러한 풍조를 예방하거나 퇴치하는 데 의미심장한 기여를 할 수 있으면 얼마나 좋겠는가?!

● **강영안** _ 서강대학교 철학과 명예교수

하나님의 섭리에 관한 논의는 오직 하나님 한 분만이 만물을 보존하고 통치하신다는 신앙고백에 기초해 있다. 도지원 목사님은 요셉의 생애를 통해 온 우주를 창조하시고 보존할 뿐 아니라 오늘도 여전히 섭리하시는 하나님을 탁월하게 중언한다.

이 증언을 통해 성도들은 신실하신 아버지 하나님이 우리의 일상의 삶을 붙들고 계심을 더욱 더 깊이 알게 될 것이며 이 세상에서 절망에 빠지지 않고 터무니없는 낙관에도 빠지지 않는 삶을 배우게 될 것이다.

● 방선기 _ 직장사역연합 대표

하나님의 섭리에 대해서 가르칠 때 제일 먼저 생각나는 사람은 역시 요셉이다. 요셉의 생애는 하나님의 섭리과정의 모델이라고 해도 지나치지 않을 것이다. 그래서 나도 요셉을 통한 하나님의 섭리를 노예-감옥-총리의 단계로 정리하곤 했었다. 그런데 도지원 목사의 설교는 하나님의 섭리라는 섬세한 지도를 돋보기를 대고 보는 것 같다. 이 돋보기로 보니까 내가 생각했던 것보다 훨씬 많은 사람들이 하나님의 섭리를 이루는데 사용되었고 그들의 실수나 죄악까지도 오묘하게 사용된 것을 깨달을 수 있었다. 이 책은 하나님의 섭리를 보는 돋보기 같다. 이 돋보기를 통하면 하나님의 섭리에 대해서 더 잘 이해할 뿐 아니라 우연처럼 느껴지는 일들에서도 하나님의 섭리를 발견할 수 있을 것이다.

● 성주진 _ 합동신학대학원대학교 구약학 교수

저자는 불확실성의 시대를 살아가는 현대인들에게 복잡하게 뒤얽힌 우리네 인생살이가 사실은 섭리살이라고 설파한다. 약속을 이루어 가시는 하나님의 섭리와, 구원의 복을 주시기 위해 자기 백성을 변화시켜 나가시는 하나님의 정의의 이야기가 정교한 필치로 눈앞에 펼쳐진다. 하나님의 세심한 섭리의 손길을 따라 풍성한 삶을 누리기 원하는 독자들에게 필독서로 추천한다.

당신의 인생살이도
놀라운 섭리살이다!

요셉의 이야기를 관통하는 하나의 교리가 있다면 그것은 하나님의 섭리이다. 하나님의 섭리는 우리에게 감추어진 암호와 같다. 그래서 우리는 하나님이 하시는 일을 그 즉시에는 이해할 수 없다. 그것은 양식을 사러 애굽에 간 요셉의 형들이 자신의 신분을 감춘 요셉이 하는 일을 이해할 수 없던 것과 마찬가지이다. 존 프레임(John M. Frame)은 이 점을 설명하기 위해 청교도인 존 플라벨(John Flavel)의 말을 소개한다. "하나님의 섭리는 히브리어 단어 같다-그것은 거꾸로만 읽을 수 있다!" 그리고 여기에 이런 해석을 단다. "어떻게 하나님이 섭리를 이용해서 현재와 미래에 우리를 인도하실 것인지를 이해하는 것보다 어떻게 그분이 섭리를 이용해서 과거에 우리를 인도하셨는지를 아는 것이 훨씬 더 쉽다."

요셉의 생애만큼 이러한 하나님의 섭리를 놀라운 방식으로 보여주는 것은 없다. 요셉은 꿈을 꾸고 형들에게 미움을 사서 애굽으로 팔려 갔다. 거기서 그는 보디발의 집에서 종살이를 했다. 그러다가 그는 보디발의 아내에 의해서 누명을 쓰고 옥살이도 치렀다. 이렇게 힘들고 고달픈 요셉의 타향살이는 십삼 년 동안이나 계속되었다. 물론 요셉은 자기에게 일어난 일을 당시에는 이해할 수 없었다. 그렇지만 시간이 지나면서 그의 인생살이 가운데 두신 하나님의 암호가 풀리기 시작했다. 그리고 그는 마침내 그 암호를 명확하게 해독하기에 이르렀다. 그는 옥에서 나와 애굽의 총리가 되었고 그의 꿈이 성취되는 것을 목격한 것이다. 그리고 하나님의 놀라운 구원 계획을 이해하게 된 것이다. 결국 그는 깨달았다. 종살이와 옥살이로 점철된 그의 타향살이, 그의 기구했던 인생살이가 사실은 놀라운 섭리살이였다는 것을.

이것은 성경에 나오는 요셉만의 이야기가 아니다. 오늘 이 땅을 살아가는 우리 각자의 이야기이기도 하다. 우리의 인생살이 역시 놀라운 섭리살이인 것이다.

그런데 이 사실을 아는 사람은 많지 않다. 하나님을 모르는 세상 사람들은 당연히 그분의 섭리를 믿지 못한다. 대신에 그들은 우연이나 운명을 믿는다. 그래서 그들은 요행을 바라거나 운수에 맡기고 살아간다. 그들은 자신들의 인생살이가 그러한 비인격적인 요인들에 의해서 좌우된다고 생각하는 것이다. 그들은 인격적인 하나님께서 그분의 선하신 뜻과 놀라운 계획 속에서 우리 각자를 인도하신다는 것을 전혀 상상조차 할 수 없는 것이다.

그렇지만 하나님을 안다고 하는 기독교인들마저 하나님의 섭리를 알지 못하고 살아가는 경우가 허다하다. 그래서 이들은 자기 자녀들을 다루시는 하나님의 징계에 대한 무지 때문에 거룩함을 향한 변화와 성숙으로 나아가지 못한다. 이들은 자신들에게 주어진 고난의 의미를 이해하지 못하기에 그 가운데 베푸시는 하나님의 위로와 소망을 발견할 수 없다. 이들은 삶 속에서 보호하시고, 인도하시고, 공급하시는 하나님의 손길을 신뢰하지 못함으로 자신들의 미래를 그분께 맡기지 못한다. 이들은 자신들의 기도를 통하여 일하기를 기뻐하시는 하나님을 알지 못하여 기도의 응답에 대한 확신을 가질 수 없다.

그러나 하나님의 섭리를 알 때 우리가 얻는 유익은 이루 다 말할 수 없다. 존 칼빈(John Calvin)은 말했다. "섭리에 대한 무지는 모든 불행의 절정이고 최고의 행복은 그것을 아는 데 있다."

이 책의 내용은 창세기 37장 2절부터 마지막 50장까지에 대한 연속 설교이다. 총 45편의 설교가 다루는 요셉의 이야기는 우리에게 하나님의 섭리를 가장 잘 알게 해 줄 것이다.

나는 이 연속 설교를 구상할 때만 해도 그것이 어떻게 전개될지 잘 몰랐다. 그러면서 너무 잘 알려진 이야기여서 식상한 설교가 되지 않을까 우려했던 것도 사실이다. 그러나 막상 설교가 진행되면서 요셉의 이야기는 새롭게 다가오기 시작했다. 그때마다 나는 스스로 이렇게 말하곤 했다. '이건 내가 알던 요셉의 이야기가 아니었어.' 그렇게 해서 이 책이 나오게 되었다. 하나님께 감사하지 않을 수 없다.

책이 나오기까지 주일마다 설교에 귀를 기울여 준 예수비전교회 교우들에게 감사한다. 나는 성경을 대하는 그들의 진지한 눈빛과 열심을 잊을 수 없다. 또한 원고를 읽고 추천의 글을 써 주신 분들께 감사를 드린다. 이분들의 삶과 가르침은 내게 늘 자극이 되었다. 특히 이 책의 출판을 격려해 주시고 조언해 주신 서문강 목사님께 감사를 드린다. 언제나 그렇듯이 설교자요 목회자인 나에게 격려와 지지를 보내 주는 아내에게 감사한다. 그리고 각자 흔들리지 않고 믿음의 길을 가는 사랑하는 두 딸에게 고마운 마음을 전한다.

part

1

/

애굽으로 간
소년 요셉

providence

1

하나님의 섭리와
인간의 문제

창 37:2-4 2 야곱의 약전이 이러하니라 요셉이 십칠 세의 소년으로서 그 형제와 함께 양을 칠 때에 그 아비의 첩 빌하와 실바의 아들들로 더불어 함께하였더니 그가 그들의 과실을 아비에게 고하더라 3 요셉은 노년에 얻은 아들이므로 이스라엘이 여러 아들보다 그를 깊이 사랑하여 위하여 채색옷을 지었더니 4 그 형들이 아비가 형제들보다 그를 사랑함을 보고 그를 미워하여 그에게 언사가 불평하였더라

창세기는 두 가지 중요한 시작을 보여준다. 창세기 1장은 인류의 시작을 보여주고, 창세기 12장은 아브라함에게서 비롯된 하나님의 백성의 시작을 보여준다. 물론 아브라함 이전에도 하나님을 믿은 사람들이 있었지만, 하나님은 특별히 아브라함을 통해서 많은 사람들을 구원하려고 하신 것이다. 그래서 창세기는 두 부분으로 나뉜다. 창세기 1-11장은 창조부터 바벨탑 사건까지를 다룬 이른바 원시역사이다. 창세기 12-50장은 아브라함부터 요셉까지를 다룬 네 세대에 걸친 이야기이다.

창세기의 세 주요 인물

그런데 창세기는 이 네 세대에 걸친 이야기 속에서 특히 세 인물에 초점을 맞춘다. 그들은 아브라함(창 11:27-25:11), 야곱(창 25:19-35:29), 요셉(창 37:2-50:26)이다. 우리는 하나님께서 이 세 사람을 통해서 어떻게 구원의 계획을 이루어 가셨는지 보게 된다. 그 이유는 하나님께서 아브라함에게 주신 약속의 성취가 이 세 사람을 통해서 점점 더 발전된 형태로 나타났기 때문이다.

첫째로, 아브라함은 하나님으로부터 놀라운 약속을 받았다. 그 내용이 창세기 12장 1-3절에 처음 나온다. "여호와께서 아브람에게 이르시되 너는 너의 본토 친척 아비 집을 떠나 내가 네게 지시할 땅으로 가라 내가 너로 큰 민족을 이루고 네게 복을 주어 네 이름을 창대케 하리니 너는 복의 근원이 될 찌라 너를 축복하는 자에게는 내가 복을 내리고 너를 저주하는 자에게는 내가 저주하리니 땅의 모든 족속이 너를 인하여 복을 얻을 것이니라 하신지라." 이것은 아브라함 한 사람을 통해서 많은 사람들을 구원하시려는 하나님의 계획을 보여준다.

그 후로 하나님은 아브라함에게 이 약속을 여러 번 반복해서 말씀하셨다. 그러면서 하나님의 약속은 점점 더 분명하게 드러났다. 그러다가 창세기 21장에 이르면 놀라운 사건이 벌어진다. 자식이 없던 아브라함에게 아들 이삭이 태어난 것이다. 이것은 한 사람의 출생으로 큰 민족을 이루어 주겠다고 하신 약속이 성취되기 시작했음을 의미한다. 그런데 나중에 하나님은 아브라함에게 이삭을 번제로 드리라고 말씀하셨다. 그래서 아브라함이 그 명령에 순종했을 때 하나님은 그에게 다시 약속을 주셨는데 이번에는 전보다 더 확실하게 맹세로 주셨다. "가라사대 여호와께서 이르시기를 내가 나를 가리켜 맹세하노니 네가 이같이 행하여 네 아들 네 독자를 아끼지 아니하였은즉 내가 네게 큰 복을 주고 네 씨로 크게 성하여 하늘의 별과 같고 바닷가의 모래와 같게 하리니 네 씨가 그 대적의 문을 얻으리라 또 네 씨로 말미암아 천하 만민이 복을 얻으리니 이는 네가 나의 말을 준행하였음이니라 하셨다 하니라"(창 22:16-18).

아브라함은 땅에 대한 약속을 믿고 가나안 땅에 살았지만 그의 생애 속에서 이루어진 것은 아무 것도 없다. 이와 관련하여 사도행전 7장 5절은 이렇게 말한다. "그러나 여기서 발 붙일 만큼도 유업을 주지 아니하시고 다만 이 땅을 아직 자식도 없는 저와 저의 씨에게 소유로 주신다고 약속하셨으며." 그래서 아브라함은 그 아내 사라가 죽었을 때 장사할 땅이 없어서 헷 족속에게서 땅을 사서 매장지로 삼아야 했다(창 23장). 그리고 아브라함도 땅에 대한 약속을 믿고 죽어 사라와 함께 그곳에 장사되었다(창 25:9-10).

둘째로, 야곱은 형 에서를 피해 밧단아람으로 도망갈 때 벧엘에서 꿈에 나타나신 하나님으로부터 약속을 받았다. "또 본즉 여호와께서 그 위에 서서 가라사대 나는 여호와니 너의 조부 아브라함의 하나님이요 이삭의 하나님이라 너 누운 땅을 내가 너와 네 자손에게 주리니 네 자손이 땅의 티끌 같이 되어서 동서남북에 편만할찌며 땅의 모든 족속이 너와 네 자손을 인하여 복을 얻으리라 내가 너와 함께 있어 네가 어디로 가든지 너를 지키며 너를 이끌어 이 땅으로 돌아오게 할지라 내가 네게 허락한 것을 다 이루기까지 너를 떠나지 아니하리라 하신지라"(창 28:13-15).

그 후 야곱은 밧단아람에 머문 이십 년 동안 열한 아들과 딸 하나를 얻었다(창 29-30장). 그리고 그는 가나안 땅에 돌아와 열두 번째 아들 베냐민을 얻었다(창 35장). 이렇게 해서 야곱은 열두 아들(한 가족)을 얻게 되었는데, 이들로부터 훗날 이스라엘의 열두 지파가 나왔다. 따라서 우리는 야곱에게서 자손에 대한 약속이 좀 더 발전된 모습으로 성취된 것을 보게 된다. 그리고 야곱이 밧단아람에서 돌아왔을 때 하나님은 다시 그에게 나타나 약속을 주셨다. "그에게 이르시되 나는 전능한 하나님이니라 생육하며 번성하라 국민과 많은 국민이 네게서 나고 왕들이 네 허리에서 나오리라 내가 아브라함과 이삭에게 준 땅을 네게 주고 내가 네 후손에게도 그 땅을 주리라 하시고"(창 35:11-12).

그리고 훗날 야곱이 애굽으로 내려가야 했을 때 하나님은 브엘세바에서 그에게 다시 약속을 주셨다. "하나님이 가라사대 나는 하나님이라 네 아비의 하나님이니 애굽으로 내려가기를 두려워 말라 내가 거기서 너로 큰 민족을 이루게 하리라 내가 너와 함께 애굽으로 내려가겠고 정녕 너를 인도하여 다시 올라올 것이며 요셉이 그 손으로 네 눈을 감기리라 하셨더라"(창 46:3-4). 그래서 야곱은 애굽에 거하는 동안 자손에 대한 약속이 성취되는 것을 보았다(창 47:27). 그리고 그는 땅에 대한 약속이 이루어질 것을 믿고 가나안 땅에 묻혔다(창 50:13).

셋째로, 요셉은 십칠 세의 소년으로서 두 번에 걸쳐 꿈을 꾸었다(창 37장). 그 후로 그의 꿈은 그의 생애 속에서 이루어졌다. 그때 요셉은 자기를 팔았던 형들에게 이렇게 말했다. "당신들이 나를 이곳에 팔았으므로 근심하지 마소서 한탄하지 마소서 하나님이 생명을 구원하시려고 나를 당신들 앞서 보내셨나이다 … 하나님이 큰 구원으로 당신들의 생명을 보존하고 당신들의 후손을 세상에 두시려고 나를 당신들 앞서 보내셨나니"(창 45:5, 7). 하나님은 야곱의 자손을 보존하시려고 요셉을 먼저 애굽으로 보내신 것이다. 결국 야곱의 자손은 애굽에서 요셉의 통치 아래 번성하여 마침내 한 민족을 이루게 된다(출 1:1-7 참조). 자손에 대한 약속의 성취가 요셉을 통해 더욱 발전되어 나타난 것이다.

이와 함께 땅에 대한 약속은 요셉이 죽을 때 더욱 분명해졌다. 요셉은 그 형제에게 이렇게 말한 것이다. "나는 죽으나 하나님이 너희를 권고하시고 너희를 이 땅에서 인도하여 내사 아브라함과 이삭과 야곱에게 맹세하신 땅에 이르게 하시리라"(창 50:24; 창 15:13-16 참조).

이처럼 창세기는 아브라함에게 주신 약속이 야곱과 요셉을 거치면서 점점 더 발전된 모습으로 성취된 것을 보여준다. 요셉의 이야기는 이런 맥락 속에서 이해되어야 한다. 자, 그러면 요셉의 이야기로 들어가 보자.

십칠 세의 소년 요셉

요셉의 이야기는 창세기 37장 2절에서 이렇게 시작된다. "야곱의 약전이 이러하니라." 여기 "약전이 이러하니라"(히브리어 "엘레 톨레도트")는 표현은 창세기에 열한 번 나온다(2:4; 5:1; 6:9; 10:1; 11:10; 11:27; 25:12; 25:19; 36:1; 36:9; 37:2). 이 가운데 마지막으로 나온 곳이 본문이다. "약전"은 후예, 계보, 사적, 대략이란 말로도 번역되었다. 따라서 "야곱의 약전이 이러하니라"로 시작되는 창세기 37장 2절부터 마지막 50장 26절까지는 야곱의 후예에 대한 내용인데, 그 가운데서도 특히 한 사람 요셉에게 초점을 맞춘다.

그래서 "야곱의 약전이 이러하니라"는 말 다음에 바로 이어서 요셉이 등장한다. "요셉이 십칠 세의 소년으로서 그 형제와 함께 양을 칠 때에 그 아비의 첩 빌하와 실바의 아들들로 더불어 함께 하였더니 그가 그들의 과실을 아비에게 고하더라"(2절). 여기 요셉은 "십칠 세의 소년"으로 소개된다. 이것은 형들이 요셉을 미워하여 이스마엘 사람에게 판 때를 나타낸다. 그 말은 요셉이 아버지 야곱과 십칠 년을 함께 산 후에 헤어지게 되었다는 것을 의미한다. 그런데 창세기 47장 28절에 가면, 이런 말씀이 나온다. "야곱이 애굽 땅에 십칠 년을 거하였으니 그의 수가 일백사십칠 세라." 야곱은 애굽에 가서 죽은 줄만 알았던 아들 요셉을 다시 만나 십칠 년을 살고 죽은 것이다. 그렇다면 이렇게 십칠 년을 살고 헤어졌다가 다시 만나 십칠 년을 산 것은 우연일까? 그렇지 않다. 요셉의 삶은 이때부터 이미 하나님의 섭리 가운데 있었던 것이다.

이 사실을 암시하는 내용이 있다. 그것은 성경이 본문 바로 앞에서 이렇게 말한 것이다. "야곱이 가나안 땅 곧 그 아비의 우거하던 땅에 거하였으니"(창 37:1). 창세기 36장 6-8절에 보면, 이삭을 장사한 후 에서와 야곱이 함께 살 수 없어서 에서가 세일 산으로 이주한 내용이 나온다. "에서가 자기 아내들과 자기 자녀들과 자기 집의 모든 사람과 자기의 가축과 자기 모든 짐승과 자기가 가나안 땅에서 얻은 모든 재물을 이끌고 그 동생 야곱을 떠나 타처로 갔으니 두 사람의 소유가 풍부하여 함께 거할 수 없음이러라 그들의 우거한 땅이 그들의 가축으로 인하여 그들을 용납할 수 없었더라 이에 에서 곧 에돔이 세일 산에 거하니라." 그런데 야곱은 에서와 달리 "가나안 땅 곧 그 아비의 우거하던 땅"에 거한 것이다.

그렇다면 이것은 무엇을 의미하는 것일까? 창세기 17장 8절에 보면, 아브라함의 구십구 세 때에 여호와께서 그와 언약을 세우시면서 이런 약속을 주셨다. "내가 너와 네 후손에게 너의 우거하는 이 땅 곧 가나안 일경으로 주어 영원한 기업이 되게 하고 나는 그들의 하나님이 되리라." 거기서 하나님은 아브라함에게 약속으로 주시는 땅을 가리켜 "너의 우거하는 이 땅 곧 가나안 일경"이라고 말씀하셨다. 그때 "가나안 일경"은 "가나안 온 땅"을 말한다.

따라서 본문 바로 앞에서 "야곱이 가나안 땅 곧 그 아비의 우거하던 땅에 거하였으니"라고 한 것은 야곱이 하나님이 주신 약속의 땅에 거하였다는 것을 의미한다. 실제로 히브리서 11장 9절은 이삭과 야곱도 아브라함이 받은 것과 동일한 약속을 받았음을 보여준다. "믿음으로 저가 외방에 있는 것 같이 약속하신 땅에 우거하여 동일한 약속을 유업으로 함께 받은 이삭과 야곱으로 더불어 장막에 거하였으니."

본문에서 요셉이 등장하는 것은 이런 배경에서이다. 요셉은 하나님께서 그 아비 야곱에게 주신 약속의 성취를 위해 등장하는 것이다. 그렇다고 그 땅이 야곱에게 바로 주어진 것이 아니다. 나중에 보겠지만, 기근 때문에 야곱은 오히려 그 땅을 떠나야 하는 위기를 맞게 될 것이다. 그리고 그 위기를 위해 하나님은 요셉을 등장시키신 것이다. 그러기에 하나님이 주신 약속의 성취와 관련된 요셉의 삶은 하나님의 섭리 가운데 있다. 그의 삶에서 일어나는 모든 일은 하나님이 다스리시는 결과이지 우연이나 운명의 결과일 수 없다.

하나님을 모르는 세상 사람은 우연이나 운명을 믿는다. 그것들은 비인격적이다. 반면에 그리스도인은 인격적인 하나님의 섭리를 믿는다. 그래서 그리스도인은 우연에 기대거나 운명론에 빠지지 않는다. 대신에 그는 인격적인 하나님께서 자신의 삶을 돌보시고 인도해 가신다는 믿음으로 살아간다. 따라서 그는 원하는 대로 일이 이루어지지 않을 때에도 쉽게 낙심하지 않는다. 그는 비록 당장에는 이해할 수 없을지라도 선하신 뜻대로 행하시는 하나님의 섭리를 믿기 때문이다. 이것이 세상 사람과 다른 그리스도인의 인생관이다.

야곱의 편애와 형들의 미움

이처럼 본문에서 요셉은 하나님의 약속을 이루기 위한 인물로서 하나님의 섭리 가운데 등장한다. 그렇지만 이어지는 설명은 요셉이 안고 있는 문제를 보여준다. 먼저, 2절은 요셉에 대해 이렇게 말한다. "요셉이 십칠 세의 소년으로서 그 형제와 함께 양을 칠 때에 그 아비의 첩 빌하와 실바의 아들들로 더불어 함께하였더니 그가 그들의 과실을 아비에게 고하더라." 어떤 이들은 이것을 이렇게 이해한다. 요셉이 철없는 개구쟁이 소년으로서 아버지에게 형들의 과실을 고자질했다는 것이다. 다시 말하면, 어린 요셉은 자기가 하지 말았어야 할 일을 했다는 식이다. 하지만, 성경은 요셉이 한 일에 대해 어떤 도덕적인 판단도 내리지 않는다. 단지 성경은 요셉이 한 일이 형들의 미움을 살만한 것이었음을 보여줄 뿐이다. 이것은 요셉과 형들의 갈등을 암시한다.

그 다음, 3절은 요셉에 대한 이스라엘, 즉 야곱의 편애를 보여준다. "요셉은 노년에 얻은 아들이므로 이스라엘이 여러 아들보다 그를 깊이 사랑하여 위하여 채색옷을 지었더니." 여기 보면, 이스라엘은 "여러 아들보다" 요셉을 사랑했다. 그 이유는 요셉이 "노년에 얻은 아들"이기 때문이다. 그런데 이것은 좀 이상하다. 왜냐하면 일반적으로 맏아들을 더 사랑하기 때문이다. 야곱이 이렇게 맏아들보다 요셉을 더 사랑한 것은 장자에 대한 일종의 도전이라고 할 수 있다. 사실 야곱 자신에게도 그런 면이 있다. 하나님은 형 에서가 아닌 동생 야곱을 사랑하셨기 때문이다(창 25:23; 말 1:2-3).

어쨌든 야곱은 노년에 얻은 아들인 요셉을 다른 아들들보다 사랑했다. 이것은 야곱 가정의 뿌리 깊은 문제인 편애를 보여준다. 창세기 25장 28절에 가면 야곱의 부모들이 편애한 것을 볼 수 있다. "이삭은 에서의 사냥한 고기를 좋아하므로 그를 사랑하고 리브가는 야곱을 사랑하였더라." 이 편애 때문에 에서는 동생 야곱을 죽이려고 했고, 야곱은 형을 피해 멀리 도망해야 했다. 그래서 야곱은 이십 년 타향살이를 해야 했고 그 동안 리브가는 죽은 것으로 보인다. 결국 야곱은 어머니 리브가와 이 땅에서 생이별하는 아픔과 많은 고통을 겪어야 했다.

그런데 본문에 보면 야곱이 또 편애하고 있는 것이다. 4절에서도 야곱이 편애한 사실이 다시 언급된다. "그 형들이 아비가 형제들보다 그를 사랑함을 보고 그를 미워하여 그에게 언사가 불평하였더라." 그런데 여기서 강조되는 것은 형들이 요셉을 미워한 이유가 야곱의 편애 때문이라는 것이다. 결국 야곱의 편애 때문에 형들의 미움을 산 요셉은 애굽으로 팔려가고 말았다. 그리고 거기서 요셉은 많은 어려움과 고통을 겪어야 했다.

이처럼 부모가 자녀들을 편애할 때 거기에는 대가가 따른다. 그러므로 우리는 편애하지 않기로 결심해야 한다. 우리는 잘난 자녀든 못난 자녀든 똑같이 사랑하도록 힘써야 한다. 우리의 편애 때문에 자녀들이 당하는 고통이나 그 상처는 이루 말할 수 없다. 야곱과 그 자녀들이 겪었던 고통을 생각해 보라. 우리의 자녀들이 그렇게 되지 않도록 조심하자.

인간의 문제까지 사용하시는 하나님

이처럼 요셉의 이야기는 야곱의 가정이 안고 있는 문제로부터 시작된다. 야곱의 가정은 한 마디로 깨어진 가정이다. 가족 상호간의 관계가 뒤틀려 있고 갈등하고 있는 것이다. 여기서 성경은 우리에게 중요한 교훈을 던진다. 하나님의 약속은 우리에게 문제가 있음에도 불구하고 그 속에서 이루어져 간다는 것이다. 아니, 하나님은 오히려 우리의 문제를 사용하셔서 그분의 약속을 이루신다는 것이다. 인간의 문제까지도 하나님의 섭리에서 벗어날 수 없는 것이다. 그것이 요셉의 이야기가 우리에게 주는 중요한 메시지이다. 우리가 살다 보면 가족들 간에 많은 문제가 있을 수 있다. 그런데 하나님은 그런 문제까지 사용하셔서 그분의 계획을 이루실 수 있는 놀라운 분이시다.

하나님은 일하실 때 사람들의 조건과 환경을 보고 그들을 택하시는 것이 아니다. 하나님은 자격이 없는데도, 문제가 많은데도, 깨어진 가정인데도 그런 가정, 그런 사람을 택하셔서 놀라운 일을 이루시는 것이다. 요셉의 하나님이 바로 그런 분이시다. 요셉은 결코 좋은 가정에서 배출된 인물이 아니다. 하나님은 문제가 많은 야곱의 가정에서 요셉이라는 하나님의 사람을 일으키신 것이다. 우리도 그럴 것이다. 용기를 내자. 낙심하지 말자. 하나님을 바라보자. 인간의 문제까지도 하나님의 섭리에서 벗어날 수 없음을 기억하자. 이러한 믿음을 가지고 하나님이 하실 일을 기대하고 나아가자.

2

고난과
하나님의 주권

창 37:5-11 5 요셉이 꿈을 꾸고 자기 형들에게 고하매 그들이 그를 더욱 미워하였
더라 6 요셉이 그들에게 이르되 청컨대 나의 꾼 꿈을 들으시오 7 우리가 밭에서 곡식
을 묶더니 내 단은 일어서고 당신들의 단은 내 단을 둘러서서 절하더이다 8 그 형들이
그에게 이르되 네가 참으로 우리의 왕이 되겠느냐 참으로 우리를 다스리게 되겠느냐
하고 그 꿈과 그 말을 인하여 그를 더욱 미워하더니 9 요셉이 다시 꿈을 꾸고 그 형들
에게 고하여 가로되 내가 또 꿈을 꾼즉 해와 달과 열한 별이 내게 절하더이다 하니라
10 그가 그 꿈으로 부형에게 고하매 아비가 그를 꾸짖고 그에게 이르되 너의 꾼 꿈이
무엇이냐 나와 네 모와 네 형제들이 참으로 가서 땅에 엎드려 네게 절하겠느냐 11 그
형들은 시기하되 그 아비는 그 말을 마음에 두었더라

창세기 37장에서 요셉의 이야기는 요셉과 형들의 갈등으로 시작된다. 이러
한 갈등은 네 개의 사건들 속에서 나타나며, 점차 심화된다.

요셉과 형들의 갈등

요셉과 형들의 갈등이 처음 나타나는 곳은 2절이다. "(야곱의 약전이 이러하니라) 요셉이 십칠 세의 소년으로서 그 형제와 함께 양을 칠 때에 그 아비의 첩 빌하와 실바의 아들들로 더불어 함께하였더니 그가 그들의 과실을 아비에게 고하더라." 여기서는 요셉의 형들 중 일부만 언급된다. 그들은 "빌하와 실바의 아들들," 즉 단, 납달리, 갓, 아셀 등이다. 또한 그들과 요셉의 갈등은 "그가 그들의 과실을 아비에게 고하더라"는 말로 암시되어 있을 뿐이다. 이때 갈등의 원인은 요셉 자신에게 있다.

그 다음 요셉과 형들의 갈등이 나타나는 곳은 3-4절이다. "요셉은 노년에 얻은 아들이므로 이스라엘이 여러 아들보다 그를 깊이 사랑하여 위하여 채색옷을 지었더니 그 형들이 아비가 형제들보다 그를 사랑함을 보고 그를 미워하여 그에게 언사가 불평하였더라." 여기서는 요셉의 형들 모두가 갈등에 관련되어 있다. 그리고 요셉과 형들의 갈등은 직접적으로 표출된다. "그 형들이 … 그를 미워하여 그에게 언사가 불평하였더라." 이때 갈등의 원인은 형들보다 요셉을 더 사랑한 아버지 야곱의 편애에 있다.

세 번째 요셉과 형들의 갈등이 나타나는 곳은 본문 5-8절이다. "요셉이 꿈을 꾸고 자기 형들에게 고하매 그들이 그를 더욱 미워하였더라 요셉이 그들에게 이르되 청컨대 나의 꾼 꿈을 들으시오 우리가 밭에서 곡식을 묶더니 내 단은 일어서고 당신들의 단은 내 단을 둘러서서 절하더이다 그 형들이 그에게 이르되 네가 참으로 우리의 왕이 되겠느냐 참으로 우리를 다스리게 되겠느냐 하고 그 꿈과 그 말을 인하여 그를 더욱 미워하더니." 여기서도 요셉의 형들 모두가 요셉과의 갈등에 관련되어 있다. 그리고 그 갈등은 이런 말로 표현된다. "그들이 그를 더욱 미워하였더라 … 그 형들이 … 그를 더욱 미워하더니." 이것은 4절과 비교할 때 형들의 미움이 "더욱" 심해진 것이다.

네 번째 요셉과 형들의 갈등이 나타나는 곳은 역시 본문 9-11절이다. "요셉이 다시 꿈을 꾸고 그 형들에게 고하여 가로되 내가 또 꿈을 꾼즉 해와 달과 열한 별이 내게 절하더이다 하니라 그가 그 꿈으로 부형에게 고하매 아비가 그를 꾸짖고 그에게 이르되 너의 꾼 꿈이 무엇이냐 나와 네 모와 네 형제들이 참으로 가서 땅에 엎드려 네게 절하겠느냐 그 형들은 시기하되 그 아비는 그 말을 마음에 두었더라." 여기서도 요셉의 형들 모두가 요셉과의 갈등에 관련되어 있다. 그리고 그 갈등은 "그 형들은 시기하되"라는 말로 표현된다. 이것은 요셉이 처음 꿈을 말했을 때와 비교하여 미움이 한층 더 증대된 것을 나타낸다. 시기심은 미움이 극대화된 것이다.

예를 들면, 창세기 26장 13-16절에는 블레셋 사람이 이삭을 시기하여 블레셋 왕 아비멜렉이 이삭을 자기들로부터 떠나게 한 장면이 나온다. "그 사람이 창대하고 왕성하여 마침내 거부가 되어 양과 소가 떼를 이루고 노복이 심히 많으므로 블레셋 사람이 그를 시기하여 그 아비 아브라함 때에 그 아비의 종들이 판 모든 우물을 막고 흙으로 메웠더라 아비멜렉이 이삭에게 이르되 네가 우리보다 크게 강성한즉 우리를 떠나가라." 그런데 나중에 이삭은 자기를 찾아온 아비멜렉 일행에게 이렇게 말한다. "너희가 나를 미워하여 나로 너희를 떠나가게 하였거늘 어찌하여 내게 왔느냐?"(창 26:27). 이삭은 블레셋 사람이 자기를 시기한 것을 가리켜 자기를 미워했다고 말한 것이다. 시기심은 미움이 극대화된 형태인 것이다. 결국, 이삭을 시기한 블레셋 사람은 그와 함께 있을 수 없어서 자기들을 떠나가게 했다.

이와 마찬가지로, 요셉을 시기한 형들도 요셉과 함께 있을 수 없어서 그를 팔게 된다. 그래서 본문 다음으로 12-36절에는 형들이 요셉을 판 사건이 이어진다. 스데반의 말을 기록한 사도행전 7장 9절에는 "여러 조상이 요셉을 시기하여 애굽에 팔았더니"라고 되어 있다. 이처럼 요셉과 형들의 갈등은 점차 심화되어 마침내 요셉을 파는 데까지 이르게 된다.

그런데 세 번째와 네 번째 나타난 갈등의 원인은 요셉의 꿈에 있다. 5절은 "요셉이 꿈을 꾸고 자기 형들에게 고하매 그들이 그를 더욱 미워하였더라"고 말하고, 8절은 "그 형들이 … 그 꿈과 그 말을 인하여 그를 더욱 미워하더니"라고 말한다. 또한 요셉이 다시 꿈을 꾸고 그 형들에게 고했을 때 11절은 "그 형들은 시기하되"라고 말한다. 그러면 요셉의 꿈이 갈등의 원인이 되었다는 것은 무엇을 의미할까? 그 의미는 요셉의 꿈이 갖는 성격에 따라 결정될 것이다.

하나님의 계시인 요셉의 꿈

요셉의 꿈은 보통 사람들이 말하는 꿈과 같지 않다. 사람들이 말하는 꿈은 대체로 어떤 의미를 둘 수 없는 헛된 것이다. 시편 73편 20절에는 이런 말씀이 나온다. "주여 사람이 깬 후에는 꿈을 무시함 같이 주께서 깨신 후에 저희 형상을 멸시하시리이다." 이것은 꿈이 헛된 것처럼 악인의 형상도 헛되다는 의미이다. 또한 이사야 29장 7-8절에는 이런 말씀이 있다. "아리엘을 치는 열방의 무리 곧 아리엘과 그 보장을 쳐서 곤고케 하는 모든 자는 꿈 같이, 밤의 환상 같이 되리니 주린 자가 꿈에 먹었을지라도 깨면 그 속은 여전히 비고 목마른 자가 꿈에 마셨을지라도 깨면 곤비하며 그 속에 갈증이 있는 것 같이 시온 산을 치는 열방의 무리가 그와 같으리라." 이것은 예루살렘을 치는 열방의 무리가 헛됨을 꿈에 비유한 것이다. 이처럼 보통 사람들이 말하는 꿈은 아무 의미 없는 헛된 것에 불과하다.

그러나 요셉의 꿈은 예언적 성격을 갖는다. 이 점은 요셉이 꿈을 말했을 때 형들과 아버지가 보인 반응에서 나타난다. 요셉이 꿈을 꾸고 자기 형들에게 이렇게 말했다. "청컨대 나의 꾼 꿈을 들으시오 우리가 밭에서 곡식을 묶더니 내 단은 일어서고 당신들의 단은 내 단을 둘러서서 절하더이다"(6-7절). 그러자 형들이 대답했다. "네가 참으로 우리의 왕이 되겠느냐? 참으로 우리를 다스리게 되겠느냐?"(8절). 형들은 요셉의 꿈을 예언적으로 이해한 것이다. 실제로, 요셉은 나중에 형들의 말처럼 된다. 그래서 나중에 요셉은 애굽에서 형들에게 이렇게 말한다. "그런즉 나를 이리로 보낸 자는 당신들이 아니요 하나님이시라 하나님이 나로 바로의 아비를 삼으시며 그 온 집의 주를 삼으시며 애굽 온 땅의 치리자를 삼으셨나이다"(창 45:8).

또한 요셉은 다시 꿈을 꾸고 형들에게 이렇게 말했다. "내가 또 꿈을 꾼즉 해와 달과 열한 별이 내게 절하더이다"(9절). 그때 그 꿈 이야기를 들은 아버지 야곱은 요셉을 꾸짖고 그에게 말했다. "너의 꾼 꿈이 무엇이냐 나와 네 모와 네 형제들이 참으로 가서 땅에 엎드려 네게 절하겠느냐?"(10절). 아버지 야곱도 요셉의 꿈을 예언적으로 이해한 것이다. 실제로, 형들은 나중에 야곱의 말처럼 된다. "때에 요셉이 나라의 총리로서 그 땅 모든 백성에게 팔더니 요셉의 형들이 와서 그 앞에서 땅에 엎드려 절하매 … 요셉이 그들에게 대하여 꾼 꿈을 생각하고"(창 42:6, 9). "요셉이 집으로 오매 그들이 그 집으로 들어가서 그 예물을 그에게 드리고 땅에 엎드리어 절하니 … 그들이 대답하되 주의 종 우리 아비가 평안하고 지금까지 생존하였나이다 하고 머리 숙여 절하더라"(창 43:26, 28). "그 형들이 또 친히 와서 요셉의 앞에 엎드려 가로되 우리는 당신의 종이니이다"(창 50:18).

이처럼 요셉의 꿈은 예언적이다. 이런 점에서 그의 꿈은 하나님의 계시이다.

이 점을 확인시켜 주는 것이 있다. 그것은 요셉이 꾼 꿈을 묘사할 때 사용한 "히네"(보라)라는 히브리어 감탄사이다. 아쉽게도 한글 성경 번역에는 이 감탄사가 모두 생략되어 있다. "청컨대 나의 꾼 꿈을 들으시오 (보라) 우리가 밭에서 곡식을 묶더니 (보라) 내 단은 일어서고 (보라) 당신들의 단은 내 단을 둘러서서 절하더이다." 그런데 이것은 창세기 28장에서 야곱이 꾼 꿈을 묘사할 때와 같다. "꿈에 본즉 사닥다리가 땅 위에 섰는데 그 꼭대기가 하늘에 닿았고 또 본즉 하나님의 사자가 그 위에서 오르락내리락하고 또 본즉 여호와께서 그 위에 서서"(12-13절상반절). 주목할 것은 두 경우에 이 "보라"는 감탄사가 사용된 방식이 같다. 먼저 배경이 나오고, 점차 이야기의 핵심이 되는 장면으로 옮겨 간다. 그래서 본문에서도 맨 처음에는 밭에서 곡식을 묶는 것을 보고, 그 다음에는 요셉의 단이 일어서는 것을 보고, 마지막으로 제일 중요한 것을 보는데 그것은 형들의 단이 요셉의 단을 둘러서서 절하는 광경이다.

이처럼 창세기 28장에서 야곱이 자기 꿈을 묘사하는 방식과 창세기 37장에서 요셉이 자기 꿈을 묘사하는 방식이 같다. 이것은 창세기 28장에서 야곱의 꿈이 하나님에 의해 주어진 것처럼 창세기 37장에서 요셉의 꿈도 하나님에 의해 주어진 것임을 나타낸다. 요셉의 꿈은 야곱의 꿈과 마찬가지로 하나님의 계시이다. 단 여기에는 한 가지 차이가 있다. 요셉의 이야기 이전에 나오는 꿈에서는 하나님이 말씀하신다. 그러나 요셉의 이야기에 나오는 꿈에서는 하나님이 말씀하시지 않는다. 단지 꿈이 성취되는 과정을 통해서 그 꿈이 하나님의 계시임이 입증될 것이다. 따라서 요셉의 이야기에서 꿈은 하나님의 직접적인 계시라기보다 섭리적인 계시라고 할 수 있다.

이와 함께 요셉의 꿈이 하나님의 계시임을 보여주는 것이 또 있다. 그것은 요셉이 다시 꿈을 꾸고 말했을 때 아버지 야곱이 보인 반응이다. 야곱은 요셉이 말한 꿈을 듣고 그를 꾸짖었다. 그렇지만 요셉의 꿈에 대한 야곱의 반응은 형들의 반응과 달랐다. "그 형들은 시기하되 그 아비는 그 말을 마음에 두었더라"(11절).

그러면 야곱이 "그 말을 마음에 두었더라"는 것은 무슨 의미일까? 그것은 요셉의 말이 야곱에게는 예사롭게 들리지 않았다는 의미이다. 성경은 이런 표현을 써서 하나님의 계시를 접한 사람들의 반응을 나타내는 것이다. 사무엘상 21장 11-12절에 이런 내용이 기록되어 있다. "아기스의 신하들이 아기스에게 고하되 이는 그 땅의 왕 다윗이 아니니이까 무리가 춤추며 이 사람의 일을 창화하여 가로되 사울의 죽인 자는 천천이요 다윗은 만만이로다 하지 아니하였나이까 한지라 다윗이 이 말을 그 마음에 두고." 여기 보면, "다윗이 이 말을 그 마음에 두고"란 표현이 나온다. 그것은 아기스의 신하들이 한 말이 다윗에게 예사롭게 들리지 않았음을 의미한다. 다윗을 왕이라고 한 그들의 말이 다윗에게 하나님의 계시처럼 들린 것이다. 그래서 다윗은 그 순간 자신을 이스라엘의 왕으로 택하신 하나님의 약속을 떠올렸던 것이다.

또한 누가복음 1장 59-66절에 이런 내용이 기록되어 있다. "팔 일이 되매 아이를 할례하러 와서 그 부친의 이름을 따라 사가랴라 하고자 하더니 그 모친이 대답하여 가로되 아니라 요한이라 할 것이라 하매 저희가 가로되 네 친족 중에 이 이름으로 이름한 이가 없다 하고 그 부친께 형용하여 무엇으로 이름하려 하는가 물으니 저가 서판을 달라 하여 그 이름은 요한이라 쓰매 다 기이히 여기더라 이에 그 입이 곧 열리고 혀가 풀리며 말을 하여 하나님을 찬송하니 그 근처에 사는 자가 다 두려워하고 이 모든 말이 온 유대 산중에 두루 퍼지매 듣는 사람이 다 이 말을 마음에 두며 가로되 이 아이가 장차 어찌 될꼬 하니 이는 주의 손이 저와 함께하심이러라." 사가랴는 천사가 일러 준 대로 아이의 이름을 요한이라고 지은 것이다. 그랬을 때 "듣는 사람이 다 이 말을 마음에 두며"라는 표현이 나온다. 이것은 천사를 통해 주신 하나님의 계시를 접한 사람들의 반응을 묘사한 것이다.

또한 누가복음 2장 10-19절에 이런 내용이 기록되어 있다. "천사가 이르되 무서워 말라 보라 내가 온 백성에게 미칠 큰 기쁨의 좋은 소식을 너희에게 전하노라 오늘날 다윗의 동네에 너희를 위하여 구주가 나셨으니 곧 그리스도 주시니라 너희가 가서 강보에 싸여 구유에 누인 아기를 보리니 이것이 너희에게 표적이니라 하더니 홀연히 허다한 천군이 그 천사와 함께 있어 하나님을 찬송하여 가로되 지극히 높은 곳에서는 하나님께 영광이요 땅에서는 기뻐하심을 입은 사람들 중에 평화로다 하니라 천사들이 떠나 하늘로 올라가니 목자가 서로 말하되 이제 베들레헴까지 가서 주께서 우리에게 알리신바 이 이루어진 일을 보자 하고 빨리 가서 마리아와 요셉과 구유에 누인 아기를 찾아서 보고 천사가 자기들에게 이 아기에 대하여 말한 것을 고하니 듣는 자가 다 목자의 말하는 일을 기이히 여기되 마리아는 이 모든 말을 마음에 지키어 생각하니라." 여기에 "마리아는 이 모든 말을 마음에 지키어"라는 표현이 나온다. 이것은 목자들이 천사가 아기에 대하여 말한 것을 전해 주었을 때 마리아가 보인 반응을 묘사한 것이다. 마리아에겐 목자들이 전해 준 천사의 말이 하나님의 계시로 들린 것이다.

또한 누가복음 2장 49-51절에 이런 내용이 나온다. "예수께서 가라사대 어찌하여 나를 찾으셨나이까 내가 내 아버지 집에 있어야 될 줄을 알지 못하셨나이까 하시니 양친이 그 하신 말씀을 깨닫지 못하더라 예수께서 한가지로 내려가사 나사렛에 이르러 순종하여 받드시더라 그 모친은 이 모든 말을 마음에 두니라." 여기서 "그 모친은 이 모든 말을 마음에 두니라"는 표현은 마리아가 예수의 말씀을 하나님의 계시로 생각했음을 보여준다.

이처럼 본문에서 야곱이 "그 말을 마음에 두었더라"는 것은 요셉이 말한 꿈을 하나님의 계시로 생각했음을 보여준다. 야곱은 자신도 꿈을 통해 하나님의 계시를 받은 적이 있으므로 그렇게 생각하는 것이 어렵지 않았을 것이다.

또한 요셉 이야기에서 꿈은 쌍으로 나타난다. 창세기 37장에 나오는 요셉의 꿈이 그렇다. 또한 창세기 40장에 나오는 술 맡은 관원장과 떡 굽는 관원장 두 사람이 하룻밤에 꾼 꿈이 그렇다. 또한 창세기 41장에 나오는 바로가 이어서 두 번 꾼 꿈이 그렇다. 그런데 술 맡은 관원장과 떡 굽는 관원장이 꾼 꿈이나 바로가 꾼 꿈은 하나님의 계시로서 주어진 것이 분명하다. 그래서 술 맡은 관원장은 바로에게 이렇게 말한 것이다. "나와 그가 하룻밤에 꿈을 꾼 즉 각기 징조가 있는 꿈이라"(창 41:11). 그리고 요셉은 바로에게 이렇게 말한 것이다. "바로의 꿈은 하나이라 하나님이 그 하실 일을 바로에게 보이심이니이다"(창 41:25). 이것은 요셉의 꿈도 하나님의 계시로서 주어진 것임을 강하게 암시한다.

고난과 하나님의 주권

이처럼 요셉의 꿈은 하나님의 계시로서 예언적 성격을 갖는다. 그렇다면 요셉의 꿈이 갈등의 원인이 되었다는 것은 무엇을 의미할까? 그것은 그 갈등이 하나님의 주권에 속한 것임을 의미한다. 따라서 요셉이 형들에 의해 팔려서 애굽으로 가게 된 것은 하나님의 주권적 섭리에 따른 것이다. 그래서 요셉은 많은 고난을 겪었지만 후에 형들을 원망하지 않는다. 그는 자신이 겪은 모든 일이 하나님의 주권에 속한 것임을 알게 되었기 때문이다.

우리에게도 이런 고난이 있음을 잊지 말아야 한다. 그것은 하나님의 주권적인 섭리 가운데 주어진 고난이다. 그래서 우리 그리스도인들은 그런 고난을 겪을 때 쉽게 원망하거나 낙심하지 말아야 한다. 지금은 이해를 못하지만 이런 고난의 과정을 통해서 하나님이 이루실 일이 있기 때문이다. 만일 형들과 갈등이 없었다면, 요셉은 애굽에 팔려갈 일이 없었을 것이다. 그리고 그는 애굽의 총리가 될 수 없었을 것이다. 그러나 형들과의 갈등 때문에 요셉은 결국 애굽의 총리가 될 수 있었던 것이다. 하나님은 그것까지도 사용하셔서 그분의 계획을 이루신 것이다.

우리는 사도 바울이 로마서 8장 28절에서 말한 것을 기억해야 한다. "우리가 알거니와 하나님을 사랑하는 자 곧 그 뜻대로 부르심을 입은 자들에게는 모든 것이 합력하여 선을 이루느니라." 여기 "모든 것"이라고 말한 것에 주목하라. "모든 것" - 그것이 좋은 일이든 나쁜 일이든, 그것이 성공이든 실패든, 그것이 인간적인 갈등이든 아픔이든 고통이든 - 을 통해 하나님은 자기 백성에게 그분의 선하신 뜻을 이루신다는 사실을 우리는 믿음으로 바라볼 수 있어야 한다. 그럴 때 우리는 고난 속에서 참고 인내할 수 있게 된다. 지금은 우리가 고난을 이해하지 못하지만 언젠가 그 속에 담긴 하나님의 뜻을 알게 될 때가 올 것이다.

하나님의 선택

마지막으로, 본문을 보면 요셉의 이야기가 시작되면서 우리가 주목해야 할 한 가지 사실이 있다. 그것은 이런 것이다. 지금 형들과 갈등하는 요셉은 동생이지만 꿈에 본 광경에서는 그 관계가 뒤집어진다. 역전되는 것이다. 8절에 보면 형들이 요셉에게 이렇게 말한다. "네가 참으로 우리의 왕이 되겠느냐 참으로 우리를 다스리게 되겠느냐." 그런데 후에 실제로 그러한 일이 일어나게 된다. 동생이 형들을 다스리게 되고 동생이 그들의 왕이 되는 것이다. 역전이 일어나는 것이다. 또한 10절에 보면 아버지 야곱이 요셉을 꾸짖으며 말한다. "너의 꾼 꿈이 무엇이냐 나와 네 모와 네 형제들이 참으로 가서 땅에 엎드려 네게 절하겠느냐." 그런데 나중에 보면 실제로 그렇게 된다. 형들이 동생에게 절하게 되는 것이다. 역전이 일어나는 것이다. 하나님은 구원의 계획을 이루시기 위해서 형들을 택하신 것이 아니고 요셉을 택하신 것이다. 그것은 요셉의 조건이 좋아서도 아니고, 요셉이 뭔가 남다른 점이 있거나 잘한 일이 있어서가 아니다. 우리가 보는 대로 요셉의 이야기가 시작되는 단계에서부터 벌써 뒤집어지는 것이다. 그것은 요셉 때문이 아니라 그를 선택하신 하나님 때문이다.

우리가 창세기 25장을 보면 야곱의 이야기는 이렇게 시작된다. 이삭과 리브가는 자식이 없었는데 기도를 해서 리브가가 쌍둥이를 잉태하게 되었다. 그런데 태 속에서 아이들이 서로 싸우니까 리브가가 하나님께 물었다. 그때 하나님은 이렇게 대답하셨다. "두 국민이 네 태중에 있구나 두 민족이 네 복중에서부터 나누이리라 이 족속이 저 족속보다 강하겠고 큰 자는 어린 자를 섬기리라"(창 25:23). 하나님은 에서와 야곱이 아직 태어나지도 않았는데 큰 자가 어린 자를 섬기게 될 거라고 말씀하신 것이다. 뒤집어진 것이다. 야곱이 동생이다. 그런데 하나님은 야곱에게 장자권을 주시려고 그를 택하신 것이다. 이렇게 된 것이 야곱 때문일까? 아니다. 야곱은 아직 태어나지도 않은 것이다. 하나님이 그렇게 선택하셨을 뿐이다. 우리의 인생에도 이런 하나님의 선택이란 것이 있다. 사실 우리가 세상 많은 사람들 가운데 하나님을 믿고 예배할 수 있는 것도 하나님의 선택 때문이다. 우리가 잘나서가 아니다. 우리가 하나님께 내세울 만한 것이 있어서가 아니다. 하나님이 우리가 태어나기도 전에, 우리가 무슨 일을 하기도 전에 우리를 선택하신 것이다. 우리는 그 사실을 깨닫게 될 때 놀라지 않을 수 없다. 요셉이 그랬듯이 우리의 인생에도 하나님의 선택이 있는 것이다.

3

섭리적 만남

창 37:12-17 12 그 형들이 세겜에 가서 아비의 양 떼를 칠 때에 13 이스라엘이 요셉에게 이르되 네 형들이 세겜에서 양을 치지 아니하느냐 너를 그들에게로 보내리라 요셉이 아비에게 대답하되 내가 그리하겠나이다 14 이스라엘이 그에게 이르되 가서 네 형들과 양 떼가 다 잘 있는 여부를 보고 돌아와 내게 고하라 하고 그를 헤브론 골짜기에서 보내매 이에 세겜으로 가니라 15 어떤 사람이 그를 만난즉 그가 들에서 방황하는지라 그 사람이 그에게 물어 가로되 네가 무엇을 찾느냐 16 그가 가로되 내가 나의 형들을 찾으오니 청컨대 그들의 양 치는 곳을 내게 가르치소서 17 그 사람이 가로되 그들이 여기서 떠났느니라 내가 그들의 말을 들으니 도단으로 가자 하더라 요셉이 그 형들의 뒤를 따라 가서 도단에서 그들을 만나니라

창세기 37장 1-11절은 요셉과 형들의 갈등이 점차 심화된 것을 보여준다. 그런 다음, 창세기 37장 12-36절은 그러한 갈등의 결과로 형들이 요셉을 판 사건을 말한다. 그 가운데서 본문은 이 사건의 발단이 된 내용이다. 여기서 요셉은 아버지 야곱을 떠나 먼 곳에 가서 그의 형들과 만나게 된다. 그러면 어떻게 요셉이 형들과 만나게 되었는지 살펴보자.

요셉과 형들의 만남

우선, 주목할 것은 요셉이 형들을 만나려고 하거나 형들이 요셉을 만나려고 한 것이 아니라는 점이다. 요셉이 형들과 만나게 된 것은 요셉이나 형들의 의사와는 무관하다. 그러면 어떻게 요셉은 형들과 만나게 된 것일까? 12-14절을 보자. "그 형들이 세겜에 가서 아비의 양 떼를 칠 때에 이스라엘이 요셉에게 이르되 네 형들이 세겜에서 양을 치지 아니하느냐 너를 그들에게로 보내리라 요셉이 아비에게 대답하되 내가 그리하겠나이다 이스라엘이 그에게 이르되 가서 네 형들과 양 떼가 다 잘 있는 여부를 보고 돌아와 내게 고하라 하고 그를 헤브론 골짜기에서 보내매 이에 세겜으로 가니라."

여기 보면, 요셉이 형들과 만나게 된 것은 아버지 야곱이 요셉을 형들에게 보냈기 때문이다. 13절에서 야곱은 요셉을 형들에게 보낼 계획을 말한다. "너를 그들에게로 보내리라." 또한 14절은 야곱이 요셉을 헤브론 골짜기에서 보낸 것으로 설명한다. "그를 헤브론 골짜기에서 보내매." 이처럼 요셉을 형들에게 보낸 것은 아버지 야곱이다.

그러면 왜 야곱은 요셉을 형들에게 보낸 것일까? 그 이유는 야곱이 요셉을 형들에게 보내면서 한 말에 나타난다. 야곱이 먼저 요셉에게 말한다. "네 형들이 세겜에서 양을 치지 아니하느냐? 너를 그들에게로 보내리라." 그러자 요셉이 대답한다. "내가 그리하겠나이다." 이처럼 요셉이 야곱의 뜻에 따르겠다고 하자 야곱은 요셉에게 그를 보내는 목적을 이렇게 밝힌다. "가서 네 형들과 양 떼가 다 잘 있는 여부를 보고 돌아와 내게 고하라." 야곱은 요셉의 형들과 양 떼가 다 잘 있는 여부를 알기 위해 요셉을 보내기로 한 것이다.

야곱이 이렇게 한 데에는 그럴 만한 사연이 있다. 당시에 요셉의 형들은 세겜에 가서 양 떼를 치고 있었다. 12절은 "그 형들이 세겜에 가서 아비의 양 떼를 칠 때에"라고 말한다. 그래서 13절에서 야곱은 요셉에게 "네 형들이 세겜에서 양을 치지 아니하느냐?"고 묻는다. 결국, 14절은 요셉이 "세겜으로 갔다"고 말한다. 이처럼 본문에서는 세겜이란 장소가 강조된다.

그런데 세겜은 야곱에게 잊을 수 없는 곳이다. 창세기 33장 18절에 보면, 야곱은 밧단아람에서 돌아와 가나안 땅 세겜 성에 이르렀다. 그런데 그곳에서 그는 예상치 못한 일을 겪게 되었다. 그의 딸 디나가 그 땅 추장 세겜에게 강간을 당한 것이다. 그렇게 되자 디나의 오라비인 시므온과 레위가 보복을 하여 세겜의 모든 남자를 죽였다. 그 결과 야곱은 곤경에 처하게 되었다. 그때 그는 시므온과 레위에게 이렇게 말했다. "너희가 내게 화를 끼쳐 나로 이 땅 사람 곧 가나안 족속과 브리스 족속에게 냄새를 내게 하였도다 나는 수가 적은즉 그들이 모여 나를 치고 나를 죽이리니 그리하면 나와 내 집이 멸망하리라"(창 34:30). 야곱은 보복이 두려운 나머지 절망에 빠졌던 것이다. 그때 하나님은 야곱에게 벧엘로 올라가라고 말씀하셨고, 야곱은 그 말씀에 따라 세겜을 떠나 벧엘로 향했다. 성경은 그때의 일을 이렇게 말한다. "그들이 발행하였으나 하나님이 그 사면 고을들로 크게 두려워하게 하신 고로 야곱의 아들들을 추격하는 자가 없었더라"(창 35:5). 야곱은 하나님의 도우심으로 그가 두려워했던 보복을 당하지 않은 것이다.

그러니 세겜은 여전히 야곱에게 안심할 수 있는 곳이 아니다. 언제 보복을 당할지 알 수 없는 것이다. 그래서 야곱은 그의 아들들이 그곳에 가서 양 떼를 치는 것을 알았을 때 그들의 안부를 염려하지 않을 수 없었다. 그래서 그는 요셉을 형들에게 보내며 이렇게 부탁한 것이다. "가서 네 형들과 양 떼가 다 잘 있는 여부를 보고 돌아와 내게 고하라." 이처럼 야곱은 그의 아들들의 안부가 염려되어 요셉을 그들에게 보낸 것이다. 따라서 요셉이 형들과 만나게 된 것은 이런 야곱의 의사에서 비롯된 것이다.

이렇게 볼 때, 요셉이 아버지 야곱을 떠나 먼 곳에 가서 형들을 만나게 되고 결국 애굽으로 팔려 가게 된 것은 우발적 사건으로 보인다. 그것은 처음부터 누가 의도적으로 꾸민 일이 아닌 것이다. 야곱이나 요셉도 전혀 예상치 못한 일이 벌어진 것이다. 만일 야곱이나 요셉이 그렇게 될 것을 조금이라도 생각했더라면, 야곱은 요셉을 형들에게 보내지 않았을 것이고 요셉 또한 아버지 야곱의 말에 선뜻 따르지 않았을 것이다. 사실, 본문에 나타난 야곱과 요셉의 말을 보면 그들은 요셉의 형들이 요셉에 대해 느끼는 미움과 시기를 전혀 의식하지 못한 것 같다. 야곱은 요셉에게 이렇게 말한다. "네 형들이 세겜에서 양을 치지 아니하느냐 너를 그들에게로 보내리라"(13절). "가서 네 형들과 양 떼가 다 잘 있는 여부를 보고 돌아와 내게 고하라"(14절). 또한 요셉은 야곱과 세겜에서 만난 사람에게 각각 이렇게 말한다. "내가 그리하겠나이다"(13절). "내가 나의 형들을 찾으오니 청컨대 그들의 양 치는 곳을 내게 가르치소서"(16절). 여기 보면, 야곱은 요셉에게 "네 형들"이라고 말하고, 요셉도 "나의 형들"이라고 말한다. 이렇게 말하는 야곱과 요셉은 요셉의 형들이 요셉을 미워하는 것을 미처 생각하지 못하는 것 같다. 그러니 그들은 앞으로 벌어질 사건을 전혀 예상하지 못하고 있는 것이다.

또한 요셉의 형들이 요셉을 만나려고 일을 꾸민 것도 아니다. 요셉이 형들과 만나게 된 것은 본문에서 알 수 있듯이 처음부터 형들의 의사와 무관하게 벌어진 일이다. 이렇듯 이 사건은 당사자들 중에 누구도 예상치 못하고 의도적으로 꾸민 일이 아니라는 점에서 우발적 사건으로 보인다.

섭리적 만남

그런데 여기에 우리가 주의 깊게 살펴야 할 두 가지 사실이 있다. 그것은 이 사건의 발단이 된, 다시 말하면 요셉을 형들에게 보내려고 했던 야곱과 관련된 것이다. 우선, 성경은 이 대목에서 야곱이란 이름 대신 이스라엘이란 이름을 사용한다. 13절과 14절에서 요셉을 형들에게 보내는 주체는 "이스라엘"이다. 그래서 13절은 "이스라엘이 요셉에게 이르되"라는 말로 시작한다 (14절의 "이스라엘"은 "그"를 의역한 것이다). 그 다음, 성경은 이 대목에서 야곱이 요셉을 형들에게 보낸 장소가 "헤브론 골짜기"임을 밝힌다.

이것은 창세기 37장 1-4절에서 요셉의 이야기가 시작될 때와 같다. 거기서도 성경은 야곱 대신 이스라엘이란 이름을 사용한다. "이스라엘이 여러 아들보다 그를 깊이 사랑하여"(3절). 또한 성경은 야곱이 살던 장소를 "가나안 땅 곧 그 아비의 우거하던 땅에"(1절)라고 밝힌다. 물론 이곳은 헤브론을 가리킨다. 창세기 35장 27절을 보라. "야곱이 기럇아르바의 마므레로 가서 그 아비 이삭에게 이르렀으니 기럇아르바는 곧 아브라함과 이삭의 우거하던 헤브론이더라."

그렇다면 이 두 가지 사실, 즉 이스라엘이란 이름을 사용하고 헤브론이란 장소를 밝힌 것은 무슨 의미일까? 그것은 이 사건이 하나님의 약속과 관련되어 있음을 암시한다. 창세기 35장 9-12절은 "이스라엘"이란 이름이 하나님의 약속과 관련된 것임을 보여준다. "야곱이 밧단아람에서 돌아오매 하나님이 다시 야곱에게 나타나사 그에게 복을 주시고 그에게 이르시되 네 이름이 야곱이다마는 네 이름을 다시는 야곱이라 부르지 않겠고 이스라엘이 네 이름이 되리라 하시고 그가 그의 이름을 이스라엘이라 부르시고 그에게 이르시되 나는 전능한 하나님이니라 생육하며 번성하라 국민과 많은 국민이 네게서 나고 왕들이 네 허리에서 나오리라 내가 아브라함과 이삭에게 준 땅을 네게 주고 내가 네 후손에게도 그 땅을 주리라 하시고."

또한 창세기 13장 14-18절은 아브라함과 이삭과 야곱이 살던 "헤브론"이란 지명이 하나님의 약속과 관련된 것임을 보여준다. "롯이 아브람을 떠난 후에 여호와께서 아브람에게 이르시되 너는 눈을 들어 너 있는 곳에서 동서 남북을 바라보라 보이는 땅을 내가 너와 네 자손에게 주리니 영원히 이르리라 내가 네 자손으로 땅의 티끌 같게 하리니 사람이 땅의 티끌을 능히 셀 수 있을찐대 네 자손도 세리라 너는 일어나 그 땅을 종과 횡으로 행하여 보라 내가 그것을 네게 주리라 이에 아브람이 장막을 옮겨 헤브론에 있는 마므레 상수리 수풀에 이르러 거하며 거기서 여호와를 위하여 단을 쌓았더라."

이처럼 성경은 야곱이 요셉을 형들에게 보낼 때 그가 하나님의 약속 가운데 살고 있었음을 암시한다. 그럼으로써 요셉이 형들과 만나게 된 데에는 약속을 이루시는 하나님의 보이지 않는 손길이 미치고 있음을 나타낸다. 그러니까 요셉이 형들과 만나게 된 것은 겉으로는 우발적 사건처럼 보이지만, 사실은 하나님의 섭리에 의한 것이다.

하나님의 섭리란 하나님과 창조물의 지속적인 관계를 가리키는 말이다. 하나님은 창조하실 뿐 아니라, 창조하신 것을 보존하시고 다스리신다. 그래서 브루스 웨어(Bruce A. Ware)는 섭리란 말을 "피조 질서에 대한 하나님의 관계를 통한 다루심"으로 설명한다. 하이델베르크 요리문답 제27문은 하나님의 섭리를 이렇게 설명한다. "전능하고 어디에나 미치는 하나님의 능력으로 마치 그가 손으로 그리하시는 것처럼 하늘과 땅과 모든 피조물을 붙드시고 통치하셔서, 꽃잎이나 풀잎이나, 비나 가뭄, 풍년과 흉년, 음식이나 음료, 건강이나 병, 부나 가난, 참으로 이 모든 것들이 우연에 의해서가 아니라, 그의 아버지다운 손길로부터 우리에게 온다는 것입니다." 그러므로 우리의 삶은 좋은 일이든 나쁜 일이든 비인격적인 우연이나 운명에 의해 좌우되는 것이 아니라, 인격적인 하나님의 섭리에 의해 좌우되는 것이다.

정체불명의 사람

본문에는 요셉이 형들과 만나게 된 것이 하나님의 섭리에 의한 것임을 보여주는 주목할 만한 사실이 있다. 그것은 요셉이 형들과 만나게 된 것이 단순히 야곱이 요셉을 세겜에 있는 형들에게 보냈기 때문이라고 말할 수 없다는 점이다. 15-17절을 보자. "어떤 사람이 그를 만난즉 그가 들에서 방황하는지라 그 사람이 그에게 물어 가로되 네가 무엇을 찾느냐 그가 가로되 내가 나의 형들을 찾으오니 청컨대 그들의 양 치는 곳을 내게 가르치소서 그 사람이 가로되 그들이 여기서 떠났느니라 내가 그들의 말을 들으니 도단으로 가자 하더라 요셉이 그 형들의 뒤를 따라 가서 도단에서 그들을 만나니라."

요셉은 아버지 야곱의 말을 듣고 세겜으로 갔다. 세겜은 헤브론 골짜기에서 북쪽으로 80km쯤 올라간 곳에 있다. 요셉은 그곳에서 형들을 만나리라는 기대를 갖고 먼 길을 여행한 것이다. 그런데 막상 가서 보니 그곳에는 형들이 없었다. 그래서 형들이 있는 줄로 알고 갔던 요셉은 형들을 찾아 헤매게 되었다. 그는 형들이 어디로 갔는지 알지 못했기 때문이다. 15절은 이런 요셉의 모습을 묘사한 것이다. "어떤 사람이 그를 만난즉 그가 들에서 방황하는지라."

그런데 요셉을 만난 이 사람이 요셉에게 묻는다. "네가 무엇을 찾느냐?"(15절하). 그러자 요셉이 말한다. "내가 나의 형들을 찾으오니 청컨대 그들의 양 치는 곳을 내게 가르치소서"(16절). 이때 요셉의 말을 들은 그 사람이 이렇게 말한다. "그들이 여기서 떠났느니라 내가 그들의 말을 들으니 도단으로 가자 하더라"(17절상). 결국 요셉은 이 말을 듣고서 도단으로 가서 형들을 만나게 된다. "요셉이 그 형들의 뒤를 따라 가서 도단에서 그들을 만나니라"(17절하).

그렇다면 요셉이 형들과 만나게 된 것은 야곱이 요셉을 형들이 있는 세겜으로 보냈기 때문이라고 말할 수 있을까? 그럴 수 없다. 만일 어떤 사람이 요셉을 만나서 그의 형들이 도단으로 간 것을 알려 주지 않았더라면 요셉은 결코 형들을 만나지 못했을 것이다. 왜냐하면 도단은 세겜에서부터 북서쪽으로 20여km나 떨어진 곳이기 때문이다. 그래서 야곱의 말만 듣고 세겜에 갔던 요셉은 형들이 간 곳을 알지 못해 방황하고 있었던 것이다. 결국 요셉이 형들과 만나게 된 것은 요셉이나 형들의 의사와는 무관하고, 아버지가 시켜서 된 일이지만 사실은 아버지가 요셉을 형들에게 보내서 만나게 된 것도 아닌 것이다. 여기 등장하는 "어떤 사람"이 없었더라면 요셉은 형들을 만나지 못했을 것이다.

그러면 요셉을 만나 그에게 형들이 도단으로 간 것을 알려 준 이 사람은 누구일까? 성경은 이 사람의 신원에 대해 아무것도 말해 주지 않는다. 단지 "어떤 사람"(a man)으로만 부를 뿐이다. 그런데 이 정체불명의 사람에 대해 우리가 주목할 사실이 있다. 그것은 그가 주도적으로 요셉을 형들에게 인도한 점이다. 성경은 "어떤 사람이 그를 만난즉"이라고 말한다. 요셉이 어떤 사람을 만난 게 아니라, 어떤 사람이 요셉을 만난 것이다. 이 만남의 주도권은 요셉이 아니라 이 정체불명의 사람에게 있다. 뿐만 아니라, 두 사람이 만나서도 먼저 말을 건 쪽은 요셉이 아니다. 이 정체불명의 사람이 먼저 요셉에게 "네가 무엇을 찾느냐?"고 물은 것이다. 이 사람은 마치 요셉의 상황을 알기라도 하듯 그렇게 물었다. 그래서 요셉은 "내가 나의 형들을 찾으오니"라고 대답한 것이다.

이처럼 성경은 이 정체불명의 사람이 주도적으로 요셉을 만나 그에게 형들이 도단으로 간 것을 알려 주었다는 것을 부각시킨다. 다시 말하면, 이 정체불명의 사람이 주도적으로 요셉을 형들에게 인도한 것이다. 이것이 무엇일까? 이것이 요셉을 인도해서 형들과 만나게 하시는 하나님의 섭리이다. 시편 80편 1절에서 아삽은 하나님께 이렇게 기도한다. "요셉을 양 떼 같이 인도하시는 이스라엘의 목자여 귀를 기울이소서." 아삽은 하나님을 가리켜서 "이스라엘의 목자"라고 부른다. 그런데 그 목자가 어떤 목자인가 하면 "요셉을 양 떼 같이 인도하시는" 목자이다. 우리가 요셉의 생애를 읽어 보면 성경이 다 명시적으로 밝히고 있지 않지만 마치 목자가 양을 인도해 가듯이 요셉의 생애를 하나님의 보이지 않는 손길이 이끌어 가고 있다는 것을 강하게 느끼지 않을 수 없다.

이 점은 요셉에게만 아니라 우리에게도 마찬가지이다. 그래서 우리는 우연처럼 보이는 우리의 삶에 사실은 보이지 않는 하나님의 손길이 미치고 있다는 사실을 기억해야 한다. 단지 우리는 당장에 깨닫지 못하다가 일이 다 되고 나서야 하나님의 섭리를 깨닫게 될 뿐이다.

미래를 가장 잘 준비하려면

우리 그리스도인은 하나님의 섭리를 믿는 사람들이다. 이것이 세상 사람들과 다른 점이다. 세상 사람들은 운명이나 우연을 믿기에 운수를 따지고 행운을 바라지만, 우리는 인격이신 하나님, 지혜로우신 하나님, 전능하신 하나님이 우리의 인생을 돌보며 인도해 가신다는 것을 믿는 것이다. 만일 그리스도인이 점을 보러 다닌다면, 그것은 하나님을 믿지 못한다는 뜻이다. 우리가 하나님을 믿는다면 우리는 그런 것을 우습게 여길 것이다. 어리석은 인생들은 자신들의 미래를 그런 것에 맡겨 보려고 한다. 그러나 그리스도인은 자신의 미래를 하나님의 섭리적 손길에 맡긴다. 우리의 인생은 우리가 치밀하게 계획을 세우고 만반의 준비를 갖춘다고 해서 그대로 되는 것이 결코 아니다. 우리의 미래는 우리의 손이 아니라 하나님의 손에 달려 있는 것이다. 그분이 우리의 인생을 인도해 가신다. 그러므로 미래를 가장 잘 준비하는 길은 하나님의 섭리적 손길을 믿고 그분께 의지하고 맡기는 것이다. 그분께 기도하고 그분을 바라보는 것이 최선이다.

4

하나님의 의도대로
애굽으로 간 요셉

창 37:18-28 **18** 요셉이 그들에게 가까이 오기 전에 그들이 요셉을 멀리서 보고 죽이기를 꾀하여 **19** 서로 이르되 꿈꾸는 자가 오는도다 **20** 자, 그를 죽여 한 구덩이에 던지고 우리가 말하기를 악한 짐승이 그를 잡아먹었다 하자 그 꿈이 어떻게 되는 것을 우리가 볼 것이니라 하는지라 **21** 르우벤이 듣고 요셉을 그들의 손에서 구원하려 하여 가로되 우리가 그 생명은 상하지 말자 **22** 르우벤이 또 그들에게 이르되 피를 흘리지 말라 그를 광야 그 구덩이에 던지고 손을 그에게 대지 말라 하니 이는 그가 요셉을 그들의 손에서 구원하여 그 아비에게로 돌리려 함이었더라 **23** 요셉이 형들에게 이르매 그 형들이 요셉의 옷 곧 그 입은 채색옷을 벗기고 **24** 그를 잡아 구덩이에 던지니 그 구덩이는 빈 것이라 그 속에 물이 없었더라 **25** 그들이 앉아 음식을 먹다가 눈을 들어 본즉 한 떼 이스마엘 족속이 길르앗에서 오는데 그 약대들에 향품과 유향과 몰약을 싣고 애굽으로 내려가는지라 **26** 유다가 자기 형제에게 이르되 우리가 우리 동생을 죽이고 그의 피를 은닉한들 무엇이 유익할까 **27** 자 그를 이스마엘 사람에게 팔고 우리 손을 그에게 대지 말자 그는 우리의 동생이요 우리의 골육이니라 하매 형제들이 청종하였더라 **28** 때에 미디안 사람 상고들이 지나는지라 그들이 요셉을 구덩이에서 끌어올리고 은 이십 개에 그를 이스마엘 사람들에게 팔매 그 상고들이 요셉을 데리고 애굽으로 갔더라 앞서 읽은 말씀에서 우리는 요셉이 어떻게 도단이란 곳에 가서 형들과 만나게 되었는지를 보았다. 그것은 우연처럼 보이지만 사실은 하나님의 섭리에 의해 일어난 사건이었다. 이제 본문에서 우리는 요셉이 어떻게 형들에 의해서 애굽으로 가게 되는지를 본다. 여기서도 사건은 우연처럼 보이지만 사실은 섭리에 따른 것이다. 이 과정에서 두드러진 점은 형들이 요셉을 죽이려고 했지만 요셉은 죽지 않고 애굽으로 가게 된 것이다. 이것은 결국 형들의 의도대로 되지 않은 것이다.

그러면 어떻게 이런 일이 일어났을까? 18-24절은 요셉이 도단에서 형들을 만나는 장면을 기록한 것이다. 그런데 성경은 이 장면을 두 단계로 설명한다. 먼저, 18절에 "요셉이 그들에게 가까이 오기 전에 그들이 요셉을 멀리서 보고"라는 말로 시작한다. 그래서 22절까지 요셉이 도착하기 전에 형들 사이에 벌어진 일을 보여준다. 그 다음, 23절에 "요셉이 형들에게 이르매"라는 설명이 나온다. 그래서 24절까지 형들이 요셉에게 한 일을 보여준다.

요셉을 죽이려는 형들의 음모

그러면 요셉이 형들에게 가까이 오기 전에 무슨 일이 있었을까? 요셉을 멀리서 본 형들은 그가 가까이 오기 전에 그를 죽이려는 음모를 꾸몄다. 그들은 서로 이렇게 말했다. "꿈꾸는 자가 오는도다 자, 그를 죽여 한 구덩이에 던지고 우리가 말하기를 악한 짐승이 그를 잡아먹었다 하자 그 꿈이 어떻게 되는 것을 우리가 볼 것이니라." 요셉을 죽이려는 형들의 음모는 이런 말로 표현된다. "자, 그를 죽여 한 구덩이에 던지고 우리가 말하기를 악한 짐승이 그를 잡아먹었다 하자."

그런데 형들이 이런 음모를 꾸미는 이유는 요셉의 꿈 때문이다. 그래서 형들은 요셉을 가리켜 "꿈꾸는 자가 오는도다"라고 말했다. 그것은 요셉의 꿈 이야기를 들은 형들의 미움과 분노를 나타낸다. 뿐만 아니라, 형들은 이렇게도 말했다. "그 꿈이 어떻게 되는 것을 우리가 볼 것이니라." 이 말은 요셉의 꿈이 이루어지는 것을 막으려는 형들의 의도를 나타낸다.

요셉을 구원하려고 한 르우벤

이처럼 형들은 요셉의 꿈이 이루어지지 못하게 할 의도로 그를 죽이려는 음모를 꾸민다. 그런데 여기서 르우벤이 등장한다. 21-22절을 보자. "르우벤이 듣고 요셉을 그들의 손에서 구원하려 하여 가로되 우리가 그 생명은 상하지 말자 르우벤이 또 그들에게 이르되 피를 흘리지 말라 그를 광야 그 구덩이에 던지고 손을 그에게 대지 말라 하니 이는 그가 요셉을 그들의 손에서 구원하여 그 아비에게로 돌리려 함이었더라."

르우벤은 형제들이 요셉을 죽이려는 음모를 알고 그들을 말렸다. 본문에는 그가 두 번이나 요셉을 죽이지 못하도록 말린 것으로 되어 있다. 처음에 그는 형제들에게 이렇게 권유했다. "우리가 그 생명은 상하지 말자." 그런 다음 그는 형제들에게 더욱 강력하게 이렇게 명령했다. "피를 흘리지 말라 그를 광야 그 구덩이에 던지고 손을 그에게 대지 말라." 아마 르우벤은 맏형으로서 동생들에게 그렇게 말했을 것이다. 그는 죽이지 말고 구덩이에 던지자는 제안을 한 것이다.

그런데 이때 성경은 요셉을 죽이지 못하도록 말린 르우벤의 의도를 두 번이나 밝힌다. 21절에는 "요셉을 그들의 손에서 구원하려 하여"라고 말한다. 또한 22절에는 "이는 그가 요셉을 그들의 손에서 구원하여 그 아비에게로 돌리려 함이었더라"고 말한다. 르우벤은 장남이었기 때문에 다른 형제들과 달리 아버지를 생각하는 마음이 있었을 것이다. 그래서 그는 어떻게든 요셉을 형제들의 손에서 건져 내서 아버지에게 돌려보내려고 한 것이다.

그러면 요셉이 형들에게 도착했을 때 그들은 요셉에게 어떻게 했을까? 23-24절을 보자. "요셉이 형들에게 이르매 그 형들이 요셉의 옷 곧 그 입은 채색옷을 벗기고 그를 잡아 구덩이에 던지니 그 구덩이는 빈 것이라 그 속에 물이 없었더라."

형들은 일단 르우벤의 말대로 요셉을 죽이지 않고 구덩이에 던졌다. 이때 성경은 형들이 "요셉의 옷 곧 그 입은 채색옷을 벗겼다"고 말한다. 이 옷은 왕족을 상징하는 것이다. 그것은 요셉이 앞으로 어떻게 될 것인지를 암시한다. 그런데 형들은 그 옷이 암시하는 것과 반대로 요셉을 구덩이에 던진 것이다. 그런데 그 구덩이는 빈 것으로 물이 없었으므로 요셉은 죽지 않을 수 있었다.

이처럼 요셉을 죽여서 그의 꿈이 이루어지는 것을 막으려던 형들의 음모는 일단 시행되지 못했다. 그렇게 된 결정적인 요인은 르우벤이 그 음모를 알고 요셉을 구원하려고 했기 때문이다. 르우벤은 요셉이 가까이 오기 전에 요셉을 죽이려는 음모를 알게 되었다. 그는 형제들이 서로 요셉을 죽이자고 말하는 것을 들었기 때문이다. 19절에는 "서로 이르되"라고 말하고, 21절에는 "르우벤이 듣고"라고 말한 것이다. 그래서 르우벤은 형제들이 요셉을 죽이지 못하도록 적극적으로 말린 것이다. 만일 요셉이 형들에게 이르기 전에 르우벤이 그들이 하는 말을 듣지 못했더라면, 그래서 그들의 음모를 알지 못했더라면 어떻게 되었을까? 아마 요셉은 형들의 손에 죽고 말았을 것이다. 그렇다면 르우벤이 요셉의 형들이 하는 말을 듣게 되고, 그래서 그들의 음모를 알게 된 것은 우연일까?

여기서 우리가 고려해야 할 것이 두 가지가 있다. 하나는 형들이 요셉을 죽이려는 이유이다. 그 이유는 요셉의 꿈이 이루어지는 것을 막으려는 것이다. 그래서 그들은 요셉을 멀리서 보고 이렇게 말한 것이다. "꿈꾸는 자가 오는도다 자, 그를 죽여 한 구덩이에 던지고 우리가 말하기를 악한 짐승이 그를 잡아먹었다 하자 그 꿈이 어떻게 되는 것을 우리가 볼 것이니라." 그런데 요셉의 꿈은 어떤 꿈인가? 그것은 앞에서 살펴본 대로 하나님의 계시로서 예언적 성격을 갖는 꿈이다. 그러기에 요셉의 꿈이 이루어지는 것을 막으려는 시도는 하나님의 의도를 거스르는 것이다. 그렇다면 우리는 이런 시도에 대해 하나님께서 방관하지 않으실 거란 점을 예상할 수 있다. 따라서 본문에서 르우벤의 등장으로 요셉을 죽이려는 음모가 시행되지 못한 것은 하나님의 간섭 때문이다.

하나님은 미래의 일을 보이시고 또한 그대로 능히 이루시는 분이시다. 이 점에서 하나님은 사람과 다른 분이시다. 그래서 성경은 이렇게 말한다. "여호와께서 사람의 생각이 허무함을 아시느니라"(시 94:11). "내가 종말을 처음부터 고하며 아직 이루지 아니한 일을 옛적부터 보이고 이르기를 나의 모략이 설 것이니 내가 나의 모든 기뻐하는 것을 이루리라 하였노라"(사 46:10). 이렇게 하나님이 하시는 일을 막을 사람은 아무도 없다. 그래서 성경은 말한다. "그는 뜻이 일정하시니 누가 능히 돌이킬까 그 마음에 하고자 하시는 것이면 그것을 행하시나니 그런즉 내게 작정하신 것을 이루실 것이라 이런 일이 그에게 많이 있느니라"(욥 23:13-14). "만군의 여호와께서 경영하셨은즉 누가 능히 그것을 폐하며 그 손을 펴셨은즉 누가 능히 그것을 돌이키랴"(사 14:27). 하나님은 요셉에게도 꿈을 통해서 미래의 일을 보여주신 것이다. 그런데 형들은 요셉을 죽여서 그 꿈의 성취를 막으려고 한 것이다. 그러니 하나님이 그냥 두실 리가 없는 것이다. 하나님은 방관만 하시지 않고 개입하신 것이다. 그래서 하나님은 르우벤을 통해서 요셉을 죽이려는 형들의 의도가 시행되지 못하게 막으신 것이다.

또 하나 우리가 고려할 것은 르우벤이 요셉의 형들이 하는 말을 듣게 된 것과 앞서 세겜에서 방황하던 요셉을 도단으로 인도한 사람이 요셉의 형들이 하는 말을 듣게 된 것의 유사성이다. 르우벤이나 세겜에서 요셉을 만난 사람이나 둘 다 요셉의 형들이 하는 말을 들은 것이 결정적이다. 세겜에서 요셉을 만난 사람은 요셉이 자기 형들의 양치는 곳을 가르쳐 달라고 했을 때 이렇게 대답했다. "그들이 여기서 떠났느니라 내가 그들의 말을 들으니 도단으로 가자 하더라"(17절). 그래서 요셉은 그 말을 듣고 가서 형들을 만날 수 있었다. 본문에서 르우벤은 요셉을 죽이려는 그의 형들의 말을 듣고 그들을 말렸다. 그래서 요셉은 죽지 않고 목숨을 건질 수 있었다. 전자의 경우가 요셉을 인도하시는 하나님의 섭리라면, 후자 역시 그렇다.

그래서 두 경우 모두 사람의 의도대로 시행된 것이 아니라, 하나님의 의도대로 이루어진 것이다. 야곱이 요셉을 형들에게 보낸 의도는 14절에 야곱이 한 말 가운데 나타나 있다. "가서 네 형들과 양 떼가 다 잘 있는 여부를 보고 돌아와 내게 고하라." 그러나 야곱의 이런 의도는 이루어지지 못했다. 요셉은 야곱에게로 돌아오지 않았다. 다만 그는 하나님의 의도대로 형들을 만났을 뿐이다. 또한 요셉을 죽이려던 형들의 의도는 20절에 그들이 서로 한 말 가운데 나타나 있다. "자, 그를 죽여 한 구덩이에 던지고 우리가 말하기를 악한 짐승이 그를 잡아먹었다 하자 그 꿈이 어떻게 되는 것을 우리가 볼 것이니라." 그러나 실제로는 형들의 의도대로 되지 않았다. 요셉은 죽지 않았다. 다만 그는 하나님의 의도대로 구덩이에 던져졌을 뿐이다.

이처럼 하나님의 섭리는 하나님의 의도를 위한 것이다. 그래서 하나님은 그분의 뜻과 계획을 이루시기 위해 일하시는 것이다. 창조주로서 하나님께서 피조물을 보존하시고 다스리시는 활동은 여기에 초점이 맞추어져 있다. 그러므로 우연이 아닌 섭리를 믿는 그리스도인에게 중요한 것은 인격적인 하나님을 교제를 통해 알아 가는 것이다. 그럴 때 우리는 우리에게 일어나는 모든 사건들 속에서 하나님의 인도를 발견하고 그분의 뜻을 깨닫게 되는 것이다. 마치 요셉이 그랬던 것과 마찬가지이다. 그는 나중에 가서 자기에게 일어났던 일들을 다 이해하게 된다. 그는 하나님과의 인격적인 교제 속에서 살아갔기에 그에게 일어난 일이 무슨 뜻인지와 하나님의 계획이 어디에 있는지를 알게 된 것이다. A. W. 토저(Aiden Wilson Tozer)는 이렇게 말했다. "참 신앙은 본질적으로 창조하시는 인격이신 하나님에 대한 피조된 인격들의 반응이다." 이러한 인격과 인격의 관계는 시간이 갈수록 친밀해지고 만날수록 서로를 더 잘 알게 된다. 인격적인 만남은 발전이 있는 것이다. 하나님과의 관계에서도 우리가 그분과 교제가 깊어지면 질수록 그만큼 더 그분을 알게 되는 것이다.

애굽으로 내려가던 한 떼의 이스마엘 족속

그러면 이렇게 구덩이에 던져진 요셉은 어떻게 되었을까? 25절을 보자. "그들이 앉아 음식을 먹다가 눈을 들어 본즉 한 떼 이스마엘 족속이 길르앗에서 오는데 그 약대들에 향품과 유향과 몰약을 싣고 애굽으로 내려가는지라." 요셉을 구덩이에 던진 그의 형들은 앉아서 음식을 먹고 있었다. 그들은 요셉에게 무정했다(창 42:21 참조).

그런데 이렇게 음식을 먹던 형들이 "눈을 들어 본" 광경은 이런 것이다. "한 떼 이스마엘 족속이 길르앗에서 오는데 그 약대들에 향품과 유향과 몰약을 싣고 애굽으로 내려가는지라." 이것은 때마침 한 떼 이스마엘 족속이 그곳을 지나게 된 것이 하나님의 섭리임을 암시한다. 왜냐하면 창세기에서 "눈을 들어 보다"라는 표현은 본 것이 하나님과 관련된 것임을 나타내기 때문이다(창

13:10, 14-15; 18:1-2; 22:3-4, 13-14; 24:63-64; 31:10-12; 33:1, 5; 37:25). 여기 등
장하는 "한 떼 이스마엘 족속"은 사막을 다니며 장사하는 대상, 즉 카라반
이다. 그런데 28절에는 "미디안 사람 상고[상인]들"도 등장한다. "때에 미디
안 사람 상고들이 지나는지라 그들이 요셉을 구덩이에서 끌어올리고 은 이
십 개에 그를 이스마엘 사람들에게 팔매 그 상고들이 요셉을 데리고 애굽으
로 갔더라."

　　그러면 "미디안 사람 상고들"과 "이스마엘 사람들"은 다른 사람들을 가리
키는 것일까? 그렇지 않다. 창세기 37장 36절과 39장 1절을 비교하면 그 점
을 알 수 있다. "미디안 사람이 애굽에서 바로의 신하 시위대장 보디발에게
요셉을 팔았더라." "요셉이 이끌려 애굽에 내려가매 바로의 신하 시위대장
애굽 사람 보디발이 그를 그리로 데려간 이스마엘 사람의 손에서 그를 사니
라." 따라서 "미디안 사람"과 "이스마엘 사람"은 사실상 같은 사람들을 가리
킨다. 사사기 8장 24절은 이 점을 분명히 보여준다. "기드온이 또 그들에게
이르되 내가 너희에게 한 일을 청구하노니 너희는 각기 탈취한 귀고리를 내
게 줄찌니라 하니 그 대적은 이스마엘 사람이므로 금 귀고리가 있었음이라."
기드온은 미디안과의 싸움에서 이겼을 때 이렇게 말한 것이다. 따라서 "이스
마엘 사람"은 "미디안 사람"을 가리키는 것이 분명하다. 중요한 것은 때마침
그들이 그곳을 지나 애굽으로 가고 있었다는 사실이다.

요셉을 팔려고 한 유다

　　이때 유다가 등장한다. 26-27절을 보자. "유다가 자기 형제에게 이르되
우리가 우리 동생을 죽이고 그의 피를 은닉한들 무엇이 유익할까 자 그를 이
스마엘 사람에게 팔고 우리 손을 그에게 대지 말자 그는 우리의 동생이요 우

리의 골육이니라 하매 형제들이 청종하였더라." 유다는 "한 떼 이스마엘 족속"을 보고 요셉을 죽이지 말고 그들에게 팔자는 제안을 한 것이다. 요셉을 구덩이에 던진 형들은 아직도 그를 죽일 마음이 있었던 것이다. 이때 유다는 요셉이 그들의 동생이란 점을 들어 호소했다. "우리가 우리 동생을 죽이고 그의 피를 은닉한들 무엇이 유익할까 자 그를 이스마엘 사람에게 팔고 우리 손을 그에게 대지 말자 그는 우리의 동생이요 우리의 골육이니라."

이러한 유다의 제안에 형제들은 "청종했다." 그 결과, 요셉은 어떻게 되었을까? 28절을 보자. "때에 미디안 사람 상고들이 지나는지라 그들이 요셉을 구덩이에서 끌어올리고 은 이십 개에 그를 이스마엘 사람들에게 팔매 그 상고들이 요셉을 데리고 애굽으로 갔더라." 여기서 우리 한글 성경이 한 가지를 놓친 것이 있다. 원래 히브리어 문장에서는 "요셉"이란 이름이 세 번 반복되는데 그것을 살리지 못하고 두 번째 "요셉"을 "그"로 번역한 것이다. 사실은 이렇게 번역해야 했다. "그들이 요셉을 구덩이에서 끌어올리고 은 이십 개에 요셉을 이스마엘 사람들에게 팔매 그 상고들이 요셉을 데리고 애굽으로 갔더라." 여기서 요셉에게 일어난 일련의 일들이 강조된다. "요셉을 끌어올렸다 … 요셉을 팔았다 … 요셉을 데리고 갔다." 이것은 한 사람 요셉에 대해서 주목하게 하기 위함이다. 이로써 요셉이 애굽으로 가게 된 것은 우연히 일어난 사건이 아니라 한 사람 요셉을 인도하시는 하나님의 섭리에 의한 것이라는 점이 부각된다.

요셉을 애굽으로 보내신 하나님

그렇다면 요셉은 어떻게 해서 애굽으로 가게 된 것일까? 우선, 요셉의 형들은 요셉을 죽이려고 했다. 그들의 의도는 그의 꿈이 이루어지는 것을 막는 것이었다. "자, 그를 죽여 한 구덩이에 던지고 우리가 말하기를 악한 짐승이 그를 잡아먹었다 하자 그 꿈이 어떻게 되는 것을 우리가 볼 것이니라"(20절).

그런데 르우벤이 그 사실을 알고 그들을 말렸다. 르우벤은 요셉을 죽이지 말고 구덩이에 던지자고 제안했다. 르우벤의 의도는 아버지를 위해서 요셉을 구원하는 것이었다. "르우벤이 또 그들에게 이르되 피를 흘리지 말라 그를 광야 그 구덩이에 던지고 손을 그에게 대지 말라 하니 이는 그가 요셉을 그들의 손에서 구원하여 그 아비에게로 돌리려 함이었더라"(22절).

그 후에 유다는 요셉을 죽이지 말고 이스마엘 사람에게 팔자고 제안했다. 유다의 의도는 자신들의 유익을 위해서 요셉을 죽이는 대신 그를 파는 것이었다. "우리가 우리 동생을 죽이고 그의 피를 은닉한들 무엇이 유익할까 자그를 이스마엘 사람에게 팔고 우리 손을 그에게 대지 말자 그는 우리의 동생이요 우리의 골육이니라"(26-27절).

그렇다면 결국 요셉이 애굽으로 가게 된 것은 어느 누구의 의도와도 상관이 없다. 단지 애굽으로 내려가는 이스마엘 사람들에게 요셉을 팔았기에 요셉이 애굽으로 가게 되었을 뿐이다. 그렇다면 요셉이 애굽으로 가게 된 것은 우연일까? 아니다. 그렇게 된 것은 하나님의 섭리이다. 창세기 45장 5절에 보면, 나중에 요셉은 형들에게 이렇게 말했다. "당신들이 나를 이곳에 팔았으므로 근심하지 마소서 한탄하지 마소서 하나님이 생명을 구원하시려고 나를 당신들 앞서 보내셨나이다." 또한 창세기 50장 20절에도 요셉이 비슷한 말을 한 것이 나온다. "당신들은 나를 해하려 하였으나 하나님은 그것을 선으로 바꾸사 오늘과 같이 만민의 생명을 구원하게 하시려 하셨나니." 시편 105편 17절도 요셉이 애굽으로 가게 된 것을 이렇게 말한다. "한 사람을 앞서 보내셨음이여 요셉이 종으로 팔렸도다." 시편 기자는 요셉이 애굽으로 가게 된 것을 하나님이 보내신 것이라고 말한 것이다.

이처럼 일은 사람의 의도대로가 아니라 하나님의 의도대로 이루어진다. 요셉의 인생이 이 사실을 보여준다. 그래서 잠언에는 이런 말씀이 나온다. "마음의 경영은 사람에게 있어도 말의 응답은 여호와께로서 나느니라"(잠 16:1). "사람의 마음에는 많은 계획이 있어도 오직 여호와의 뜻이 완전히 서리라"(잠 19:21). 그러므로 우리가 이 땅을 살아갈 때 우리의 계획과 생각만 믿지 말고 하나님의 뜻과 섭리하시는 손길이 있음을 기억해야 한다. 하나님을 바라보고 의지해야 한다. 그래야 우리가 하나님 앞에서 바르게 살 수 있게 된다. 요셉은 형들에 의해 팔릴 때 너무나 기가 막혔을 것이다. 어떻게 남도 아닌 형들이 나를 이렇게 할 수 있나? 그는 당연히 그런 생각을 했을 것이다. 그러나 나중에 요셉이 깨닫게 된 것은 그게 아니라 하나님이 자신을 애굽으로 보내신 것이라는 사실이다. 그래서 오랜 후에 형들을 만났을 때 그에게는 아무런 원한도 없었다. 왜냐하면 그는 자기 인생이 형들의 음모에 의해서가 아니라 하나님의 섭리에 의해서 이루어진 것을 잘 알았기 때문이다. 우리도 지금 당장은 너무 속상하고 너무 낙심되고 너무 억울할 수 있다. 그렇지만 지나고 나서 보면 하나님은 그걸 사용하셔서 그분의 일을 이루셨다는 것을 깨닫게 된다. 내가 저 사람 때문에 너무 억울했는데 나중에 보니 그게 아니라 하나님은 그 사람을 사용하셔서 내 인생을 하나님의 계획대로 이끌어 가고 계셨던 것이다. 요셉이 그랬다. 우리도 그럴 것이다.

5

심은 대로 거둔
야곱

창 37:29-36 **29** 르우벤이 돌아와서 구덩이에 이르러 본즉 거기 요셉이 없는지라 옷을 찢고 **30** 아우들에게로 와서 가로되 아이가 없도다 나는 나는 어디로 갈까 **31** 그들이 요셉의 옷을 취하고 수염소를 죽여 그 옷을 피에 적시고 **32** 그 채색옷을 보내어 그 아비에게로 가져다가 이르기를 우리가 이것을 얻었으니 아버지의 아들의 옷인가 아닌가 보소서 하매 **33** 아비가 그것을 알아보고 가로되 내 아들의 옷이라 악한 짐승이 그를 먹었도다 요셉이 정녕 찢겼도다 하고 **34** 자기 옷을 찢고 굵은 베로 허리를 묶고 오래도록 그 아들을 위하여 애통하니 **35** 그 모든 자녀가 위로하되 그가 그 위로를 받지 아니하여 가로되 내가 슬퍼하며 음부에 내려 아들에게로 가리라 하고 그 아비가 그를 위하여 울었더라 **36** 미디안 사람이 애굽에서 바로의 신하 시위대장 보디발에게 요셉을 팔았더라

앞서 28절에서 요셉의 이야기는 이렇게 끝났다. "때에 미디안 사람 상고들이 지나는지라 그들이 요셉을 구덩이에서 끌어올리고 은 이십 개에 그를 이스마엘 사람들에게 팔매 그 상고들이 요셉을 데리고 애굽으로 갔더라." 요

셉의 형들은 유다의 말대로 요셉을 이스마엘 사람들(=미디안 사람 상고들)에게 팔았고, 그들은 요셉을 데리고 애굽으로 간 것이다. 이 내용은 이야기의 전개로 볼 때 본문 36절로 자연스럽게 연결된다. "미디안 사람이 애굽에서 바로의 신하 시위대장 보디발에게 요셉을 팔았더라." 요셉의 형들은 요셉을 미디안 사람에게 팔았고, 미디안 사람은 요셉을 데리고 애굽으로 가서 바로의 신하 시위대장 보디발에게 판 것이다.

실패한 르우벤의 의도

그런데 성경은 그 사이에 가나안 땅에서 벌어진 일을 한 가지 더 말해준다. 그것은 요셉의 형들이 요셉을 팔고 나서 한 일이다. 그것은 요셉의 형들이 아버지 야곱을 속인 일이다. 자, 그러면 그 내용을 살펴보자. 먼저, 29-30절을 보자. "르우벤이 돌아와서 구덩이에 이르러 본즉 거기 요셉이 없는지라 옷을 찢고 아우들에게로 와서 가로되 아이가 없도다 나는 나는 어디로 갈까." 성경은 요셉의 형들이 아버지 야곱을 속인 일을 말하기 전에 르우벤에 대해 말한다. 그 이유는 앞서 언급된 르우벤의 의도 때문이다.

21-22절에는 형제들이 요셉을 죽이려는 것을 르우벤이 막은 사실이 잘 나타나 있다. "르우벤이 듣고 요셉을 그들의 손에서 구원하려 하여 가로되 우리가 그 생명은 상하지 말자 르우벤이 또 그들에게 이르되 피를 흘리지 말라 그를 광야 그 구덩이에 던지고 손을 그에게 대지 말라 하니 이는 그가 요셉을 그들의 손에서 구원하여 그 아비에게로 돌리려 함이었더라." 이때 강조된 것은 르우벤의 의도다. 르우벤은 요셉을 다른 형제들의 손에서 구원하여 그 아비에게 돌리려는 의도에서 그들이 요셉을 죽이려는 것을 막은 것이다.

그렇다면 그 후 요셉은 어떻게 되었을까? 르우벤의 의도대로 되었을까? 그렇지 않다. 29-30절이 바로 그 사실을 보여준다. 르우벤은 나중에 요셉이 구덩이에 없는 것을 발견하게 된 것이다. "르우벤이 돌아와서 구덩이에 이르러 본즉 거기 요셉이 없는지라." 르우벤이 없는 사이 요셉의 형들은 르우벤 몰래 요셉을 이스마엘 사람에게 팔았던 것이다. 그래서 르우벤이 보인 반응은 이렇다. "옷을 찢고 아우들에게로 와서 가로되 아이가 없도다 나는 나는 어디로 갈까." 여기 "나는 나는 어디로 갈까?"라는 말은 야곱을 만나야 하는 르우벤의 고민을 표현한 것이다. 결국 요셉을 그 아비 야곱에게 돌리려던 르우벤의 의도는 실패하고 말았다.

심은 대로 거둔 야곱

대신에, 요셉을 팔아버린 형들은 마치 악한 짐승이 그를 잡아먹은 것처럼 그 아비 야곱을 속였다. 31-32절을 보자. "그들이 요셉의 옷을 취하고 수염소를 죽여 그 옷을 피에 적시고 그 채색옷을 보내어 그 아비에게로 가져다가 이르기를 우리가 이것을 얻었으니 아버지의 아들의 옷인가 아닌가 보소서 하매."

여기서 우리가 주목해야 할 것이 있다. 그것은 요셉의 형들, 즉 야곱의 아들들이 그 아비 야곱을 속일 때 사용한 도구들이다. 그것들 중 하나는 요셉의 옷이고, 또 하나는 수염소이다. 그런데 이것은 오래 전 야곱이 그 아비 이삭을 속일 때 사용했던 것들이다. 창세기 27장 15-16절에 보면, 리브가는 맏아들 에서 대신 야곱이 축복을 받게 하려고 이렇게 했다. "리브가가 집 안 자기에게 있는 그의 맏아들 에서의 좋은 의복을 가져다가 그의 작은 아들 야곱에게 입히고 또 염소 새끼의 가죽을 그의 손과 목의 매끈매끈한 곳에 입히고." 야곱은 에서의 옷과 염소 새끼의 가죽을 사용하여 그 아비 이삭을 속였던 것이다. 그런데 지금은 야곱의 아들들이 요셉의 옷과 수염소를 사용하여 야곱을 속이고 있는 것이다. 야곱은 자기가 심은 대로 자기가 거두고 있는 것이다. 그런 만큼, 야곱의 아들들의 죄는 야곱 자신의 죄를 생각나게 하는 것이다.

이 점은 야곱의 아들들의 속임수에 대해 야곱이 보인 반응에서도 나타난다. 33절을 보자. "아비가 그것을 알아보고 가로되 내 아들의 옷이라 악한 짐승이 그를 먹었도다 요셉이 정녕 찢겼도다 하고." 야곱은 자기 아들들이 가져온 피 묻은 요셉의 옷을 보고서 이렇게 말했다. "내 아들의 옷이라 악한 짐승이 그를 먹었도다 요셉이 정녕 찢겼도다." 여기서 요셉의 이름은 히브리어 문장에서 제일 뒤에 나온다. "내 아들의 옷이라-악한 짐승이 그를 먹었도다-정녕 찢겼도다-요셉!" 따라서 이렇게 말할 때 야곱의 감정은 점점 고조되어 마지막 절정에 이른다.

그런데 주목할 것은 이때 사용된 "알아보고"(히브리어 "나카르")라는 단어이다. 왜냐하면 이 단어가 창세기 27장에서도 나오기 때문이다. "그 손이 형 에서의 손과 같이 털이 있으므로 능히 분별치(나카르) 못하고 축복하였더라"(창 27:23). 거기서는 이삭이 야곱의 변장한 손을 알아보지 못했다. 그런데 여기서는 야곱이 요셉의 옷을 알아본 것이다. 둘 다 속은 것이다. 그리고 성경은 두 경우 모두 속은 것을 말할 때 알아보다(나카르)란 단어를 사용한 것이다.

이처럼 야곱의 아들들이 그 아비 야곱을 속인 것은 과거 야곱이 그 아비 이삭을 속인 것을 그대로 닮았다. 그것은 야곱이 자기가 심은 대로 거두고 있음을 보여준다.

이런 사실은 이미 창세기 29장에서도 나타난 바 있다. 야곱은 외삼촌 라반의 작은 딸 라헬을 위하여 칠년을 봉사하기로 약속했다. 그런데 칠년이 되었을 때 라반은 야곱을 속이고 주기로 한 작은 딸 라헬 대신 큰 딸 레아를 주었다. 그래서 자기가 속은 줄을 안 야곱은 외삼촌에게 이렇게 따졌다. "외삼촌이 어찌하여 내게 이같이 행하셨나이까 내가 라헬을 위하여 외삼촌께 봉사하지 아니하였나이까 외삼촌이 나를 속이심은 어찜이니이까"(창 29:25).

그런데 거기 "속이다"는 말은 이미 야곱 자신에 대해서 썼던 말이다. 창세기 27장 35절에 보면, 이삭은 에서에게 야곱에 대해 이렇게 말했다. "네 아우가 간교하게 와서 네 복을 빼앗았도다." 이 문장이 개정판에는 이렇게 되어 있다. "네 아우가 와서 속여 네 복을 빼앗았도다." 따라서 라반이 야곱을 속인 것은 야곱이 이삭을 속였던 것과 같다.

그리고 라반이 야곱을 속인 것은 야곱이 아버지 이삭을 속였던 것과 수법이 같다. 야곱은 이삭을 속일 때 "이삭이 나이 많아 눈이 어두워 잘 보지 못하는" 점을 이용했다. 그래서 어머니 리브가와 공모해서 에서 대신 별미를 가지고, 에서의 옷을 입고, 에서처럼 털이 많은 사람으로 꾸미고 가서는 이삭을 속였다. 마찬가지로 라반이 야곱을 속일 때에도 그는 야곱의 눈을 속였다. 그래서 그는 면박으로 가린 그 딸 레아를 어둑어둑해서 사물을 분간하기 어려운 "저녁에" 야곱에게로 데려갔다. 따라서 창세기 27장에서는 속임수로 두 형제 에서와 야곱이 바뀌었다면, 창세기 29장에서는 속임수로 두 자매 레아와 라헬이 바뀐 것이다. 결국 야곱은 자기가 했던 그대로 자기가 당하는 신세가 되고 만 것이다.

이처럼 라반이 야곱을 속인 것은 전에 야곱이 그 아비 이삭을 속였던 것을 그대로 닮았다. 그것은 야곱이 자기가 심은 대로 거두고 있음을 보여준다. 본문에서 야곱의 아들들이 그 아비 야곱을 속인 것이 과거 야곱이 그 아비 이삭을 속인 것을 그대로 닮은 것과 마찬가지이다.

그런데 닮은 것은 이것만이 아니다. 심은 대로 거둔다는 원칙은 야곱이 당한 슬픔에서도 나타난다. 34-35절을 보자. "자기 옷을 찢고 굵은 베로 허리를 묶고 오래도록 그 아들을 위하여 애통하니 그 모든 자녀가 위로하되 그가 그 위로를 받지 아니하여 가로되 내가 슬퍼하며 음부에 내려 아들에게로 가리라 하고 그 아비가 그를 위하여 울었더라."

"자기 옷을 찢고 굵은 베로 허리를 묶고 오래도록 그 아들을 위하여 애통하니." 야곱의 이러한 행동은 그가 요셉이 죽은 줄로 알았음을 나타낸다. 그러기에 그는 이렇게 말한 것이다. "내가 슬퍼하며 음부에 내려 아들에게로 가리라." 이때 주목할 것은 야곱이 자녀들의 위로를 받지 않은 사실이다. "그 모든 자녀가 위로하되 그가 그 위로를 받지 아니하여(he refused to be comforted)." 여기 "위로하다"는 말은 히브리어로 "나함"이다.

그런데 창세기 27장 41-42절을 보면, 야곱에게 속은 줄을 안 에서의 반응이 이렇게 나타난다. "그 아비가 야곱에게 축복한 그 축복을 인하여 에서가 야곱을 미워하여 심중에 이르기를 아버지를 곡할 때가 가까왔은즉 내가 내 아우 야곱을 죽이리라 하였더니 맏아들 에서의 이 말이 리브가에게 들리매 이에 보내어 작은 아들 야곱을 불러 그에게 이르되 네 형 에서가 너를 죽여 그 한을 풀려하나니(your brother Esau comforts himself about you by planning to kill you)." 이때 "한을 풀다"는 말이 역시 히브리어로 "나함"이다.

창세기 27장에서 에서는 야곱을 죽이지 못해 한을 풀지 못한, 즉 스스로 위로 받지 못한 상태였다. 마찬가지로, 본문 창세기 37장에서 야곱 역시 위로 받기를 거절한, 즉 한을 풀지 못한 상태이다. 따라서 성경은 이 점에서도 야곱이 자기가 심은 대로 거둔 것을 보여준다.

하나님의 주권적 정의

이처럼 성경은 야곱이 당한 일을 우연으로 보지 않는다. 성경은 야곱이 당한 일을 야곱 자신이 심은 대로 거둔 것으로 본다. 성경은 여러 곳에서 심은 대로 거두는 법칙이 있음을 말한다. "저희가 바람을 심고 광풍을 거둘 것이라"(호 8:7). "너희는 악을 밭 갈아 죄를 거두고 거짓 열매를 먹었나니"(호 10:13). "악을 뿌리는 자는 재앙을 거두리니"(잠 22:8). "스스로 속이지 말라 하나님은 만홀히 여김을 받지 아니하시나니 사람이 무엇으로 심든지 그대로 거두리라 자기의 육체를 위하여 심는 자는 육체로부터 썩어진 것을 거두고 성령을 위하여 심는 자는 성령으로부터 영생을 거두리라"(갈 6:7-8).

성경이 말하는 이런 법칙은 소위 불교에서 말하는 인과응보 사상과는 다른 것이다. 인과응보는 단지 내가 한 일 때문에 내가 받게 되는 결과를 말한다. 그것은 인과 관계를 말할 뿐 하나님을 말하지 않는다. 그런데 야곱이 자신이 심은 대로 거두게 된 배경에는 하나님이 계시다. 갈라디아서 6장 7절에서 말한 대로이다. "하나님은 만홀히 여김을 받지 아니하시나니 사람이 무엇으로 심든지 그대로 거두리라." 그러므로 야곱이 라반이나 그 아들들에게 속임을 당하도록 허용하신 분은 하나님이시다. 심은 대로 거두는 것은 하나님의 주권적 정의이다.

그러면 하나님이 이렇게 하시는 목적은 무엇일까? 그것은 야곱의 잘못을 다루어서 그를 변화시키시려는 것이다. 다시 말하면, 하나님은 라반이나 야곱의 아들들을 사용하셔서 야곱을 징계하시는 것이다.

이것은 오늘 우리들에게도 마찬가지이다. 하나님은 우리를 징계하시기 위해 종종 다른 사람들을 사용하신다. 왜 하나님은 우리 주위에 그렇게 교활하고, 거만하고, 속이기 잘하고, 무정한 사람들을 두시는 것일까? 그것은 우리 자신을 징계하시기 위함이다. 우리는 그들을 통해서 우리의 잘못을 보게 되고 고치게 된다. 야곱이 그랬던 것과 마찬가지이다. 히브리서 12장 10하-11절은 이렇게 말한다. "오직 하나님은 우리의 유익을 위하여 그의 거룩하심에 참예케 하시느니라 무릇 징계가 당시에는 즐거워 보이지 않고 슬퍼 보이나 후에 그로 말미암아 연달한 자에게는 의의 평강한 열매를 맺나니." 그러므로 우리들도 살다 보면 심은 대로 거둘 때가 있다. 그럴 때 우린 너무 아프고 너무 힘들다. 그런데 낙심하지 말아야 한다. 하나님은 그것을 통해서 우리를 거룩한 사람으로 변화시키실 것이다. 우리 안에 거짓되고, 우리 안에 교활하고, 우리 안에 무정하고, 우리 안에 속이기 잘하는 그런 것들을 하나님은 바꾸기 원하신다. 그래서 하나님은 종종 우리 주위에 그런 사람들을 두시는 것이다. 그들을 통해서 우리를 보게 하시는 것이다. 그들을 통해서 우리의 죄와 허물을 깨닫게 하시는 것이다. 우리가 스스로 알아서 고치면 좋겠지만 사실 그렇게 잘 되지 않는다. 결국 우리는 하나님의 섭리적 손길 아래서 변화되어져 갈 것이다.

깨어진 가정과 요셉의 꿈

요셉의 형들은 요셉을 죽이는 대신 애굽으로 가는 미디안 상인들에게 팔았다. 그리고 아버지 야곱에게는 마치 악한 짐승이 요셉을 잡아먹은 것처럼 꾸몄다. 그 결과 야곱은 요셉이 죽은 줄로 알고 슬퍼했다. 야곱은 절망적이었다. 다시 34-35절을 보자. "자기 옷을 찢고 굵은 베로 허리를 묶고 오래도록 그 아들을 위하여 애통하니 모든 자녀가 위로하되 그가 그 위로를 받지 아니하여 가로되 내가 슬퍼하며 음부에 내려 아들에게로 가리라 하고 그 아비가 그를 위하여 울었더라."

이렇게 된 것은 요셉에 대한 형들의 미움과 시기 때문이다. 우선, 요셉의 형들은 아버지 야곱의 편애 때문에 요셉을 미워했다(3, 4절). 이 점은 본문에서도 나타난다. 그래서 31절에는 "요셉의 옷"이라고 한 것을 32절에는 "그 채색옷 … 아버지의 아들의 옷"이라고 한 것이다. 그러니까 성경은 요셉의 옷을 아버지 야곱에게 보낼 때 그렇게 바꿔서 부른 것이다. "채색옷"은 야곱의 편애를 생각나게 한다. 그리고 "아버지의 아들의 옷"(문자적으로, 당신의 아들의 옷)은 요셉에 대한 형들의 미움을 나타낸다. 형들은 동생이 미우니까 동생이라고 하지 않고 당신의 아들이라고 한 것이다. 누가복음 15장에 보면 탕자의 비유가 나온다. 거기 보면 둘째 아들이 나가서 방탕하게 살다가 가산을 다 탕진하고 돌아왔다. 그러자 아버지는 아들이 돌아온 것이 기뻐서 잔치를 벌였다. 맏아들이 들어오다가 한 종을 불러 무슨 일인가 물었다. 그러자 그종은 그에게 당신의 동생이 돌아왔기 때문에 아버지가 기뻐서 잔치를 하는 거라고 했다. 아버지도 그에게 네 동생이 죽었다가 살았으니 기뻐서 잔치하는 거라고 말했다. 그런데 맏아들은 아버지에게 가산을 창기와 함께 먹어 버린 아버지의 아들이라고 했다. 동생이란 말이 안 나온 것이다. 왜냐하면 미워서 그런 것이다. 요셉의 형들도 요셉이 미워서 자기들의 동생이 아니라 아버지의 아들로 부른 것이다.

또한, 형들은 요셉의 꿈 때문에 그를 더욱 미워하고 시기했다(8, 11절). 그래서 그들은 아버지 야곱을 속였다. 그들은 수염소를 죽여 요셉의 옷을 그피에 적신 다음 야곱에게 보낸 것이다. 그랬을 때 야곱은 피묻은 요셉의 옷을 보고 "악한 짐승이 그를 먹었도다"라고 말한 것이다. 형들이 이렇게 한 의도가 있다. 요셉의 꿈이 이루어질 수 없음을 보여주기 위해서이다. 20절에 보면, 그들은 이렇게 말한 것이다. "자, 그를 죽여 한 구덩이에 던지고 우리가 말하기를 악한 짐승이 그를 잡아먹었다 하자 그 꿈이 어떻게 되는 것을 우리가 볼 것이니라." 형들은 악한 짐승이 요셉을 잡아먹은 것처럼 아버지를 속임으로써 요셉의 꿈이 이루어질 수 없음을 보여주려고 한 것이다.

이처럼 요셉에 대한 형들의 미움과 시기 때문에 요셉의 꿈은 이루어질 수 없는 것처럼 보인다. 그러나 성경은 여기서 끝나지 않고 36절에 이런 말씀이 추가된다. "미디안 사람이 애굽에서 바로의 신하 시위대장 보디발에게 요셉을 팔았더라." 이것은 소설로 치면 복선과 같다. 앞으로 일어날 일을 미리 암시하는 것이다. 그래서 이 말씀은 무언가 좋은 일이 있을 것 같은 상서로운 예감이 들게 한다. 왜냐하면 요셉은 "바로의 신하 시위대장 보디발에게" 팔렸기 때문이다. 실제로 요셉은 나중에 시위대장의 집 안에 있는 옥에 갇히게 되고, 여기서 만난 바로의 술 맡은 관원장을 통해 바로 앞에 서게 된다. 그래서 요셉은 마침내 애굽의 총리가 되어 하나님의 계획을 이루게 된다. 그의 꿈이 이루어진 것을 보게 되는 것이다. 결과적으로, 형들은 요셉의 꿈이 이루어지지 못하게 막았지만, 도리어 하나님은 그들을 사용하셔서 요셉의 꿈이 이루어지게 하신 것이다.

우리는 본문 속에서 야곱의 깨어진 가정을 본다. 야곱은 요셉을 편애했다. 그것 때문에 형들은 요셉을 미워하고 시기했다. 그리고 나중에 형들은 아버지 야곱을 속였다. 그렇지만 하나님은 이런 야곱의 가정을 통해서 요셉의 꿈을 이루어 가신다. 하나님은 이런 인간적인 약점들을 통해서 오히려 그분의 놀라운 계획을 이루시는 것이다. 그래서 창세기 50장 20절에 가면 나중에 요셉은 자기 앞에 온 형들에게 이렇게 말할 수 있었다. "당신들은 나를 해하려 하였으나 하나님은 그것을 선으로 바꾸사 오늘과 같이 만민의 생명을 구원하게 하시려 하셨나니." 요셉이 이렇게 말할 수 있게 만드신 분은 하나님이시다. 하나님은 우리에게도 그렇게 하실 것이다. 하나님은 우리 안에 있는 약점이나 우리 가정의 깨어진 모습을 통해서 오히려 그분의 놀라운 계획을 이루실 것이다. 그러기에 우리는 그런 것 때문에 좌절하지 말고 인내해야 한다.

part

2

/

유다와
다말

providence

6

약속의 위기를 가져온
유다와 그 아들들

창 38:1-11 1 그 후에 유다가 자기 형제에게서 내려가서 아둘람 사람 히라에게로 나아가니라 2 유다가 거기서 가나안 사람 수아라 하는 자의 딸을 보고 그를 취하여 동침하니 3 그가 잉태하여 아들을 낳으매 유다가 그 이름을 엘이라 하니라 4 그가 다시 잉태하여 아들을 낳고 그 이름을 오난이라 하고 5 그가 또 다시 아들을 낳고 그 이름을 셀라라 하니라 그가 셀라를 낳을 때에 유다는 거십에 있었더라 6 유다가 장자 엘을 위하여 아내를 취하니 그 이름은 다말이더라 7 유다의 장자 엘이 여호와 목전에 악하므로 여호와께서 그를 죽이신지라 8 유다가 오난에게 이르되 네 형수에게로 들어가서 남편의 아우의 본분을 행하여 네 형을 위하여 씨가 있게 하라 9 오난이 그 씨가 자기 것이 되지 않을 줄 알므로 형수에게 들어갔을 때에 형에게 아들을 얻게 아니하려고 땅에 설정하매 10 그 일이 여호와 목전에 악하므로 여호와께서 그도 죽이시니 11 유다가 그 며느리 다말에게 이르되 수절하고 네 아비 집에 있어서 내 아들 셀라가 장성하기를 기다리라 하니 셀라도 그 형들 같이 죽을까 염려함이라 다말이 가서 그 아비 집에 있으니라 창세기 38장에는 요셉의 형제 중 한 사람 유다의 이야기가 나온다. 그 내용은 둘로 나눌 수 있다. 하나는 유다가 가나안 사람 수아라 하는 자의 딸에게서 세 아들 엘, 오난, 셀라를 낳은 이야기이다(1-11절). 또 하나는 유다가 그의 며느리 다말에게서 쌍둥이 베레스와 세라를 낳은 이야기이다(12-30절).

유다의 결혼

이 가운데 본문(1-11절)은 두 결혼을 보여준다. 하나는 유다의 결혼이고, 또 하나는 유다의 아들들의 결혼이다. 그러면 유다의 결혼부터 살펴보자. 1-5절이 여기에 대한 설명이다. "그 후에 유다가 자기 형제에게서 내려가서 아둘람 사람 히라에게로 나아가니라 유다가 거기서 가나안 사람 수아라 하는 자의 딸을 보고 그를 취하여 동침하니 그가 잉태하여 아들을 낳으매 유다가 그 이름을 엘이라 하니라 그가 다시 잉태하여 아들을 낳고 그 이름을 오난이라 하고 그가 또 다시 아들을 낳고 그 이름을 셀라라 하니라 그가 셀라를 낳을 때에 유다는 거십에 있었더라."

우선, 주목할 것은 "유다가 자기 형제에게서 내려가서 아둘람 사람 히라에게로 나아가니라"(1절)는 설명이다. 이때 "아둘람 사람 히라"는 유다의 친구이다(12절). 그리고 "아둘람"은 여호수아가 쳐서 멸한 가나안의 왕도 가운데 하나이다(수 12:15). 그렇다면 유다는 당시 가나안 사람과 이미 교제하고 있었다는 말이 된다.

그 다음, 주목할 것은 "유다가 거기서 가나안 사람 수아라 하는 자의 딸을 보고 그를 취하여 동침하니"(2절)라는 설명이다. 이때 "취하다"는 말은 보통 결혼을 나타내는 말이다(창 4:19; 11:29 참조). 그렇지만 이 말이 "보고"라는 말과 함께 쓰일 때는 탐욕에 이끌린 불법적인 결혼을 나타낸다. 예를 들면, "하나님의 아들들이 사람의 딸들의 아름다움을 보고 자기들의 좋아하는 모든 자로 아내를 삼는지라(=취하다)"(창 6:2). "바로의 대신들도 그를 보고 바로 앞에 칭찬하므로 그 여인을 바로의 궁으로 취하여 들인지라"(창 12:15). "히위 족속중 하몰의 아들 그 땅 추장 세겜이 그를 보고 끌어들여(=취하다) 강간하여 욕되게 하고"(창 34:2). 이처럼 유다는 그의 탐욕에 이끌려 불법적으로 가나안 여자와 결혼한 것이다.

이러한 결혼은 일찍이 아브라함과 이삭이 그들의 아들에게 금했던 것이다. 아브라함은 이삭의 아내를 택하러 보낼 때 자기 집 모든 소유를 맡은 늙은 종에게 이렇게 말했다. "너는 나의 거하는 이 지방 가나안 족속의 딸 중에서 내 아들을 위하여 아내를 택하지 말고 내 고향 내 족속에게로 가서 내 아들 이삭을 위하여 아내를 택하라"(창 24:3-4). 아브라함은 그렇게 해서 하나님의 약속이 이루어 질 거라고 생각한 것이다. "하늘의 하나님 여호와께서 나를 내 아버지의 집과 내 본토에서 떠나게 하시고 내게 말씀하시며 내게 맹세하여 이르시기를 이 땅을 네 씨에게 주리라 하셨으니 그가 그 사자를 네 앞서 보내실찌라 네가 거기서 내 아들을 위하여 아내를 택할찌니라"(창 24:7).

이삭도 야곱을 밧단아람으로 보낼 때 이렇게 부탁했다. "너는 가나안 사람의 딸들 중에서 아내를 취하지 말고 일어나 밧단아람으로 가서 너의 외조부 브두엘 집에 이르러 거기서 너의 외삼촌 라반의 딸 중에서 아내를 취하라"(창 28:1-2). 이삭은 그렇게 해서 하나님의 약속이 이루어 질 거라고 생각한 것이다. "전능하신 하나님이 네게 복을 주어 너로 생육하고 번성케 하사 너로 여러 족속을 이루게 하시고 아브라함에게 허락하신 복을 네게 주시되 너와 너와 함께 네 자손에게 주사 너로 하나님이 아브라함에게 주신 땅 곧 너의 우거하는 땅을 유업으로 받게 하시기를 원하노라"(창 28:3-4).

에서는 이 점에서 이삭의 축복을 받은 야곱과 달랐다. 그는 가나안 여자와 결혼했다. "에서가 사십 세에 헷 족속 브에리의 딸 유딧과 헷 족속 엘론의 딸 바스맛을 아내로 취하였더니 그들이 이삭과 리브가의 마음의 근심이 되었더라"(창 26:34-35). 그리고 그는 나중에야 이것이 문제가 됨을 알았다. "에서가 본즉 이삭이 야곱에게 축복하고 그를 밧단아람으로 보내어 거기서 아내를 취하게 하였고 또 그에게 축복하고 명하기를 너는 가나안 사람의 딸들 중에서 아내를 취하지 말라 하였고 또 야곱이 부모의 명을 좇아 밧단아람으로 갔으며 에서가 또 본즉 가나안 사람의 딸들이 그 아비 이삭을 기쁘게 못하는지라"(창 28:6-8).

따라서 본문에서 유다가 가나안 여자와 결혼한 것은 자기 탐욕을 채우려고 하나님이 주신 약속의 성취를 생각하지 않는 매우 심각한 상황이 벌어지고 있음을 의미한다.

엘, 오난, 셀라의 결혼

그 다음 살펴볼 것은 유다의 세 아들 엘, 오난, 셀라의 결혼이다. 6-11절을 보자. "유다가 장자 엘을 위하여 아내를 취하니 그 이름은 다말이더라 유다의 장자 엘이 여호와 목전에 악하므로 여호와께서 그를 죽이신지라 유다가 오난에게 이르되 네 형수에게로 들어가서 남편의 아우의 본분을 행하여 네 형을 위하여 씨가 있게 하라 오난이 그 씨가 자기 것이 되지 않을 줄 알므로 형수에게 들어갔을 때에 형에게 아들을 얻게 아니하려고 땅에 설정하매 그 일이 여호와 목전에 악하므로 여호와께서 그도 죽이시니 유다가 그 며느리 다말에게 이르되 수절하고 네 아비 집에 있어서 내 아들 셀라가 장성하기를 기다리라 하니 셀라도 그 형들 같이 죽을까 염려함이라 다말이 가서 그 아비 집에 있으니라."

여기에 나타난 결혼 관습은 나중에 신명기 25장 5-6절에 규정된 것이다. "형제가 동거하는데 그 중 하나가 죽고 아들이 없거든 그 죽은 자의 아내는 나가서 타인에게 시집가지 말 것이요 그 남편의 형제가 그에게로 들어가서 그를 취하여 아내를 삼아 그의 남편의 형제 된 의무를 그에게 다 행할 것이요 그 여인의 낳은 첫 아들로 그 죽은 형제의 후사를 잇게 하여 그 이름을 이스라엘 중에서 끊어지지 않게 할 것이니라." 이것은 역연혼(逆緣婚) 또는 수혼(嫂婚)이라 불리는 것으로 과부가 대를 잇기 위해 고인의 형제와 결혼하는 관습을 말한다. 예수님도 이 관습을 언급하신 적이 있다(마 22:23-30; 막 12:18-25; 눅 20:27-35).

유다의 장자 엘은 "여호와 목전에 악하므로 여호와께서 그를 죽이셨다"(7절). 그러자 유다는 수혼의 관습대로 둘째 오난에게 이렇게 말했다. "네 형수에게로 들어가서 남편의 아우의 본분을 행하여 네 형을 위하여 씨가 있게 하라"(8절). 그러나 오난은 이 관습을 악용했다. "오난이 그 씨가 자기 것이 되지 않을 줄 알므로 형수에게 들어갔을 때에 형에게 아들을 얻게 아니하려고 땅에 설정하매"(9절). 여기 "형수에게 들어갔을 때에"는 "형수에게 들어갔을 때마다(whenever)"를 의미한다. 그러니까 오난은 형수와 성교를 갖되 임신을 피하는 방법을 쓰곤 했던 것이다. 그는 이기적으로 자신의 육욕만을 채웠을 뿐 죽은 형수 남편의 아우로서 본분을 행하지 않았다.

문제는 유다의 대를 이을 "씨"가 없게 된 것이다. 8절과 9절에는 "씨"라는 말이 세 번 나온다. "유다가 오난에게 이르되 네 형수에게로 들어가서 남편의 아우의 본분을 행하여 네 형을 위하여 씨가 있게 하라 오난이 그 씨가 자기 것이 되지 않을 줄 알므로 형수에게 들어갔을 때에 형에게 아들(=씨)을 얻게 아니하려고 땅에 설정하매."

그런데 이때 사용된 "씨"("자손" 또는 "후손" 또는 "아들"로도 번역된 히브리어 "제라")란 말은 하나님께서 아브라함과 이삭과 야곱에게 약속하신 자손에 대해 사용된 말이다. "여호와께서 아브람에게 나타나 가라사대 내가 이 땅을 네 자손에게 주리라 하신지라"(창 12:7). "보이는 땅을 내가 너와 네 자손에게 주리니 영원히 이르리라 내가 네 자손으로 땅의 티끌 같게 하리니 사람이 땅의 티끌을 능히 셀 수 있을찐대 네 자손도 세리라"(창 13:15-16). "그를 이끌고 밖으로 나가 가라사대 하늘을 우러러 뭇별을 셀 수 있나 보라 또 그에게 이르시되 네 자손이 이와 같으리라"(창 15:5). "내가 내 언약을 나와 너와 네 대대 후손의 사이에 세워서 영원한 언약을 삼고 너와 네 후손의 하나님이 되리라"(창 17:7). "하나님이 가라사대 아니라 네 아내 사라가 정녕 네게 아들을 낳으리니 너는 그 이름을 이삭이라 하라 내가 그와 내 언약을 세우리니 그의 후손에게 영원한 언약이 되리라"(창 17:19). "내가 네게 큰 복을 주고 네 씨로 크게 성하여 하늘의 별과 같고 바닷가의 모래와 같게 하리니 네 씨가 그 대적의 문을 얻으리라"(창 22:17). "하늘의 하나님 여호와께서 나를 내 아버지의 집과 내 본토에서 떠나게 하시고 내게 말씀하시며 내게 맹세하여 이르시기를 이 땅을 네 씨에게 주리라 하셨으니 그가 그 사자를 네 앞서 보내실찌라 네가 거기서 내 아들을 위하여 아내를 택할찌니라"(창 24:7). "이 땅에 유하면 내가 너와 함께 있어 네게 복을 주고 내가 이 모든 땅을 너와 네 자손에게 주리라 내가 네 아비 아브라함에게 맹세한 것을 이루어 네 자손을 하늘의 별과 같이 번성케 하며 이 모든 땅을 네 자손에게 주리니 네 자손을 인하여 천하 만민이 복을 받으리라"(창 26:3-4). "그 밤에 여호와께서 그에게 나타나 가라사대 나는 네 아비 아브라함의 하나님이니 두려워 말라 내 종 아브라함을 위하여 내가 너와 함께 있어 네게 복을 주어 네 자손으로 번성케 하리라 하신지라"(창 26:24). "아브라함에게 허락하신 복을 네게 주시되 너와 너와 함께 네 자손에게 주사 너로 하나님이 아브라함에게 주신 땅 곧 너의 우거하는 땅을 유업으로 받게 하시기를 원하노라"(창 28:4). "또 본즉 여호와께서 그 위에 서서 가라사대 나는 여호와니 너의 조부 아브라함의 하나님이요 이삭의 하나님이라 너 누운 땅을 내가 너와 네 자손에게 주리니 네 자손이 땅의 티끌 같이 되어서 동서 남북에 편만할찌며 땅의 모든 족속이 너와 네 자손을 인하여 복을 얻으리라"(창 28:13-14). "주께서 말씀하시기를 내가 정녕 네게 은혜를 베풀어 네 씨로 바다의 셀 수 없는 모래와 같이 많게 하리라 하셨나이다"(창 32:12). "내가 아브라함과 이삭에게 준 땅을 네게 주고 내가 네 후손에게도 그 땅을 주리라 하시고"(창 35:12). 이처럼 본문에 사용된 "씨"라는 말은 하나님의 약속과 관련된 것이다.

따라서 성경은 오난의 행동이 하나님의 약속에 반하는 것임을 나타낸다. 그는 하나님의 약속에 대해서 관심이 없다. 아니, 그의 행동은 사실상 하나님의 약속이 성취되는 것을 막고 있다. 따라서 오난의 행동에 대해 10절은 이렇게 말한다. "그 일이 여호와 목전에 악하므로 여호와께서 그도 죽이시니."

약속의 위기

이처럼 본문에서 유다의 결혼이나 그 아들들의 결혼은 하나님의 약속이 성취되는 것을 방해하는 것으로 나타난다. 유다와 그 아들들이 약속의 위기를 가져온 것이다.

여기서 우리가 주목할 것은 이런 상황이 벌어진 시기이다. 1절에는 "그 후에"(그때에, 그 무렵에, at that time)라는 표현이 나온다. 이것은 미디안 사람이 애굽에서 보디발에게 요셉을 판 때를 가리킨다. 따라서 유다와 그 아들들의 결혼은 시간적으로 요셉을 판 때와 연결된다. 실제로 시간을 계산해 보면, 창세기 38장에 기록된 내용은 대략 이십이 년 정도 걸린 것으로 볼 수 있다.

본문에서 유다가 가나안 여자와 결혼하여 세 아들을 낳고 그 가운데 첫째
가 결혼하기까지 이십 년 정도 걸렸을 것으로 보인다(유다의 아들이 십대 중후
반에 결혼했을 것으로 추정해서). 그 다음, 12-30절에서 유다가 그 며느리 다말
에게서 쌍둥이를 낳기까지는 이 년이 채 안 걸렸을 것이다.

그런데 요셉은 창세기 37장 2절에서 "십칠 세의 소년"으로 등장한다. 그리
고 그가 애굽의 총리가 된 것은 "삼십 세" 때이다(창 41:46). 그 후 "일곱 해 풍
년"(창 41:47)을 지나 "이년 동안 흉년이 들었을"(창 45:6) 때 요셉의 형들은 애
굽에서 요셉을 만난 것이다. 이 기간이 대략 이십이 년이다. 따라서 창세기
38장에 기록된 내용은 시간적으로 그 앞뒤에 기록된 내용과 겹친다. 그렇다
면 유다가 자기 탐욕에 이끌려 가나안 여자와 결혼하고, 그의 아들들은 수
혼의 책임을 거부하는 상황에서 요셉과 야곱의 가정은 애굽으로 내려가게 된
것이다.

여기서 우리는 왜 요셉이 애굽으로 가게 되었는지를 생각하게 된다. 하나
님은 야곱의 가정을 애굽으로 데려가시기 위해서 먼저 요셉을 그리로 보내신
것이다. 왜냐하면 당시에 야곱의 가정은 유다가 보여준 대로 하나님의 약속
을 잊고 가나안 민족에게 동화될 위험이 있었기 때문이다. 실제로 창세기 46
장 10절에 가면 야곱의 아들 중에 시므온도 가나안 여인과 자식을 낳은 것
을 볼 수 있다. "시므온의 아들 곧 여무엘과 야민과 오핫과 야긴과 스할과
가나안 여인의 소생 사울이요." 그래서 하나님은 야곱의 가정이 하나님의 약
속을 잊고 가나안 사람과 섞여서 그들에게 동화될 위험을 아시고 애굽으로
보내시려고 한 것이다. 그리고 이를 위해 요셉을 먼저 그리로 보내신 것이다.
그래서 유진 메릴(Eugene H. Merrill)은 이렇게 말했다. "요셉이 팔린 것은 유
다의 결혼에 대한 하나님의 반응으로 보아야 한다." 이것이 창세기 38장에서
요셉 이야기 중간에 갑자기 유다 이야기가 나온 하나의 이유이다.

거룩함과 약속의 성취

창세기에서 하나님은 아브라함에게 자손에 대한 약속을 주셨다. 하나님은 그의 자손이 번성하여 큰 민족을 이루게 될 거라고 말씀하신 것이다. 그 약속은 아브라함과 야곱과 요셉의 생애를 거치면서 점점 더 구체적으로 이루어져 갔다. 그리고 예수 그리스도가 이 땅에 오심으로써 모든 민족으로 확대되었다. 모든 민족 가운데 예수 그리스도를 믿는 사람들이 아브라함의 자손으로 약속의 성취에 참여하게 된 것이다.

그런데 우리가 잊지 말아야 할 것이 있다. 그것은 하나님이 우리들에게 약속을 이루실 때 그분의 관심은 약속의 성취에만 있지 않고 그 약속에 참여하는 우리들이 거룩하게 변화되는 것에도 있다는 사실이다. 유다와 그의 아들들은 하나님의 백성으로서 정체성을 잃어버리고 가나안 민족에 동화되어 가고 있었다. 그래서 하나님은 그들을 애굽으로 옮기셔서 하나의 민족을 이루실 때까지 그들을 가나안 문화로부터 차단시켜 놓으셨다.

이처럼 하나님은 그분이 택하신 사람들을 거룩하게 구별하신다. 하나님의 관심은 우리의 거룩함에 있다. 성경은 이 사실을 여러 곳에서 말해준다. "너희가 하나님의 성전인 것과 하나님의 성령이 너희 안에 거하시는 것을 알지 못하느뇨 누구든지 하나님의 성전을 더럽히면 하나님이 그 사람을 멸하시리라 하나님의 성전은 거룩하니 너희도 그러하니라"(고전 3:16-17). 이 때문에 우리는 세상과 구별되어야 한다. 사도 바울은 하나님의 자녀들이 세상과 구별되어야 함을 가르쳤다. "너희는 믿지 않는 자와 멍에를 같이 하지 말라 의와 불법이 어찌 함께하며 빛과 어두움이 어찌 사귀며 그리스도와 벨리알이 어찌 조화되며 믿는 자와 믿지 않는 자가 어찌 상관하며 하나님의 성전과 우상이 어찌 일치가 되리요 우리는 살아 계신 하나님의 성전이라 이와 같이 하나님께서 가라사대 내가 저희 가운데 거하며 두루 행하여 나는 저희 하나님이 되고 저희는 나의 백성이 되리라 하셨느니라 그러므로 주께서 말씀하시기를 너희는 저희 중에서 나와서 따로 있고 부정한 것을 만지지 말라 내가 너희를 영접하여 너희에게 아버지가 되고 너희는 내게 자녀가 되리라 전능하신 주의 말씀이니라 하셨느니라"(고후 6:14-18). "그러므로 저희와 함께 참예하는 자 되지 말라 너희가 전에는 어두움이더니 이제는 주 안에서 빛이라 빛의 자녀들처럼 행하라"(엡 5:7-8). 그리고 예수님도 이것을 위해 기도하셨다. "내가 비옵는 것은 저희를 세상에서 데려가시기를 위함이 아니요 오직 악에 빠지지 않게 보전하시기를 위함이니이다 내가 세상에 속하지 아니함 같이 저희도 세상에 속하지 아니 하였삽나이다"(요 17:15-16).

우리는 하나님이 우리에게 복을 주시기 원한다. 그렇지만 하나님은 우리가 원한 대로 바로 복을 주시지 않는다. 하나님은 우리에게 복을 주시기 위해서 우리를 거룩한 사람으로 변화시키신다. 우리는 복을 원하는데 하나님은 우리에게 시련을 주실 수 있다. 왜냐하면 그 시련을 통해서 하나님은 우리를 거룩한 사람으로 바꾸시고 나서 복을 주시려고 하기 때문이다. 그래서 종종 징계가 우리에게 있는 것이다. 하나님의 관심은 우리들이 하나님의 백성으로서 정체성을 잃지 않고 살아가는 데 있다. "하나님의 뜻은 이것이니 너희의 거룩함이라"(살전 4:3).

7

정당한 다말과
동화된 유다

창 38:12-23 12 얼마 후에 유다의 아내 수아의 딸이 죽은지라 유다가 위로를 받은 후에 그 친구 아둘람 사람 히라와 함께 딤나로 올라가서 자기 양털 깎는 자에게 이르렀더니 13 혹이 다말에게 고하되 네 시부가 자기 양털을 깎으려고 딤나에 올라왔다 한지라 14 그가 그 과부의 의복을 벗고 면박으로 얼굴을 가리고 몸을 휩싸고 딤나 길 곁에나임 문에 앉으니 이는 셀라가 장성함을 보았어도 자기를 그의 아내로 주지 않음을 인함이라 15 그가 얼굴을 가리웠으므로 유다가 그를 보고 창녀로 여겨 16 길 곁으로 그에게 나아가 가로되 청컨대 나로 네게 들어가게 하라 하니 그 자부인 줄 알지 못하였음이라 그가 가로되 당신이 무엇을 주고 내게 들어오려느냐 17 유다가 가로되 내가 내 떼에서 염소 새끼를 주리라 그가 가로되 당신이 그것을 줄 때까지 약조물을 주겠느냐 18 유다가 가로되 무슨 약조물을 네게 주랴 그가 가로되 당신의 도장과 그 끈과 당신의 손에 있는 지팡이로 하라 유다가 그것들을 그에게 주고 그에게로 들어갔더니 그가 유다로 말미암아 잉태하였더라 19 그가 일어나 떠나가서 그 면박을 벗고 과부의 의복을 도로 입으니라 20 유다가 그 친구 아둘람 사람의 손에 부탁하여 염소 새끼를 보내고 그 여인의 손에서 약조물을 찾으려 하였으나 그가 그 여인을 찾지 못한지라 21 그가 그곳 사람에게 물어 가로되 길 곁 에나임에 있던 창녀가 어디 있느냐 그들이 가로되 여기는 창녀가 없느니라 22 그가 유다에게로 돌아와 가로되 내가 그를 찾지 못하고 그곳 사람도 이르기를 여기는 창녀가 없다 하더라 23 유다가 가로되 그로 그것을 가지게 두라 우리가 부끄러움을 당할까 하노라 내가 이 염소 새끼를 보내었으나 그대가 그를 찾지 못하였느니라

앞서 창세기 38장 1-11절에서 우리는 유다와 그의 아들에게서 공통점을 보았다. 그것은 그들 모두가 자손[씨]에 대한 하나님의 약속이 성취되는 것에 관심이 없었다는 것이다. 유다는 약속의 성취를 위해 조상들이 지켜 온 관례를 깨고 가나안 여자와 결혼했다. 또한 그의 아들은 이기적인 욕심에서 자신의 본분을 지키지 않음으로써 약속의 성취를 저버렸다. 그러나 본문에서 우리는 그들과 대조적인 한 사람을 보게 된다. 그 사람은 자손을 가지려고 시도한 유다의 며느리 다말이다.

정당한 다말

자, 그러면 성경이 다말에 대해서 어떻게 말하는지 살펴보자. "얼마 후에 유다의 아내 수아의 딸이 죽은지라 유다가 위로를 받은 후에 그 친구 아둘람 사람 히라와 함께 딤나로 올라가서 자기 양털 깎는 자에게 이르렀더니 혹이 다말에게 고하되 네 시부가 자기 양털을 깎으려고 딤나에 올라왔다 한지라 그가 그 과부의 의복을 벗고 면박으로 얼굴을 가리고 몸을 휩싸고 딤나 길 곁 에나임 문에 앉으니 이는 셀라가 장성함을 보았어도 자기를 그의 아내로 주지 않음을 인함이라"(12-14절).

여기 "얼마 후에"라는 말은 본문의 내용을 바로 앞의 상황과 연결시킨다. 그 상황을 11절은 이렇게 말해 준다. "유다가 그 며느리 다말에게 이르되 수

절하고 네 아비 집에 있어서 내 아들 셀라가 장성하기를 기다리라 하니 셀라도 그 형들 같이 죽을까 염려함이라 다말이 가서 그 아비 집에 있으니라." 거기 보면, 다말은 시아버지인 유다의 말대로 가서 그 아버지 집에 머물고 있었다. 그러면서 그녀는 유다의 남은 아들 셀라가 장성하기를 기다리고 있었다. 왜냐하면 유다가 이렇게 말했기 때문이다. "수절하고 네 아비 집에 있어서 내 아들 셀라가 장성하기를 기다리라." 따라서 "얼마 후에"라는 말은 바로 그런 상황에서 시간이 흘렀음을 의미한다.

그런데 본문은 그런 시간의 흐름 속에서 두 가지 중요한 변화가 일어났음을 말해 준다. 하나는 유다의 아내가 죽은 것이다. 12절상반절에 "얼마 후에 유다의 아내 수아의 딸이 죽은지라"라고 말한 것이다. 또 하나는 다말이 시아버지 유다의 의도를 알게 된 것이다. 14절하반절에 "이는 셀라가 장성함을 보았어도 자기를 그의 아내로 주지 않음을 인함이라"라고 말한 것이다.

원래 유다는 하나 밖에 남지 않은 막내아들 셀라를 다말에게 주지 않을 생각이었다. 그래서 11절에 보면, 유다가 다말에게 "수절하고 네 아비 집에 있어서 내 아들 셀라가 장성하기를 기다리라"고 말한 이유를 이렇게 밝힌 것이다. "셀라도 그 형들 같이 죽을까 염려함이라." 유다는 셀라도 다른 두 아들처럼 죽을까 봐 두려웠던 것이다. 그러니까 유다는 말로는 기다리라고 했어도 사실은 자기 아들 셀라를 다말에게 줄 의도가 아니었던 것이다. 그런데 이제는 시간이 흘러서 셀라가 장성하고 나니까 다말은 유다의 의도를 알게 된 것이다.

이처럼 시아버지 유다의 아내가 죽고, 유다의 의도를 알게 되자 다말은 놀라운 일을 시도한다. 다말은 유다가 양털을 깎으려고 딤나에 올라왔다는 말을 듣고 이렇게 행동한 것이다. "그가 그 과부의 의복을 벗고 면박으로 얼굴을 가리고 몸을 휩싸고 딤나 길 곁 에나임 문에 앉으니"(14절상). 이것은 분명 다말이 시아버지 유다를 통해서 자손을 가지려는 시도였다. 왜냐하면 성경은 이러한 다말의 행동에 대한 이유를 이렇게 말하기 때문이다. "이는 셀라가 장성함을 보았어도 자기를 그의 아내로 주지 않음을 인함이라." 다말은 다른 사람에게 시집가지 않고 셀라를 통해서 자손을 보려고 한 것이다. 그러나 시아버지 유다가 셀라가 장성했는데도 자기를 그의 아내로 주지 않자 다말은 시아버지 유다를 통해서 자손을 가지려고 시도한 것이다.

이것이 확실한 것은 다말이 시아버지 유다로 말미암아 잉태하자 다시 과거의 모습으로 돌아갔기 때문이다. 18절 끝부분과 19절은 이렇게 말한다. "그가 유다로 말미암아 잉태하였더라 그가 일어나 떠나가서 그 면박을 벗고 과부의 의복을 도로 입으니라." 14절에서 다말이 "과부의 의복을 벗고 면박으로 얼굴을 가린" 것은 시아버지 유다를 통해 자손을 보기 위한 것이었다. 그래서 그 목적을 이루었을 때 다말은 "면박을 벗고 과부의 의복을 도로 입은" 것이다.

성경은 이러한 다말의 행동이 정당한 것이었음을 보여준다. 왜냐하면 시아버지 유다는 이미 그의 아내가 죽었기 때문이다. 만일 유다의 아내가 죽지 않았는데 다말이 이렇게 한 것이라면 이것은 간음이다. 그러나 유다의 아내가 죽었으므로 다말이 시아버지 유다를 통해 자손을 보려고 한 것은 적어도 간음은 아닌 것이다. 오히려 그녀는 당시의 관습대로 자신의 죽은 남편에게 충성해서 그를 위해 자손을 양육하려고 시도한 것이다. 이것은 신명기 25장 5절에서 "그 죽은 자의 아내는 나가서 타인에게 시집가지 말 것이요"라고 한 규정에도 부합하는 행동인 것이다. 따라서 다말의 시도가 근친상간은 아닌 것이다.

더구나 이러한 다말의 행동은 유다와 그 아들이 보여준 행동과 대조적이다. 유다와 그 아들은 자손에 대한 하나님의 약속이 성취되는 것에 관심이 없었다. 하지만 다말의 행동은 하나님의 약속을 성취하는 것이었다. 만일 다말의 이런 행동이 없었다면, 유다의 가문은 대가 끊어지고 하나님의 약속은 성취될 수 없었을 것이다. 하지만 다말은 유다의 대를 이음으로써 하나님의 약속을 성취하는 일을 한 것이다. 그녀는 비록 가나안 여자였지만, 자신을 구별하여 하나님의 언약이 있는 가문을 위해 헌신한 것이다. 그것은 마치 모압 여인 룻이 하나님의 언약 백성인 이스라엘을 위해 헌신한 것과 마찬가지이다. 룻기 4장 12절에 보면, 성문에 앉아 있던 백성과 장로들이 보아스를 향해서 이렇게 기원한 것이다. "여호와께서 이 소년 여자로 네게 후사를 주사 네 집으로 다말이 유다에게 낳아준 베레스의 집과 같게 하시기를 원하노라." 이것은 다말이 유다에게 아들을 낳아 준 것처럼 룻이 보아스에게 아들을 낳아 주도록 기원한 것이다. 다말이나 룻은 둘 다 이방 여인이었지만, 하나님은 그들을 통해서 언약 백성에게 주신 그분의 약속을 이루신 것이다.

이처럼 다말이 유다에게 아들을 낳은 것은 정당한 것이다. 그러기에 예수님의 족보에 실린 이 내용은 정당한 것이다. "유다는 다말에게서 베레스와 세라를 낳고 베레스는 헤스론을 낳고 헤스론은 람을 낳고"(마 1:3). 다말은 가나안 여자이다. 이방인인 것이다. 따라서 하나님의 언약과 원래 상관없는 사람이다. 그런데 이 여인은 하나님의 언약이 있는 그 가문에 충성했고 하나님께 쓰임을 받은 것이다. 이 다말의 헌신을 통해서 이 땅에 메시아가 오게 된 것이다.

원래 유다에겐 가나안 사람 수아라 하는 자의 딸로 소개된 아내가 있었다. 유다는 하나님의 약속에는 관심이 없고 그저 세상적인 욕망 때문에 이 여인과 결혼한 것이다. 그런데 이 여인은 중요하지 않다. 성경에 보면 이 여인의 이름이 나오지 않는다. 하나님은 유다의 아내를 통하여 대를 잇게 하신 것이 아니라, 유다의 며느리 다말을 통하여 대를 잇게 하신 것이다. 여기 다

말이란 이름이 나온다. 이 여자가 중요하기 때문이다. 성경은 명시적으로 밝히고 있지 않지만, 다말이 시아버지 유다에 대해서 이런 대담한 행동을 하게 된 것은 마치 룻이 시어머니 나오미를 떠나지 않았던 그때의 모습과도 흡사하다. 이 여인은 하나님에 대한 관심이 있었을지 모른다. 그 약속에 대한 믿음이 있었을지 모른다. 그래서 이 여인은 다른 데 시집가지 않고 이 유다의 가문에 충성한 것이다. 하나님은 이 여인을 통해서 메시아의 약속을 이루어 가신 것이다. 우리도 유다의 아내인 수아의 딸 같은 사람이 되지 말고 다말 같은 사람이 되어야 한다. 하나님이 하시는 일은 종종 우리의 예상을 깨뜨린다. 우리가 기대하지 못한 곳에서 하나님은 일하신다.

동화된 유다

그러면 다말은 어떻게 자기 시아버지 유다로 말미암아 잉태하게 되었을까? 15-18절을 보자. "그가 얼굴을 가리웠으므로 유다가 그를 보고 창녀로 여겨 길 곁으로 그에게 나아가 가로되 청컨대 나로 네게 들어가게 하라 하니 그 자부인 줄 알지 못하였음이라 그가 가로되 당신이 무엇을 주고 내게 들어오려느냐 유다가 가로되 내가 내 떼에서 염소 새끼를 주리라 그가 가로되 당신이 그것을 줄 때까지 약조물을 주겠느냐 유다가 가로되 무슨 약조물을 네게 주랴 그가 가로되 당신의 도장과 그 끈과 당신의 손에 있는 지팡이로 하라 유다가 그것들을 그에게 주고 그에게로 들어갔더니 그가 유다로 말미암아 잉태하였더라."

여기 보면, 유다는 자기 자부를 창녀인 줄 알고 행동했다. 다말이 면박으로 얼굴을 가렸기 때문에 유다는 자기 자부인 줄 모른 것이다. 이것은 유다가 후에 세워진 하나님의 규정을 직접적으로 어긴 것은 아니라는 것을 보여준다. 왜냐하면 하나님은 시아버지가 자부와 동침하는 것을 금하시기 때문이다. "너는 자부의 하체를 범치 말라 그는 네 아들의 아내니 그 하체를 범치 말찌니라"(레 18:15). "누구든지 그 자부와 동침하거든 둘 다 반드시 죽일찌니 그들이 가증한 일을 행하였음이라 그 피가 자기에게로 돌아가리라"(레 20:12). 그래서 26절에서 유다는 창녀인 줄 알았던 여인이 자기 자부인 것을 알고 "다시는 그를 가까이 하지 아니한" 것이다. 그렇다면 유다의 행동이 근친상간은 아닌 것이다.

하지만 유다는 창녀와 동침한 것이 분명하다. 15-16절에 이렇게 말하기 때문이다. "유다가 그를 보고 창녀로 여겨 길 곁으로 그에게 나아가 가로되 청컨대 나로 네게 들어가게 하라 하니." 그렇다면 이것은 무엇을 의미할까? 창세기에서 "창녀"(히브리어 "조나")라는 말은 여기 말고 딱 한 군데 더 나온다. 창세기 34장 31절이다. "그들이 가로되 그가 우리 누이를 창녀같이 대우함이 가하니이까?" 시므온과 레위가 가나안 땅 히위 족속 중 세겜이 야곱의 딸 디나를 강간한 것에 대해 그렇게 말한 것이다. 따라서 유다가 창녀와 동침한 것은 마치 가나안 사람처럼 행동한 것을 의미한다.

우리는 이미 앞에서 유다가 가나안 여자와 결혼한 것을 보았다. 그런데 본문에서 유다는 창녀와 동침함으로써 가나안 사람처럼 행동하고 있는 것이다. 이것은 야곱의 아들들이 가나안 사람의 문화에 동화되고 있음을 보여준다. 그리고 하나님은 이런 이유에서 야곱의 가정을 애굽으로 내려가게 하신 것이다.

그러면 유다가 그 자부를 창녀로 알고 동침하게 되는 과정을 살펴보자. 16-18절에는 유다와 다말이 나눈 대화가 나온다. 유다가 말한다. "청컨대 나로 네게 들어가게 하라." 그러자 다말이 묻는다. "당신이 무엇을 주고 내게 들어오려느냐?" 그 물음에 유다가 대답한다. "내가 내 떼에서 염소 새끼를 주리라." 다말이 다시 묻는다. "당신이 그것을 줄 때까지 약조물을 주겠느냐?" 유다가 말한다. "무슨 약조물을 네게 주랴?" 다말이 말한다. "당신의 도장과 그 끈과 당신의 손에 있는 지팡이로 하라." 여기 "도장"과 "지팡이"는 당시에 그 사람의 신분을 확인시켜 주는 것이다. 오늘날로 말하면 신분증과 같은 것이다. 다말은 그것을 달라는 것이다. 결국 유다는 다말이 요구한 것을 주고 그와 동침했고, 다말은 유다로 말미암아 잉태했다.

이때 다말이 유다에게 약조물을 요구한 데에는 이유가 있다. 그것은 유다가 이미 다말에게 말한 것을 지키지 못했기 때문이다. 그는 다말에게 "셀라가 장성하기를 기다리라"고 말해 놓고는 막상 셀라가 장성했어도 다말을 그의 아내로 주지 않았던 것이다. 그러기에 다말은 염소 새끼를 주겠다는 유다의 말을 믿을 수 없었다. 그래서 그녀는 유다에게 약조물을 요구한 것이다.

이런 일이 있고 나서 다말은 다시 과거의 삶으로 돌아갔다. 19절은 "그가 일어나 떠나가서 그 면박을 벗고 과부의 의복을 도로 입으니라"고 말한다. 그러면 그 후 어떤 일이 벌어졌을까? 20-23절을 보자. "유다가 그 친구 아둘람 사람의 손에 부탁하여 염소 새끼를 보내고 그 여인의 손에서 약조물을 찾으려 하였으나 그가 그 여인을 찾지 못한지라 그가 그곳 사람에게 물어 가로되 길 곁 에나임에 있던 창녀가 어디 있느냐 그들이 가로되 여기는 창녀가 없느니라 그가 유다에게로 돌아와 가로되 내가 그를 찾지 못하고 그곳 사람도 이르기를 여기는 창녀가 없다 하더라 유다가 가로되 그로 그것을 가지게 두라 우리가 부끄러움을 당할까 하노라 내가 이 염소 새끼를 보내었으나 그대가 그를 찾지 못하였느니라."

유다는 약속대로 염소 새끼를 보내서 그 여인에게 준 약조물을 찾으려 하였다. 그렇지만 그 여인은 이미 그곳에 없었다. 결국 유다는 약조물 찾는 것을 단념하고 말았다.

그런데 이때 성경은 우리에게 유다의 실상을 잘 보여준다. 우선, 유다는 자신이 창녀와 동침한 것에 대해 부끄럽게 여기고 있었음이 분명하다. 그래서 그는 염소 새끼를 보내서 약조물을 찾으려 하였을 때 자신이 직접 가지 못하고 대신 그 친구 아둘람 사람의 손에 부탁했다. 그는 사람들 몰래 조용히 해결하려고 한 것이다.

　사실, 유다가 창녀와 동침한 것은 가나안 사람이 볼 때에도 부끄러운 일이었다. 왜냐하면 그 친구 아둘람 사람이 딤나 사람에게 물을 때 창녀란 말을 다른 단어로 바꾸었기 때문이다. 원래 15절에 나온 "창녀"란 말은 히브리어 "조나"로 보통 매춘부를 가리킨다. 그러나 21-22절에 나온 "창녀"란 말은 히브리어 "케데샤"로 제의적 매춘부를 가리킨다. 그런데 당시에는 제의적 매춘부가 보통 매춘부보다 낫게 여겨졌다. 그래서 유다가 보낸 아둘람 사람이 딤나 사람에게 말할 때 그는 "조나" 대신 "케데샤"를 쓴 것이다. 그것은 당시에도 보통 창녀와 동침하는 것은 아주 부끄러운 일로 간주되었다는 말이다.

　그렇지만 유다는 자신의 부끄러운 행동을 덮으려고만 했다. 그는 그 친구 아둘람 사람이 돌아와 그 여인을 찾지 못하고 그곳에는 창녀가 없다는 말을 전했을 때 이렇게 대답한 것이다. "그로 그것을 가지게 두라 우리가 부끄러움을 당할까 하노라 내가 이 염소 새끼를 보내었으나 그대가 그를 찾지 못하였느니라." 유다가 이렇게 자신의 잘못을 덮으려고만 한 이유는 분명하다. 사람들의 평판을 생각해서다. "우리가 부끄러움을 당할까 하노라." 이 말을 직역하자면, "우리가 웃음거리가 될까 봐"이다.

사람들의 평판인가? 하나님을 경외함인가?

　이렇게 말하는 유다의 생각은 괜히 웃음거리가 될 테니 빨리 덮자는 것이다. 유다가 생각하고 있는 것은 사람들의 평판이다. 사람들에게 웃음거리가 되면 안 되겠다는 것뿐 다른 것은 없다. 유다는 자기가 창녀와 동침한 것이 죄라는 것을 깨닫지 못한 것이다. 그것을 하나님 앞에서 생각하지 못하고 있는 것이다. 사실, 유다의 마음에는 하나님을 경외함이 없다. 그는 하나님의 언약이 있는 가문의 자손이지만 실제 삶은 하나님이 없는 것처럼 살아온 것이다. 그래서 그는 가나안 여자와 결혼했고, 창녀와도 동침을 한 것이다. 게다가 그는 창녀와 동침하고 난 후에도 그것이 하나님 앞에 죄라는 것을 깨닫지 못하고 그것을 덮으려고만 한 것이다. 그는 회개할 줄 모르는 것이다.

유다는 원래 하나님의 언약이 있는 가문 출신이다. 그는 하나님의 백성인 것이다. 아브라함의 약속이 있고, 이삭의 약속이 있고, 야곱의 축복이 있는 그런 가문의 사람이다. 그런데 실제 삶은 가나안 사람처럼 되어 버리고 만 것이다. 왜냐하면 그에게 하나님을 경외함이 없기 때문이다.

우리들도 하나님을 경외함이 없다면 유다 같이 될 수 있다. 우리가 주일에 하나님 앞에 와서 예배를 드리지만 그런다고 해서 우리가 절대로 성매매를 안 한다는 보장이 없다. 만일 우리에게 하나님을 경외함이 없다면, 주일에 교회에 와서 예배를 드려도 주 중에는 아무도 모르게 사창가를 출입할 수 있다는 말이다. 우리가 신앙생활을 할 때 하나님을 경외함이 얼마나 중요한지 모른다. 형식적인, 모양만 갖춘 그리스도인으로 살다가는 우리도 유다 같이 될 수 있다. 아무도 모르는 곳에서 뇌물을 받고, 아무도 모르는 곳에서 사람들을 속일 수 있고, 아무도 모르는 곳에서 부도덕한 짓을 할 수 있는 것이다. 그러나 우리가 하나님을 경외하며 살아갈 때, 우리는 유다 같이 살 수 없다. 우리가 왜 매일 성경을 읽어야 할까? 그것은 우리가 그렇게 하지 않으면서 하나님을 경외하는 삶을 살아가기란 쉬운 일이 아니기 때문이다. 우리는 날마다 성경을 읽으면서 그 속에서 하나님의 뜻을 깨닫고, 내 자신의 죄를 깨닫고 그래서 삶을 돌이키고 하나님의 말씀에 합당한 모습으로 변화되어져 가는 삶을 사는 것이다. 그럴 때 우리는 유다 같이 되지 않을 수 있다.

8

징계를 통해 변화된
유다

창 38:24-30 24 석 달쯤 후에 혹이 유다에게 고하여 가로되 네 며느리 다말이 행음하였고 그 행음함을 인하여 잉태하였느니라 유다가 가로되 그를 끌어내어 불사르라 25 여인이 끌려 나갈 때에 보내어 시부에게 이르되 이 물건 임자로 말미암아 잉태하였나이다 청컨대 보소서 이 도장과 그 끈과 지팡이가 뉘 것이니이까 한지라 26 유다가 그것들을 알아보고 가로되 그는 나보다 옳도다 내가 그를 내 아들 셀라에게 주지 아니하였음이로다 하고 다시는 그를 가까이 하지 아니하였더라 27 임산하여 보니 쌍태라 28 해산할 때에 손이 나오는지라 산파가 가로되 이는 먼저 나온 자라 하고 홍사를 가져 그 손에 매었더니 29 그 손을 도로 들이며 그 형제가 나오는지라 산파가 가로되 네가 어찌하여 터치고 나오느냐 한 고로 그 이름을 베레스라 불렀고 30 그 형제 곧 손에 홍사 있는 자가 뒤에 나오니 그 이름을 세라라 불렀더라

앞서 읽은 말씀에서 우리는 다말이 그 시아버지 유다로 말미암아 잉태한 이야기를 살펴보았다. 이제 본문에서는 다말이 잉태하고 난 후의 이야기를

살펴보려고 한다. 여기에는 두 가지 사건이 들어 있다. 하나는 다말이 행음한 것으로 몰려서 죽을 뻔한 사건이다. 이것은 다말이 잉태하고 나서 "석 달쯤 후에" 일어난 사건으로 24-26절에 나온다. 또 하나는 다말이 쌍둥이를 낳은 사건이다. 이것은 "해산할 때에" 일어난 사건으로 27-30절에 나온다.

드러난 진실

그러면 먼저 다말이 행음한 것으로 몰려서 죽을 뻔한 사건부터 살펴보자. "석 달쯤 후에 혹이 유다에게 고하여 가로되 네 며느리 다말이 행음하였고 그 행음함을 인하여 잉태하였느니라 유다가 가로되 그를 끌어내어 불사르라 여인이 끌려 나갈 때에 보내어 시부에게 이르되 이 물건 임자로 말미암아 잉태하였나이다 청컨대 보소서 이 도장과 그 끈과 지팡이가 뉘 것이니이까 한지라 유다가 그것들을 알아보고 가로되 그는 나보다 옳도다 내가 그를 내 아들 셀라에게 주지 아니하였음이로다 하고 다시는 그를 가까이 하지 아니하였더라"(24-26절).

여기 보면, 다말이 잉태하고 나서 "석 달쯤 후에" 유다는 그 며느리 다말에 대한 소문을 듣게 되었다. 그 소문의 내용은 이렇다. "네 며느리 다말이 행음하였고 그 행음함을 인하여 잉태하였느니라." "행음하다"는 말은 성적으로 부도덕한 행동을 가리킨다. 다말은 유다의 며느리로서 셀라의 아내로 주기로 되어 있었기에 다른 사람과 성관계를 가진 것을 그렇게 말한 것이다. 이 소문을 들은 유다의 반응은 단호했다. "그를 끌어내어 불사르라." 다말은 행음한 것 때문에 죽게 된 것이다.

이때만 해도 유다는 자신이 옳고 다말은 그르다고 생각했다. 그렇지만 진실은 곧 드러나고 말았다. 다말이 끌려 나가면서 그 시부에게 이런 말을 전했기 때문이다. "이 물건 임자로 말미암아 잉태하였나이다 청컨대 보소서 이 도장과 그 끈과 지팡이가 뉘 것이니이까?"

그랬을 때, 유다가 보인 반응이 26절에 나온다. "유다가 그것들을 알아보고 가로되 그는 나보다 옳도다 내가 그를 내 아들 셀라에게 주지 아니하였음이로다 하고 다시는 그를 가까이 하지 아니하였더라." "유다가 그것들을 알아보고." 유다는 다말이 제시한 도장과 그 끈과 지팡이가 자기 것임을 알아본 것이다. 그 순간 유다가 알게 된 것이 있다. 그것은 다말이 행음하여 잉태한 것이 아니라 자기로 말미암아 잉태한 것이라는 사실이다. 이와 함께 유다는 자기가 창녀로 여겼던 여인이 자기 자부라는 사실도 알게 된 것이다. 그러자 유다는 말했다. "그는 나보다 옳도다 내가 그를 내 아들 셀라에게 주지 아니하였음이로다." 유다는 다말이 행음하여 잉태한 줄 알고 그를 끌어내어 불사르라고 했었지만, 사실을 알고서는 이렇게 말한 것이다.

이때 유다가 다말이 자기보다 옳다고 말한 이유는 이렇다. "내가 그를 내 아들 셀라에게 주지 아니하였음이로다." 이 말을 보면, 유다는 다말의 행동이 어떤 의도에서 비롯된 것인지를 알게 된 것이다. 이 내용은 이미 14절에서 말한 것이다. "그가 그 과부의 의복을 벗고 면박으로 얼굴을 가리고 몸을 휩싸고 딤나 길곁 에나임 문에 앉으니 이는 셀라가 장성함을 보았어도 자기를 그의 아내로 주지 않음을 인함이라." 따라서 유다는 다말의 행동이 자기가 들은 소문대로 행음한 것이 아니라 자손을 갖기 위한 의도에서 나온 것임을 알게 된 것이다.

이와 함께 유다는 자신이 다말을 속인 것도 알게 된 것이다. 이 내용은 이미 11절에서 말한 것이다. "유다가 그 며느리 다말에게 이르되 수절하고 네 아비 집에 있어서 내 아들 셀라가 장성하기를 기다리라 하니 셀라도 그 형들 같이 죽을까 염려함이라." 따라서 유다는 자신의 의도와 다르게 말함으로써 다말을 속인 것을 알게 된 것이다.

그렇기 때문에 조금 전까지만 해도 다말이 행음하여 잉태한 줄 알고 그를 끌어내어 불사르라고 했던 유다지만 지금은 오히려 다말이 자기보다 옳다고 말한 것이다.

심은 대로 거둔 유다

여기서 우리가 주목할 사실이 있다. 하나는 유다가 자기가 심은 대로 거두고 있다는 사실이다. 유다가 그 며느리 다말에게 속임을 당한 것은 과거 유다가 그 아버지 야곱을 속인 것과 너무 흡사하다. 창세기 37장 31-32절에 보면, 유다가 야곱을 속일 때 사용한 것은 요셉의 채색옷과 수염소이다. "그들이 요셉의 옷을 취하고 수염소를 죽여 그 옷을 피에 적시고 그 채색옷을 보내어 그 아비에게로 가져다가 이르기를 우리가 이것을 얻었으니 아버지의 아들의 옷인가 아닌가 보소서 하매." 마찬가지로, 유다가 다말에게 속임을 당할 때에도 염소 새끼와 옷이 이용된다. "그가 그 과부의 의복을 벗고 면박으로 얼굴을 가리고 몸을 휩싸고 … 유다가 가로되 내가 내 떼에서 염소 새끼를 주리라"(창 38:14상, 17상).

뿐만 아니라, 두 경우 모두 "보소서"(히브리어 "나카르")란 말이 중복 사용되었다. "그 채색옷을 보내어 그 아비에게로 가져다가 이르기를 우리가 이것을 얻었으니 아버지의 아들의 옷인가 아닌가 보소서(나카르) 하매 아비가 그것을 알아보고(나카르) 가로되 내 아들의 옷이라 악한 짐승이 그를 먹었도다 요셉이 정녕 찢겼도다 하고"(창 37:32-33). "여인이 끌려 나갈 때에 보내어 시부에게 이르되 이 물건 임자로 말미암아 잉태하였나이다 청컨대 보소서(나카르) 이 도장과 그 끈과 지팡이가 뉘 것이니이까 한지라 유다가 그것들을 알아보고(나카르) 가로되 그는 나보다 옳도다 내가 그를 내 아들 셀라에게 주지 아니하였음이로다 하고"(창 38:25-26).

이것은 야곱과 마찬가지로 유다도 자신이 심은 대로 거두는 것을 보여준다. 물론, 이처럼 유다가 자신이 심은 대로 거두게 된 배경에는 하나님이 계시다. 갈라디아서 6장 7절에서 말한 대로이다. "하나님은 만홀히 여김을 받지 아니하시나니 사람이 무엇으로 심든지 그대로 거두리라." 그러므로 유다가 다말에게 속임을 당하도록 허용하신 분은 하나님이시다. 심은 대로 거두는 것은 하나님의 주권적 정의이다.

유다의 자백

그러면 이렇게 하시는 하나님의 목적은 무엇일까? 그래서 또 하나 주목할 사실은 유다가 자신의 죄를 자백하게 된 것이다. 하나님은 유다가 심은 대로 거두게 하심으로써, 다시 말하면 유다가 다말에게 속임을 당하도록 허용하심으로써 그렇게 하신 것이다. 우선, 유다는 자신이 다말을 속인 사실을 깨달았다.

또한 유다는 창녀와 동침하려고 한 자신의 부도덕함을 깨달았다. 원래 유다는 이 사실을 숨기려고 했다. 그래서 그는 여인의 손에서 약조물을 찾으려 할 때 자기 친구 아둘람 사람의 손에 부탁했다. 그런데 그 친구가 그 여인을 찾지 못하고 돌아오자 유다는 이렇게 말했다. "그로 그것을 가지게 두라 우리가 부끄러움을 당할까 하노라." 유다는 사람들에게 웃음거리가 되는 것이 두려워서 사실을 덮으려고만 한 것이다.

그러나 결국 진실은 밝혀지고 말았다. 다말이 유다로 말미암아 잉태한 것이 밝혀지면서 유다가 숨기려고 했던 자신의 부도덕함이 다 드러나고 만 것이다. 유다는 이 진실을 대면했다. 그리고 자신의 죄를 자백했다. "그는 나보다 옳도다 내가 그를 내 아들 셀라에게 주지 아니하였음이로다." 조금 전만 해도 다말을 당장 끌어내어 불사르라고 했던 유다가 다말이 자기보다 옳다고 고백하게 된 것이다. 유다는 마치 이렇게 말한 것과 같다. '다말은 내가 그를 내 아들 셀라에게 주지 않아서 자손을 가지려고 그렇게 했을 뿐이다. 그러나 나는 그저 내 육신의 욕망을 채우려고 그렇게 했을 뿐이다. 그는 나보다 옳다.' 유다는 창녀를 통해서 육신의 욕망을 채우려고 했던 자신의 죄를 자백한 것이다. 이렇게 만드신 분이 하나님이시다. 하나님은 유다가 심은 대로 거두게 하심으로써, 다시 말하면 유다가 다말에게 속임을 당하도록 허용하심으로써 그렇게 하신 것이다. 하나님의 목적은 유다의 죄를 다루어서 그를 변화시키시려는 것이다.

유다의 변화

유다는 성경에 나타난 대로라면 흠이 많은 사람이다. 우선, 그는 동생 요셉을 팔자고 한 사람이다. 창세기 37장 26-27절에 보면 이렇게 되어 있다. "유다가 자기 형제에게 이르되 우리가 우리 동생을 죽이고 그의 피를 은닉한들 무엇이 유익할까 자 그를 이스마엘 사람에게 팔고 우리 손을 그에게 대지 말자 그는 우리의 동생이요 우리의 골육이니라 하매." 그 후 유다는 형제들을 떠나서 가나안 사람인 아둘람 사람 히라에게 가서 그와 친구가 된다. 그리고 결국은 가나안 여자와 결혼한다. 자기 조상들이 하나님의 약속의 성취를 기대하면서 금했던 일을 유다는 아무렇지도 않게 행한 것이다. 그리고 유다는 가나안 여자와 결혼해서 아들 셋을 낳았다. 그런데 첫째 아들과 둘째 아들이 여호와 보시기에 악해서 죽고 만다. 유다는 아버지로서 아들들을 제대로 양육하지 못한 것이다. 또한 그가 다말을 셀라에게 아내로 주지 않은 이유는 그도 죽을까 봐 염려해서다. 유다는 아들들이 왜 죽었는지는 관심이 없다. 단지 미신적으로 남은 아들도 죽을까 봐 두려워 한 것이다. 그래서 그는 며느리 다말을 속이게 된다. 이것만이 아니다. 유다는 나중에 창녀와 동침을 한다. 물론 그는 자기 며느리를 창녀로 알고 동침한 것이다. 사실 그는 가나안 사람들의 문화에 동화되어 버리고 만 것이다. 게다가 그는 자기 며느리가 행음했다고 하니까 당장 끌어내어 불사르라고 했다. 그는 마치 자기가 의로운 것처럼 위선적으로 행동한 것이다. 이런 것들을 보면 우리는 유다가 얼마나 흠이 많은가를 알 수 있다. 유다는 야곱의 아들로서, 아버지로서, 시아버지로서 모두 실패한 사람이다. 그렇다면 왜 하나님은 유다가 심은 대로 거두게 하시는 것일까? 그것은 유다로 하여금 자기의 죄를 깨닫고 돌이키게 하기 위해서이다. 그래서 유다는 여기서부터 변화되기 시작한다. 결국 나중에 가면 우리는 유다가 굉장히 달라진 것을 볼 수 있다. 하나님께서 유다를 심은 대로 거두게 하신 목적이 여기에 있다.

하나님은 유다만 그렇게 다루시는 것이 아니다. 우리들도 그렇게 다루신다. 하나님은 우리도 심은 대로 거두게 하심으로써 우리의 죄를 깨닫게 하시고 우리의 품성을 변화시키신다. 우리가 주일날 교회에 와서 예배드리고 헌금을 하고 봉사를 한다고 해서 우리가 변화되는 것은 아니다. 우리가 진짜로 변화되는 것은 하나님께서 유다를 다루시듯이 그렇게 다루실 때다. 그럴 때 우리는 하나님의 손길을 통해서 다듬어지고 새롭게 되는 것이다. 우리는 하나님께서 이런 징계의 손길을 통해서 우리를 거룩한 사람으로 만드신다는 것을 잊지 말아야 한다.

그래서 26절 끝에 보면 우리는 유다가 어떻게 되었는지 알 수 있다. "다시는 그를 가까이 하지 아니하였더라." 유다가 뭔가 달라지기 시작한 것이다.

이제는 예전 같지 않은 것이다. 과거에는 그저 육신의 욕망만을 채우려고 했던 유다지만, 이제는 그렇지 않은 것이다. 왜냐하면 하나님이 징계의 손길로 유다를 바꾸시기 때문이다. 사람은 여간해서 잘 바뀌지 않는다. 그렇지만 하나님이 이런 섭리의 손길로 다루실 때 사람은 바뀌는 것이다. 하나님의 손길은 강력해서 어느 날 갑자기 우리들의 마음과 행동을 바꾸어 놓으신다.

야곱과 닮은 베레스

그 다음, 다말이 쌍둥이를 낳은 사건을 살펴보자. "임산하여 보니 쌍태라 해산할 때에 손이 나오는지라 산파가 가로되 이는 먼저 나온 자라 하고 홍사를 가져 그 손에 매었더니 그 손을 도로 들이며 그 형제가 나오는지라 산파가 가로되 네가 어찌하여 터치고 나오느냐 한 고로 그 이름을 베레스라 불렀고 그 형제 곧 손에 홍사 있는 자가 뒤에 나오니 그 이름을 세라라 불렀더라"(27-30절).

여기서 다말이 베레스와 세라를 낳은 것은 몇 가지 점에서 리브가가 야곱과 에서를 낳은 것과 닮았다. 첫째, 두 경우 모두 쌍둥이였다. "그 해산 기한이 찬즉 태에 쌍둥이가 있었는데"(창 25:24). "임산하여 보니 쌍태라"(창 38:27). 둘째, 두 경우 모두 동생이 형을 밀치고 먼저 나오려고 했다. "후에 나온 아우는 손으로 에서의 발꿈치를 잡았으므로 그 이름을 야곱이라 하였으며"(창 25:26). "해산할 때에 손이 나오는지라 산파가 가로되 이는 먼저 나온 자라 하고 홍사를 가져 그 손에 매었더니 그 손을 도로 들이며 그 형제가 나오는지라 산파가 가로되 네가 어찌하여 터치고 나오느냐 한 고로 그 이름을 베레스라 불렀고"(창 38:28-29). 셋째, 두 경우 모두 장자권을 얻을 것으로 기대되었다가 잃게 된 자는 붉은 색과 관련이 있다. "먼저 나온 자는 붉고 전신이 갖옷 같아서 이름을 에서라 하였고 … 야곱에게 이르되 내가 곤비하니 그 붉은 것을 나로 먹게 하라 한지라 그러므로 에서의 별명은 에돔이더라"(창 25:25, 30). "해산할 때에 손이 나오는지라 산파가 가로되 이는 먼저나온 자라 하고 홍사를 가져 그 손에 매었더니 … 그 형제 곧 손에 홍사 있는 자가 뒤에 나오니 그 이름을 세라라 불렀더라"(창 38:28, 30). 이런 점에서 볼 때, 베레스는 그의 할아버지 야곱과 아주 닮았다.

그런데 야곱이 동생이지만 장자권을 갖게 된 것은 하나님의 선택에 의한 것이다. 그래서 하나님께서는 야곱과 에서가 리브가의 태 속에 있을 때, 즉 그들이 출생하기도 전에 이렇게 말씀하신 것이다. "두 국민이 네 태 중에 있구나 두 민족이 네 복중에서부터 나누이리라 이 족속이 저 족속보다 강하겠고 큰 자는 어린 자를 섬기리라"(창 25:23). "이뿐 아니라 또한 리브가가 우리 조상 이삭 한 사람으로 말미암아 잉태하였는데 그 자식들이 아직 나지도 아니하고 무슨 선이나 악을 행하지 아니한 때에 택하심을 따라 되는 하나님의 뜻이 행위로 말미암지 않고 오직 부르시는 이에게로 말미암아 서게 하려 하사 리브가에게 이르시되 큰 자가 어린 자를 섬기리라 하셨나니 기록된바 내가 야곱은 사랑하고 에서는 미워하였다 하심과 같으니라"(롬 9:10-13). 이처럼 야곱이 장자권을 갖게 된 것은 하나님의 선택에 의한 것이다. 그렇다면 야곱과 아주 닮은 베레스가 장자가 된 것도 하나님의 선택에 의해서이다.

하나님이 선택하신 유다

결국, 유다는 그의 아버지와 아들의 출생이 모두 하나님의 선택에 의한 것이다. 이것은 하나님의 선택이 유다와 그의 자손에게 있음을 보여준다. 우리가 요셉의 이야기 속에서 요셉 이외에 주목할 한 사람이 더 있다면 그는 유다이다. 유다는 중요하다. 왜냐하면 하나님이 이 사람을 택하셨기 때문이다. 하나님은 이 사람의 후손에서 메시아가 나도록 계획하신 것이다. 그래서 창세기 49장 10절은 이렇게 말한다. "홀이 유다를 떠나지 아니하며 치리자의 지팡이가 그 발 사이에서 떠나지 아니하시기를 실로가 오시기까지 미치리니 그에게 모든 백성이 복종하리로다." 여기 "홀"이란 것은 임금의 권한을 상징하는 것이다. 따라서 그 홀이 유다를 떠나지 않는다는 말은 유다에게서 왕이 출생할 것을 의미한다. 룻기 4장 17-22절은 보아스가 오벳을 낳은 것을 다윗과 연결시키고, 베레스와 연결시킨다. "그 이웃 여인들이 그에게 이름을 주되 나오미가 아들을 낳았다 하여 그 이름을 오벳이라 하였는데 그는 다윗의 아비인 이새의 아비였더라 베레스의 세계는 이러하니라 베레스는 헤스론을 낳았고 헤스론은 람을 낳았고 람은 암미나답을 낳았고 암미나답은 나손을 낳았고 나손은 살몬을 낳았고 살몬은 보아스를 낳았고 보아스는 오벳을 낳았고 오벳은 이새를 낳았고 이새는 다윗을 낳았더라." 결국 베레스의 후손에서 다윗 왕이 나온 것이다. 그리고 마태복음 1장에 가면 이 다윗의 후손 가운데 그리스도가 태어나게 된다. 하나님은 메시아를 이 땅에 보내시기 위하여 유다와 그 자손을 선택하신 것이다.

그런데 우리가 읽은 대로 유다의 아들은 자손을 갖는 것에 관심이 없었다. 그리고 유다마저도 거기에 대해서 관심이 없었다. 만일 그냥 내버려 두었더라면 유다의 가문은 대가 끊겼을 것이다. 그런데 하나님은 이방 여인인 가나안 여자 다말을 사용하셔서 유다의 가문을 잇게 하신 것이다. 사실 다말은 이방 여인이지만 그녀의 마음에는 믿음이 있었다. 그래서 그녀는 죽을지도 모르는 위험을 무릅쓰고 유다의 가문을 이으려고 시도한 것이다. 그래서 다말의 이름이 예수 그리스도의 족보 가운데 등장하게 된 것이다.

하나님은 그분의 일을 위해서 세상에서 잘난 사람을 쓰시는 것이 아니다.

하나님은 잘난 사람이 아니라 믿음이 있는 사람을 쓰시고, 유능한 사람이 아니라 하나님을 신뢰하는 사람을 쓰시는 것이다. 아무리 이방 여인이라고 해도 믿음이 있으면 하나님은 그녀를 통해서 그분의 위대한 일을 이루시는 것이다. 오늘도 하나님은 그렇게 역사하신다. 우리의 인간적 조건이나 자격과 같은 것들이 하나님의 역사에 중요한 것은 아니다. 중요한 것은 우리가 가진 믿음의 자세이다. 내가 하나님의 말씀을 믿고 거기에 순종해서 때로는 고난과 희생도 각오하고 살아가느냐가 중요하다. 하나님은 지금도 그런 사람을 통해서 하나님의 일을 이루어 가신다.

part

3

/

요셉의
종살이와 옥살이

providence

9

환난은 약속을 이루시는 과정이다

창 39:1-6 1 요셉이 이끌려 애굽에 내려가매 바로의 신하 시위대장 애굽 사람 보디발이 그를 그리로 데려간 이스마엘 사람의 손에서 그를 사니라 **2** 여호와께서 요셉과 함께 하시므로 그가 형통한 자가 되어 그 주인 애굽 사람의 집에 있으니 **3** 그 주인이 여호와께서 그와 함께하심을 보며 또 여호와께서 그의 범사에 형통케 하심을 보았더라 **4** 요셉이 그 주인에게 은혜를 입어 섬기매 그가 요셉으로 가정 총무를 삼고 자기 소유를 다 그 손에 위임하니 **5** 그가 요셉에게 자기 집과 그 모든 소유물을 주관하게 한 때부터 여호와께서 요셉을 위하여 그 애굽 사람의 집에 복을 내리시므로 여호와의 복이 그의 집과 밭에 있는 모든 소유에 미친지라 **6** 주인이 그 소유를 다 요셉의 손에 위임하고 자기 식료 외에는 간섭하지 아니하였더라 요셉은 용모가 준수하고 아담하였더라

창세기 37장에서 시작된 요셉의 이야기는 38장에서 유다의 이야기로 인해 중단되었다가 39장에서 다시 이어진다. 그래서 39장 1절은 이런 설명으로 시작된다. "요셉이 이끌려 애굽에 내려가매 바로의 신하 시위대장 애굽 사람 보디발이 그를 그리로 데려간 이스마엘 사람의 손에서 그를 사니라." 이것은

37장 마지막 36절의 설명으로 다시 돌아간 것이다. "미디안 사람이 애굽에서 바로의 신하 시위대장 보디발에게 요셉을 팔았더라."

그렇지만 이 두 설명 사이에는 주목할 만한 차이가 있다. 우선, 창세기 37장에서는 미디안 사람이 보디발에게 요셉을 팔았다고 말한 것을 39장에서는 보디발이 이스마엘 사람의 손에서 요셉을 샀다고 말한 것이다. 이것은 같은 사실을 다른 관점에서 말한 것이다. 그럼으로써 이야기의 초점이 보디발에게 옮겨진 것이다. 왜냐하면 이제부터는 보디발이 요셉의 삶에 주도적인 영향을 미칠 것이기 때문이다. 본문에는 이러한 사실이 잘 나타난다. "바로의 신하 시위대장 애굽 사람 보디발이 그를 그리로 데려간 이스마엘 사람의 손에서 그를 사니라"(1절). "그 주인이 여호와께서 그와 함께하심을 보며 또 여호와께서 그의 범사에 형통케 하심을 보았더라"(3절). "그가 요셉으로 가정 총무를 삼고 자기 소유를 다 그 손에 위임하니"(4절). "그가 요셉에게 자기 집과 그 모든 소유물을 주관하게 한"(5절). "주인이 그 소유를 다 요셉의 손에 위임하고 자기 식료 외에는 간섭하지 아니하였더라"(6절). 이처럼 보디발이 요셉을 종으로 사서 가정 총무로 삼은 것이다.

유다와 다른 요셉

또 다른 차이는 창세기 39장 1절이 37장 36절과 달리 "요셉이 이끌려 애굽에 내려가매"라고 말한 것이다. 이것은 요셉을 38장에서 말한 유다와 연결시켜 준다. 왜냐하면 창세기 38장 1절은 "유다가 자기 형제에게서 내려가서"라고 말하기 때문이다. 둘 다 "내려가다"란 말을 쓴 것이다.

그런데 요셉과 유다가 "내려간" 결과는 전혀 다르다. 유다는 "자기 형제에게서 내려갔지만" 여전히 하나님이 약속하신 땅에 있었다. 하지만 거기서 그의 삶은 하나님의 약속과는 거리가 멀었다. 그는 가나안 여인과 결혼했다.
그것은 조상들이 하나님의 약속의 성취를 위하여 금했던 일이다. 그 결과 유
다가 낳은 세 아들 중 둘은 "여호와 목전에 악하므로 여호와께서 죽이셨다."
게다가, 그는 장차 약속의 땅에서 쫓겨나게 될 가나안 사람에게 동화되어
그들처럼 창녀와 동침하기도 했다.

그러나 요셉은 달랐다. 그는 하나님이 약속하신 땅을 벗어나서 "애굽에
내려갔다." 하지만 그곳에서 그는 하나님의 약속이 성취되는 삶을 살았다.
2절은 이렇게 말한다. "여호와께서 요셉과 함께하시므로 그가 형통한 자가
되어 그 주인 애굽 사람의 집에 있으니." 본문은 요셉도 유다처럼 "내려갔다"
고 말한다. 그렇지만 요셉에게는 유다와 달리 "여호와께서 요셉과 함께하시
므로"라는 설명을 추가한다.

그런데 이 점은 바로 아브라함과 이삭과 야곱이 경험했던 삶의 특징이기도
하다. 그들은 모두 하나님이 함께하시는 삶을 살았던 것이다. 창세기 21장
22절에 가면 아비멜렉과 그 군대 장관 비골이 아브라함에게 이렇게 말한 것
을 볼 수 있다. "네가 무슨 일을 하든지 하나님이 너와 함께 계시도다." 또한
창세기 26장 28절에서는 아비멜렉이 그 친구 아훗삿과 군대장관 비골로 더
불어 이삭에게도 비슷한 말을 한 것을 볼 수 있다. "여호와께서 너와 함께 계
심을 우리가 분명히 보았으므로."

마찬가지로, 야곱도 하나님이 함께하시는 삶을 살았다. 창세기 31장 5절
에는 야곱이 라헬과 레아에게 이렇게 말한 것이 나온다. "내가 그대들의 아
버지의 안색을 본즉 내게 대하여 전과 같지 아니하도다 그러할찌라도 내 아
버지의 하나님은 나와 함께 계셨느니라." 또한 창세기 31장 42절에서 야곱
은 라반에게 이렇게 말했다. "우리 아버지의 하나님, 아브라함의 하나님 곧
이삭의 경외하는 이가 나와 함께 계시지 아니하셨더면 외삼촌께서 이제 나를

공수로 돌려 보내셨으리이다 마는 하나님이 나의 고난과 내 손의 수고를 감찰하시고 어제 밤에 외삼촌을 책망하셨나이다." 그리고 창세기 35장 3절에서는 야곱이 자기 집 사람과 자기와 함께한 모든 자에게 이렇게 말한 것을 볼 수 있다. "우리가 일어나 벧엘로 올라가자 나의 환난 날에 내게 응답하시며 나의 가는 길에서 나와 함께하신 하나님께 내가 거기서 단을 쌓으려 하노라."

여호와께서 함께하신 목적

여기서 여호와께서 아브라함과 이삭과 야곱에게 함께하신 목적을 주목할 필요가 있다. 그것은 하나님이 아브라함에게 주신 약속의 성취를 위한 것이다. 그래서 하나님은 이삭과 야곱에게 아브라함에게 주신 약속의 성취를 위해 그들과 함께 있겠다고 말씀하신 것이다. 창세기 26장 3-4절에 보면, 하나님은 그랄에서 이삭에게 애굽으로 내려가지 말고 그에게 지시하는 땅에 거하라고 하시면서 이렇게 말씀하셨다. "이 땅에 유하면 내가 너와 함께 있어 네게 복을 주고 내가 이 모든 땅을 너와 네 자손에게 주리라 내가 네 아비 아브라함에게 맹세한 것을 이루어 네 자손을 하늘의 별과 같이 번성케 하며 이 모든 땅을 네 자손에게 주리니 네 자손을 인하여 천하 만민이 복을 받으리라." 또한 창세기 26장 24절에 보면, 하나님은 브엘세바에서 이삭에게 이렇게 말씀하셨다. "나는 네 아비 아브라함의 하나님이니 두려워 말라 내 종 아브라함을 위하여 내가 너와 함께 있어 네게 복을 주어 네 자손으로 번성케 하리라." 하나님은 아브라함에게 주신 약속의 성취를 위해 이삭과 함께 있겠다고 말씀하신 것이다.

이것은 야곱에게도 마찬가지이다. 창세기 28장 13-15절에 보면, 하나님은 벧엘에서 외삼촌 라반에게 피하려고 가던 야곱에게 이렇게 말씀하셨다. "나는 여호와니 너의 조부 아브라함의 하나님이요 이삭의 하나님이라 너 누운 땅을 내가 너와 네 자손에게 주리니 네 자손이 땅의 티끌 같이 되어서 동서 남북에 편만할찌며 땅의 모든 족속이 너와 네 자손을 인하여 복을 얻으리라 내가 너와 함께 있어 네가 어디로 가든지 너를 지키며 너를 이끌어 이 땅으로 돌아오게 할찌라 내가 네게 허락한 것을 다 이루기까지 너를 떠나지 아니하리라." 하나님은 아브라함에게 주신 약속의 성취를 위해 야곱과 함께 있겠다고 말씀하신 것이다. 그때 야곱은 이런 말로 서원했다 "하나님이 나와 함께 계시사 내가 가는 이 길에서 나를 지키시고 먹을 양식과 입을 옷을 주사 나로 평안히 아비 집으로 돌아가게 하시오면 여호와께서 나의 하나님이 되실 것이요"(창 28:20-21). 또한 창세기 31장 3절에 보면, 야곱이 외삼촌 라반의 집에 있을 때 여호와께서 그에게 이렇게 말씀하셨다. "네 조상의 땅 네 족속에게로 돌아가라 내가 너와 함께 있으리라." 하나님은 아브라함에게 주신 약속의 성취를 위해 야곱과 함께 있겠다고 거듭 말씀하신 것이다.

아브라함에게는 이삭이나 야곱처럼 하나님이 함께 있겠다고 말씀하신 내용이 따로 없다. 하지만 하나님이 이삭이나 야곱과 함께 있겠다고 하신 목적이 아브라함에게 주신 약속을 이루기 위해서라면, 하나님이 아브라함에게 주신 약속에는 이미 하나님이 그와 함께 있겠다는 의지가 내포된 것으로 보아야 한다(창 21:22 참조). 이처럼 하나님이 아브라함과 이삭과 야곱에게 함께하신 것은 그분이 아브라함에게 주신 약속의 성취를 위함이다.

그렇다면 본문에서 여호와께서 요셉과 함께하신 것도 하나님이 아브라함에게 주신 약속의 성취를 위한 것으로 보아야 한다. 여호와께서 요셉과 함께하신 것은 요셉이 기도하거나 무슨 좋은 일을 해서 된 것이 아니다. 여호와께서 요셉과 함께하신 것은 말 그대로 여호와께서 주권적으로 그렇게 하신 것이다. 하나님은 아브라함에게 주신 약속을 이루시기 위해 요셉과 함께하신 것이다.

이런 사실은 여호수아의 경우에서도 동일하게 나타난다. 신명기 31장 7-8
절에서 모세는 온 이스라엘 목전에서 여호수아에게 이렇게 말했다. "너는 마
음을 강하게 하고 담대히 하라 너는 이 백성을 거느리고 여호와께서 그들의
열조에게 주리라고 맹세하신 땅에 들어가서 그들로 그 땅을 얻게 하라 여호
와 그가 네 앞서 행하시며 너와 함께하사 너를 떠나지 아니하시며 버리지 아
니하시리니 너는 두려워 말라 놀라지 말라." 또한 여호수아 1장 5-6절에서
하나님은 모세가 죽은 후에 여호수아에게 이렇게 말씀하셨다. "너의 평생에
너를 능히 당할 자 없으리니 내가 모세와 함께 있던 것 같이 너와 함께 있을
것임이라 내가 너를 떠나지 아니하며 버리지 아니하리니 마음을 강하게 하
라 담대히 하라 너는 이 백성으로 내가 그 조상에게 맹세하여 주리라 한 땅
을 얻게 하리라." 하나님은 아브라함에게 주신 약속을 이루시기 위해 여호수
아와 함께하신 것이다.

따라서 본문 1절의 설명 다음에 2절에 "여호와께서 요셉과 함께하시므로"
라고 말한 것은 의미심장하다. 1절은 요셉이 형들에 의해 이스마엘 사람들에
게 팔려 애굽에 가게 됐고 거기서 보디발이란 사람이 그를 종으로 산 사실을
말한다. 그런데 바로 다음 2절은 여호와께서 요셉과 함께하신 사실을 말하
는 것이다. 요셉은 지금 다른 나라에 와서 종으로 팔린 신세이다. 그는 환난
을 만난 자이다. 그렇지만 이런 가운데서도 하나님은 아브라함에게 주신 약
속의 성취를 위하여 요셉과 함께하신 것이다.

환난은 약속을 이루시는 과정이다

여기서 우리는 요셉이 당한 환난을 다른 관점에서 보게 된다. 하나님은 요

섭의 환난을 통하여 아브라함에게 주신 약속을 이루어 가시는 것이다. 요셉의 환난은 오히려 하나님이 약속을 이루시는 과정이다. 이것은 뒤에 요셉이 억울하게 옥에 갇힐 때에도 마찬가지이다. 20절은 "요셉이 옥에 갇혔으나"라고 말한다. 그렇지만 바로 다음 21절은 "여호와께서 요셉과 함께하시고"라고 말한다. 하나님은 요셉이 옥에 갇힌 것을 통해서 오히려 아브라함에게 주신 약속을 이루어 가시는 것이다.

요셉도 처음에는 이런 상황을 다 이해하지 못했을 것이다. 그렇지만 시간이 지나면서 요셉은 점차 이 사실을 깨닫게 되었다. 그래서 그는 후에 자기를 판 형들에게 이렇게 말할 수 있었던 것이다. "당신들이 나를 이곳에 팔았으므로 근심하지 마소서 한탄하지 마소서 하나님이 생명을 구원하시려고 나를 당신들 앞서 보내셨나이다 이 땅에 이년 동안 흉년이 들었으나 아직 오년은 기경도 못하고 추수도 못할찌라 하나님이 큰 구원으로 당신들의 생명을 보존하고 당신들의 후손을 세상에 두시려고 나를 당신들 앞서 보내셨나니 그런즉 나를 이리로 보낸 자는 당신들이 아니요 하나님이시라"(창 45:5-8). 이것은 놀라운 말이다. 형들이 요셉을 팔아서 애굽에 온 것인데 요셉은 형들에게 하나님이 자기를 애굽으로 보내신 것이라고 말한 것이다. 요셉은 깨달은 것이다. 자기가 겪은 고통 속에서 오히려 하나님은 자기와 함께 계셔서 아브라함에게 주신 약속을 이루시고 계셨다는 사실을 말이다. 또한 창세기 50장 20절에 가면 이런 말씀이 나온다. "당신들은 나를 해하려 하였으나 하나님은 그것을 선으로 바꾸사 오늘과 같이 만민의 생명을 구원하게 하시려 하셨나니." 형들은 요셉을 죽이려고 했다. 그러다가 그들은 요셉을 구덩이에 던졌다. 결국 그들은 요셉을 이스마엘 사람들에게 팔아 버렸다. 그런데 요셉이 형들에게 이렇게 말한 것이다. 그는 깨달은 것이다. 하나님은 자신이 형들에게 당한 환난을 통하여 오히려 아브라함에게 주신 약속을 이루시고 계셨다는 사실을 말이다.

여기 요셉이 형들에게 하는 말 가운데 구원이란 말이 계속 나온다. "하나님이 생명을 구원하시려고"(창 45:5), "하나님이 큰 구원으로 당신들의 생명을 보존하고 당신들의 후손을 세상에 두시려고"(창 45:7), "하나님은 … 오늘과 같이 만민의 생명을 구원하게 하시려 하셨나니"(창 50:20). 이때 요셉이 말한 '하나님의 구원'은 하나님이 아브라함의 후손을 통해 만민을 구원하시는 것이다. 이것은 하나님이 아브라함에게 주신 약속의 내용이다. 결국 하나님은 형들이 요셉을 판 것을 통해서 아브라함에게 주신 약속을 이루신 것이다.

시편 105편 17-19절은 이 사실을 이렇게 말한다. "한 사람을 앞서 보내셨음이여 요셉이 종으로 팔렸도다 그 발이 착고에 상하며 그 몸이 쇠사슬에 매였으니 곧 여호와의 말씀이 응할 때까지라 그 말씀이 저를 단련하였도다." 여기 "한 사람을 앞서 보내셨음이여 요셉이 종으로 팔렸도다"라는 말씀은 형들이 요셉을 종으로 팔았지만 사실은 하나님이 요셉을 보내신 것임을 말한다. 또한 "그 발이 착고에 상하며 그 몸이 쇠사슬에 매였으니"라는 말씀은 요셉이 감옥에 갇힌 것을 말한다. 그 다음, "곧 여호와의 말씀이 응할 때까지라"는 말씀은 여호와의 말씀이 성취될 때까지를 말한다. 하나님은 요셉이 당하는 이런 고난 속에서 요셉과 함께하셔서 결국은 하나님이 아브라함에게 주셨던 약속을 성취하도록 모든 일을 진행시켜 가셨다는 것이다. 그래서 시편 105편 8-11절을 보면 "여호와의 말씀이 응할 때까지라"고 할 때 그 말씀이 무슨 내용인지를 알 수 있다. "그는 그 언약 곧 천대에 명하신 말씀을 영원히 기억하셨으니 이것은 아브라함에게 하신 언약이며 이삭에게 하신 맹세며 야곱에게 세우신 율례 곧 이스라엘에게 하신 영영한 언약이라 이르시기를 내가 가나안 땅을 네게 주어 너희 기업의 지경이 되게 하리라 하셨도다." 이것은 하나님이 아브라함에게 주신 약속을 말한 것이다. 하나님은 요셉이 당하는 모든 고난을 하나님이 아브라함에게 주셨던 약속을 이루시는 도구로 사용하신 것이다.

스데반도 사도행전 7장 9-17절에서 이 사실에 대하여 말했다. "여러 조상이 요셉을 시기하여 애굽에 팔았더니 하나님이 저와 함께 계셔 그 모든 환난에서 건져 내사 애굽 왕 바로 앞에서 은총과 지혜를 주시매 바로가 저를 애굽과 자기 온 집의 치리자로 세웠느니라 그때에 애굽과 가나안 온 땅에 흉년 들어 큰 환난이 있을 새 우리 조상들이 양식이 없는지라 야곱이 애굽에 곡식 있다는 말을 듣고 먼저 우리 조상들을 보내고 또 재차 보내매 요셉이 자기 형제들에게 알게 되고 또 요셉의 친족이 바로에게 드러나게 되니라 요셉이 보내어 그 부친 야곱과 온 친족 일흔다섯 사람을 청하였더니 야곱이 애굽으로 내려가 자기와 우리 조상들이 거기서 죽고 세겜으로 옮기워 아브라함이 세겜 하몰의 자손에게서 은으로 값 주고 산 무덤에 장사되니라 하나님이 아브라함에게 약속하신 때가 가까우매 이스라엘 백성이 애굽에서 번성하여 많아졌더니."

이런 점에서, 요셉의 꿈은 아브라함에게 주신 약속이 성취되는 과정에 대한 것이다. 따라서 요셉 역시 아브라함에게 주신 약속이 이루어질 것을 믿고 살았다. 그러기에 그는 죽기 전에 그것에 대해 말한 것이다. "요셉이 그 형제에게 이르되 나는 죽으나 하나님이 너희를 권고하시고 너희를 이 땅에서 인도하여 내사 아브라함과 이삭과 야곱에게 맹세하신 땅에 이르게 하시리라 하고 요셉이 또 이스라엘 자손에게 맹세시켜 이르기를 하나님이 정녕 너희를 권고하시리니 너희는 여기서 내 해골을 메고 올라가겠다 하라 하였더라"(창 50:24-25). 이것을 두고 히브리서 11장 22절은 이렇게 말한다. "믿음으로 요셉은 임종 시에 이스라엘 자손들의 떠날 것을 말하고 또 자기 해골을 위하여 명하였으며."

이처럼 요셉도 이삭이나 야곱과 마찬가지로 하나님이 아브라함에게 주신 약속을 믿고 살았다. 그런 요셉이기에 비록 형들에 의해 애굽에 종으로 팔려갔지만, 하나님은 아브라함에게 주신 약속을 이루시려고 요셉과 함께하신 것이다. 그 결과 그는 형통한 자가 되었다. 그래서 맨 처음에 그는 "그 주인 애굽 사람의 집에 있었다"(2절). 이 말은 그가 다른 종들처럼 바깥 들에서 일하지 않았다는 것이다.

그렇게 되니까 그 주인이 요셉에 대해서 알게 된 것이다. 3절은 이렇게 말한다. "그 주인이 여호와께서 그와 함께하심을 보며 또 여호와께서 그의 범사에 형통케 하심을 보았더라." 그래서 그 다음에 어떤 일이 생겼는가? 4절 상반절은 "요셉이 그 주인에게 은혜를 입어 섬기매"라고 말한다. 이때 "섬기다"(히브리어 "샤라트")는 말은 천하게 머슴 노릇하는 것이 아니라 개인적으로 보좌하는 것을 가리킨다. 그것은 여호수아가 모세를 보좌했던 것을 가리킬 때 사용된 말이다(출 24:13; 수 1:1). 요셉은 그 주인을 개인적으로 보좌하게 된 것이다.

그러더니 마침내 그 주인은 요셉을 어떻게 했는가? 4절하반절은 "그가 요셉으로 가정 총무를 삼고 자기 소유를 다 그 손에 위임하니"라고 말한다. 보디발의 집에 종으로 팔려온 요셉이 점점 높아져서 마침내 가정 총무가 된 것이다.

여기서 우리는 형통하다는 것이 무슨 뜻인지 알 수 있다. 요셉은 형들에 의해서 종으로 팔려 왔다. 그는 종살이를 하게 된 것이다. 그러니까 요셉은 형통해 봐야 종인 것이다. 따라서 형통하다는 말은 고난이 없다거나 실패가 없다는 뜻이 아니다. 형통하다는 말은 고난 속에서도, 실패 속에서도 하나님이 함께 계셔서 오히려 그것들을 통하여 하나님의 약속이 이루어지는 삶을 산다는 의미이다.

우리도 요셉처럼 아브라함에게 주신 약속을 믿는다면, 하나님은 그 약속을 이루시기 위하여 우리와도 함께하실 것이다. 그리스도인은 그리스도 안에서 아브라함에게 주신 약속을 믿는 자이다. 갈라디아서 3장 8-9절은 이렇게 말한다. "또 하나님이 이방을 믿음으로 말미암아 의로 정하실 것을 성경이 미리 알고 먼저 아브라함에게 복음을 전하되 모든 이방이 너를 인하여 복을 받으리라 하였으니 그러므로 믿음으로 말미암은 자는 믿음이 있는 아브라함과 함께 복을 받느니라." 또한 갈라디아서 3장 14상반절과 16절은 이렇게 말한다. "이는 그리스도 예수 안에서 아브라함의 복이 이방인에게 미치게 하고 … 이 약속들은 아브라함과 그 자손에게 말씀하신 것인데 여럿을 가리켜 그 자손들이라 하지 아니하시고 오직 하나를 가리켜 네 자손이라 하셨으니 곧 그리스도라." 그리고 갈라디아서 3장 29절은 이렇게 말한다. "너희가 그리스도께 속한 자면 곧 아브라함의 자손이요 약속대로 유업을 이을 자니라." 그래서 고린도후서 1장 20절에서 사도 바울은 이렇게 말한 것이다. "하나님의 약속은 얼마든지 그리스도 안에서 예가 되니 그런즉 그로 말미암아 우리가 아멘 하여 하나님께 영광을 돌리게 되느니라."

그렇다면 하나님은 아브라함에게 주신 약속을 이루시기 위하여 그리스도인과 함께하실 것이다. 성경은 여기에 대한 약속을 여러 곳에서 말해 준다. "보라 처녀가 잉태하여 아들을 낳을 것이요 그 이름은 임마누엘이라 하리라 하셨으니 이를 번역한즉 하나님이 우리와 함께 계시다 함이라"(마 1:23). "그러므로 너희는 가서 모든 족속으로 제자를 삼아 아버지와 아들과 성령의 이름으로 세례를 주고 내가 너희에게 분부한 모든 것을 가르쳐 지키게 하라 볼찌어다 내가 세상 끝 날까지 너희와 항상 함께 있으리라"(마 28:19-20). "돈을 사랑치 말고 있는 바를 족한 줄로 알라 그가 친히 말씀하시기를 내가 과연 너희를 버리지 아니하고 과연 너희를 떠나지 아니하리라 하셨느니라"(히 13:5).

그러므로 우리 그리스도인은 무슨 환난을 당하더라도 다른 관점으로 볼 수 있어야 한다. 하나님은 우리의 환난 속에서 우리와 함께하셔서 아브라함에게 주신 약속을 이루어 가시는 것이다. 우리의 환난은 오히려 하나님이 약속을 이루시는 과정인 것이다.

이처럼 요셉은 하나님이 그와 함께하신 결과로 보디발의 가정 총무가 되었다. 그랬을 때 놀라운 일이 벌어졌다. 5절을 보자. "그가 요셉에게 자기 집과 그 모든 소유물을 주관하게 한 때부터 여호와께서 요셉을 위하여 그 애굽 사람의 집에 복을 내리시므로 여호와의 복이 그의 집과 밭에 있는 모든 소유에 미친지라." 여기서 보디발은 "그 애굽 사람"으로 불린다(1절, 2절 참조). 놀라운 것은 여호와께서 요셉을 위하여 그 애굽 사람의 집에 복을 내리신 것이다. 이것은 하나님께서 아브라함에게 주신 약속의 성취를 보여준다. "너를 축복하는 자에게는 내가 복을 내리고 너를 저주하는 자에게는 내가 저주하리니 땅의 모든 족속이 너를 인하여 복을 얻을 것이니라"(창 12:3).

요셉의 특권과 뛰어난 외모

4절하반절은 "그가 요셉으로 가정 총무를 삼고 자기 소유를 다 그 손에 위임하니"라고 말한다. 5절상반절은 "그가 요셉에게 자기 집과 그 모든 소유물을 주관하게 한 때부터"라고 말한다. 그런데 6절은 여기에 대한 보충 설명을 제공한다. "주인이 그 소유를 다 요셉의 손에 위임하고 자기 식료 외에는 간섭하지 아니하였더라 요셉은 용모가 준수하고 아담하였더라." 여기 "자기 식료 외에"라는 말은 보디발의 사적인 영역을 가리킨다. 따라서 "주인이 그 소유를 다 요셉의 손에 위임하고 자기 식료 외에는 간섭하지 아니하였더라"는 말씀은 요셉의 특권을 보여준다. 그리고 "요셉은 용모가 준수하고 아담하였더라"는 것은 히브리어로 창세기 29장 17절에서 "라헬은 곱고 아리따우니"라고 한 것과 같은 표현이다. 요셉의 뛰어난 외모는 어머니를 닮은 것으로 보인다.

그런데 바로 이러한 요셉의 특권과 뛰어난 외모 때문에 그는 유혹을 받게 된다. 그것이 7절 이후에 이어지는 이야기이다. 높은 곳에 있을 때가 위험한 때이다! 사단은 우리가 형통할 때를 노린다. 우리는 이 사실을 알고 조심해야 한다. 그런다면 하나님께서 우리를 유혹에서 지켜 주실 것이다.

10

하나님을 경외하여
유혹을 이긴 요셉

창 39:7-10 7 그 후에 그 주인의 처가 요셉에게 눈짓하다가 동침하기를 청하니 8 요셉이 거절하며 자기 주인의 처에게 이르되 나의 주인이 가중 제반 소유를 간섭지 아니하고 다 내 손에 위임하였으니 9 이 집에는 나보다 큰 이가 없으며 주인이 아무 것도 내게 금하지 아니하였어도 금한 것은 당신뿐이니 당신은 자기 아내임이라 그런즉 내가 어찌 이 큰 악을 행하여 하나님께 득죄하리이까 10 여인이 날마다 요셉에게 청하였으나 요셉이 듣지 아니하여 동침하지 아니할 뿐더러 함께 있지도 아니하니라

본문 앞에는 요셉이 애굽에 내려갔을 때 벌어진 이야기가 나온다. 거기서 애굽 사람 보디발은 이스마엘 사람의 손에서 요셉을 샀고 마침내 그를 가정 총무로 삼았다. 그렇게 된 것은 하나님이 아브라함에게 주신 약속을 이루시려고 요셉과 함께하셨기 때문이다.

그런데 그 이야기 끝에는 6절에 이런 설명이 추가되어 나온다. "주인이 그 소유를 다 요셉의 손에 위임하고 자기 식료 외에는 간섭하지 아니하였더라

요셉은 용모가 준수하고 아담하였더라." 이것은 요셉이 보디발의 집안에서 누리게 된 특권과 그의 뛰어난 외모를 말해 준다. 바로 이 점이 본문에서 요셉이 당한 시험을 이해하는 열쇠가 된다.

죄의 행동은 마음의 욕망에서

요셉이 당한 시험은 이렇게 시작된다. 7절을 보자. "그 후에 그 주인의 처가 요셉에게 눈짓하다가 동침하기를 청하니." 이때 "눈짓하다가"란 말은 문자적으로 번역하면 '눈을 들다'란 말이다. 그 말은 그냥 보는 것이 아니라 욕망을 품고 보는 것을 뜻한다. 예를 들면, 창세기 13장 10절에는 이런 말씀이 나온다. "이에 롯이 눈을 들어 요단 들을 바라본즉 소알까지 온 땅에 물이 넉넉하니 여호와께서 소돔과 고모라를 멸하시기 전이었는 고로 여호와의 동산 같고 애굽 땅과 같았더라." 롯이 아브라함과 헤어지게 되었을 때 아브라함은 롯에게 먼저 거할 땅을 택하도록 했다. 그래서 롯이 어디로 갈지 둘러보는 중에 그의 시선을 사로잡는 곳이 있었는데 그게 바로 요단 들이었다. 왜냐하면 거기에는 물이 넉넉했기 때문이다. 그때 롯에게는 요단 들이 마치 여호와의 동산, 즉 강이 발원하여 적시었던 에덴 동산 같이 보였고 나일 강이 흐르는 애굽 땅과 같이 보였다. 따라서 롯이 눈을 들어 요단 들을 바라본 것은 그냥 눈으로 본 게 아니라 이런 욕망을 갖고 본 것이다. '내가 저기로 가면 목축을 잘 할 수 있을 거야. 그러면 나는 성공하게 될 거고 나는 부자가 될 거야. 그러면 나는 행복하게 살 수 있을 거야.' 롯은 이런 욕망을 갖고 요단 들을 본 것이다. 그게 '눈을 들다'란 말의 의미이다. 마찬가지로, 본문에서 보디발의 아내는 욕망을 품고 요셉을 본 것이다. 왜냐하면 이 여인은 요셉의 뛰어난 외모에 끌렸기 때문이다.

그래서 결국 그녀는 요셉에게 동침하기를 청했다. 창세기에서 "동침하다" 라는 말은 정상적인 결혼에는 쓰이지 않고 불법의 강요된 성적 관계에 대해서만 쓰인다. 예를 들면, 창세기 19장 32-35절은 롯의 두 딸이 롯에게 술을 마시우고 동침했다고 말한다. 또한 창세기 26장 10절에서 블레셋 왕 아비멜렉은 이삭이 자기 아내를 누이라고 한 것에 대해 이렇게 말했다. "네가 어찌 우리에게 이렇게 행하였느냐 백성 중 하나가 네 아내와 동침하기 쉬웠을 뻔하였은즉 네가 죄를 우리에게 입혔으리라." 뿐만 아니라, 창세기 30장 15절에는 이런 대화가 나온다. "레아가 그에게 이르되 네가 내 남편을 빼앗은 것이 작은 일이냐 그런데 네가 내 아들의 합환채도 빼앗고자 하느냐 라헬이 가로되 그러면 형의 아들의 합환채 대신에 오늘 밤에 내 남편이 형과 동침하리라 하니라." 라헬은 마치 남편의 사랑을 받는 자신이 부부의 권리를 갖는 것처럼 말한 것이다. 또한 창세기 34장 2절과 7절은 세겜이 야곱의 딸 디나를 강간했다(=동침했다)고 말한다. 또한 창세기 35장 22절은 르우벤이 그 서모(아버지의 첩) 빌하와 통간했다(=동침했다)고 말한다. 그렇다면 보디발의 아내는 요셉의 외모에 끌려 그에게 불법적인 성관계를 청한 것이다.

이렇게 된 것은 이 여인이 먼저 요셉을 향하여 눈을 들었기 때문이다. 이 여인은 요셉에게 동침하자고 청하기 전에 먼저 욕망을 품고 그를 본 것이다. 이처럼 죄의 행동은 마음의 욕망에서부터 비롯된다. 야고보서 1장 14-15절은 이렇게 말한다. "오직 각 사람이 시험을 받는 것은 자기 욕심에 끌려 미혹됨이니 욕심이 잉태한즉 죄를 낳고 죄가 장성한즉 사망을 낳느니라." 욥기 15장 35절은 이렇게 말한다. "그들은 악한 생각을 배고 불의를 낳으며 마음에 궤휼을 예비한다 하였느니라." 시편 7편 14절은 이렇게 말한다. "악인이 죄악을 해산함이여 잔해를 잉태하여 궤휼을 낳았도다." 시편 125편 5절에는 이런 말씀이 나온다. "자기의 굽은 길로 치우치는 자를 여호와께서 죄악을 짓는 자와 함께 다니게 하시리로다." 이사야 59장 4절은 "잔해를 잉태하여 죄악을 생산하며"라고 말한다. 또한 예레미야 3장 5절에는 "네가 이같이 말하여도 악을 행하여 네 욕심을 이루었느니라"는 말씀이 나온다.

욕망의 통로인 눈

그런데 이러한 욕망을 품게 되는 주된 통로가 눈이다. 요한일서 2장 16절에서 "안목의 정욕"은 눈으로 봄으로써 품게 되는 갈망, 즉 탐심을 말한다. 민수기 15장 38-39절에는 이런 말씀이 나온다. "이스라엘 자손에게 명하여 그들의 대대로 그 옷단 귀에 술을 만들고 청색 끈을 그 귀의 술에 더하라 이 술은 너희로 보고 여호와의 모든 계명을 기억하여 준행하고 너희로 방종케 하는 자기의 마음과 눈의 욕심을 좇지 않게 하기 위함이라." 전도서 11장 9절은 이렇게 말한다. "청년이여 네 어린 때를 즐거워하며 네 청년의 날을 마음에 기뻐하여 마음에 원하는 길과 네 눈이 보는 대로 좇아 행하라 그러나 하나님이 이 모든 일로 인하여 너를 심판하실 줄 알라."

특히 성경은 사람이 눈을 통해서 성적 욕망을 품게 된다고 가르친다. "음심이 가득한 눈을 가지고 범죄하기를 쉬지 아니하고"(벧후 2:14). "또 간음치 말라 하였다는 것을 너희가 들었으나 나는 너희에게 이르노니 여자를 보고 음욕을 품는 자마다 마음에 이미 간음하였느니라"(마 5:27-28). 그러기에 욥은 욥기 31장 1절과 7절에 이렇게 말한 것이다. "내가 내 눈과 언약을 세웠나니 어찌 처녀에게 주목하랴 … 언제 내 걸음이 길에서 떠났던가 내 마음이 내 눈을 따라갔던가."

인류의 조상 아담과 하와가 어떻게 죄를 지었는지 생각해 보라. 하나님께서 먹지 말라고 한 선악을 알게 하는 나무를 본 게 화근이 된 것이다. 창세기

3장 6절은 이렇게 말한다. "여자가 그 나무를 본즉 먹음직도 하고 보암직도 하고 지혜롭게 할 만큼 탐스럽기도 한 나무인지라 여자가 그 실과를 따먹고." 하와가 그 실과를 그냥 따먹은 게 아니다. 그녀는 먼저 보았고, 그래서 마음에 탐심이 생겼고, 그래서 그것을 행동으로 옮긴 것이다.

그러므로 우리가 이 땅을 살아갈 때 죄를 짓지 않기 위해서는 눈으로 보는 것을 조심해야 한다. 당신은 무얼 보고 있는가? 당신이 지금 보고 있는 것이 당신의 마음을 미혹케 하는 것은 아닌가? 당신이 보고 있는 것이 당신의 마음속에 탐심과 욕망을 불러일으키는 것은 아닌가? 포르노 잡지를 보면 거기서 보는 것이 욕망을 부추기기 때문에 어쩔 수가 없는 것이다. 요즘은 우리가 스마트폰이나 인터넷에서 많은 것들을 볼 수 있다. 그러나 그것을 조심해야 한다. 그것을 다스려야 한다. 당신이 텔레비전에서 드라마를 보든지, 영화를 보든지 눈으로 보는 것을 조심해야 한다. 그렇지 않으면 당신은 그것을 보면서 당신의 마음이 그것에 의해서 미혹되고 지배를 받고 욕심이 생기고 탐심이 일어나서 죄를 짓게 될 것이다. 당신의 삶이 새롭게 되길 원한다면 당신이 보는 것을 바꾸어야 한다.

부당한 권위에 대한 정당한 거절

그런데 여기서 성경은 요셉을 유혹한 이 여인을 가리켜 "그 주인의 처"라고 말한다. 바로의 신하 시위대장 애굽 사람 보디발은 요셉의 "주인"이다(2, 3, 8절). 그 말은 요셉은 이 사람의 종이란 뜻이다. 그래서 시편 105편 17절은 이렇게 말한다. "한 사람을 앞서 보내셨음이여 요셉이 종으로 팔렸도다." 이와 함께 7절에 "동침하기를 청하니"라고 한 것은 정확한 번역이 아니다. 히브리어 표현은 분명히 "'나와 동침하라'고 말하니"이다. 주인의 처는 "나와 동침하라"는 명령형을 써서 히브리 종(17절)인 요셉에게 말한 것이다. 그러니 이 여인의 말이 요셉에게 강압적으로 느껴졌을 것은 분명하다. 종으로서 요셉 은 주인의 처가 명령하는 말에 따르지 않기가 결코 쉽지 않았을 것이다.

이런 상황에서 요셉이 보인 반응이 8-9절에 나온다. "요셉이 거절하며 자 기 주인의 처에게 이르되 나의 주인이 가중 제반 소유를 간섭지 아니하고 다 내 손에 위임하였으니 이 집에는 나보다 큰 이가 없으며 주인이 아무 것도 내 게 금하지 아니하였어도 금한 것은 당신뿐이니 당신은 자기 아내임이라 그 런즉 내가 어찌 이 큰 악을 행하여 하나님께 득죄하리이까."

이것은 앞서 7절에서 주인의 처가 한 말과 비교된다. 주인의 처는 단 두 단어로 된 간결한 표현을 썼다. "나와 동침하라." 그것에 비해 요셉의 반응 은 훨씬 길게 소개된다. 왜 그럴까? 그것은 요셉이 할 말이 많기 때문이다. 그 사실은 요셉이 거절할 의사가 확고했다는 것을 보여준다. 우선, 8절상 반절에 "요셉이 거절하며 자기 주인의 처에게 이르되"라고 한 설명부터 보 자. 이것은 요셉이 하는 말이 거절하는 뜻임을 분명히 밝힌다. 그런데 여기 서도 성경은 7절과 마찬가지로 "주인의 처"라는 표현을 쓴다. 그러니까 요 셉은 주인의 처가 말한 강압적인 명령에도 불구하고 거절 의사를 분명히 밝 힌 것이다.

그 다음, 8절하반절과 9절에서 요셉이 한 말을 보자. 요셉은 자기 주인의 처가 말한 명령을 거절하면서 두 가지 이유를 제시했다. 하나는 자기 주인에 대한 충성이다. 그는 이렇게 말했다. "나의 주인이 가중 제반 소유를 간섭지 아니하고 다 내 손에 위임하였으니 이 집에는 나보다 큰 이가 없으며 주인이 아무 것도 내게 금하지 아니하였어도 금한 것은 당신뿐이니 당신은 자기 아 내임이라." 이것은 6절상반절에서 이미 설명한 내용을 요셉 자신이 말한 것 이다. "주인이 그 소유를 다 요셉의 손에 위임하고 자기 식료 외에는 간섭하지 아니하였더라." 따라서 요셉은 자기에게 주어진 특권을 남용하지 않음으로써 주인에게 충성한 것이다. 보디발의 아내가 "주인의 처"라는 신분을 이용해서 요셉에게 부당하게 명령했다면, 요셉은 "주인의 처"라는 사실에 근거해서 정당하게 그 명령에 거절한 것이다. 요셉에게는 주인의 처가 말한 부당한 명령을 거절하는 것이 주인에게 충성하는 것이었다. 요셉은 권위를 인정할 줄 알았지만, 권위의 부당한 사용에는 굴복하지 않았다.

하나님을 경외함

요셉이 거절한 또 하나의 이유는 하나님을 경외함이다. 요셉이 자기 주인의 처가 말한 명령을 거절한 이유는 주인에 대한 충성만이 아니다. 그보다더 근본적인 이유가 하나님께 있다. 요셉은 이렇게 말했다. "그런즉 내가 어찌 이 큰 악을 행하여 하나님께 득죄하리이까." 요셉은 보디발의 아내와 동침하는 것이 "큰 악을 행하는" 것이고, "하나님께 득죄하는" 것이라고 말했다. 요셉은 하나님께 죄를 짓는 것을 두려워했다. 그러기에 그는 자기 주인의 처가 말한 명령이라도 거절할 수 있었다. 요셉은 하나님을 두려워했기에 유혹을 물리칠 수 있었던 것이다.

하나님을 경외함으로 악에서 떠나는 것은 성경이 가르치는 중요한 원리이다. 출애굽기 20장 20절을 보라. "모세가 백성에게 이르되 두려워 말라 하나님이 강림하심은 너희를 시험하고 너희로 경외하여 범죄치 않게 하려 하심이니라." 하나님을 경외해야 죄를 짓지 않는 것이다. 잠언 16장 6절은 이렇게 말한다. "인자와 진리로 인하여 죄악이 속하게 되고 여호와를 경외함으로 인하여 악에서 떠나게 되느니라." 이 외에도 잠언에는 비슷한 말씀이 여럿 나온다. "스스로 지혜롭게 여기지 말찌어다 여호와를 경외하며 악을 떠날찌어다"(잠 3:7). "여호와를 경외하는 것은 악을 미워하는 것이라"(잠 8:13). "정직하게 행하는 자는 여호와를 경외하여도 패역하게 행하는 자는 여호와를 경멸히 여기느니라"(잠 14:2). "지혜로운 자는 두려워하여 악을 떠나나 어리석은 자는 방자하여 스스로 믿느니라"(잠 14:16).

또한 욥기 1장 1절은 욥을 이렇게 소개한다. "우스 땅에 욥이라 이름하는 사람이 있었는데 그 사람은 순전하고 정직하여 하나님을 경외하며 악에서 떠난 자더라." 느헤미야 5장 15절에서 느헤미야는 이렇게 말한다. "이전 총독들은 백성에게 토색하여 양식과 포도주와 또 은 사십 세겔을 취하였고 그 종자들도 백성을 압제하였으나 나는 하나님을 경외하므로 이같이 행치 아니하고." 따라서 악인이 악을 행하는 것은 그에게 하나님을 두려워함이 없기 때문이다. 시편 36편 1-4절에는 이런 내용이 나온다. "악인의 죄얼이 내 마음에 이르기를 그 목전에는 하나님을 두려워함이 없다 하니 저가 스스로 자긍하기를 자기 죄악이 드러나지 아니하고 미워함을 받지도 아니하리라 함이로다 그 입의 말은 죄악과 궤휼이라 지혜와 선행을 그쳤도다 저는 그 침상에서 죄악을 꾀하며 스스로 불선한 길에 서고 악을 싫어하지 아니하는도다."

또한 신약 성경도 동일한 원리를 가르친다. "그런즉 사랑하는 자들아 이 약속을 가진 우리가 하나님을 두려워하는 가운데서 거룩함을 온전히 이루어 육과 영의 온갖 더러운 것에서 자신을 깨끗게 하자"(고후 7:1). 우리가 어떻게 거룩함을 온전히 이룰 수 있는가? 그 답은 하나님을 두려워하는 가운데서이다. "너희가 순종하는 자식처럼 이전 알지 못할 때에 좇던 너희 사욕을 본 삼지 말고 오직 너희를 부르신 거룩한 자처럼 너희도 모든 행실에 거룩한 자가 되라 기록하였으되 내가 거룩하니 너희도 거룩할찌어다 하셨느니라 외모로 보시지 않고 각 사람의 행위대로 판단하시는 자를 너희가 아버지라 부른즉 너희의 나그네로 있을 때를 두려움으로 지내라"(벧전 1:14-17). 어떻게 14-16절처럼 살 수 있는가에 대한 답이 17절이다. 하나님께 대한 두려움이 있을 때 거룩한 자가 될 수 있다. "너희의 두려워하며 정결한 행위를 봄이라"(벧전 3:2). 따라서 사도 바울은 로마서 3장 13-18절에서 인간의 죄악상을 말할 때 이렇게 쓴 것이다. "저희 목구멍은 열린 무덤이요 그 혀로는 속임을 베풀며 그 입술에는 독사의 독이 있고 그 입에는 저주와 악독이 가득하고 그 발은 피 흘리는데 빠른지라 파멸과 고생이 그 길에 있어 평강의 길을 알지 못하였고 저희 눈앞에 하나님을 두려워함이 없느니라."

우리가 하나님을 두려워하는 데에는 몇 가지 이유가 있다. 우선, 과거에 일어난 예수 그리스도의 십자가 사건이 있기 때문이다. 우리는 예수 그리스도의 십자가에서 하나님의 사랑뿐 아니라 하나님의 공의가 나타난 것을 안다. 하나님이 어떻게 죄에 대하여 진노하셨는가를 안다. 우리는 그걸 보기 때문에 하나님을 두려워하지 않을 수 없다. 두 번째, 현재 우리의 삶에는 하나님의 징계가 임하고 있기 때문이다. 그래서 우리는 하나님을 두려워하지 않을 수 없는 것이다. 우리는 야곱의 생애를 통해서 그런 것을 많이 볼 수 있다. 하나님은 우리가 심은 대로 거두게 하시는 것이다. 하나님은 지금도 우리의 삶 속에 이런 징계를 내리신다. 그렇기 때문에 우리는 하나님을 두려워하는 것이다. 세 번째, 미래에 나타날 하나님의 마지막 심판이 있기 때문이다. 그래서 우리는 하나님을 두려워하지 않을 수 없는 것이다. 우리도 요셉처럼 하나님을 경외하는 마음의 태도를 갖자. 그럴 때 우리는 유혹을 물리칠 수 있고 죄를 짓지 않게 될 것이다.

이처럼 요셉은 주인의 처가 말한 명령을 거절할 때 분명한 이유를 제시했다. 그것은 주인에 대한 충성과 하나님께 대한 경외이다. 따라서 주인의 처가 한 명령과 비교해서 요셉의 말이 훨씬 긴 것은 그만큼 요셉의 거절 의사가 확고함을 나타낸다.

끈질긴 유혹을 이기려면

그런데 이렇게 단호한 거절에도 불구하고 이 여인의 유혹은 끝나지 않았다. 10절을 보자. "여인이 날마다 요셉에게 청하였으나 요셉이 듣지 아니하여 동침하지 아니할 뿐더러 함께 있지도 아니하니라." 이 여인의 유혹은 끈질기게 계속되었다. "여인이 날마다 요셉에게 청하였으나." 이 여인의 욕망은 얼마나 강한가! 그러나 요셉은 끝까지 그 유혹에 넘어가지 않았다. "요셉이 듣지 아니하여 동침하지 아니할 뿐더러 함께 있지도 아니하니라."

요셉은 지조를 지키려고 동침하지 아니할 뿐더러 함께 있지도 아니하였다. 우리가 유혹을 받지 않으려면 유혹을 받을 수 있는 환경을 피해야 한다. 그 속에 들어가 있으면서 유혹을 받지 않으려는 것은 어리석은 일이다. 잠언 6장 25-29절에는 이런 말씀이 있다. "네 마음에 그 아름다운 색을 탐하지 말며 그 눈꺼풀에 홀리지 말라 음녀로 인하여 사람이 한 조각 떡만 남게 됨이며 음란한 계집은 귀한 생명을 사냥함이니라 사람이 불을 품에 품고야 어찌 그 옷이 타지 아니하겠으며 사람이 숯불을 밟고야 어찌 그 발이 데지 아니하겠느냐 남의 아내와 통간하는 자도 이와 같을 것이라 무릇 그를 만지기만 하는 자도 죄 없게 되지 아니하리라." 요셉이 이렇게 유혹을 뿌리칠 수 있었던 이유는 하나님께 대한 경외심 때문이다. 칼빈은 이렇게 말했다. "진실로 시험을 극복하는 데 하나님께 대한 경외심보다 강력한 것은 없다."

11

요셉의 신앙적 시험

창 39:11-20 11 그러할 때에 요셉이 시무하러 그 집에 들어갔더니 그 집 사람은 하나도 거기 없었더라 12 그 여인이 그 옷을 잡고 가로되 나와 동침하자 요셉이 자기 옷을 그 손에 버리고 도망하여 나가매 13 그가 요셉이 그 옷을 자기 손에 버려두고 도망하여 나감을 보고 14 집 사람들을 불러서 그들에게 이르되 보라 주인이 히브리 사람을 우리에게 데려다가 우리를 희롱하게 하도다 그가 나를 겁간코자 내게로 들어오기로 내가 크게 소리 질렀더니 15 그가 나의 소리 질러 부름을 듣고 그 옷을 내게 버려두고 도망하여 나갔느니라 하고 16 그 옷을 곁에 두고 자기 주인이 집으로 돌아오기를 기다려 17 이 말로 그에게 고하여 가로되 당신이 우리에게 데려온 히브리 종이 나를 희롱코자 내게로 들어 왔기로 18 내가 소리 질러 불렀더니 그가 그 옷을 내게 버려두고 도망하여 나갔나이다 19 주인이 그 아내가 자기에게 고하기를 당신의 종이 내게 이같이 행하였다 하는 말을 듣고 심히 노한지라 20 이에 요셉의 주인이 그를 잡아 옥에 넣으니 그 옥은 왕의 죄수를 가두는 곳이었더라 요셉이 옥에 갇혔으나

본문 앞에서 본 대로 요셉은 하나님을 경외함으로 보디발의 아내의 끈질

긴 유혹에 넘어가지 않았다. 그렇지만 요셉의 시험은 그것으로 끝나지 않았다. 보디발의 아내가 요셉을 유혹할 결정적인 기회가 온 것이다. 그래서 본문은 11-12절에 이렇게 시작된다. "그러할 때에 요셉이 시무하러 그 집에 들어갔더니 그 집 사람은 하나도 거기 없었더라 그 여인이 그 옷을 잡고 가로되 나와 동침하자 요셉이 자기 옷을 그 손에 버리고 도망하여 나가매."

더 강압적인 유혹에도 굴하지 않은 요셉

성경은 요셉의 태도를 분명히 밝히기 위해서 당시 상황을 이렇게 설명한다. "요셉이 시무하러 그 집에 들어갔더니"(11절상). 10절에 밝힌 대로, 요셉은 유혹을 피하기 위해서 보디발의 아내와 함께 있지도 않았다. 그래서 요셉이 그 집에 들어간 것은 "시무하러" 들어간 것이라고 밝힌 것이다. 이처럼 유혹을 피하려는 요셉의 태도는 변함이 없다.

그런데 요셉이 그 집에 들어갔을 때 공교롭게도 "그 집 사람은 하나도 거기 없었다"(11절하). 그러자 보디발의 아내는 이 기회를 놓치지 않고 또 다시 요셉을 유혹했다. "그 여인이 그 옷을 잡고 가로되 나와 동침하자"(12절상). 여기서도 "나와 동침하자"는 말은 7절에서와 같이 명령형으로 번역하는 것이 맞다. 보디발의 아내는 주인의 처로서 종인 요셉에게 "나와 동침하라"고 명령한 것이다. 그런데 이번에는 그냥 말로만 명령한 것이 아니다. 요셉의 옷을 잡고 말로 명령한 것이다. 이전보다 훨씬 더 강압적이 된 것이다.

그러나 이런 유혹에도 요셉은 굽히지 않았다. 12절하반절은 이때 요셉의 행동을 이렇게 말해 준다. "요셉이 자기 옷을 그 손에 버리고 도망하여 나가매." 요셉은 단호하고 민첩한 행동으로 유혹을 뿌리친 것이다. 물론 요셉이 이렇게 행동한 데에는 중요한 이유가 있다. 그것은 하나님을 경외하는 그의 태도이다. 이런 태도는 9절하반절에서 요셉이 한 말 가운데 잘 나타난다. "그런즉 내가 어찌 이 큰 악을 행하여 하나님께 득죄하리이까."

이처럼 아무리 유혹이 강해도 하나님을 경외하는 태도가 있으면 우리는 그 유혹을 뿌리칠 수 있다. 사람은 하나님을 경외함으로 인하여 악에서 떠나게 되는 것이다. 사람은 도덕과 종교, 지식과 사상, 교육과 수양을 통해서 유혹을 뿌리칠 수 있게 되는 것이 결코 아니다. 사람은 오직 하나님을 경외하는 마음이 있을 때 유혹을 뿌리칠 수 있게 된다.

누명을 쓰고 옥에 갇힌 요셉

자, 이렇게 요셉이 유혹을 뿌리치자 보디발의 아내는 요셉에게 누명을 씌운다. 요셉이 도덕적 시험을 통과하자 다른 시험이 그에게 닥친 것이다. 그것은 신앙적 시험이다. 13-15절을 보자. "그가 요셉이 그 옷을 자기 손에 버려두고 도망하여 나감을 보고 집 사람들을 불러서 그들에게 이르되 보라 주인이 히브리 사람을 우리에게 데려다가 우리를 희롱하게 하도다 그가 나를 겁간코자 내게로 들어오기로 내가 크게 소리 질렀더니 그가 나의 소리 질러 부름을 듣고 그 옷을 내게 버려두고 도망하여 나갔느니라 하고."

여기 13절은 12절하반절에 나온 요셉의 행동에 대한 설명을 다시 사용한다. "그가 요셉이 그 옷을 자기 손에 버려두고 도망하여 나감을 보고." 보디발의 아내는 유혹을 뿌리친 요셉의 행동을 역이용해서 오히려 그에게 누명을 씌운 것이다.

이를 위해 그녀는 먼저 "집 사람들"(=종들)을 불러서 그들에게 말했다. 이것은 증거를 조작하기 위해서이다. 왜냐하면 그들은 11절에 말한 대로 사건 당시 한 사람도 그 집에 없었기 때문이다. 따라서 그녀는 그들에게 날조

된 사실을 말할 수 있었다. "보라 주인이 히브리 사람을 우리에게 데려다가 우리를 희롱하게 하도다 그가 나를 겁간코자 내게로 들어오기로 내가 크게 소리 질렀더니 그가 나의 소리 질러 부름을 듣고 그 옷을 내게 버려두고 도망하여 나갔느니라"(14-15절).

우선, 보디발의 아내는 자신에게 동정심을 불러일으키기 위해 이렇게 말했다. "주인이 히브리 사람을 우리에게 데려다가 우리를 희롱하게 하도다." 그녀는 요셉을 "히브리 사람"이라고 말한다. 그럼으로써 외국인인 요셉에 대한 반감 또는 혐오감을 자극한다. 이때 그녀는 "우리"라는 말을 써서 요셉에 대한 반감에 있어서 자신을 집 사람들과 일치시킨다.

그런 다음, 보디발의 아내는 사건의 자초지종을 이렇게 설명했다. "그가 나를 겁간코자 내게로 들어오기로 내가 크게 소리 질렀더니 그가 나의 소리 질러 부름을 듣고 그 옷을 내게 버려두고 도망하여 나갔느니라." 적반하장도 유분수지 이것은 완전히 날조된 이야기다. 요셉은 "시무하러" 그 집에 들어간 것이지, 그 여인을 "겁간코자"(=동침하고자) 그녀에게로 들어간 것이 아니다. 또한 요셉은 그 여인이 "그 옷을 잡고" 동침하라고 하니까 그 옷을 버려두고 도망한 것이지, 그 여인이 "소리 질러 부름을 듣고" 그렇게 한 것이 아니다. 또한 사건의 결말을 말한 부분도 사실과 다르다. "그 옷을 내게 버려두고 도망하여 나갔느니라." 이것은 앞에 나온 설명과 교묘한 차이가 있다. "자기 옷을 그 손에 버리고 도망하여 나가매"(12절). "그 옷을 자기 손에 버려두고 도망하여 나감"(13절). 그러니까 앞에서 "그 손에" 또는 "자기 손에" 버렸다고 한 것을 그냥 "내게"(=내 옆에, 내 곁에)라고 말한 것이다. 그렇게 말하면, 마치 요셉이 동침하려고 옷을 벗어 놓은 것처럼 되기 때문이다. 결국 보디발의 아내는 자기가 동침하려고 한 것을 요셉에게 덮어씌운 것이다.

이처럼 보디발의 아내는 증거를 조작하기 위해 먼저 집 사람들을 불러서 그들에게 말했다. 그런 다음, 이 여인은 자기 남편에게 말했다. 16-18절을 보자. "그 옷을 곁에 두고 자기 주인이 집으로 돌아오기를 기다려 이 말로 그에게 고하여 가로되 당신이 우리에게 데려온 히브리 종이 나를 희롱코자 내게로 들어 왔기로 내가 소리 질러 불렀더니 그가 그 옷을 내게 버려두고 도망하여 나갔나이다."

보디발의 아내는 집 사람들에게 말할 때와 마찬가지로 요셉의 옷을 증거물로 사용했다. 그래서 14절에 "보라"고 말한 것처럼 16절에 "그 옷을 곁에 두고"라고 말한 것이다. 또한 이 여인은 일부 책임을 자기 남편에게 돌렸다. 그래서 4절에 "주인이 히브리 사람을 우리에게 데려다가"라고 말한 것처럼 17절에 "당신이 우리에게 데려온"이라고 말한 것이다. 차이가 있다면, 집 사람들에게는 요셉을 "히브리 사람"이라고 말한 데 비해, 남편에게는 "히브리 종"이라고 말한 것이다. 그만큼 요셉의 죄를 무겁게 만들기 위해서이다.

그 결과 보디발이 보인 반응이 19-20절에 나타나 있다. "주인이 그 아내가 자기에게 고하기를 당신의 종이 내게 이같이 행하였다 하는 말을 듣고 심히 노한지라 이에 요셉의 주인이 그를 잡아 옥에 넣으니 그 옥은 왕의 죄수를 가두는 곳이었더라 요셉이 옥에 갇혔으나."

보디발은 심히 노했다. 그렇게 된 이유는 "당신의 종이 내게 이같이 행하였다"는 그 아내의 말을 들었기 때문이다. 결국, 보디발은 요셉을 잡아 옥에 넣었다. 그런데 공교롭게도 요셉이 갇힌 옥은 왕의 죄수를 가두는 곳이었다. 성경은 이 사실을 강조해서 이렇게 말한다. "그 옥은 왕의 죄수를 가두는 곳이었더라 요셉이 옥에 갇혔으나"(20절하). 여기 "요셉이 옥에 갇혔으나"는 "요셉이 거기 옥에 갇혔으나"(and he was there in prison)로 번역해야 된다. 이때 "거기"는 앞에서 말한 "왕의 죄수를 가두는 곳"을 가리킨다. 그러니까 성경은 요셉이 단순히 감옥에 갇혔다는 것을 말하는 것이 아니라 요셉이 왕의 죄수를 가두는 감옥에 갇혔다는 것을 강조하는 것이다. 왜냐하면 나중에 요셉은 여기서 왕의 술 맡은 관원장을 만나게 되고, 그 사람 때문에 애굽 왕 바로 앞에 가게 되고, 결국은 애굽의 총리가 되어 꿈이 이루어지기 때문이다.

요셉의 옷

여기서 우리는 본문에서 두드러진 한 가지 사실을 주목하게 된다. 그것은 요셉의 옷에 대한 강조이다. 우선, 성경은 요셉이 보디발의 아내의 유혹을 뿌리친 장면에서 요셉의 옷에 초점을 맞춘다. 12-13절을 보자. 여기 보면, 보디발의 아내가 먼저 요셉을 이런 식으로 유혹했다. "그 여인이 그 옷을 잡고 가로되 나와 동침하자"(12절상). 그러자 요셉은 그 유혹을 이렇게 뿌리쳤다. "요셉이 자기 옷을 그 손에 버리고 도망하여 나가매"(12절하). 결국 보디발의 아내는 요셉이 자신의 유혹을 뿌리친 사실을 알았다. "그가 요셉이 그 옷을 자기 손에 버려두고 도망하여 나감을 보고"(13절). 이때 강조된 사실은 이것이다. 보디발의 아내는 요셉의 옷을 잡은 것이고, 요셉은 자기 옷을 보디발의 아내의 손에 버린 것이다. 그러니까 보디발의 아내가 요셉과 동침하려고 한 것을 요셉이 뿌리친 것이다.

그런데 성경은 보디발의 아내가 요셉에게 누명을 씌운 장면에서도 요셉의 옷에 초점을 맞춘다. 14-18절을 보자. 여기 보면, 보디발의 아내는 먼저 집 사람들에게 이렇게 말했다. "보라 주인이 히브리 사람을 우리에게 데려다가 우리를 희롱하게 하도다 그가 나를 겁간코자 내게로 들어오기로 내가 크게 소리 질렀더니 그가 나의 소리 질러 부름을 듣고 그 옷을 내게 버려두고 도망하여 나갔느니라"(14-15절). 그런 다음, 보디발의 아내는 남편이 돌아오기를 이렇게 기다렸다. "그 옷을 곁에 두고 자기 주인이 집으로 돌아오기를 기다려"(16절). 그리고 마침내 그녀는 돌아온 자기 남편에게 이렇게 말했다. "당신이 우리에게 데려온 히브리 종이 나를 희롱코자 내게로 들어 왔기로 내가 소리 질러 불렀더니 그가 그 옷을 내게 버려두고 도망하여 나갔나이다"(17-18절). 이때 강조된 사실은 이것이다. 요셉은 자기 옷을 보디발의 아내에게 (보디발의 아내 곁에) 버린 것이고, 보디발의 아내는 요셉의 옷을 자기 곁에 둔 것이다. 그러니까 여기서는 요셉이 보디발의 아내와 동침하려고 한 것을 보디발의 아내가 뿌리친 것이 된다.

따라서 이 이야기는 보디발의 아내가 어떻게 요셉에게 누명을 씌웠는지를 잘 보여준다. 그녀는 요셉의 옷을 증거로 이용해서 요셉에게 누명을 씌운 것이다. 그래서 결국 그녀는 남편 보디발을 속이고 요셉을 옥에 갇히게 만든 것이다.

여기서 우리는 요셉의 옷이 속이는 도구로써 요셉에게 적대적으로 이용된 것을 본다. 그런데 이것은 과거 요셉의 형들이 요셉을 이스마엘 사람에게 팔았을 때 요셉의 옷을 이용해서 아버지 야곱을 속인 것과 같다. 그 사건은 창세기 37장에 기록되어 있다. 거기 보면, 요셉의 형들은 요셉의 꿈 때문에 요셉을 미워하고 시기했다. 그래서 그들은 자신들을 만나러 오던 요셉을 멀리서 보았을 때 그를 죽이기로 모의했다. 그렇지만 요셉이 왔을 때 형들은 르우벤의 제안대로 죽이는 대신 요셉의 옷을 벗기고 그를 구덩이에 던졌다. 그랬다가 그들은 다시 유다의 제안으로 요셉을 애굽으로 내려가던 이스마엘 사람에게 팔았다.

그런 다음, 형들은 요셉의 옷을 수염소 피에 적셔서 아버지에게 갖다 보임으로써 악한 짐승이 잡아먹은 것처럼 속였다. 이에 대해 31-33절은 이렇게 말한다. "그들이 요셉의 옷을 취하고 수염소를 죽여 그 옷을 피에 적시고 그 채색옷을 보내어 그 아비에게로 가져다가 이르기를 우리가 이것을 얻었으니 아버지의 아들의 옷인가 아닌가 보소서 하매 아비가 그것을 알아보고 가로되 내 아들의 옷이라 악한 짐승이 그를 먹었도다 요셉이 정녕 찢겼도다 하고." 이처럼 요셉에게 적대적인 형들은 요셉의 옷을 이용해서 아버지를 속이고 요셉을 이스마엘 사람에게 팔았고, 결국 요셉은 애굽으로 가게 되었다.

이것은 보디발의 아내가 요셉의 옷을 이용해서 자기 남편을 감쪽같이 속이고 요셉에게 누명을 씌워서 그를 감옥에 집어넣은 것과 너무 흡사하다. 요셉의 옷이 속이는 도구로써 요셉에게 적대적으로 이용된다는 점에서 두 사건이 너무나 닮은 것이다.

이처럼 요셉을 다루시는 하나님의 손길은 너무나 정교하다. 요셉의 생애에서 일어난 일 중 그 어느 것 하나도 우연인 것이 없다. 하나님의 손길은 너무나 정교하게 그에게 역사한다. 이것은 요셉에게만 그런 것이 아니다. 우리에게도 마찬가지이다. 따라서 하나님의 손길이 우리의 생애에도 이렇게 역사하는 것을 알게 된다면, 우리는 우리의 인생을 아무렇게나 살 수 없을 것이다.

요셉의 신앙적 시험

그런데 중요한 것은 이것이다. 창세기 37장은 형들이 요셉을 팔고 아버지를 속인 것으로 끝나지 않고 마지막 36절에 이런 설명으로 끝난다. "미디안 사람이 애굽에서 바로의 신하 시위대장 보디발에게 요셉을 팔았더라." 성경은 요셉의 형들이 요셉의 옷을 이용해서 아버지를 속이고 요셉을 팔아 애굽으로 가게 만든 것만 말하지 않는다. 성경은 요셉을 데리고 애굽에 간 사람들이 거기서 바로의 신하 시위대장 보디발에게 요셉을 판 것까지 말한다. 요셉에게 적대적인 형들은 요셉을 팔아 애굽으로 가게 만들었다. 그렇지만 하나님은 오히려 그 일을 이용해서 요셉이 바로의 신하 시위대장 보디발의 집에 있게 만드셨다. 이것은 전화위복의 사건이다! 왜냐하면 요셉은 이 보디발을 통해 마침내 애굽의 총리가 되는 데까지 갈 수 있었기 때문이다.

그렇다면 보디발의 아내가 요셉의 옷을 이용해서 보디발을 속이고 요셉을 옥에 갇히게 만든 사건도 요셉의 형들이 요셉의 옷을 이용해서 아버지를 속이고 요셉을 팔아 애굽으로 가게 만든 사건과 마찬가지로 동일한 결말을 보여주기 위한 것이다. 그래서 본문은 보디발의 아내가 요셉의 옷을 이용해서 보디발을 속이고 요셉을 옥에 갇히게 만들었다고만 말하지 않는다. 본문은 요셉이 그렇게 해서 갇힌 옥은 왕의 죄수를 가두는 곳이었다는 것까지 말한다. "그 옥은 왕의 죄수를 가두는 곳이었더라 요셉이 옥에 갇혔으나"(20절 하). 요셉에게 적대적인 보디발의 아내는 요셉에게 누명을 씌워 옥에 가두었다. 그렇지만 하나님은 오히려 그 일을 이용해서 요셉이 왕의 죄수를 가두는 곳에 있게 만드셨다. 이것도 전화위복의 사건이다! 왜냐하면 요셉은 이 옥에서 만난 바로의 술 맡은 관원장을 통해 바로 앞에 서게 되고, 마침내 애굽의 총리가 되기 때문이다. 요셉의 꿈이 이루어지게 되는 것이다.

보디발의 아내는 요셉에게 누명을 씌워 옥에 갇히게 함으로써 그를 곤경에 빠뜨렸다. 그때 요셉은 자신이 하나님을 경외한 결과가 무고하게 옥에 갇히게 된 것이라고 생각할 수도 있었다.

그러나 하나님은 오히려 요셉이 처한 곤경을 이용해서 그를 애굽 왕 바로 앞으로 이끄실 것이다. 그래서 마침내 애굽의 총리가 되어 그의 꿈이 이루어지게 하실 것이다. 이처럼 하나님은 보디발의 아내의 모함에도 불구하고 요셉의 꿈을 이루어 가신다. 그러기에 요셉은 낙심하거나 좌절하지 말고 꿈이 이루어질 때까지 참고 기다려야 한다. 시편 105편 17-19절은 이렇게 말한다. "한 사람을 앞서 보내셨음이여 요셉이 종으로 팔렸도다 그 발이 착고에 상하며 그 몸이 쇠사슬에 매였으니 곧 여호와의 말씀이 응할 때까지라 그 말씀이 저를 단련하였도다." 이것은 여호와의 말씀이 이루어질 때까지 그 말씀이 옥에 갇힌 요셉의 인내를 시험하였다는 뜻이다.

요셉에게 옥에 갇힌 현실은 꿈을 통해 주신 하나님의 말씀과는 거리가 먼 것처럼 보였다. 그런 상황에서 요셉은 인내하기 위해서 주신 말씀을 더욱 굳게 붙들려고 했을 것이다. 그러면서 그는 그 말씀하신 것이 이루어지기를 기대했을 것이다. 아마 그는 간절하게 기도하며 기다렸을 것이다. 그 동안 하나님은 시련을 통해 요셉을 훈련시키셨다. 요셉은 이런 신앙적 시험을 통과해야 했던 것이다. 우리도 그럴 것이다.

12

환난 중에도
요셉의 꿈은 이루어진다

창 39:21-23 **21** 여호와께서 요셉과 함께하시고 그에게 인자를 더하사 전옥에게 은혜를 받게 하시매 **22** 전옥이 옥중 죄수를 다 요셉의 손에 맡기므로 그 제반 사무를 요셉이 처리하고 **23** 전옥은 그의 손에 맡긴 것을 무엇이든지 돌아보지 아니하였으니 이는 여호와께서 요셉과 함께하심이라 여호와께서 그의 범사에 형통케 하셨더라

신학적 기술

본문의 내용을 이해하려면, 먼저 본문의 형식에 주목할 필요가 있다. 본문의 형식은 앞서 읽은 7-20절과 차이가 있다. 7-20절은 요셉이 보디발의 아내의 유혹을 뿌리치다가 결국 누명을 쓰고 옥에 갇힌 이야기다. 그런데 그 이야기는 사실 전달에 치중한 기록이다. 다시 말하면, 사건을 현상적으로 기술한 것이라고 할 수 있다. 그에 비해 본문 21-23절은 옥에 갇힌 요셉이 그곳에서 겪은 이야기다. 그런데 이 이야기는 단순한 사실 전달보다 사실이 갖는 의미 전달에 치중한 기록이다. 다시 말하면, 사건을 신학적으로 기술한

것이라고 할 수 있다.

그래서 본문은 옥에 갇힌 요셉이 그곳에서 겪은 사실을 말하되 그 사실의 의미를 강조한다. 22절은 옥에 갇힌 요셉이 겪은 사실을 말한다. "전옥이 옥 중 죄수를 다 요셉의 손에 맡기므로 그 제반 사무를 요셉이 처리하고." 그렇지만 21절과 23절은 이 사실이 갖는 의미를 설명한다. "여호와께서 요셉과 함께하시고 그에게 인자를 더하사 전옥에게 은혜를 받게 하시매 … 전옥은 그의 손에 맡긴 것을 무엇이든지 돌아보지 아니하였으니 이는 여호와께서 요셉과 함께하심이라 여호와께서 그의 범사에 형통케 하셨더라."

이처럼 본문은 전옥[간수장]이 옥중 죄수를 다 요셉의 손에 맡기므로 그 제반 사무를 요셉이 처리한 사실을 말한다. 그러면서 그 사실이 갖는 의미를 설명한다. 그 의미는 "여호와께서 요셉과 함께하셨다"는 것이다. 이 점은 본문에서 두 가지로 나타난다. 하나는 "그에게 인자를 더하사"(21절)라는 것이고, 또 하나는 "여호와께서 그의 범사에 형통케 하셨더라"(23절)는 것이다. 본문이 강조하는 것은 요셉이 옥에서 겪은 사실의 이와 같은 의미이다.

이런 기술 방식은 2-6절에도 나타난다. 거기는 요셉이 보디발의 집에서 겪은 사실을 말하되 그 사실의 의미를 강조한다. 4절은 요셉이 보디발의 집에서 겪은 사실을 말한다. "요셉이 그 주인에게 은혜를 입어 섬기매 그가 요셉으로 가정 총무를 삼고 자기 소유를 다 그 손에 위임하니." 그렇지만 2-3절과 5절은 이 사실이 갖는 의미를 설명한다. "여호와께서 요셉과 함께하시므로 그가 형통한 자가 되어 그 주인 애굽 사람의 집에 있으니 그 주인이 여호와께서 그와 함께하심을 보며 또 여호와께서 그의 범사에 형통케 하심을 보았더라 … 그가 요셉에게 자기 집과 그 모든 소유물을 주관하게 한 때부터 여호와께서 요셉을 위하여 그 애굽 사람의 집에 복을 내리시므로 여호와의 복이 그의 집과 밭에 있는 모든 소유에 미친지라."

이처럼 거기는 요셉이 그 주인에게 은혜를 입어 가정 총무로서 주인의 소유를 주관하게 된 사실을 말한다. 그러면서 그 사실이 갖는 의미를 설명한다. 그 의미는 "여호와께서 요셉과 함께하셨다"는 것이다. 이것은 거기서 두 가지로 나타난다. 하나는 "그가 형통한 자가 되어"(2절)라는 것이고, 또 하나는 "여호와께서 요셉을 위하여 그 애굽 사람의 집에 복을 내리시므로 여호와의 복이 그의 집과 밭에 있는 모든 소유에 미친지라"(5절)는 것이다. 거기서 강조하는 것은 요셉이 보디발의 집에서 겪은 사실의 이와 같은 의미이다.

이처럼 본문은, 2-6절과 마찬가지로 사실을 전달함에 있어서 그 사실의 의미를 강조한다. 왜냐하면 각각의 상황은 요셉이 겪은 사실의 의미를 설명할 필요가 있기 때문이다.

모순처럼 보이는 요셉의 꿈과 현실

먼저, 창세기 39장 1절을 보자. "요셉이 이끌려 애굽에 내려가매 바로의 신하 시위대장 애굽 사람 보디발이 그를 그리로 데려간 이스마엘 사람의 손에서 그를 사니라." 요셉은 형들에 의해서 팔려서 애굽으로 오게 됐고, 보디발이 그를 종으로 산 것이다. 요셉은 졸지에 종의 신세가 되고 만 것이다.

그런데 이것은 요셉이 꾼 꿈과 모순처럼 보인다. 왜냐하면 요셉의 꿈은 요셉이 다스리는 자가 될 것을 보여준 것이기 때문이다. 요셉의 꿈 이야기를 들은 형들은 이렇게 말했었다. "네가 참으로 우리의 왕이 되겠느냐 참으로 우리를 다스리게 되겠느냐"(창 37:8). 또한 요셉의 꿈 이야기를 들은 아버지는 이렇게 말했었다. "너의 꾼 꿈이 무엇이냐 나와 네 모와 네 형제들이 참으로 가서 땅에 엎드려 네게 절하겠느냐"(창 37:10). 그러니까 요셉의 꿈대로라면 요셉은 형들이나 아버지보다 높아져서 다스리는 자가 되어야 하는데 종으로 팔린 것이다. 그래서 2-6절은 요셉이 종으로서 보디발의 집에서 겪은 사실의 의미를 설명한다. 그럼으로써 요셉의 현실과 요셉의 꿈이 모순이 아님을 보여주려는 것이다.

마찬가지로, 본문 바로 앞 20절을 보자. "이에 요셉의 주인이 그를 잡아 옥에 넣으니 그 옥은 왕의 죄수를 가두는 곳이었더라 요셉이 옥에 갇혔으나." 요셉은 보디발의 아내에 의해서 누명을 쓰게 됐고, 보디발이 그를 잡아 옥에 넣은 것이다. 이것도 요셉이 꾼 꿈과 모순처럼 보인다. 요셉이 높아져서 다스리는 자가 되기는커녕 오히려 죄수처럼 옥에 갇힌 것이다. 그래서 본문은 요셉이 죄수처럼 옥에서 겪은 사실의 의미를 설명한다. 그럼으로써 본문은 요셉의 현실과 요셉의 꿈이 모순이 아님을 보여주려는 것이다.

우리에게도 요셉처럼 겉으로 보기에 모순처럼 보이는 상황들이 일어난다. 하나님이 주신 약속의 말씀과 우리가 현재 처한 상황이 서로 맞지 않는 것처럼 보일 때가 있는 것이다. 그러나 그것은 겉으로 모순처럼 보이는 것일 뿐 그 의미를 알게 되면 그렇지 않은 것이다.

요셉의 손

자 그러면, 본문은 어떻게 요셉의 현실과 요셉의 꿈이 모순이 아님을 보여 주는 것일까? 여기서 우리는 본문에 나타난 하나의 단어에 주목해야 한다. 그것은 바로 "손"이라는 단어이다. 22절에 "요셉의 손에 맡기므로"라는 표현이 나오고, 23절에 "그의 손에 맡긴 것"이란 표현이 나온다. 마찬가지로, 2-6절에서도 "손"이라는 단어가 등장한다. 4절에 "그 손에 위임하니"라는 표현이 나오고, 6절에 "요셉의 손에 위임하고"라는 표현이 나온다. 이때 "손"은 권한(권력의 범위)을 뜻한다. 주인 보디발은 자기 소유를 다 요셉의 권한에 위임한 것이고, 전옥은 옥중 죄수를 다 요셉의 권한에 맡긴 것이다.

그렇다면 이것은 무엇을 의미할까? 우선, 요셉이 형들에 의해서 종으로 팔려서 보디발의 집에 오게 된 경위를 살펴보자. 그 내용은 요셉이 도단에 가서 형들을 만나는 장면에서부터 시작된다. 그런데 그 내용을 읽어 보면 '형들의 손'이 반복해서 언급되는 것을 알 수 있다. 형들은 요셉을 멀리서 보고 서로 말했다. "꿈꾸는 자가 오는도다 자, 그를 죽여 한 구덩이에 던지고 우리가 말하기를 악한 짐승이 그를 잡아먹었다 하자 그 꿈이 어떻게 되는 것을 우리가 볼 것이니라"(창 37:19-20). 그러자 그 말을 들은 맏형 르우벤이 그들을 말렸다. 이때 성경은 이렇게 말한다. "르우벤이 듣고 요셉을 그들의 손에서 구원하려 하여 가로되 우리가 그 생명은 상하지 말자 르우벤이 또 그들에게 이르되 피를 흘리지 말라 그를 광야 그 구덩이에 던지고 손을 그에게 대지 말라 하니 이는 그가 요셉을 그들의 손에서 구원하여 그 아비에게로 돌리려 함이었더라"(창 37:21-22). 그래서 요셉이 왔을 때 형들은 르우벤의 말대로 요셉을 잡아 구덩이에 던졌다. 그런데 마침 이스마엘 사람들이 오는 것을 보고 유다가 자기 형제들에게 말했다. "우리가 우리 동생을 죽이고 그의 피를 은닉한들 무엇이 유익할까 자 그를 이스마엘 사람에게 팔고 우리 손을 그에게 대지 말자 그는 우리의 동생이요 우리의 골육이니라"(창 37:26-27). 결국 형제들은 유다의 말을 따랐다.

이처럼 요셉의 생명은 형들의 손에 달린 것이었다. 그런데 르우벤과 유다 때문에 요셉은 죽지 않고 형들에 의해서 종으로 팔려서 보디발의 집에 오게 된 것이다. 그랬을 때, 요셉의 꿈은 형들의 손에 의해서 좌절되는 것처럼 보인다.

그 다음, 요셉이 보디발의 아내에 의해서 누명을 쓰게 되고, 보디발이 그를 잡아 옥에 넣은 경위를 살펴보자. 그 내용은 보디발의 아내가 요셉을 유혹하는 장면에서부터 시작된다. 그런데 그 내용을 읽어 보면 '보디발의 아내의 손'이 반복해서 언급되는 것을 알 수 있다. "그 여인이 그 옷을 잡고 가로되 나와 동침하자 요셉이 자기 옷을 그 손에 버리고 도망하여 나가매 그가 요셉이 그 옷을 자기 손에 버려두고 도망하여 나감을 보고"(창 39:12-13). 여기 보면, 요셉은 자기 옷을 보디발의 아내의 손에 버리고 도망했다. 그런데 요셉의 옷이 보디발의 아내의 손에 있게 되었다는 것은 무엇을 의미할까? 그것은 요셉의 운명이 그녀의 권한에 달렸다는 것을 의미한다. 그래서 요셉의 옷을 자기 손에 갖게 된 보디발의 아내는 이것을 역이용하여 요셉에게 누명을 씌웠다. "그가 나의 소리 질러 부름을 듣고 그 옷을 내게 버려두고 도망하여 나갔느니라 하고 그 옷을 곁에 두고 자기 주인이 집으로 돌아오기를 기다려 … 내가 소리 질러 불렀더니 그가 그 옷을 내게 버려두고 도망하여 나갔나이다"(창 39:15-16, 18). 결국 그녀의 남편 보디발은 요셉을 잡아 옥에 넣었다. 요셉은 졸지에 옥에 갇힌 죄수의 신세가 되고 말았다. 그랬을 때, 요셉의 꿈은 보디발의 아내의 손에 의해서 좌절되는 것처럼 보인다.

그러나 하나님은 요셉의 꿈이 형들의 손에 의해서나 보디발의 아내의 손에 의해서 좌절되지 않게 하신다. 어떻게 하나님은 그렇게 하실까?

먼저, 2-6절을 보자. 요셉이 형들에 의해서 팔려 애굽으로 가고, 거기서 보디발이 요셉을 종으로 산 상황에서 2절은 이렇게 말한다. "여호와께서 요셉과 함께하시므로 그가 형통한 자가 되어 그 주인 애굽 사람의 집에 있으니." 그래서 주인 보디발은 이 사실을 보게 되고, 요셉은 그 주인에게 은혜를 입어 섬기게 되었다. 이때 4절하반절은 이렇게 말한다. "그가 요셉으로 가정 총무를 삼고 자기 소유를 다 그 손에 위임하니." 또한 6절상반절은 이렇게 말한다. "주인이 그 소유를 다 요셉의 손에 위임하고 자기 식료 외에는 간섭하지 아니하였더라." 여기서 주목할 것은 "그 손에," "요셉의 손에"라는 표현이다. 보디발은 자기 소유를 다 요셉의 권한에 둔 것이다.

이것은 이상한 일이다. 요셉은 당시 '형들의 손'에 의해서 애굽 사람 보디발의 종으로 팔려 온 신세다. 그런데 여호와께서 요셉과 함께하시므로 보디발은 그 소유를 다 '요셉의 손'에 위임한 것이다. 요셉은 종의 신세로 왔지만 하나님이 그와 함께하시니까 오히려 가정 총무로서 권한을 행사하는, 다른 말로 하면 다스리는 자리에 있게 된 것이다. 요셉의 꿈이 이루어지고 있는 것이다.

그 다음, 본문을 보자. 요셉이 보디발의 아내에 의해서 누명을 쓰게 되고, 보디발이 요셉을 잡아 옥에 넣은 상황에서 21절상반절은 이렇게 말한다. "여호와께서 요셉과 함께하시고 그에게 인자를 더하사." 그리고 이것 때문에 요셉은 전옥에게 은혜를 받게 된다. 이때 22-23절상반절은 이렇게 말한다. "전옥이 옥중 죄수를 다 요셉의 손에 맡기므로 그 제반 사무를 요셉이 처리하고 전옥은 그의 손에 맡긴 것을 무엇이든지 돌아보지 아니하였으니." 여기서도 주목할 것은 "요셉의 손에," "그의 손에"라는 표현이다. 전옥은 옥중 죄수를 다 요셉의 권한에 둔 것이다.

이것은 이상한 일이다. 요셉은 당시 '보디발의 아내의 손'에 의해서 누명을 쓰고 옥에 갇힌 신세다. 그런데 여호와께서 요셉과 함께하시므로 전옥은 옥중 죄수를 다 '요셉의 손'에 맡긴 것이다. 요셉은 죄수의 신세로 옥에 갇혔지만 오히려 거기서 제반 사무를 처리하는, 다른 말로 하면 다스리는 자리에 있게 된 것이다. 하나님은 거기서도 요셉의 꿈을 이루어 가고 계셨던 것이다.

그렇다면 이것은 무엇을 의미할까? '형들의 손'은 요셉을 애굽 사람 보디발의 집에 종으로 팔려 가게 했고, '보디발의 아내의 손'은 요셉을 죄수처럼 옥에 갇히게 했다. 그래서 요셉의 꿈은 좌절되는 것처럼 보였다. 그런데 그때마다 여호와는 요셉과 함께하셨다. 그래서 보디발은 그 소유를 다 '요셉의 손'에 위임했고, 전옥은 옥중 죄수를 다 '요셉의 손'에 맡겼다. 이것은 요셉이 보디발의 집에 종으로 팔려 갔을 때나 죄수처럼 옥에 갇혔을 때나 하나님은 그를 다스리는 자로 만드셨음을 의미한다. 하나님은 요셉의 꿈을 이루어 가고 계셨던 것이다.

이것은 중요한 사실을 암시한다. 그것은 앞으로 하나님께서 요셉을 애굽의 다스리는 자로 세우실 것이라는 사실이다. 창세기 41장 41-42절상반절을 보면, 요셉이 바로의 꿈을 해석했을 때 바로는 이렇게 했다. "바로가 또 요셉에게 이르되 내가 너로 애굽 온 땅을 총리하게 하노라 하고 자기의 인장 반지를 빼어 요셉의 손에 끼우고." 거기도 "요셉의 손에"라는 표현이 나온다. 바로의 인장 반지는 애굽을 다스리는 왕의 권한을 상징한다. 그러니까 바로는 애굽 온 땅을 다스리는 권한을 요셉에게 위임한 것이다. 따라서 보디발이 그 소유를 다 요셉의 손에 위임한 것이나 전옥이 옥중 죄수를 다 요셉의 손에 맡긴 것은 장차 바로가 자기의 인장 반지를 요셉의 손에 끼우게 될 것을 암시한다. 즉 요셉의 꿈을 상기시키는 것이다.

환난 중에도 요셉의 꿈은 이루어진다

이처럼 형들의 손이나 보디발의 아내의 손에 의해서 요셉의 꿈이 좌절되는 것처럼 보이는 상황에서 하나님은 요셉의 손을 통해 요셉의 꿈을 상기시키신다. 그럼으로써 요셉은 자신의 꿈이 좌절되는 것 같은 상황에서도 낙심하지 않고 기다릴 수 있다.

생각해 보라. 요셉은 하나님으로부터 온 꿈을 꾸었다. 그런데 그 후로 요셉에게 일어나는 일들은 요셉이 꾼 꿈과는 너무나 거리가 멀어 보였다. 요셉이 앞일을 전혀 모르는 상황에서 형들에 의해 팔려서 애굽에 종으로 오게 되었고, 보디발의 아내에 의해서 누명을 쓰고 감옥에 들어오게 되었을 때 그는 과연 무슨 생각을 했을까? 그런데 하나님은 요셉이 보디발의 집에 있을 때나 감옥에 갇혔을 때나 그와 함께 계셨던 것이다. 그래서 보디발의 집에 있으면 보디발이 모든 소유를 요셉의 손에 맡기고, 감옥에 있으면 전옥이 모든 죄수를 요셉의 손에 맡긴 것이다. 그럼으로써 요셉은 어느 곳에 있든지 다스리는 자가 되고 있는 것이다.

요셉은 지금 환난을 겪고 있다. 그러나 하나님은 그 환난 중에 요셉과 함께하신다. 그래서 결국 그 환난이 단순한 환난이 아니라 하나님이 약속하신 것을 이루어 가시는 과정이라는 사실을 하나님은 요셉에게 보여주신 것이다.

여기서 우리가 기억할 것이 있다. 요셉의 꿈은 개인적인 소원이나 기대에 대한 것이 아니다. 그것은 아브라함에게 주신 약속에 대한 것이다. 따라서 요셉은 아브라함에게 주신 하나님의 약속이 이루어질 것을 믿고 산 것이다.

그렇다면 요셉의 꿈이 좌절되는 것처럼 보이는 상황이란 아브라함에게 주신 약속이 좌절되는 것처럼 보이는 상황을 말한다. 그런 상황에서 하나님은 그 약속을 상기시키신다. 어떻게? 하나님이 우리와 함께하심으로써. 그럼으로써 우리는 하나님의 약속이 좌절되는 것 같은 상황에서도 낙심하지 않고 기다릴 수 있다.

우리가 그리스도인으로 살아갈 때 하나님이 우리에게 주신 약속이 있다. 그런데 우리의 현실은 그 약속과 거리가 먼 것처럼 보이는 때가 종종 있게 된다. 그런 환난이 우리에게 닥친다. 그러나 그런 환난 속에서도 하나님은 우리와 함께 계신다. 우리는 환난이 우리를 피해 가면 좋겠다고 생각하지만 사실은 그렇지 않다. 만일 요셉이 애굽에 종으로 팔려 가지 않았더라면, 만일 요셉이 죄수의 신분으로 감옥에 갇히지 않았더라면 그가 애굽의 총리가 될 수 있었을까? 하나님의 놀라운 계획이 이루어질 수 있었을까? 아니다. 우리도 하나님의 계획을 이루기 위해서, 하나님이 주신 사명을 감당하기 위해서 환난을 겪어야 할 때가 있다. 그러나 중요한 것은 그 환난이 단순히 환난이 아니라 하나님의 약속이 이루어지는 과정이라는 사실이다. 요셉이 종으로 팔려 와 있지만, 하나님은 그 속에서도 그분의 계획을 이루고 계셨다. 요셉이 누명을 쓰고 감옥에 갇혔지만, 하나님은 거기서도 요셉의 꿈을 이루고 계셨다. 그러니까 요셉이 그런 어려움을 겪었지만 참고 인내하고 하나님이 주신 약속의 궁극적인 성취를 바라보고 살아갈 수 있었던 것이다.

하나님은 오늘날 우리에게도 그렇게 역사하신다. 우리가 어려운 환난에 처하지만 그 환난 속에서도 하나님은 그분의 놀라운 일들을 이루어 가고 계신다. 그 환난은 하나님의 약속을 이루는 과정이란 것을 하나님은 종종 우리에게 보여주고 계신다. 하나님이 환난 중에 우리와 함께하시기 때문이다. 환난 중에도 요셉의 꿈은 이루어지고 있는 것이다.

13

하나님 안에서
꿈의 성취를 믿은 요셉

창 40:1-8 1 그 후에 애굽 왕의 술 맡은 자와 떡 굽는 자가 그 주 애굽 왕에게 범죄한 지라 2 바로가 그 두 관원장 곧 술 맡은 관원장과 떡 굽는 관원장에게 노하여 3 그들을 시위대장의 집 안에 있는 옥에 가두니 곧 요셉의 갇힌 곳이라 4 시위대장이 요셉으로 그들에게 수종하게 하매 요셉이 그들을 섬겼더라 그들이 갇힌 지 수일이라 5 옥에 갇힌 애굽 왕의 술 맡은 자와 떡 굽는 자 두 사람이 하룻밤에 꿈을 꾸니 각기 몽조가 다르더라 6 아침에 요셉이 들어가 보니 그들에게 근심 빛이 있는지라 7 요셉이 그 주인의 집에 자기와 함께 갇힌 바로의 관원장에게 묻되 당신들이 오늘 어찌하여 근심 빛이 있나이까 8 그들이 그에게 이르되 우리가 꿈을 꾸었으나 이를 해석할 자가 없도다 요셉이 그들에게 이르되 해석은 하나님께 있지 아니하니이까 청컨대 내게 고하소서

창세기 40장과 39장 21-23절의 차이

창세기 40장은 앞선 39장 21-23절과 마찬가지로 요셉이 옥에 갇혀 있을 때의 일을 기록한 것이다. 그렇지만 내용을 읽어 보면 우리는 중요한 차이를

발견할 수 있다. 그것은 본문이 들어 있는 창세기 40장과 앞선 39장 21-23
절을 구분하는 형식의 차이다. 창세기 40장은 "그 후에"라는 말로 시작된다.
그래서 이 장은 앞선 39장 21-23절과 시간적으로 구분된다. 또한 창세기 40
장은 사실 전달에 치중한다. 그래서 이 장은 사실의 의미 전달에 치중하는
39장 21-23절과 기록 방식으로도 구분된다.

이러한 형식의 차이는 내용의 차이를 반영한 것이다. 39장 21-23절에서 요
셉은 비록 옥에 갇혔지만 지위가 올라간다. 전옥이 옥중 죄수를 다 그의 손
에 맡기므로 그 제반 사무를 처리하게 된 것이다. 다시 말하면, 요셉은 옥에
서 일종의 다스리는 자가 된 것이다. 이것은 요셉의 꿈이 이루어지고 있음을
의미한다.

반면에, 창세기 40장에서 요셉은 옥에 갇혀 있으면서 다시 지위가 내려간
다. 시위대장이 요셉으로 하여금 왕의 죄수들에게 수종하게 했기 때문이다.
왕의 죄수들이 요셉이 갇힌 옥에 들어오게 되자 요셉이 그들의 종이 된 것이
다. 요셉은 다스리는 자가 되어야 하는데 거꾸로 가고 있는 것이다. 여기서
요셉의 꿈은 다시 좌절되는 것처럼 보인다.

이러한 차이는 앞에서도 똑같이 나타난다. 창세기 39장 7-20절은 39장
2-6절과 마찬가지로 요셉이 종으로 있던 보디발의 집을 배경으로 한다. 그
렇지만 내용을 읽어 보면 중요한 차이를 보인다. 창세기 39장 7-20절은 본
문과 마찬가지로 "그 후에"라는 말로 시작된다. 그래서 그 단락은 앞선 39
장 2-6절과 시간적으로 구분된다. 또한 창세기 39장 7-20절은 사실 전달에
치중한다. 그래서 그 단락은 사실의 의미 전달에 치중하는 39장 2-6절과 기
록 방식으로도 구분된다.

이러한 형식의 차이는 역시 내용의 차이를 반영한 것이다. 창세기 39장 2-6
절에서 요셉은 비록 보디발의 집에 종으로 있지만 지위가 올라간다. 보디발

이 요셉으로 가정 총무를 삼고 자기 소유를 다 그의 손에 위임한 것이다. 다시 말하면, 요셉은 보디발의 집에서 일종의 다스리는 자가 된 것이다. 이것은 요셉의 꿈이 이루어지고 있음을 의미한다.

반면에, 창세기 39장 7-20절에서 요셉은 보디발의 집에 종으로 있으면서 다시 지위가 내려간다. 보디발이 자기 아내의 말을 듣고 요셉을 잡아 옥에 넣었기 때문이다. 요셉은 보디발의 아내에 의해서 누명을 쓰고 죄수처럼 옥에 갇힌 것이다. 요셉은 다스리는 자로 올라가야 하는데 더 밑으로 내려간 것이다. 여기서 요셉의 꿈은 다시 좌절되는 것처럼 보인다.

이처럼 본문은 본문 앞에 나온 내용(창 39:21-23)과 비교해서 중요한 차이를 갖는다. 본문 앞에 나온 내용에서는 요셉의 지위가 올라갔다면, 본문에서는 요셉의 지위가 내려가는 것이다. 다시 말하면, 본문 앞의 내용에서는 요셉의 꿈이 이루어지고 있다면, 본문에서는 요셉의 꿈이 좌절되는 것처럼 보인다. 따라서 본문을 이해하려면, 먼저 이러한 차이를 주목해야 한다.

꿈과 거리가 먼 현실

그러면 본문의 내용을 살펴보자. 먼저, 1-4절을 보자. "그 후에 애굽 왕의 술 맡은 자와 떡 굽는 자가 그 주 애굽 왕에게 범죄한지라 바로가 그 두 관원장 곧 술 맡은 관원장과 떡 굽는 관원장에게 노하여 그들을 시위대장의 집 안에 있는 옥에 가두니 곧 요셉의 갇힌 곳이라 시위대장이 요셉으로 그들에게 수종하게 하매 요셉이 그들을 섬겼더라 그들이 갇힌 지 수일이라."

여기 애굽 왕의 술 맡은 자와 떡 굽는 자가 등장한다. 그들은 당시 왕을 최측근에서 모시던 고위 관료들이다. 그들이 애굽 왕에게 범죄했고, 애굽 왕 바로는 그들에게 노하여 그들을 옥에 가두었다. 그런데 그들이 갇힌 곳이 바로 요셉이 갇힌 옥이었던 것이다.

그래서 요셉은 어떻게 되었을까? 4절은 이렇게 말한다. "시위대장이 요셉으로 그들에게 수종하게 하매 요셉이 그들을 섬겼더라." 한때 전옥에게 은혜를 받아 옥중 죄수를 다 맡아 그 제반 사무를 처리했던 요셉이 이제 시위대장에 의해서 새로 갇힌 왕의 두 죄수를 섬기게 된 것이다. 다시 말하면, 한때 옥에서 다스리는 자리에 올랐던 요셉이 다시 다른 죄수들의 종으로 내려온 것이다. 그러기에 요셉의 현실은 요셉의 꿈과는 다시 멀어진 것처럼 보인다.

우리도 종종 이런 현실을 만난다. 그것은 마치 요셉의 꿈(하나님의 약속)이 좌절되는 것처럼 보이는 현실이다. 눈에 보이는 우리의 현실이 보이지 않는 하나님의 약속과 거리가 먼 것처럼 느껴지는 때가 종종 있는 것이다. 하나님은 놀라운 약속을 주셨지만, 현실은 그 약속과 거꾸로 가는 것처럼 보일 때, 우리는 낙심하고 실망하기 쉽다.

꿈을 이루고 계신 하나님

그렇지만 이런 때 우리가 기억해야 할 사실이 있다. 현실은 우리 눈에 하나님의 약속이 좌절되는 것처럼 보일지라도 사실은 그렇지 않다는 것이다. 하나님은 그런 현실 속에서도 그분의 약속을 이루고 계신 것이다.

본문은 이 사실을 보여준다. 3절에 이렇게 말하기 때문이다. "그들을 시위대장의 집 안에 있는 옥에 가두니 곧 요셉의 갇힌 곳이라." 이 왕의 두 관원장이 죄를 짓고 감옥에 들어오게 된 것이다. 그런데 이때 성경은 그들이 들어온 감옥이 어떤 곳이냐를 설명해 준다. 이 감옥은 바로 요셉이 갇힌 곳이라는 것이다. 이것은 요셉과 두 관원장 곧 술 맡은 관원장과 떡 굽는 관원장의 만남을 암시한 것이다. 이러한 만남은 이미 창세기 39장 20절에서도 암시된 것이다. "이에 요셉의 주인이 그를 잡아 옥에 넣으니 그 옥은 왕의 죄수를 가두는 곳이었더라." 시위대장이 심히 노하여 요셉을 옥에 넣은 것이다. 그런데 이때 성경은 요셉이 갇힌 옥이 어떤 곳이냐를 설명해 준다. 이 감옥은 공교롭게도 왕의 죄수를 가두는 곳이었다는 것이다. 이것은 요셉과 왕의 죄수, 즉 술 맡은 관원장과 떡 굽는 관원장의 만남을 암시한 것이다. 그래서 결국 본문 4절은 요셉과 두 관원장의 만남이 어떻게 이루어졌는지 보여준다. "시위대장이 요셉으로 그들에게 수종하게 하매 요셉이 그들을 섬겼더라."

그러니까 본문에 나타난 사실은 이것이다. 요셉이 왕의 죄수들을 섬기는 자리로 내려감으로써 겉으로는 그의 꿈이 좌절되는 것처럼 보인다. 그렇지만 그런 중에도 하나님은 요셉과 두 관원장을 만나게 하심으로써 실제로는 그의 꿈을 이루고 계신다. 후에 요셉은 이 관원장 중의 한 사람에 의해서 바로 왕에게 소개될 것이기 때문이다. 요셉이 애굽의 총리가 되는 데 있어서 결정적 역할을 해 주는 사람이 바로 이 술맡은 관원장인 것이다. 이 사람을 만나게 하기 위해서 하나님은 요셉을 옥에 있게 하신 것이다. 그리고 요셉은 거기서 고난을 겪어야 했던 것이다.

보이는 현실과 보이지 않는 하나님의 약속

하나님은 우리에게도 종종 이렇게 하신다. 우리 눈에 보이는 현실은 암담하지만, 보이지 않는 하나님의 약속은 놀라운 때가 있는 것이다. 그럴 때 우리는 번민하게 된다. 그런데 믿음은 눈에 보이는 현실이 아니라 약속대로 이루실 보이지 않는 하나님을 바라보는 것이다. 비록 현실은 암담하게 보여도 하나님의 약속을 굳게 붙들고 참고 인내하며 나아가다 보면 하나님의 때에 하나님의 약속이 우리의 삶 속에서 이루어지게 되는 것이다.

아브라함의 믿음을 생각해 보라. 하나님은 일찍이 아브라함에게 아들을 주시겠다고 약속하셨다. 그렇지만 일 년이 지나고, 이 년이 지나고, 십 년이 지나도 그에게 아들은 주어지지 않았다. 보이는 현실은 아들을 낳을 수 있는 상황이 아니었다. 그런데 그런 상황에서도 아브라함은 믿음을 가지고 보이는 현실이 아니라 보이지 않는 하나님의 약속을 바라본 것이다. 로마서 4장 18-21절은 이렇게 말한다. "아브라함이 바랄 수 없는 중에 바라고 믿었으니 이는 네 후손이 이같으리라 하신 말씀대로 많은 민족의 조상이 되게 하려 하심을 인함이라 그가 백 세나 되어 자기 몸의 죽은 것 같음과 사라의 태의 죽은 것 같음을 알고도 믿음이 약하여지지 아니하고 믿음이 없어 하나님의 약속을 의심치 않고 믿음에 견고하여져서 하나님께 영광을 돌리며 약속하신 그것을 또한 능히 이루실 줄을 확신하였으니." 여기 바울은 "그가 백 세나 되어 자기 몸의 죽은 것 같음과 사라의 태의 죽은 것 같음을 알고도"라고 말한다. 눈에 보이는 현실은 도저히 아들을 낳을 수 있는 상황이 아니었다는 말이다. 그러나 그런 상황에서도 아브라함은 보이지 않는 하나님의 약속을 믿음으로 붙든 것이다.

요셉도 이런 믿음으로 그의 꿈(하나님의 약속)과 거리가 먼 것 같은 현실 속에서 참고 기다릴 수 있었다. 우리도 그럴 것이다. 우리에게도 이런 믿음이 있다면 현실이 하나님의 약속과 거리가 먼 것처럼 보일 때에도 우리는 그 속에서 참고 인내할 수 있을 것이다.

선을 행함으로 받는 고난

그런데 요셉이 믿음으로 참고 기다릴 때 문제가 된 것은 그의 꿈과 거리가 먼 것 같은 현실만이 아니었다. 그에게는 또 다른 문제가 있었다. 그것은 그가 누명을 쓰고 옥에 갇힌 억울함이다. 본문은 이 점을 보여준다. 왜냐하면 1절은 이렇게 말하기 때문이다. "그 후에 애굽왕의 술 맡은 자와 떡 굽는 자가 그 주 애굽 왕에게 범죄한지라." 두 관원장이 옥에 갇힌 이유는 분명하다. 그들이 왕에게 범죄했기 때문이다.

이것은 요셉의 경우와 대조적이다. 창세기 39장 19-20절상반절은 요셉이 옥에 갇힌 이유에 대해 이렇게 말한다. "주인이 그 아내가 자기에게 고하기를 당신의 종이 내게 이같이 행하였다 하는 말을 듣고 심히 노한지라 이에 요셉의 주인이 그를 잡아 옥에 넣으니." 요셉이 옥에 갇힌 것은 그가 주인에게 범죄했기 때문이 아니다. 그것은 그 주인의 아내의 모함 때문이다. 사실, 요셉은 주인의 신뢰를 저버리지 않았다. 창세기 39장 8-9절에 보면, 요셉은 자기에게 유혹하던 주인의 아내에게 이렇게 말했다. "나의 주인이 가중 제반 소유를 간섭지 아니하고 다 내 손에 위임하였으니 이 집에는 나보다 큰이가 없으며 주인이 아무 것도 내게 금하지 아니하였어도 금한 것은 당신뿐이니 당신은 자기 아내임이라 그런즉 내가 어찌 이 큰 악을 행하여 하나님께 득죄하리이까."

이처럼 요셉은 그의 꿈과 거리가 먼 것 같은 현실뿐 아니라, 누명을 쓰고 옥에 갇힌 억울함 속에서 참고 기다려야 했다. 이것이 요셉이 겪은 고난의 또 다른 훈련이다. 요셉은 그의 꿈을 이루어 주실 하나님을 생각함으로 누명을 쓰고 옥에 갇힌 억울함을 참고 기다린 것이다. 이런 고난의 훈련에 대하여 베드로전서 2장 19-21절은 이렇게 말한다. "애매히 고난을 받아도 하나님을 생각함으로 슬픔을 참으면 이는 아름다우나 죄가 있어 매를 맞고 참으면 무슨 칭찬이 있으리요 오직 선을 행함으로 고난을 받고 참으면 이는 하나님 앞에 아름다우니라 이를 위하여 너희가 부르심을 입었으니 그리스도도 너희를 위하여 고난을 받으사 너희에게 본을 끼쳐 그 자취를 따라 오게 하려 하셨느니라."

　고난은 두 가지이다. 자기가 죄를 짓고 잘못해서 당하는 고난이 있는가 하면, 선을 행하다가 애매히 당하는 고난이 있다. 그런데 베드로가 말하는 것은 선을 행하다가 애매히 당하는 고난이 하나님 보실 때 아름답다는 것이다. 거기에는 칭찬이 있다는 것이다. 우리가 복음을 전하기 위해서 그리스도인답게 살려고 하다가 고난을 당한다면 그것은 하나님 보실 때 아름다운 일이다. 하나님은 그 일을 칭찬하신다. 또한 베드로는 하나님이 우리를 부르신 목적이 선을 행함으로 고난을 받게 하려는 것이라고 말한다. 따라서 우리는 하나님의 말씀대로 살려고 하다가 고난을 당할 때 억울하게 생각하지 말아야 한다. 오히려 하나님이 그것을 위해서 우리를 부르셨다는 사실을 기억해야 한다. 그것은 영광스러운 일인 것이다. 뿐만 아니라, 베드로는 예수 그리스도께서 여기에 대하여 본이 되어 주셨다고 말한다. 그리스도는 잘못한 게 있어서 고난을 당하신 것이 아니다. 그분은 죄가 없으시지만 우리를 구원하기 위하여 선을 행하다가 고난을 당하신 것이다. 이런 점에서 그분은 우리에게 본이 되신 것이다. 우리는 그분을 생각하면서 위로를 받을 수 있고, 그분이 가신 길을 용기를 내어 따라갈 수 있는 것이다.

　우리도 선을 행함으로 고난을 받을 수 있다. 그럴 때, 요셉을 생각하자. 그리고 이 세 가지를 기억하자. 첫째, 우리가 선을 행함으로 고난을 받는 것은 하나님 앞에 아름답고, 거기에는 칭찬이 있다. 둘째, 우리는 선을 행함으로 고난을 받는 것을 위해 부르심을 입었다. 셋째, 그리스도께서 우리에게 본을 보여 주셨다.

고난 속에서 받는 믿음의 훈련

그 다음, 5-8절을 보자. "옥에 갇힌 애굽 왕의 술 맡은 자와 떡 굽는 자 두 사람이 하룻밤에 꿈을 꾸니 각기 몽조가 다르더라 아침에 요셉이 들어가 보니 그들에게 근심 빛이 있는지라 요셉이 그 주인의 집에 자기와 함께 갇힌 바로의 관원장에게 묻되 당신들이 오늘 어찌하여 근심 빛이 있나이까 그들이 그에게 이르되 우리가 꿈을 꾸었으나 이를 해석할 자가 없도다 요셉이 그들에게 이르되 해석은 하나님께 있지 아니하니이까 청컨대 내게 고하소서."

여기에는 요셉의 꿈이 좌절되는 것처럼 보이는 현실 속에서 그가 가진 믿음의 자세가 나타나 있다. 우선, 5-6절을 보자. "옥에 갇힌 애굽 왕의 술 맡은 자와 떡 굽는 자 두 사람이 하룻밤에 꿈을 꾸니 각기 몽조가 다르더라 아침에 요셉이 들어가 보니 그들에게 근심 빛이 있는지라." 5절에 두 관원장의 꿈에 대한 이야기가 나온다. 그런데 여기서 꿈은 쌍으로 꾼 꿈이다. "두 사람이 하룻밤에 꿈을 꾸니." 이것은 요셉 이야기에 나오는 다른 꿈과 마찬가지이다. 창세기 37장에서 요셉은 쌍으로 꿈을 꾼다. "요셉이 꿈을 꾸고 … 요셉이 다시 꿈을 꾸고"(5, 9절). 창세기 41장에서 바로도 쌍으로 꿈을 꾼다. "내가 꿈에 하수가에 서서 보니 … 다시 꿈에 보니"(17-18, 22절).

이러한 꿈은 하나님의 계시로서 예언적 성격을 띤다. 그래서 본문에서는 이러한 꿈에 대해 "각기 몽조가 다르더라"고 말한다. 창세기 41장 11절에서 술 맡은 관원장은 이때를 추억하며 바로에게 이렇게 말한다. "나와 그가 하룻밤에 꿈을 꾼즉 각기 징조가 있는 꿈이라." 또한 창세기 37장 11절은 요셉의 꿈에 대한 야곱의 반응을 이렇게 말한다. "그 아비는 그 말을 마음에 두었더라." 이것은 야곱이 요셉이 말한 꿈을 예언적인 하나님의 계시로 생각했음을 의미한다. 또한 창세기 41장 32절에서 요셉은 바로의 꿈에 대해 이렇게 말한다. "바로께서 꿈을 두 번 겹쳐 꾸신 것은 하나님이 이 일을 정하셨음이라 속히 행하시리니."

그래서 6절에는 이러한 꿈을 꾼 두 관원장의 반응이 나타난다. "아침에 요셉이 들어가 보니 그들에게 근심 빛이 있는지라." 그들에게 근심 빛이 있는 것은 그들이 꾼 꿈이 앞일을 예언적으로 보여준 것이기 때문이다. 왕에게 범죄하고 옥에 갇힌 그들로서는 이러한 꿈을 통해 자신들의 처형을 예감했을 것이다.

이런 상황에서 요셉이 그들과 대화를 나눈다. 7-8절을 보자. "요셉이 그 주인의 집에 자기와 함께 갇힌 바로의 관원장에게 묻되 당신들이 오늘 어찌하여 근심 빛이 있나이까 그들이 그에게 이르되 우리가 꿈을 꾸었으나 이를 해석할 자가 없도다 요셉이 그들에게 이르되 해석은 하나님께 있지 아니하니이까 청컨대 내게 고하소서."

먼저, 요셉이 그들에게 물었다. "당신들이 오늘 어찌하여 근심 빛이 있나이까?" 그들이 요셉에게 대답했다. "우리가 꿈을 꾸었으나 이를 해석할 자가 없도다." 이때 그들은 당시 애굽에서 꿈을 해석해 주던 전문적인 해석자들을 생각한 것이다. 그들은 요셉과 함께 옥에 갇혀 있기 때문에 그런 해석자를 만날 수 없었던 것이다. 그러자 요셉이 이렇게 말했다. "해석은 하나님께 있지 아니하니이까 청컨대 내게 고하소서."

이처럼 요셉은 꿈의 해석이 하나님께 있다고 믿었다. 물론 여기서 꿈은 하나님의 계시로서 예언적 성격을 띤다. 그 말은 하나님께서 꿈을 통해 미래의 일을 보여주시고 이루신다는 뜻이다. 이것은 창세기 41장 32절에서 요셉이 바로의 꿈에 대해 한 말에서 잘 나타난다. "바로께서 꿈을 두 번 겹쳐 꾸신 것은 하나님이 이 일을 정하셨음이라 속히 행하시리니."

따라서 요셉이 해석은 하나님께 있다고 믿은 것은 단지 하나님이 꿈의 의미를 알게 해 주실 것이라고 믿었다는 의미가 아니다. 그것은 하나님이 꿈의 의미를 알게 해 주실 뿐 아니라 꿈을 이루실 것이라고 믿었다는 의미이다. 그렇다. 요셉은 하나님 안에서 그분이 보여주신 꿈의 성취를 믿었다. 그것은 두 관원장의 꿈에 대해서뿐 아니라 자신의 꿈에 대해서도 그렇다.

이것은 본문의 상황을 고려할 때 놀랍다. 창세기 39장 21-23절에는 여호와께서 요셉과 함께하신다는 표현이 두 번 나온다. 거기서 요셉의 지위는 올라간다. 그래서 요셉의 꿈은 이루어지고 있다. 그러나 본문에는 여호와께서 요셉과 함께하신다는 표현이 없다. 여기서 요셉의 지위는 내려간다. 그래서 요셉의 꿈은 좌절되는 것처럼 보인다. 그런데 이런 상황 속에서도 요셉은 하나님 안에서 꿈의 성취를 믿은 것이다. 그래서 그는 그의 꿈과는 거리가 먼 것처럼 보이는 현실도, 누명을 쓰고 옥에 갇힌 억울함도 참고 기다릴 수 있었다.

이 기간에 요셉은 꿈을 통해 단련을 받은 것이다. 이 과정을 시편 105편 17-19절은 이렇게 말한다. "한 사람을 앞서 보내셨음이여 요셉이 종으로 팔렸도다 그 발이 착고에 상하며 그 몸이 쇠사슬에 매였으니 곧 여호와의 말씀이 응할 때까지라 그 말씀이 저를 단련하였도다." 요셉이 종살이하고 옥살이하는 고난 속에서 여호와의 말씀이 그를 단련한 것이다.

믿음은 우리가 고난 속에서 하나님의 말씀을 통해 단련을 받게 한다. 따라서 고난이 없으면 우리는 이런 훈련을 받을 수 없다. 생각해 보라. 성경에 나오는 어떤 인물이, 교회 역사에 나타난 어떤 인물이 고난을 겪지 않고 믿음의 위인이 된 사람이 있는가? 그런 사람은 없다. 하나님께 쓰임을 받은 모든 믿음의 사람들에게는 고난이 있는 것이다. 극심한 고난을 겪으면서 그들의 믿음이 자란 것이다. 그들은 고난 속에서 하나님의 말씀을 붙들고 성장해 간 것이다. 요셉도 그런 것이다. 어느 날 하루아침에 하나님이 요셉을 쓰신 것이 아니다. 믿음의 연단을 통하여 요셉을 훈련시키고 난 후에 하나님은 그를 들어 온 세상을 구원하는 일에 쓰신 것이다. 우리도 예외는 아니다.

시편 119편에는 고난이란 말이 다섯 번 나온다. 그런데 이 고난은 모두 주의 말씀과 관련이 있다. 시편 기자는 자신이 고난 속에서 주의 말씀을 통해 단련 받은 것을 이 시에 기록한 것이다. "고난 당하기 전에는 내가 그릇 행하였더니 이제는 주의 말씀을 지키나이다"(67절). 이것은 고난을 통하여 주의 말씀을 지키는 사람으로 변화된 사실을 말한다. "고난 당한 것이 내게 유익이라 이로 인하여 내가 주의 율례를 배우게 되었나이다"(71절). 이것은 고난을 인하여 주의 율례를 배우게 된 것을 말한다. "주의 법이 나의 즐거움이 되지 아니하였더면 내가 내 고난 중에 멸망하였으리이다"(92절). 이것은 고난 중에 주의 법이 자신의 기쁨이 되었기에 멸망하지 않았다는 고백이다. "나의 고난이 막심하오니 여호와여 주의 말씀대로 나를 소성케 하소서"(107절). 이것은 고난 속에서 주의 말씀을 의지하는 기도이다. "나의 고난을 보시고 나를 건지소서 내가 주의 법을 잊지 아니함이니이다"(153절). 이것은 고난 속에서도 주의 법을 기억하는 자세를 말한다. 이처럼 성도들은 고난 속에서 말씀을 통해 단련을 받는다. 오늘 우리도 그렇다.

14

요셉이 겪은
믿음의 시련

창 40:9-23 **9** 술 맡은 관원장이 그 꿈을 요셉에게 말하여 가로되 내가 꿈에 보니 내 앞에 포도나무가 있는데 **10** 그 나무에 세 가지가 있고 싹이 나서 꽃이 피고 포도송이가 익었고 **11** 내 손에 바로의 잔이 있기로 내가 포도를 따서 그 즙을 바로의 잔에 짜서 그 잔을 바로의 손에 드렸노라 **12** 요셉이 그에게 이르되 그 해석이 이러하니 세 가지는 사흘이라 **13** 지금부터 사흘 안에 바로가 당신의 머리를 들고 당신의 전직을 회복하리니 당신이 이왕에 술 맡은 자가 되었을 때에 하던 것 같이 바로의 잔을 그 손에 받들게 되리이다 **14** 당신이 득의하거든 나를 생각하고 내게 은혜를 베풀어서 내 사정을 바로에게 고하여 이 집에서 나를 건져내소서 **15** 나는 히브리 땅에서 끌려온 자요 여기서도 옥에 갇힐 일은 행치 아니하였나이다 **16** 떡 굽는 관원장이 그 해석이 길함을 보고 요셉에게 이르되 나도 꿈에 보니 흰떡 세 광주리가 내 머리에 있고 **17** 그 윗 광주리에 바로를 위하여 만든 각종 구운 식물이 있는데 새들이 내 머리의 광주리에서 그것을 먹더라 **18** 요셉이 대답하여 가로되 그 해석은 이러하니 세 광주리는 사흘이라 **19** 지금부터 사흘 안에 바로가 당신의 머리를 끊고 당신을 나무에 달리니 새들이 당신의 고기를 뜯어 먹으리이다 하더니 **20** 제 삼일은 바로의 탄일이라 바로가 모든 신하를 위하여 잔치할 때에 술 맡은 관원장과 떡 굽는 관원장으로 머리를 그 신하 중에 들게 하니라 21 바로의 술 맡은 관원장은 전직을 회복하매 그가 잔을 바로의 손에 받들어 드렸고 22 떡 굽는 관원장은 매달리니 요셉이 그들에게 해석함과 같이 되었으나 23 술 맡은 관원장이 요셉을 기억지 않고 잊었더라

창세기 39장 21절부터 40장 23절까지는 요셉이 옥에 갇혀 있을 때 겪은 일을 기록한 것이다. 이 내용은 크게 두 부분으로 나뉜다. 앞부분 39장 21-23절에서 요셉의 지위는 올라간다. 전옥이 옥중 죄수를 다 요셉의 손에 맡기므로 그 제반 사무를 요셉이 처리하게 된 것이다. 이것은 다스리는 자가 될 것을 보여준 요셉의 꿈이 이루어지고 있음을 의미한다. 반면에, 뒷부분 40장 1-23절에서 요셉의 지위는 다시 내려간다. 요셉이 갇힌 곳에 왕의 죄수들이 들어왔기 때문이다. 시위대장이 요셉으로 하여금 왕의 죄수들에게 수종하게 하므로 요셉이 그들을 섬기게 된 것이다. 여기서 요셉의 꿈은 다시 좌절되는 것처럼 보인다.

이런 상황에서 요셉은 참고 기다려야 했다. 그는 자신의 꿈이 좌절되는 것처럼 보이는 현실도, 누명을 쓰고 옥에 갇힌 억울함도 참고 기다려야 했던 것이다. 요셉이 이렇게 참고 기다릴 수 있었던 것은 하나님 안에서 꿈의 성취를 믿었기 때문이다. 그는 하나님이 꿈을 통해 자기의 장래 일을 보여주셨고, 따라서 하나님은 그 꿈을 반드시 이루실 것으로 믿었다. 그러기에 그는 애굽 왕의 술 맡은 자와 떡 굽는 자 두 사람이 꿈을 꾸고 해석할 자가 없어 근심할 때, 이렇게 말한 것이다. "해석은 하나님께 있지 아니하니이까 청컨대 내게 고하소서"(창 40:8하). 요셉은 그들의 꿈도 자신의 꿈과 마찬가지로 하나님이 장래 일을 보여주신 것이고, 따라서 하나님이 그 꿈도 반드시 이루실 것으로 믿었다.

이처럼 요셉은 믿음으로 자신의 꿈이 좌절되는 것처럼 보이는 현실 속에서도 참고 기다려야 했다. 이러한 믿음의 시련이 본문에서는 더욱 두드러지게 나타난다. 왜냐하면 요셉은 자신의 기대가 철저히 무너진 가운데서 믿음으로 인내해야 했기 때문이다. 그러면 요셉이 겪은 믿음의 시련이 어떤 것이었는지 살펴보자.

술 맡은 관원장의 꿈을 해석한 요셉

우선, 9-11절에는 술 맡은 관원장이 요셉에게 자신의 꿈을 말하는 장면이 나온다. "술 맡은 관원장이 그 꿈을 요셉에게 말하여 가로되 내가 꿈에 보니 내 앞에 포도나무가 있는데 그 나무에 세 가지가 있고 싹이 나서 꽃이 피고 포도송이가 익었고 내 손에 바로의 잔이 있기로 내가 포도를 따서 그 즙을 바로의 잔에 짜서 그 잔을 바로의 손에 드렸노라."

술 맡은 관원장이 말한 꿈의 내용에서는 셋이란 숫자가 두드러진다. 첫째, 가지가 셋이다. "그 나무에 세 가지가 있고." 둘째, 가지에서 일어나는 활동이 셋이다. "싹이 나서 꽃이 피고 포도송이가 익었고." 셋째, 잔이 세 번 언급된다. "내 손에 바로의 잔이 있기로 내가 포도를 따서 그 즙을 바로의 잔에 짜서 그 잔을 바로의 손에 드렸노라." 넷째, 잔과 관련된 활동이 셋이다. "내 손에 바로의 잔이 있기로 내가 포도를 따서 그 즙을 바로의 잔에 짜서 그 잔을 바로의 손에 드렸노라." 이처럼 꿈의 내용은 가지가 셋인 것에 맞추어 구성되어 있다. 이것은 꿈의 성취가 세 가지와 관련됨을 나타낸다.

이때 세 가지의 의미는 요셉의 꿈 해석에서 분명해진다. 12-13절을 보자. "요셉이 그에게 이르되 그 해석이 이러하니 세 가지는 사흘이라 지금부터 사흘 안에 바로가 당신의 머리를 들고 당신의 전직을 회복하리니 당신이 이왕에 술 맡은 자가 되었을 때에 하던 것 같이 바로의 잔을 그 손에 받들게 되리이다."

술 맡은 관원장의 꿈에서 세 가지는 "사흘"을 뜻한다. 그런데 20절에는 "제삼일은 바로의 탄일이라"는 내용이 나온다. 따라서 사흘은 지금부터 바로의 탄일까지의 날 수이다. 그래서 13절에 "지금부터 사흘 안에 바로가 당신의 머리를 들고 당신의 전직을 회복하리니"라고 말한 것이다. 이때 "머리를 들고"라는 표현은 옥에서 석방하는 것을 의미한다. 열왕기하 25장 27절에 같은 표현이 나온다. "유다 왕 여호야긴이 사로잡혀 간지 삼십칠 년 곧 바벨론 왕 에윌므로닥의 즉위한 원년 십이월 이십칠일에 유다 왕 여호야긴을 옥에서 내어놓아 그 머리를 들게 하고." 여기 "옥에서 내어놓아 그 머리를 들게 하고"는 이중 번역이 된 것이다. 그냥 "옥에서 내어놓아"라고만 번역하면 된다. 여기에 해당하는 히브리어 표현이 "그 머리를 들게 하고"인 것이다. 또한 예레미야 52장 31절에도 같은 표현이 나온다. "유다 왕 여호야긴이 사로잡혀간 지 삼십칠 년 곧 바벨론 왕 에윌므로닥의 즉위 원년 십이월 이십오일에 그가 유다 왕 여호야긴을 옥에서 내어놓아 그 머리를 들게 하고." 따라서 술 맡은 관원장이 말한 꿈의 의미는 이런 것이다. 사흘 후면 바로의 생일이 되는데, 그날 바로는 술 맡은 관원장을 옥에서 석방하여 전직을 회복시킬 것이다.

요셉의 믿음

여기서 꿈 해석을 해 주던 요셉은 술 맡은 관원장에게 자기 일을 부탁한다. 14-15절을 보자. "당신이 득의하거든 나를 생각하고 내게 은혜를 베풀어서 내 사정을 바로에게 고하여 이 집에서 나를 건져내소서 나는 히브리 땅에서 끌려온 자요 여기서도 옥에 갇힐 일은 행치 아니하였나이다."

이 부탁은 요셉의 처지가 술 맡은 관원장의 처지와 비슷하다는 점에서 이해가 된다. 요셉도 술 맡은 관원장처럼 억울하게 누명을 쓰고 옥에 갇힌 것이다. 그러니 술 맡은 관원장이 옥에서 나가게 되면 요셉의 억울한 사정도 바로에게 말해서 자기를 건져내 달라는 것이다.

그렇지만 요셉의 부탁은 그보다 더 깊은 뜻이 있다. 우선, 요셉은 "당신이 득의하거든"(개정판, "당신이 잘 되시거든")이라고 말한다. 이 말은 요셉이 13절에 해석한 대로 술 맡은 관원장의 꿈이 성취될 거라고 믿은 것을 보여준다. 13절에 보면, 요셉은 술 맡은 관원장의 꿈을 이렇게 해석해 주었다. "지금부터 사흘 안에 바로가 당신의 머리를 들고 당신의 전직을 회복하리니(히브리어를 그대로 번역하면, 당신을 당신의 전직에 회복하리니) 당신이 이왕에 술 맡은 자가 되었을 때에 하던 것 같이 바로의 잔을 그 손에 받들게 되리이다." 따라서 요셉은 술 맡은 관원장이 전직을 회복함으로써 그의 꿈이 성취될 거라고 믿은 것이다.

그러면서 그는 술 맡은 관원장에게 이렇게 부탁했다. "나를 생각하고 내게 은혜를 베풀어서 내 사정을 바로에게 고하여 이 집에서 나를 건져내소서." 여기서 요셉은 "나"를 반복한다. 이것은 앞서 13절에서 요셉이 술 맡은 관원장의 꿈을 해석할 때 "당신"을 반복한 것과 같다. 이처럼 요셉은 부탁할 때 자신을 술 맡은 관원장에 비교해서 말했다. 그 이유는 요셉이 술 맡은 관원장의 꿈이 성취될 것처럼 자신의 꿈도 성취될 것으로 믿었기 때문이다.

이 사실은 요셉이 옥에서 건져내 달라고 부탁하는 이유를 말한 데서도 나타난다. "나는 히브리 땅에서 끌려온 자요 여기서도 옥에 갇힐 일은 행치 아니하였나이다." 요셉은 자신의 억울함을 말한 것이다. "나는 히브리 땅에서 끌려온 자요," 즉 요셉은 형들의 시기 때문에 애굽으로 팔려 온 것이다. "여기서도 옥에 갇힐 일은 행치 아니하였나이다," 즉 요셉은 보디발의 아내 때문에 누명을 쓰고 옥에 갇힌 것이다.

그런데 여기서 주목할 것은 요셉이 말한 것은 "옥"이 아니라 "구덩이"란 점이다. "여기서도 구덩이에 갇힐 일은 행치 아니하였나이다." 창세기 40장 3절과 5절에 말한 "옥"은 히브리어로 "쏘하르"이다. 그렇지만 여기 "옥"으로 번역된 말은 히브리어로 "보르"(구덩이)이다. 이 말은 창세기 37장에서 여러 번 나왔다. 그런데 거기서 이 말이 나오게 된 것은 형들의 말을 통해서이다. 창세기 37장 19-20절에 보면, 형들은 요셉을 멀리서 보고 서로 말했다. "꿈꾸는 자가 오는도다 자, 그를 죽여 한 구덩이에 던지고 우리가 말하기를 악한 짐승이 그를 잡아먹었다 하자 그 꿈이 어떻게 되는 것을 우리가 볼 것이니라." 결국 형들은 르우벤의 만류로 요셉을 죽이지는 않았지만 그를 잡아 구덩이에 던졌다. 따라서 "구덩이"는 요셉의 꿈이 성취되는 것을 막기 위한 곳이다.

그렇다면 요셉이 옥에 갇혔으면서 "여기서도 구덩이에 갇힐 일은 행치 아니하였나이다"라고 말한 것은 이런 의미가 있다. 요셉은 옥에 갇힌 것을 마치 전에 구덩이에 갇혔던 것처럼 생각한 것이다. 요셉은 옥을 자신의 꿈이 성취되는 것을 막기 위한 곳으로 생각한 것이다. 그러기에 요셉은 자신의 꿈이 성취되려면 옥에서 나가야 할 것으로 생각했다. 그래서 그는 술 맡은 관원장에게 부탁한 것이다. 이처럼 요셉은 술 맡은 관원장의 꿈처럼 자신의 꿈도 성취될 것으로 믿은 것이다. 그러므로 요셉은 단순히 술 맡은 관원장의 처지가 자기와 같으니까 자기 처지를 생각해서 자기를 건져달라고 부탁한 것이 아니다. 그는 술 맡은 관원장의 꿈이 이루어지는 것처럼 자기의 꿈도 이루어진다고 믿고 그에게 부탁한 것이다.

떡 굽는 관원장의 꿈을 해석한 요셉

그런데 이렇게 술 맡은 관원장의 꿈에 대한 해석을 듣던 떡 굽는 관원장도 요셉에게 자기의 꿈을 말하게 된다. 16-17절을 보자. "떡 굽는 관원장이 그 해석이 길함을 보고 요셉에게 이르되 나도 꿈에 보니 흰떡 세 광주리가 내 머리에 있고 그 윗 광주리에 바로를 위하여 만든 각종 구운 식물이 있는데 새들이 내 머리의 광주리에서 그것을 먹더라."

여기 떡 굽는 관원장이 요셉에게 자기의 꿈을 말하게 된 이유가 나온다. 그것은 "그 해석이 길함을 보고"이다. 술 맡은 관원장은 원래 죄가 없었다. 그래서 그는 꺼리지 않고 먼저 자기의 꿈을 요셉에게 말했다. 그러나 떡 굽는 관원장은 죄가 있어서 자기의 꿈을 말하는 것을 꺼렸다. 그러다가 술 맡은 관원장의 꿈 해석이 길한 것을 보고 그도 자기의 꿈을 요셉에게 말하게 된 것이다.

떡 굽는 관원장이 말한 꿈의 내용은 이렇다. "흰떡 세 광주리가 내 머리에 있고." 여기에도 셋이란 숫자가 나온다. "그 윗 광주리에 바로를 위하여 만든 각종 구운 식물이 있는데 새들이 내 머리의 광주리에서 그것을 먹더라." 이것은 술 맡은 관원장이 포도즙을 바로의 잔에 짜서 그 잔을 바로의 손에 드린 것과 대조적이다. 떡 굽는 관원장은 바로를 위하여 만든 각종 구운 식물을 바로에게 드리지 못했다.

이 꿈에 대한 요셉의 해석이 18-19절에 나온다. "요셉이 대답하여 가로되 그 해석은 이러하니 세 광주리는 사흘이라 지금부터 사흘 안에 바로가 당신의 머리를 끊고 당신을 나무에 달리니 새들이 당신의 고기를 뜯어 먹으리이다 하더니."

떡 굽는 관원장의 꿈에서 세 광주리는 "사흘"을 뜻한다. 그리고 "머리를 들고"라고 한 술 맡은 관원장의 꿈 해석과 달리 "머리를 끊고"라는 해석이 주어진다. 이때 "머리를 끊고"라는 말은 히브리어로 "당신으로부터 머리를 들고"라는 표현이다. 이것은 옥에서 석방하는 은혜가 제거됨을 뜻한다. 결국 이것은 그 뒤에 오는 설명과 함께 끔찍한 사형선고를 의미한다. "바로가 당신의 머리를 끊고 당신을 나무에 달리니 새들이 당신의 고기를 뜯어 먹으리이다."

성취된 요셉의 해석

자, 그러면 요셉이 해석해 준 술 맡은 관원장과 떡 굽는 관원장의 꿈은 결국 어떻게 되었을까? 20-22절을 보자. "제 삼일은 바로의 탄일이라 바로가 모든 신하를 위하여 잔치할 때에 술 맡은 관원장과 떡 굽는 관원장으로 머리를 그 신하 중에 들게 하니라 바로의 술 맡은 관원장은 전직을 회복하매 그가 잔을 바로의 손에 받들어 드렸고 떡 굽는 관원장은 매달리니 요셉이 그들에게 해석함과 같이 되었으나." 바로의 탄일에 술 맡은 관원장은 사면을 받아 전직을 회복했지만, 떡 굽는 관원장은 처형되었다. 결국 요셉의 해석대로 술 맡은 관원장과 떡 굽는 관원장의 꿈이 성취된 것이다.

믿음의 시련

그런데 본문의 이야기는 이렇게 끝난다. 23절을 보자. "술 맡은 관원장이 요셉을 기억지 않고 잊었더라." 이것은 14절에 나온 요셉의 부탁이 소용없게 된 것을 보여준다. 요셉은 "당신이 잘 되거든 나를 생각하라(기억하라)"고 말했지만, 전직을 회복한 술 맡은 관원장이 그를 "기억지 않은" 것이다. 요셉은 술 맡은 관원장의 꿈처럼 자신의 꿈도 이루어질 것으로 믿고 그렇게 부탁한 것인데 소용없게 된 것이다.

여기에 요셉이 겪은 믿음의 시련이 있다. 요셉은 술 맡은 관원장의 꿈이 성취될 것을 믿었다. 그러기에 그는 술 맡은 관원장을 통해서 자신의 꿈도 성취될 것으로 기대했다. 그러나 그의 기대는 철저히 무너지고 말았다. 창세기 41장 1절은 이렇게 시작된다. "만 이 년 후에 바로가 꿈을 꾼즉 자기가 하숫가에 섰는데." 술 맡은 관원장이 요셉을 기억하게 된 것은 만 이 년 후였던 것이다. 결국 요셉은 만 이 년을 옥에 더 있게 된 것이다.

이 기간 동안 요셉은 옥에서 어떻게 지냈을까? 그는 자신의 기대가 무너진 상황에서도 꿈의 성취를 믿는 믿음으로 참고 기다렸을 것이다. 그는 꿈의 성취를 믿되 자기가 기대한 대로가 아니라 하나님의 때에 하나님의 방법으로 성취될 것을 믿은 것이다. 하나님은 믿음의 시련을 통해 요셉에게 인내를 훈련시키신 것이다.

시편 105편 17-19절은 이렇게 말한다. "한 사람을 앞서 보내셨음이여 요셉이 종으로 팔렸도다 그 발이 착고에 상하며 그 몸이 쇠사슬에 매였으니 곧 여호와의 말씀이 응할 때까지라 그 말씀이 저를 단련하였도다." 요셉은 "여호와의 말씀이 응할 때까지" 훈련의 과정을 거쳐야 했다. 그런데 성경은 그 과정에서 일어난 일을 이렇게 말한다. "그 말씀이 저를 단련하였도다." 요셉은 꿈으로 주어진 하나님의 말씀을 통해 훈련을 받은 것이다.

우리에게도 하나님은 이런 믿음의 시련을 주신다. 우리는 하나님을 믿으면 모든 일이 다 잘 될 거라고 생각하기 쉽다. 그렇지만 성경을 보면 기독교 신앙은 그런 것이 아니다. 하나님은 종종 우리에게 믿음의 시련을 주시는 것이다. 왜냐하면 하나님은 이 과정을 통해서 우리에게 인내를 훈련시키기 원하시기 때문이다. 만일 이런 과정이 없다면, 우리의 믿음은 자라지 못할 것이다. 만일 모든 것이 우리가 원하는 대로 이루어진다면, 우리는 하나님을 의지하지 않을 것이다. 하지만 우리는 어려운 일을 만나기 때문에 하나님을 찾고 의지하게 되는 것이다. 그럴 때 우리의 믿음이 자라게 되는 것이다.

이처럼 하나님은 믿음의 시련을 통해서 우리를 변화시키시고 성장시켜 가신다. 야고보서 1장 2-4절은 이렇게 말한다. "내 형제들아 너희가 여러 가지 시험을 만나거든 온전히 기쁘게 여기라 이는 너희 믿음의 시련이 인내를 만들어 내는 줄 너희가 앎이라 인내를 온전히 이루라 이는 너희로 온전하고 구비하여 조금도 부족함이 없게 하려 함이라." 또한 베드로전서 1장 5-7절은 이렇게 말한다. "너희가 말세에 나타내기로 예비하신 구원을 얻기 위하여 믿음으로 말미암아 하나님의 능력으로 보호하심을 입었나니 그러므로 너희가 이제 여러 가지 시험을 인하여 잠간 근심하게 되지 않을 수 없었으나 오히려 크게 기뻐하도다 너희 믿음의 시련이 불로 연단하여도 없어질 금보다 더 귀하여 예수 그리스도의 나타나실 때에 칭찬과 영광과 존귀를 얻게 하려 함이라." 또한 로마서 5장 2-4절은 이렇게 말한다. "또한 그로 말미암아 우리가 믿음으로 서있는 이 은혜에 들어감을 얻었으며 하나님의 영광을 바라고 즐거워하느니라 다만 이뿐 아니라 우리가 환난 중에도 즐거워하나니 이는 환난은 인내를, 인내는 연단을, 연단은 소망을 이루는 줄 앎이로다." 그리고 베드로후서 1장 4-7절은 이렇게 말한다. "이로써 그 보배롭고 지극히 큰 약속을 우리에게 주사 이 약속으로 말미암아 너희로 정욕을 인하여 세상에서 썩어질 것을 피하여 신의 성품에 참예하는 자가 되게 하려 하셨으니 이러므로 너희가 더욱 힘써 너희 믿음에 덕을, 덕에 지식을, 지식에 절제를, 절제에 인내를, 인내에 경건을, 경건에 형제 우애를, 형제 우애에 사랑을 공급하라."

part

4

/

바로와
요셉

providence

15

하나님의 인도는
결코 늦는 법이 없다

창 41:1-14 1 만 이 년 후에 바로가 꿈을 꾼즉 자기가 하숫가에 섰는데 2 보니 아름답고 살진 일곱 암소가 하수에서 올라와 갈밭에서 뜯어 먹고 3 그 뒤에 또 흉악하고 파리한 다른 일곱 암소가 하수에서 올라와 그 소와 함께 하숫가에 섰더니 4 그 흉악하고 파리한 소가 그 아름답고 살진 일곱 소를 먹은지라 바로가 곧 깨었다가 5 다시 잠이 들어 꿈을 꾸니 한 줄기에 무성하고 충실한 일곱 이삭이 나오고 6 그 후에 또 세약하고 동풍에 마른 일곱 이삭이 나오더니 7 그 세약한 일곱 이삭이 무성하고 충실한 일곱 이삭을 삼킨지라 바로가 깬즉 꿈이라 8 아침에 그 마음이 번민하여 보내어 애굽의 술객과 박사를 모두 불러 그들에게 그 꿈을 고하였으나 그것을 바로에게 해석하는 자가 없었더라 9 술 맡은 관원장이 바로에게 고하여 가로되 내가 오늘날 나의 허물을 추억하나이다 10 바로께서 종들에게 노하사 나와 떡 굽는 관원장을 시위대장의 집에 가두셨을 때에 11 나와 그가 하룻밤에 꿈을 꾼즉 각기 징조가 있는 꿈이라 12 그곳에 시위대장의 종 된 히브리 소년이 우리와 함께 있기로 우리가 그에게 고하매 그가 우리의 꿈을 풀되 그 꿈대로 각인에게 해석하더니 13 그 해석한 대로 되어 나는 복직하고 그는 매여 달렸나이다 14 이에 바로가 보내어 요셉을 부르매 그들이 급히 그를 옥에서

낸지라 요셉이 곧 수염을 깎고 그 옷을 갈아입고 바로에게 들어오니

본문은 요셉이 갇혔던 옥에서 나오는 이야기이다. 이 말씀을 통해서 우리가 주목할 것은 요셉이 어떻게 옥에서 나오게 되는가 하는 것이다.

우리는 본문 앞에서 출옥에 대한 요셉의 기대가 무산된 것을 보았다. 요셉은 술 맡은 관원장의 꿈을 해석해 주면서 그에게 자신의 출옥을 부탁했었다. "당신이 득의하거든 나를 생각하고 내게 은혜를 베풀어서 내 사정을 바로에게 고하여 이 집에서 나를 건져내소서"(창 40:14). 그렇지만 요셉의 해몽대로 전직을 회복한 술 맡은 관원장은 요셉의 부탁을 들어주지 못했다. 창세기 40장 23절은 이렇게 말한다. "술 맡은 관원장이 요셉을 기억지 않고 잊었더라." 결국 출옥에 대한 요셉의 기대는 완전히 무산되고 말았다.

그렇게 세월이 흘렀다. 그래서 본문은 "만 이 년 후에"라는 말로 시작된다. 그 동안 요셉이 옥에서 나갈 가망은 다 사라지고 말았다. 그런데 그런 상황에서 요셉은 뜻밖에 옥에서 나오게 된 것이다. 어떻게 그런 일이 일어난 것일까? 그것은 바로의 꿈을 통해서이다.

하나님이 주신 바로의 꿈

1-7절을 보면, 바로는 연속해서 두 번 꿈을 꾸었다. "만 이 년 후에 바로가 꿈을 꾼즉 자기가 하숫가에 섰는데 보니 아름답고 살진 일곱 암소가 하수에서 올라와 갈밭에서 뜯어 먹고 그 뒤에 또 흉악하고 파리한 다른 일곱 암소가 하수에서 올라와 그 소와 함께 하숫가에 섰더니 그 흉악하고 파리한 소가 그 아름답고 살진 일곱 소를 먹은지라 바로가 곧 깨었다가 다시 잠이 들어 꿈을 꾸니 한 줄기에 무성하고 충실한 일곱 이삭이 나오고 그 후에 또 세

약하고 동풍에 마른 일곱 이삭이 나오더니 그 세약한 일곱 이삭이 무성하고 충실한 일곱 이삭을 삼킨지라 바로가 깬즉 꿈이라."

바로가 꾼 두 꿈의 내용은 양식과 관련된 것이다. "암소"나 "이삭"은 양식을 상징한다. 동시에 바로가 꾼 두 꿈의 내용은 통일성을 갖는다. "일곱 암소"와 "일곱 이삭," "올라와"(2, 3절)와 "나오고"(5절, 6절의 "나오더니"는 다른 동사이다), "살진"(2절)과 "무성하고"(5절), "파리한"(3, 4절)과 "세약한"(6, 7절) 등이 그렇다. 그래서 두 꿈은 사실상 하나라는 인상을 준다.

중요한 것은 바로의 꿈이 하나님께서 주신 것이라는 사실이다. 이 사실을 보여주는 것이 몇 가지 있다. 첫째, 바로는 꿈을 두 번 꾸었다(1-4절과 5-7절). 이것은 창세기 37장에서 요셉이 꿈을 두 번 꾼 것과 같다. 요셉의 꿈은 하나님이 주신 것이다. 마찬가지로 바로가 두 번 꾼 꿈도 하나님이 주신 것이다.

둘째, 바로의 꿈을 묘사할 때 히브리어 감탄사 '히네'(보라)가 각각 세 번씩 사용된다(아쉽게도 한글 성경에서는 한 번만 번역되어 있다). "만 이 년 후에 바로가 꿈을 꾼즉 (보라) 자기가 하숫가에 섰는데 보니 아름답고 살진 일곱 암소가 하수에서 올라와 갈밭에서 뜯어먹고 (보라) 그 뒤에 또 흉악하고 파리한 다른 일곱 암소가 하수에서 올라와 그 소와 함께 하숫가에 섰더니 그 흉악하고 파리한 소가 그 아름답고 살진 일곱 소를 먹은지라 바로가 곧 깨었다가 다시 잠이 들어 꿈을 꾸니 (보라) 한 줄기에 무성하고 충실한 일곱 이삭이 나오고 (보라) 그 후에 또 세약하고 동풍에 마른 일곱 이삭이 나오더니 그 세약한 일곱 이삭이 무성하고 충실한 일곱 이삭을 삼킨지라 바로가 깬즉 (보라) 꿈이라."

이 점은 창세기 37장 6-7절에서 요셉의 꿈을 묘사한 것과 같다. "청컨대 나의 꾼 꿈을 들으시오 (보라) 우리가 밭에서 곡식을 묶더니 (보라) 내 단은 일어서고 (보라) 당신들의 단은 내 단을 둘러서서 절하더이다." 이것은 다시 창세기 28장 12-13절상반절에서 야곱이 꾼 꿈을 묘사할 때와 같다. "꿈에 본즉 사닥다리가 땅 위에 섰는데 그 꼭대기가 하늘에 닿았고 또 본즉 하나님의 사자가 그 위에서 오르락내리락하고 또 본즉 여호와께서 그 위에 서서," 요셉의 꿈은 야곱의 꿈과 마찬가지로 하나님이 주신 것이다. 따라서 성경은 요셉의 꿈이나 야곱의 꿈과 같은 방식으로 묘사된 바로의 꿈도 하나님이 주신 것임을 암시한다.

셋째, 바로의 꿈을 해석하는 자가 없었다. 8절을 보자. "아침에 그 마음이 번민하여 보내어 애굽의 술객과 박사를 모두 불러 그들에게 그 꿈을 고하였으나 그것을 바로에게 해석하는 자가 없었더라."

이것은 술 맡은 관원장과 떡 굽는 관원장이 꿈을 꾸었을 때 해석할 자가 없었던 것과 같다. 그들이 꿈을 꾸고 근심 빛이 있을 때 요셉이 그 이유를 묻자 그들은 이렇게 대답했다. "우리가 꿈을 꾸었으나 이를 해석할 자가 없도다"(창 40:8상). 그때 요셉은 그들에게 이렇게 말했다. "해석은 하나님께 있지 아니하니이까 청컨대 내게 고하소서"(창 40:8하). 술 맡은 관원장과 떡 굽는 관원장의 꿈을 해석할 자가 없었던 것은 그들의 꿈이 하나님으로부터 주어진 것이기 때문이다. 마찬가지로 바로의 꿈을 해석하는 자가 없었던 것도 그의 꿈이 하나님으로부터 주어진 것이기 때문이다.

이처럼 바로의 꿈은 하나님이 주신 것이다. 이 점은 나중에 요셉이 바로의 꿈을 해석할 때 분명히 드러날 것이다. 사실, 하나님이 바로에게 꿈을 꾸게 하신 것은 본문에 기록된 모든 사건의 발단이 된다. 이것은 사람들이 일을 만든 것이 아니라 하나님이 바로의 꿈을 통해서 일을 시작하셨음을 의미한다.

요셉의 부탁을 기억한 술 맡은 관원장

자, 그런데 바로의 꿈을 해석하는 자가 없었을 때 어떤 일이 벌어졌을까?
9-13절을 보자. "술 맡은 관원장이 바로에게 고하여 가로되 내가 오늘날 나
의 허물을 추억하나이다 바로께서 종들에게 노하사 나와 떡 굽는 관원장을
시위대장의 집에 가두셨을 때에 나와 그가 하룻밤에 꿈을 꾼즉 각기 징조가
있는 꿈이라 그곳에 시위대장의 종 된 히브리 소년이 우리와 함께 있기로 우
리가 그에게 고하매 그가 우리의 꿈을 풀되 그 꿈대로 각인에게 해석하더니
그 해석한 대로 되어 나는 복직하고 그는 매여 달렸나이다."

바로의 꿈을 해석하는 자가 없었을 때, 술 맡은 관원장은 바로에게 과거의
일을 말했다. 그는 자신과 떡 굽는 관원장이 옥에 갇혔던 일(10절)과 그 둘이
꿈을 꾸었던 일(11절)을 말했다. 또한 그는 요셉이 그들의 꿈을 해석해 주었
던 일(12절)과 그 해석한 대로 그들의 꿈이 이루어졌던 일(13절)을 말했다. 이
내용은 창세기 40장에 기록된 내용을 요약한 것이다.

그런데 이때 주목할 것은 술 맡은 관원장이 바로에게 처음 꺼냈던 말이다.
"내가 오늘날 나의 허물을 추억하나이다"(9절). 우선, 여기 "허물"이란 말은
창세기 40장 1절에 사용된 "범죄한지라"는 말과 뿌리가 같다. "그 후에 애굽
왕의 술 맡은 자와 떡 굽는 자가 그 주 애굽 왕에게 범죄한지라." 따라서 술
맡은 관원장은 그때의 일을 기억하고 있는 것이다. 그런데 여기 "나의 허물"
이란 말은 복수로 되어 있다. 그래서 그는 자신이 바로에게 범죄한 것뿐 아
니라 요셉의 부탁을 잊은 것도 생각한 것이다.

이와 함께 그는 "추억하다"(히브리어 "자카르")란 말을 쓴다. 그런데 이 말은
일찍이 요셉이 그에게 부탁할 때 썼던 말이다. "당신이 득의하거든 나를 생각
하고(자카르) 내게 은혜를 베풀어서 내 사정을 바로에게 고하여 이 집에서 나

를 건져내소서"(창 40:14). 그래서 성경은 그가 요셉의 부탁을 잊었을 때에도 같은 말을 쓴 것이다. "술 맡은 관원장이 요셉을 기억지(자카르) 않고 잊었더라"(창 40:23).

따라서 지금 술 맡은 관원장이 바로에게 하는 말은 요셉의 부탁과 관련이 있다. 그는 지금에야 잊고 있었던 요셉의 부탁을 기억하게 된 것이다.

요셉이 술 맡은 관원장에게 부탁할 때 그는 자기의 꿈을 생각했다. 그는 자기의 꿈이 이루어지려면 자기가 옥에서 나가야 할 거라고 판단한 것이다. 그래서 창세기 40장 15절에서 그는 술 맡은 관원장에게 부탁할 때 자신이 옥에서 나가야 할 이유를 이렇게 말했다. "나는 히브리 땅에서 끌려온 자요 여기서도 옥에 갇힐 일은 행치 아니하였나이다." 그때 "옥"이란 말은 히브리어로는 "구덩이"를 가리키는 말이다. 요셉이 그 말을 쓴 것은 자기의 꿈이 이루어질 수 없는 곳이 "구덩이"이기 때문이다. 요셉의 형들은 요셉의 꿈이 이루어지지 못하도록 그를 구덩이에 던졌던 것이다. 이 사실은 창세기 37장 19-20절에서 형들이 서로 했던 말 가운데 드러난다. "꿈꾸는 자가 오는도다 자, 그를 죽여 한 구덩이에 던지고 우리가 말하기를 악한 짐승이 그를 잡아먹었다 하자 그 꿈이 어떻게 되는 것을 우리가 볼 것이니라."

이처럼 요셉은 자기가 갇힌 옥을 "구덩이"처럼 생각했다. 그래서 그는 자기의 꿈이 이루어지려면 그곳에서 나가야 할 거라고 생각했고, 술 맡은 관원장에게 부탁하게 된 것이다.

그렇지만 요셉의 기대와 달리 그는 옥에서 나가지 못했다. 부탁을 받은 술 맡은 관원장이 요셉을 기억지 않고 잊었기 때문이다. 정작 술 맡은 관원장이 요셉을 기억한 것은 그로부터 만 이 년이 지나서이다. 하나님께서 바로에게 꿈을 꾸게 하시고, 그 꿈을 해석하는 자가 없었을 때, 술 맡은 관원장이 요셉을 기억하게 된 것이다.

이처럼 하나님의 약속은 우리가 기대한 때에 우리가 예상한 방법대로 이루어지는 것이 아니다. 요셉을 보라. 그는 자기가 금방 감옥에서 나갈 줄 알았을 것이다. 그러나 그렇게 되지 않았다. 만 이 년이 지나서야 그는 옥에서 나가게 되었다. 그렇게 되기 위해서 하나님은 바로에게 꿈을 꾸게 하셔서 그 꿈을 통해서 요셉을 옥에서 나오도록 만드신 것이다. 하나님의 약속은 하나님의 때에 하나님의 방법대로 이루어진다. 우리는 하나님의 약속이 반드시 이루어진다는 것을 믿지만 언제 어떤 식으로 이루어질지 모른다. 그래서 우리는 인내하며 하나님의 약속이 이루어지기를 기다려야 한다. 우리는 하나님의 약속이 더디 이루어진다고 조바심을 내거나 불평하지 말아야 한다. 하나님의 약속이 이루어지는 것은 결코 늦는 법이 없다.

하나님의 인도에는 때가 있다

그러면 왜 술 맡은 관원장은 만 이 년이 지나서야 잊었던 요셉을 기억한 것일까? 우리는 요셉이 그 이 년 동안 옥에서 당한 고초를 생각할 때 이런 생각을 할 수 있다. '만일 술 맡은 관원장이 잊지 않았더라면, 요셉은 이 년이나 빨리 감옥에서 나올 수 있었을 텐데.' '왜 하나님은 억울하게 감옥에 갇힌 요셉의 소원을 빨리 이루어 주지 않으셨을까?' 요셉도 옥에 갇혀 있으면서 이런 생각을 하지 않았을까?

그렇지만 술 맡은 관원장이 만 이 년이 지나서야 잊었던 요셉을 기억한 데에는 오묘한 하나님의 인도가 있다. 왜 그럴까? 14절을 보자. "이에 바로가 보내어 요셉을 부르매 그들이 급히 그를 옥에서 낸지라 요셉이 곧 수염을 깎고 그 옷을 갈아입고 바로에게 들어오니." 바로는 술 맡은 관원장의 이야기를 듣고 사람들을 보내서 요셉을 불렀다. 그래서 그들은 요셉을 옥에서 데리고 나왔다. 그리하여 요셉은 마침내 바로 앞에 서게 된 것이다.

이것은 요셉의 기대가 이루어진 것이다. 성경은 이 사실을 보여주기 위해서 특별한 단어를 사용한다. 그것은 바로 "옥"이란 단어이다. 이 말은 창세기 40장 15절에서 요셉이 술 맡은 관원장에게 부탁할 때 사용한 "옥"이란 단어와 같은 것이다. 이 말은 히브리어로 "보르"라는 말로 "구덩이"를 가리킨다. 요셉이 자기의 꿈이 이루어지기 위해 술 맡은 관원장에게 나가게 해 달라고 부탁했던 그 장소이다. 따라서 바로가 보낸 사람들이 급히 요셉을 옥에서, 즉 구덩이에서 꺼낸 것은 요셉의 기대가 만 이 년이 지나서 이루어진 것을 뜻한다.

그러면 왜 하나님은 요셉의 기대가 만 이 년이 지나서야 이루어지게 하신 것일까? 여기에는 분명한 하나님의 섭리가 있다. 생각해 보라. 만일 요셉이 자기가 기대한 대로 이 년 일찍 옥에서 나왔더라면, 그는 바로 앞에 설 수 있었을까? 그래서 바로에 의해서 애굽의 총리가 될 수 있었을까? 결코 그렇게 될 수 없었을 것이다.

그런데 술 맡은 관원장이 요셉을 잊어 그는 이 년이나 더 옥살이를 해야 했다. 그런데 만 이 년이 지나서 바로가 꿈을 꾸고 꿈을 해석하는 자가 없을 때 술 맡은 관원장이 요셉을 기억했다. 그래서 술 맡은 관원장은 바로에게 요셉을 소개했고, 바로가 사람들을 보내서 옥에 갇혀 있던 요셉을 부른 것이다. 그리고 마침내 요셉은 바로 앞에 서게 된 것이다. 이것은 요셉을 바로에 의해서 애굽의 총리로 세우시려는 하나님의 인도였다.

이처럼 하나님의 인도에는 때가 있다. 그래서 시편 105편 17-22절은 요셉에 대하여 이렇게 말한다. "한 사람을 앞서 보내셨음이여 요셉이 종으로 팔렸도다 그 발이 착고에 상하며 그 몸이 쇠사슬에 매였으니 곧 여호와의 말씀이 응할 때까지라 그 말씀이 저를 단련하였도다 왕이 사람을 보내어 저를 방석함이여 열방의 통치자가 저로 자유케 하였도다 저로 그 집의 주관자를 삼아 그 모든 소유를 관리케 하고 임의로 백관을 제어하며 지혜로 장로들을 교훈하게 하였도다." 여기 "여호와의 말씀이 응할 때"라고 했다. 그것은 요셉의 때가 아니라, 하나님의 때이다. 하나님은 요셉을 애굽의 총리로 세우시는데, 요셉의 때가 아니라 하나님의 때에 그렇게 하신 것이다.

하나님의 인도에는 때가 있다. 우리는 우리의 계획대로, 우리가 원하는 대로 일이 되지 않는다고 실망하고 있지 않은가? 하나님의 인도는 더딘 것 같으나 결코 늦지 않다.

아브라함은 75세에 자손과 관련된 하나님의 약속을 처음 받았다(창 12장). 그런데 그 약속이 이루어지기 시작한 것은 그가 100세가 되어서이다(창 21장). 아브라함에게 약속이 이루기까지는 25년의 세월이 흘렀다.

야곱은 창세기 28장에서 하나님의 약속을 받았다. 그런데 그 약속이 이루어지기 시작한 것은 20년이 지나서였다(창 31:38, 41).

요셉이 꿈을 꾼 것은 17세 때였다(창 37장). 그런데 그 꿈이 이루어지기 시작한 것은 30세 때였다(창 41:46). 요셉이 꿈을 꾼 뒤로 13년의 세월이 흐른 것이다.

다윗은 젊은 시절 사무엘에 의해서 이스라엘의 왕으로 기름부음을 받았다(삼상 16:12; 17:42). 혹자는 그때 다윗의 나이를 혼자서 양을 칠 수 있을 정도인 12세로 추정한다. 그런데 그가 실제로 유다 지파의 왕이 되어 다스리기 시작한 것은 30세가 되어서이다(삼하 5:4). 그때까지 다윗은 참고 기다려야 했다.

이처럼 하나님의 인도에는 때가 있다. 우리는 그때를 바라보고 참고 기다려야 한다. 그렇지만 하나님의 인도는 결코 늦는 법이 없다.

16

겸손한 자를 높이시는
하나님

창 41:15-40 **15** 바로가 요셉에게 이르되 내가 한 꿈을 꾸었으나 그것을 해석하는 자가 없더니 들은즉 너는 꿈을 들으면 능히 푼다더라 **16** 요셉이 바로에게 대답하여 가로되 이는 내게 있는 것이 아니라 하나님이 바로에게 평안한 대답을 하시리이다 **17** 바로가 요셉에게 이르되 내가 꿈에 하숫가에 서서 **18** 보니 살지고 아름다운 일곱 암소가 하숫가에 올라와 갈밭에서 뜯어 먹고 **19** 그 뒤에 또 약하고 심히 흉악하고 파리한 일곱 암소가 올라오니 그같이 흉악한 것들은 애굽 땅에서 내가 아직 보지 못한 것이라 **20** 그 파리하고 흉악한 소가 처음의 일곱 살진 소를 먹었으며 **21** 먹었으나 먹은 듯하지 아니하여 여전히 흉악하더라 내가 곧 깨었다가 **22** 다시 꿈에 보니 한 줄기에 무성하고 충실한 일곱 이삭이 나오고 **23** 그 후에 또 세약하고 동풍에 마른 일곱 이삭이 나더니 **24** 그 세약한 이삭이 좋은 일곱 이삭을 삼키더라 내가 그 꿈을 술객에게 말하였으나 그것을 내게 보이는 자가 없느니라 **25** 요셉이 바로에게 고하되 바로의 꿈은 하나이라 하나님이 그 하실 일을 바로에게 보이심이니이다 **26** 일곱 좋은 암소는 일곱 해요 일곱 좋은 이삭도 일곱 해니 그 꿈은 하나이라 **27** 그 후에 올라온 파리하고 흉악한 일곱 소는 칠 년이요 동풍에 말라 속이 빈 일곱 이삭도 일곱 해 흉년이니 28 내가 바로에게 고하기를 하나님이 그 하실 일로 바로에게 보이신다 함이 이것이라 29 온 애굽 땅에 일곱 해 큰 풍년이 있겠고 30 후에 일곱 해 흉년이 들므로 애굽 땅에 있던 풍년을 다 잊어버리게 되고 이 땅이 기근으로 멸망되리니 31 후에 든 그 흉년이 너무 심하므로 이전 풍년을 이 땅에서 기억하지 못하게 되리이다 32 바로께서 꿈을 두 번 겹쳐 꾸신 것은 하나님이 이 일을 정하셨음이라 속히 행하시리니 33 이제 바로께서는 명철하고 지혜 있는 사람을 택하여 애굽 땅을 치리하게 하시고 34 바로께서는 또 이같이 행하사 국중에 여러 관리를 두어 그 일곱 해 풍년에 애굽 땅의 오분의 일을 거두되 35 그 관리로 장차 올 풍년의 모든 곡물을 거두고 그 곡물을 바로의 손에 돌려 양식을 위하여 각 성에 적치하게 하소서 36 이와 같이 그 곡물을 이 땅에 저장하여 애굽 땅에 임할 일곱 해 흉년을 예비하시면 땅이 이 흉년을 인하여 멸망치 아니하리이다 37 바로와 그 모든 신하가 이 일을 좋게 여긴지라 38 바로가 그 신하들에게 이르되 이와 같이 하나님의 신이 감동한 사람을 우리가 어찌 얻을 수 있으리요 하고 39 요셉에게 이르되 하나님이 이 모든 것을 네게 보이셨으니 너와 같이 명철하고 지혜 있는 자가 없도다 40 너는 내 집을 치리하라 내 백성이 다 네 명을 복종하리니 나는 너보다 높음이 보좌뿐이니라

본문 앞에서 우리는 요셉이 어떻게 옥에서 나오게 되었는지 보았다. 바로는 꿈을 꾸고 마음이 번민하여 애굽의 술객과 박사를 모두 불러 그들에게 그 꿈을 말했다. 그렇지만 그 꿈을 바로에게 해석하는 자가 없었다. 그랬을 때, 술 맡은 관원장은 만 이 년이나 잊고 있던 요셉을 기억하게 되었다. 그는 바로에게 자기의 꿈을 해석해 준 요셉에 대해 말했고, 바로는 옥에 있던 요셉을 불렀다. 14절은 이렇게 말한다. "이에 바로가 보내어 요셉을 부르매 그들이 급히 그를 옥에서 낸지라 요셉이 곧 수염을 깎고 그 옷을 갈아입고 바로에게 들어오니."

이처럼 요셉은 옥에서 나오게 되었을 뿐 아니라 바로 앞에 서게 되었다. 요셉이 예상하지 못한 일이 일어난 것이다. 그래서 영문도 모른 채 바로에게 들어온 요셉에게 바로가 말했다. "내가 한 꿈을 꾸었으나 그것을 해석하는 자가 없더니 들은즉 너는 꿈을 들으면 능히 푼다더라"(15절). 이 말을 들은 요셉은 그제야 자기가 바로 앞에 서게 된 이유를 알게 되었다. 그것은 그가 바로의 꿈을 해석해 주어야 할 필요가 있었기 때문이다. 요셉은 바로의 말에 이렇게 대답했다. "이는 내게 있는 것이 아니라 하나님이 바로에게 평안한 대답을 하시리이다"(16절).

바로와 요셉의 이 대화는 창세기 40장 8절에 나온 바로의 두 관원장과 요셉의 대화와 비교된다. 창세기 40장 8절은 요셉이 두 관원장의 꿈을 해석할 때 나눈 대화이다. "그들이 그에게 이르되 우리가 꿈을 꾸었으나 이를 해석할 자가 없도다 요셉이 그들에게 이르되 해석은 하나님께 있지 아니하니이까 청컨대 내게 고하소서." 거기서는 하나님이 두 관원장의 꿈을 해석해 주실 거라는 요셉의 믿음만이 드러난다.

그에 비해, 본문 창세기 41장 15-16절은 요셉이 바로의 꿈을 해석할 때 나눈 대화이다. "바로가 요셉에게 이르되 내가 한 꿈을 꾸었으나 그것을 해석하는 자가 없더니 들은즉 너는 꿈을 들으면 능히 푼다더라 요셉이 바로에게 대답하여 가로되 이는 내게 있는 것이 아니라 하나님이 바로에게 평안한 대답을 하시리이다." 여기서도 하나님이 바로의 꿈을 해석해 주실 거라는 요셉의 믿음이 드러난다. 그런데 여기에는 40장 8절에는 없는 다른 요소가 있다. 바로가 이런 말을 한 것이다. "들은즉 너는 꿈을 들으면 능히 푼다더라." 그러자 요셉이 이렇게 말한 것이다. "이는 내게 있는 것이 아니라." 요셉은 꿈을 푸는 능력이 자신에게 있는 것이 아니라고 대답한 것이다. 따라서 여기서는 하나님이 바로의 꿈을 해석해 주실 거라는 요셉의 믿음과 함께 앞서 두 관원장의 꿈을 해석한 것은 자신이 아니라 하나님이시라는 요셉의 겸손도 나타난다.

요셉의 겸손

그러면 요셉의 겸손부터 살펴보자. "이는 내게 있는 것이 아니라"는 말은 꿈을 푸는 능력이 요셉 자신에게 있는 것은 아니라는 뜻이다. 요셉은 이미 옥에 있을 때 두 관원장의 꿈을 풀어 준 경험이 있다. 창세기 40장 21-22절을 보라. "바로의 술 맡은 관원장은 전직을 회복하매 그가 잔을 바로의 손에 받들어 드렸고 떡 굽는 관원장은 매달리니 요셉이 그들에게 해석함과 같이 되었으나." 또한 창세기 41장 12-13절을 보라. "그곳에 시위대장의 종 된 히브리 소년이 우리와 함께 있기로 우리가 그에게 고하매 그가 우리의 꿈을 풀되 그 꿈대로 각인에게 해석하더니 그 해석한 대로 되어 나는 복직하고 그는 매여 달렸나이다." 그렇지만 요셉은 꿈을 푸는 능력이 자기에게 있는 것이 아니라고 말한 것이다. 그는 "너는 꿈을 들으면 능히 푼다더라"는 바로의 말에 우쭐해 하거나 자랑하지 않고 오히려 자기를 낮춘 것이다. 여기서 우리는 요셉의 겸손을 보게 된다.

그러면 요셉은 어떻게 이런 겸손의 태도를 지니게 된 것일까? 이것은 요셉이 기대했던 것보다 만 이 년이 더 지나서 옥에서 나온 것과 관련이 있다.

원래 요셉은 술 맡은 관원장을 통해 자기가 옥에서 나갈 수 있을 거라고 기대했었다. 창세기 40장 12-15절에 가면, 우리는 요셉이 술 맡은 관원장의 꿈을 해석해 주면서 그에게 자기를 옥에서 건져 내 달라고 부탁한 것을 볼 수 있다. 요셉은 술 맡은 관원장의 꿈을 해석해 줌으로써 자기가 옥에서 나가게 될 거라고 생각한 것이다. 그렇지만 이런 노력과 기대는 물거품이 되고 말았다. 왜냐하면 술 맡은 관원장이 요셉을 기억지 않고 잊었기 때문이다(창 40:23). 그래서 요셉은 옥에서 기약 없이 기다려야 했다. 그렇게 만 이 년의 세월이 흘렀다. 그 동안 옥에서 나가게 될 거라는 희망은 다 사라지고 말았다. 결국 옥에서 나가려던 요셉은 실패와 좌절을 맛보았을 뿐이다.

그런데 요셉이 옥에서 나가게 된 것은 바로 이런 상황에서였다. 하나님은 모든 가망이 사라진 상황에서 바로의 꿈과 요셉이 술 맡은 관원장의 꿈을 해석해 주었던 일을 통해서 뜻밖에 요셉을 옥에서 나오게 하여 바로 앞에 서게 하셨다. 요셉은 술 맡은 관원장의 꿈을 해석해 줌으로써 당장 옥에서 나가게 될 거라고 기대했었다. 그러나 하나님은 요셉이 술 맡은 관원장의 꿈을 해석해 줌으로써 만 이 년 후에 옥에서 나가서 바로의 꿈을 해석하게 하셨다. 이 과정에서 요셉은 비록 꿈을 풀 수는 있지만, 자신의 미래는 한 치 앞도 모른다는 걸 알았다. 그는 자기의 한계를 철저하게 깨달았다. 그래서 그는 "너는 꿈을 들으면 능히 푼다더라"는 바로의 말에 우쭐해 하거나 자랑하지 않고 오히려 "이는 내게 있는 것이 아니라"고 말한 것이다. 이처럼 요셉은 실패와 좌절을 경험함으로써 겸손을 배웠다.

우리도 그럴 것이다. 우리도 요셉처럼 겸손하기 위해서는 자신의 한계를 깨닫게 하는 실패와 좌절의 경험이 필요하다. 하나님의 놀라운 일을 경험하는 사람들이 종종 이런 경험을 하는 이유가 여기에 있다. 사도 바울을 보라. 그는 고린도후서 12장 1절에서 이렇게 말한다. "무익하나마 내가 부득불 자랑하노니 주의 환상과 계시를 말하리라." 그러면서 그는 자신이 셋째 하늘에 이끌려 갔던 놀라운 경험을 소개한다. 그렇지만 그는 곧 이어 12장 7절 이후에 이렇게 말한다. "여러 계시를 받은 것이 지극히 크므로 너무 자고하지 않게 하시려고 내 육체에 가시 곧 사단의 사자를 주셨으니 이는 나를 쳐서 너무 자고하지 않게 하려 하심이라 이것이 내게서 떠나기 위하여 내가 세 번 주께 간구하였더니 내게 이르시기를 내 은혜가 네게 족하도다 이는 내 능력이 약한데서 온전하여짐이라 하신지라."

바울은 하나님께서 자기가 자만하지 않게 하시려고 자기 육체에 가시를 주셨다고 말한다. 그는 그 가시가 자기에게서 떠나기를 원했지만, 그렇게 되지 않았다. 그는 평생 그 가시를 지니고 살아야 했다. 그렇지만 바울은 자기의 소원대로 되지 않은 것이 자기를 자만하지 않게 하시려는 하나님의 뜻이란 걸 깨달았다. 바울은 그 가시를 통해서 주의 환상과 계시를 받은 것이 자기에게 있는 능력이 아니란 걸 명심했다. 바울은 그렇게 겸손을 배웠다. 그래서 그는 고린도후서 4장 7절에서 이렇게 말한 것이다. "우리가 이 보배를 질그릇에 가졌으니 이는 능력의 심히 큰 것이 하나님께 있고 우리에게 있지 아니함을 알게 하려 함이라."

이처럼 하나님은 종종 우리에게 놀라운 능력을 주시기 전에 먼저 실패와 좌절을 통해 우리의 한계를 깨닫게 하신다. 그것은 우리를 겸손케 하시기 위함이다. 그러므로 실패와 좌절을 경험할 때 낙심하거나 불평하지 말라. 우리를 겸손케 하시려는 하나님의 뜻을 생각하라.

요셉의 믿음

그 다음, 요셉의 믿음을 살펴보자. "하나님이 바로에게 평안한 대답을 하시리이다"라는 말은 하나님이 바로의 꿈을 해석해 주실 것이라는 의미이다. 이것은 일찍이 요셉이 옥에 있을 때 바로의 두 관원장들에게 했던 말과 같은 것이다. "해석은 하나님께 있지 아니하니이까"(창 40:8).

이처럼 요셉은 하나님이 바로의 꿈을 해석해 주실 것이라고 믿었다. 그 말은 요셉이 바로의 꿈을 하나님이 주신 것으로 생각했음을 보여준다. 왜냐하면 바로의 꿈은 과거 두 관원장의 꿈과 마찬가지로 해석할 자가 없었기 때문이다. 이처럼 요셉은 바로의 꿈이 하나님이 주신 것이므로 하나님만이 그 꿈을 해석해 주실 것이라고 믿은 것이다.

이러한 사실은 요셉이 바로의 꿈을 해석해 줄 때 분명하게 나타났다. 우선, 17-24절에서 바로는 요셉에게 자기의 꿈을 이야기한다. "바로가 요셉에게 이르되 내가 꿈에 하숫가에 서서 보니 살지고 아름다운 일곱 암소가 하숫가에 올라와 갈밭에서 뜯어 먹고 그 뒤에 또 약하고 심히 흉악하고 파리한 일곱 암소가 올라오니 그같이 흉악한 것들은 애굽 땅에서 내가 아직 보지 못한 것이라 그 파리하고 흉악한 소가 처음의 일곱 살진 소를 먹었으며 먹었으나 먹은 듯하지 아니하여 여전히 흉악하더라 내가 곧 깨었다가 다시 꿈에 보니 한 줄기에 무성하고 충실한 일곱 이삭이 나오고 그 후에 또 세약하고 동풍에 마른 일곱 이삭이 나더니 그 세약한 이삭이 좋은 일곱 이삭을 삼키더라 내가 그 꿈을 술객에게 말하였으나 그것을 내게 보이는 자가 없느니라."

이것은 1-7절에 나온 내용을 바로가 자신의 입으로 말한 것이다. 차이가 있다면, 흉악한 소에 대한 강조이다. "그같이 흉악한 것들은 애굽 땅에서 내가 아직 보지 못한 것이라"(19절). "먹었으나 먹은 듯하지 아니하여 여전히 흉악하더라"(21절). 이것은 바로가 느꼈을 위협을 보여준다(8절 "마음이 번민하여").

그 다음, 25-36절은 바로의 꿈 이야기를 듣고 요셉이 말한 내용이다. 그 내용은 두 부분으로 나뉜다. 먼저, 25-32절은 바로의 꿈에 대한 해석이다. "요셉이 바로에게 고하되 바로의 꿈은 하나라 하나님이 그 하실 일을 바로에게 보이심이니이다 일곱 좋은 암소는 일곱 해요 일곱 좋은 이삭도 일곱 해니 그 꿈은 하나라 그 후에 올라온 파리하고 흉악한 일곱 소는 칠 년이요 동풍에 말라 속이 빈 일곱 이삭도 일곱 해 흉년이니 내가 바로에게 고하기를 하나님이 그 하실 일로 바로에게 보이신다 함이 이것이라 온 애굽 땅에 일곱 해 큰 풍년이 있겠고 후에 일곱 해 흉년이 들므로 애굽 땅에 있던 풍년을 다 잊어버리게 되고 이 땅이 기근으로 멸망되리니 후에 든 그 흉년이 너무 심하므로 이전 풍년을 이 땅에서 기억하지 못하게 되리이다 바로께서 꿈을 두 번 겹쳐 꾸신 것은 하나님이 이 일을 정하셨음이라 속히 행하시리니."

주목할 것은, 요셉이 바로의 꿈을 해석하면서 처음과 중간과 마지막에 한 말이다. "하나님이 그 하실 일을 바로에게 보이심이니이다"(25절). "하나님이 그 하실 일로 바로에게 보이신다"(28절). "하나님이 이 일을 정하셨음이라 속히 행하시리니"(32절). 요셉은 바로의 꿈과 그 해석이 하나님으로부터 나온 것이라고 믿은 것이다.

그러면 요셉은 어떻게 이런 믿음의 태도를 지니게 된 것일까? 이것도 요셉이 기대했던 것 보다 만 이 년이 더 지나서 옥에서 나오게 된 것과 관련이 있다. 창세기 40장 14-15절에 보면, 요셉은 옥에서 술 맡은 관원장에게 이렇게 부탁했었다. "당신이 득의하거든 나를 생각하고 내게 은혜를 베풀어서 내 사정을 바로에게 고하여 이 집에서 나를 건져 내소서 나는 히브리 땅에서 끌려온 자요 여기서도 옥에 갇힐 일은 행치 아니하였나이다." 그때 요셉이 생각한 것은 이런 것이다. '술 맡은 관원장이 바로에게 내 억울한 사정을 말해서 나를 옥에서 건져 낼 것이다.'

그러나 창세기 41장 14-16절에 보면, 실제로 일어난 일은 요셉의 생각과는 다르다. 하나님은 바로에게 꿈을 꾸게 하시고 그 꿈을 해석하게 하시려고 요셉을 옥에서 건져 낼 뿐 아니라 바로 앞에 서게 하신 것이다. 여기에는 요셉의 생각과 비교해서 몇 가지 차이가 있다. 우선, 요셉을 옥에서 건져 낸 분은 술 맡은 관원장이 아니라 하나님이시다. 그리고 그 목적은 요셉의 억울함을 풀어 주기 위함이 아니라 그가 바로의 꿈을 해석해 주기 위함이다. 그리고 그 결과는 요셉을 옥에서 건져 낼 뿐 아니라 그를 바로 앞에 서게 한 것이다.

이처럼 하나님의 생각은 요셉의 생각과 다르다. 따라서 요셉은 당시에는 이해하지 못했지만, 하나님의 계획(꿈)을 믿고 참고 기다려야 했다. 요셉이 기대했던 것 보다 만 이 년이 더 지나서 옥에서 나오게 된 것은 이러한 믿음의 인내를 훈련하기 위해 필요했던 것이다.

하나님의 생각은 우리의 생각과 다르다. 이사야 55장 8-9절은 이렇게 말한다. "여호와의 말씀에 내 생각은 너희 생각과 다르며 내 길은 너희 길과 달라서 하늘이 땅보다 높음 같이 내 길은 너희 길보다 높으며 내 생각은 너희 생각보다 높으니라." 그러기에 당장 우리가 원하는 대로 이루어지지 않는다고 실망하지 말아야 한다. 비록 이해할 수 없을 때에라도 우리는 하나님의 계획을 믿고 참고 기다려야 한다. 우리도 요셉처럼 믿음의 인내를 훈련해야한다.

그 다음, 33-36절은 바로에게 주는 실제적인 권고이다. "이제 바로께서는 명철하고 지혜 있는 사람을 택하여 애굽 땅을 치리하게 하시고 바로께서는 또 이같이 행하사 국중에 여러 관리를 두어 그 일곱 해 풍년에 애굽 땅의 오분의 일을 거두되 그 관리로 장차 올 풍년의 모든 곡물을 거두고 그 곡물을 바로의 손에 돌려 양식을 위하여 각 성에 적치하게 하소서 이와 같이 그 곡물을 이 땅에 저장하여 애굽 땅에 임할 일곱 해 흉년을 예비하시면 땅이 이 흉년을 인하여 멸망치 아니하리이다." 이것은 바로의 꿈 해석에 따른 논리적인 결론이다. 따라서 이 권고는 요셉이 추가로 생각해 낸 것이 아니라 바로의 꿈에 이미 내포된 것이다.

겸손한 자를 높이시는 하나님

그러면 요셉의 말을 들은 바로의 반응은 어떠했을까? 37-40절을 보자.

"바로와 그 모든 신하가 이 일을 좋게 여긴지라 바로가 그 신하들에게 이르되 이와 같이 하나님의 신이 감동한 사람을 우리가 어찌 얻을 수 있으리요 하고 요셉에게 이르되 하나님이 이 모든 것을 네게 보이셨으니 너와 같이 명철하고 지혜 있는 자가 없도다 너는 내 집을 치리하라 내 백성이 다 네 명을 복종하리니 나는 너보다 높음이 보좌뿐이니라."

바로는 요셉이 말한 "명철하고 지혜 있는 사람"(33절)으로 요셉 자신을 택한다. 그런데 바로가 요셉을 그렇게 본 이유는 하나님이 요셉에게 주신 능력 때문이다. "이와 같이 하나님의 신이 감동한 사람을 우리가 어찌 얻을 수 있으리요 … 하나님이 이 모든 것을 네게 보이셨으니 너와 같이 명철하고 지혜 있는 자가 없도다." 이것은 16절에서 요셉이 말한 것과 일치한다. "이는 내게 있는 것이 아니라 하나님이 바로에게 평안한 대답을 하시리이다." 요셉이 바로의 꿈을 해석한 것은 하나님이 주신 능력인 것이다. 결국 바로는 요셉을 "명철하고 지혜 있는 사람"으로 택하여 "애굽 땅을 치리하게" 하였다. "너는 내 집을 치리하라 내 백성이 다 네 명을 복종하리니 나는 너보다 높음이 보좌뿐이니라." 따라서 요셉을 높여 주신 분은 사실상 바로가 아니라 하나님이시다.

여기서 우리는 요셉의 겸손을 다시 생각하게 된다. 요셉은 꿈을 해석하는 능력이 자기에게 있는 것이 아니라 하나님께 있음을 말했다. 바로도 꿈을 해석하는 요셉의 능력이 하나님의 능력임을 알고 그를 자기 백성을 치리하는 자로 세웠다. 따라서 엄밀히 말하자면 바로가 아니라 하나님이 요셉을 높이신 것이다. 결국, 하나님은 겸손한 요셉을 높이신 것이다.

이처럼 하나님은 겸손한 자를 높이실 것이다. 잠언 3장 34절은 말한다. "진실로 그는 거만한 자를 비웃으시며 겸손한 자에게 은혜를 베푸시나니." 야고보서 4장 10절은 말한다. "주 앞에서 낮추라 그리하면 주께서 너희를 높이시리라."

다시 시편 105편 17-18절을 보자. "한 사람을 앞서 보내셨음이여 요셉이 종으로 팔렸도다 그 발이 착고에 상하며 그 몸이 쇠사슬에 매였으니." 이것은 요셉이 애굽에 팔려 가서 종살이하고 옥살이한 것을 말한다. 하나님이 요셉을 낮추신 것이다. 그 다음, 20-22절을 보자. "왕이 사람을 보내어 저를 방석함이여 열방의 통치자가 저로 자유케 하였도다 저로 그 집의 주관자를 삼아 그 모든 소유를 관리케 하고 임의로 백관을 제어하며 지혜로 장로들을 교훈하게 하였도다." 이것은 요셉이 자유의 몸이 되고 애굽을 다스리는 자가 된 것을 말한다. 하나님이 요셉을 높여 주신 것이다. 하나님은 낮추셨던 요셉을 높이신 것이다. 그런데 중요한 것은 이 과정에서 하나님이 하신 일이다. 그것이 19절이다. "곧 여호와의 말씀이 응할 때까지라 그 말씀이 저를 단련하였도다." 요셉은 십삼 년 동안 종살이하고 옥살이했다. 그런데 그 기간 동안, 특별히 옥에서 보낸 마지막 이 년 동안 하나님은 말씀을 통해서 요셉을 훈련시키셨다. 무슨 훈련일까? 겸손의 훈련이다. 무슨 훈련일까? 믿음의 훈련이다. 그런 다음에 하나님은 요셉을 높이신 것이다.

우리도 마찬가지이다. 하나님이 그냥 높이시는 사람은 없다. 하나님은 먼저 우리를 겸손하게 만드시고, 그 다음에 우리를 높이시는 것이다. 하나님의 사람은 스스로 높아지려고 애를 쓰는 것이 아니라, 하나님이 높여 주시는 것이다. 그런데 하나님은 바로 겸손한 사람을 높여 주시는 것이다. 사도 베드로는 베드로전서 5장 6절에서 이렇게 말한다. "그러므로 하나님의 능하신 손 아래서 겸손하라 때가 되면 너희를 높이시리라." 하나님은 사람을 낮추기도 하시고 높이기도 하신다. 그래서 베드로는 "하나님의 능하신 손"이라고 말한다. 우리도 요셉처럼 때가 되면 하나님이 높여 주실 것을 믿고 겸손하자.

17

요셉이 애굽의 총리가 된 것은
하나님의 섭리다

창 41:41-45 41 바로가 또 요셉에게 이르되 내가 너로 애굽 온 땅을 총리하게 하노라 하고 **42** 자기의 인장 반지를 빼어 요셉의 손에 끼우고 그에게 세마포 옷을 입히고 금 사슬을 목에 걸고 **43** 자기에게 있는 버금 수레에 그를 태우매 무리가 그 앞에서 소리 지르기를 엎드리라 하더라 바로가 그로 애굽 전국을 총리하게 하였더라 **44** 바로가 요 셉에게 이르되 나는 바로라 애굽 온 땅에서 네 허락 없이는 수족을 놀릴 자가 없으리라 하고 **45** 그가 요셉의 이름을 사브낫바네아라 하고 또 온 제사장 보디베라의 딸 아스낫을 그에게 주어 아내를 삼게 하니라 요셉이 나가 애굽 온 땅을 순찰하니라

창세기 41장 37-45절은 요셉이 바로의 꿈을 해석해 주었을 때 바로가 보인 반응을 말해준다. 바로는 요셉의 꿈 해석을 듣고 그의 권고를 받아들였다. 33절에 보면, 요셉은 바로에게 이렇게 권고했다. "이제 바로께서는 명철하고 지혜 있는 사람을 택하여 애굽 땅을 치리하게 하시고." 그래서 바로가 택하여 애굽 땅을 치리하게 한 명철하고 지혜 있는 사람은 바로 요셉이었다. 39-40절에 보면, 바로는 요셉에게 이렇게 말했다. "하나님이 이 모든 것

을 네게 보이셨으니 너와 같이 명철하고 지혜 있는 자가 없도다 너는 내 집을 치리하라 내 백성이 다 네 명을 복종하리니 나는 너보다 높음이 보좌뿐이니라." 바로는 요셉을 애굽 땅을 다스리는 자로 세운 것이다.

애굽의 총리가 된 요셉

그런 다음 본문에는 바로가 보인 반응의 나머지 부분이 소개된다. 우선, 41-43절을 보자. "바로가 또 요셉에게 이르되 내가 너로 애굽 온 땅을 총리하게 하노라 하고 자기의 인장 반지를 빼어 요셉의 손에 끼우고 그에게 세마포 옷을 입히고 금 사슬을 목에 걸고 자기에게 있는 버금 수레에 그를 태우매 무리가 그 앞에서 소리 지르기를 엎드리라 하더라 바로가 그로 애굽 전국을 총리하게 하였더라."

여기 바로가 요셉에게 한 말을 보자. "내가 너로 애굽 온 땅을 총리하게 하노라." 이 말을 조금 더 정확하게 번역하자면 이렇게 된다. "봐라, 내가 너로 애굽 온 땅을 총리하게 하였다(완료형)." 이 말은 이미 40절에서 한 말을 전제한 것이다. 이렇게 말하면서, 바로는 자기가 한 말에 걸맞게 요셉을 대우했다. "자기의 인장 반지를 빼어 요셉의 손에 끼우고 그에게 세마포 옷을 입히고 금 사슬을 목에 걸고 자기에게 있는 버금 수레에 그를 태우매 무리가 그 앞에서 소리 지르기를 엎드리라 하더라." 그러니까 이것은 요셉이 애굽의 총리가 되는 공식적인 취임식이라고 할 수 있다. 여기서 우리는 성경이 강조하는 사실에 주목할 필요가 있다. 그것은 바로가 요셉을 애굽의 총리로 세운 사실이다. "바로가 또 요셉에게 이르되 내가 너로 애굽 온 땅을 총리하게 하노라 하고 … 바로가 그로 애굽 전국을 총리하게 하였더라"(41절, 43절하).

그 다음, 44-45절을 보자. "바로가 요셉에게 이르되 나는 바로라 애굽 온 땅에서 네 허락 없이는 수족을 놀릴 자가 없으리라 하고 그가 요셉의 이름을 사브낫바네아라 하고 또 온 제사장 보디베라의 딸 아스낫을 그에게 주어 아내를 삼게 하니라 요셉이 나가 애굽 온 땅을 순찰하니라."

여기 바로가 또 요셉에게 한 말이 나온다. "나는 바로라 애굽 온 땅에서 네 허락 없이는 수족을 놀릴 자가 없으리라." 이 말은 앞서 바로가 요셉에게 했던 말들과 다르지 않다. "너는 내 집을 치리하라 내 백성이 다 네 명을 복종하리니 나는 너보다 높음이 보좌뿐이니라"(40절). "내가 너로 애굽 온 땅을 총리하게 하노라"(41절). 그런데 이번에는 바로가 이 말과 함께 요셉에게 애굽식 새 이름을 지어 주고, 애굽의 엘리트 귀족의 딸을 아내로 주었다. "그가 요셉의 이름을 사브낫바네아라 하고 또 온 제사장 보디베라의 딸 아스낫을 그에게 주어 아내를 삼게 하니라." 이것은 요셉의 신분이 달라진 것을 보여준다. 그는 이제 더 이상 히브리 종이 아니다. 그는 명실상부한 애굽의 총리가 된 것이다.

하나님의 섭리

이처럼 본문에는 요셉의 꿈 해석을 들은 바로의 반응이 나타난다. 바로는 세 번에 걸쳐 요셉을 애굽의 총리로 인정하는 말을 했다(39-40절, 41절, 44절). 뿐만 아니라, 그는 무리 앞에서 요셉을 총리로서 대우했고, 요셉에게 새 이름을 지어 주고 아내를 주었다. 이 과정에서 요셉은 아무 말도 하지 않았다. 물론 요셉이 한 일은 아무 것도 없다. 본문은 마지막에 가서 요셉이 총리가 된 후에 한 일을 간략히 언급할 뿐이다. "요셉이 나가 애굽 온 땅을 순찰하니라."

따라서 본문이 우리에게 보여 주려는 것은 이것이다. 요셉은 애굽의 총리가 되는 과정에서 철저히 수동적이었다는 사실이다. 요셉은 바로에 의해서 애굽의 총리가 되었을 뿐, 애굽의 총리가 되기 위해 스스로 한 일은 아무것도 없었다. 그렇다면 이 사실이 의미하는 것은 무엇일까? 그것은 요셉이 애굽의 총리가 된 것은 하나님의 섭리라는 것이다. 하나님께서 바로를 통해서 요셉을 다스리는 자로 만드신 것이다. 일찍이 요셉에게 꿈을 통해 다스리는 자가 될 것을 보여 주셨던 하나님이 그 꿈을 이루신 것이다.

이 점은 요셉이 애굽의 총리가 된 것을 과거 요셉의 경험에 비추어 보면 분명해진다. 요셉은 이미 보디발의 집에서와 옥에서 다스리는 자가 되었던 경험이 있다. 그런 요셉이 이제는 바로의 집에서 다스리는 자가 된 것이다. 성경은 이러한 경험들 간에 유사성을 보여준다. 그럼으로써 요셉이 바로의 집에서 다스리는 자가 된 것은 요셉이 보디발의 집에서와 옥에서 다스리는 자가 된 것과 마찬가지로 요셉의 꿈을 이루시는 하나님의 섭리에 의한 것임을 말해 준다. 요셉이 보디발의 집에서 다스리는 자가 된 이야기는 창세기 39장 2-6절에 나오고, 요셉이 옥에서 다스리는 자가 된 이야기는 창세기 39장 21-23절에 나온다. 그런데 우리는 두 곳 모두 여호와께서 요셉과 함께하신다는 표현을 두 번씩이나 사용한 것을 볼 수 있다. 따라서 요셉이 보디발의 집에서나 옥에서 다스리는 자가 된 것은 여호와께서 만들어 주신 것이다. 본문에는 여호와께서 요셉과 함께하신다는 말은 없지만 여러 가지 증거들이 그 사실을 분명하게 보여주고 있는 것이다.

우선, 우리는 40절에서 바로가 요셉에게 "너는 내 집을 치리하라"고 말한 것에 주목할 필요가 있다. 이때 "집"(히브리어 "바이트")이란 말이 사용되었다. 그런데 이 말은 창세기 39장에서 보디발의 집과 옥을 말할 때에도 사용된 것이다. "여호와께서 요셉과 함께하시므로 그가 형통한 자가 되어 그 주인 애굽 사람의 집(바이트)에 있으니 … 요셉이 그 주인에게 은혜를 입어 섬기매 그가 요셉으로 가정(바이트) 총무를 삼고 자기 소유를 다 그 손에 위임하니 그가 요셉에게 자기 집(바이트)과 그 모든 소유물을 주관하게 한 때부터 여호와께서 요셉을 위하여 그 애굽 사람의 집(바이트)에 복을 내리시므로 여호와의 복이 그의 집(바이트)과 밭에 있는 모든 소유에 미친지라"(창 39:2, 4-5). "이에 요셉의 주인이 그를 잡아 옥(바이트)에 넣으니 그 옥은 왕의 죄수를 가두는 곳이었더라 요셉이 옥(바이트)에 갇혔으나 … 전옥이 옥(바이트)중 죄수를 다 요셉의 손에 맡기므로 그 제반 사무를 요셉이 처리하고"(창 39:20, 22). 이처럼 성경은 요셉이 바로의 집에서 다스리는 자가 된 것을 앞서 보디발의 집과 옥에서 다스리는 자가 되었던 경험과 연결시킨다.

그 다음, 우리가 주목할 것은 히브리어 동사 "나탄"의 반복적인 사용이다. 이것은 "주다" 또는 "두다[놓다]"를 뜻하는 단어이다. "바로가 또 요셉에게 이르되 내가 너로 애굽 온 땅을 총리하게 하노라[직역하면, 내가 너를 애굽 온 땅 위에 두었다(나탄)] 하고 자기의 인장 반지를 빼어 요셉의 손에 끼우고 [직역하면, 요셉의 손 위에 두고(나탄)] 그에게 세마포 옷을 입히고 금 사슬을 목에 걸고 자기에게 있는 버금 수레에 그를 태우매 무리가 그 앞에서 소리 지르기를 엎드리라 하더라 바로가 그로 애굽 전국을 총리하게 하였더라(나탄) … 그가 요셉의 이름을 사브낫바네아라 하고 또 온 제사장 보디베라의 딸 아스낫을 그에게 주어(나탄) 아내를 삼게 하니라 요셉이 나가 애굽 온 땅을 순찰하니라." 이처럼 성경은 요셉이 바로의 집에서 다스리는 자가 된 것을 말할 때 "나탄"이란 말을 반복적으로 사용한다.

이것은 과거 요셉이 보디발의 집에서와 옥에서 다스리는 자가 되었던 것을 말할 때와 같다. "요셉이 그 주인에게 은혜를 입어 섬기매 그가 요셉으로 가정 총무를 삼고 자기 소유를 다 그 손에 위임하니(나탄)"(창 39:4). "이에 요셉의 주인이 그를 잡아 옥에 넣으니(나탄) 그 옥은 왕의 죄수를 가두는 곳이었더라 요셉이 옥에 갇혔으나 여호와께서 요셉과 함께 하시고 그에게 인자를 더하사(나탄) 전옥에게 은혜를 받게 하시매[직역하면, 전옥 앞에서 그에게 은혜를 주시매(나탄)] 전옥이 옥중 죄수를 다 요셉의 손에 맡기므로(나탄) 그 제반 사무를 요셉이 처리하고"(창 39:20-22). 이처럼 성경은 요셉이 바로의 집에서 다스리는 자가 된 것을 말할 때, 과거 보디발의 집과 옥에서 다스리는 자가 되었던 것을 말할 때와 같은 표현을 사용한다. 이것은 요셉이 바로의 집에서 다스리는 자가 된 것이 과거 보디발의 집과 옥에서 다스리는 자가 되었던 경험과 유사함을 나타낸다. 주목할 것은 39장 21절에서 "나탄"은 하나님의 섭리를 묘사하기 위해 쓰인 것이 분명하다는 점이다.

세 번째, 우리가 주목할 것은 요셉의 "손"에 대한 언급이다. "바로가 또 요셉에게 이르되 내가 너로 애굽 온 땅을 총리하게 하노라 하고 자기의 인장 반지를 빼어 요셉의 손에 끼우고"(41-42절상). 여기 "요셉의 손에"라는 표현이 나온다. 바로는 애굽 온 땅을 다스리는 권한을 요셉에게 위임한 것이다. 이때 "모든"(다, 온)이란 말이 반복해서 사용되었다(40, 41, 43, 44절).

이것은 과거 요셉이 보디발의 집에서와 옥에서 다스리는 자가 되었을 때와 유사하다. "그가 요셉으로 가정 총무를 삼고 자기 소유를 다 그 손에 위임하니 … 주인이 그 소유를 다 요셉의 손에 위임하고 자기 식료 외에는 간섭하지 아니하였더라"(창 39:4, 6). 보디발은 자기 소유를 다 요셉의 권한에 둔 것이다. 이때 역시 "모든"(다)이란 말이 반복해서 사용되었다(창 39:3, 4, 5상, 5하, 6). "전옥이 옥중 죄수를 다 요셉의 손에 맡기므로 그 제반 사무를 요셉이 처리하고 전옥은 그의 손에 맡긴 것을 무엇이든지 돌아보지 아니하였으니"(창 39:22-23). 전옥은 옥중 죄수를 다 요셉의 권한에 둔 것이다. 이때 역시 "모든"(다)이란 말이 반복해서 사용되었다(창 39:22상, 22하, 23).

'형들의 손'은 요셉을 애굽 사람 보디발의 집에 종으로 팔려 가게 하고, '보디발의 아내의 손'은 요셉을 죄수처럼 옥에 갇히게 했다. 그래서 요셉의 꿈은 좌절되는 것처럼 보였다. 그런데 그때마다 여호와는 요셉과 함께하셨다. 그래서 보디발은 그 소유를 다 '요셉의 손'에 위임했고, 전옥은 옥중 죄수를 다 '요셉의 손'에 맡겼다. 이처럼 요셉을 보디발의 집에서나 옥에서 다스리는 자로 만드신 분은 하나님이시다. 마찬가지로 요셉이 바로의 집에서 다스리는 자가 된 것도 하나님께서 하신 일이다.

마지막으로, 우리가 주목할 것은 바로가 요셉을 다스리는 자로 세운 이유이다. 그것은 바로가 하나님이 요셉과 함께하신 사실을 인식했기 때문이다. 이 점은 앞서 38절과 39절에서 바로가 한 말 가운데 드러난다. "바로가 그 신하들에게 이르되 이와 같이 하나님의 신이 감동한 사람을 우리가 어찌 얻을 수 있으리요 하고 요셉에게 이르되 하나님이 이 모든 것을 네게 보이셨으니 너와 같이 명철하고 지혜 있는 자가 없도다."

이것은 과거 보디발과 전옥이 요셉을 다스리는 자로 세웠던 이유와 같다. "그 주인이 여호와께서 그와 함께하심을 보며 또 여호와께서 그의 범사에 형통케 하심을 보았더라 요셉이 그 주인에게 은혜를 입어 섬기매 그가 요셉으로 가정 총무를 삼고 자기 소유를 다 그 손에 위임하니"(창 39:3-4). "여호와께서 요셉과 함께하시고 그에게 인자를 더하사 전옥에게 은혜를 받게 하시매 전옥이 옥중 죄수를 다 요셉의 손에 맡기므로 그 제반 사무를 요셉이 처리하고 전옥은 그의 손에 맡긴 것을 무엇이든지 돌아보지 아니하였으니 이는 여호와께서 요셉과 함께하심이라 여호와께서 그의 범사에 형통케 하셨더라"(창 39:21-23).

이처럼 성경은 바로 역시 보디발이나 전옥과 마찬가지로 하나님이 요셉과 함께하신 사실을 인식했음을 보여준다. 이렇게 볼 때, 본문에서 요셉이 바로에 의해서 애굽의 총리가 된 것은 하나님의 섭리이다. 하나님은 요셉의 꿈을 이루시려고 바로를 통해 요셉을 다스리는 자로 세우신 것이다. 본문에는 요셉이 보디발의 집에 있을 때나 옥에 있을 때처럼 여호와께서 요셉과 함께하신다는 언급이 없다. 하지만 그런 표현만 없을 뿐 실제로는 바로 앞에 있을 때에도 하나님은 요셉과 함께하신 것이다.

그러므로 요셉이 애굽의 총리가 된 것은 단순히 바로가 그렇게 만들어 준 것이 아니다. 그것은 궁극적으로 하나님의 섭리에 의한 것이다. 하나님의 섭리는 요셉의 이야기 가운데 두드러지게 나타난다. 야곱의 이야기에는 하나님이 말씀하시는 장면이 나온다. 그러나 요셉의 이야기에는 그런 장면이 나오지 않는다(창 46:2-4 참조). 그렇다고 해서 하나님이 요셉과 함께하신 것이 아니냐 하면 그렇지 않다. 하나님은 야곱과 함께하신 것과 마찬가지로 요셉과도 함께하신 것이다. 하나님이 말씀하신 것은 없지만 하나님의 섭리 가운데 하나님이 요셉과 함께하신다는 사실이 분명하게 드러나 있는 것이다.

안된다고 낙망하거나 잘된다고 자만하지 말라

우리는 이 땅을 살아갈 때 우리의 삶이 하나님의 섭리 가운데 있음을 믿는다. 우리의 삶의 어느 한 순간도 하나님의 섭리에서 벗어나는 것은 없다. 일이 잘될 때나 안될 때나, 성공할 때나 실패할 때나, 편안할 때나 고난 가운데 있을 때나 하나님은 언제나 우리와 함께하신다. 하나님의 섭리는 우리의 삶에 계속해서 임하고 있다. 따라서 우리는 고난 가운데 있다고 해서 낙망하지 말아야 한다. 우리는 고난 속에서도 우리와 함께하시는 하나님을 바라보고 위로를 얻고 힘을 얻고 소망을 발견할 수 있는 것이다. 일이 잘될 때에도 마찬가지이다. 요셉은 지금 애굽 왕 바로 앞에서 일약 애굽의 총리가 된 것이다. 그런데 이때에도 요셉의 삶에는 하나님의 섭리가 임하고 있는 것이다. 따라서 요셉은 자만하지 말아야 한다. 요셉은 하나님이 자기를 애굽의 총리로 세우신 거라는 사실을 알았을 것이다. 우리도 일이 잘될 때 그것이 내가 잘나서 그렇게 된 것이 아니라 하나님의 섭리에 의해서 그렇게 된 것을 잊지 말아야 한다. 일이 안된다고 낙망하거나 일이 잘된다고 자만하지 말고 언제나 하나님을 의지해서 살아가는 것이 그리스도인의 올바른 태도이다.

18

요셉의 찬송

창 41:46-57 46 요셉이 애굽 왕 바로 앞에 설 때에 삼십 세라 그가 바로 앞을 떠나 애굽 온 땅을 순찰하니 **47** 일곱 해 풍년에 토지 소출이 심히 많은지라 **48** 요셉이 애굽 땅에 있는 그 칠 년 곡물을 거두어 각성에 저축하되 각성 주위의 밭의 곡물을 그 성중에 저장하매 **49** 저장한 곡식이 바다 모래 같이 심히 많아 세기를 그쳤으니 그 수가 한이 없음이었더라 **50** 흉년이 들기 전에 요셉에게 두 아들을 낳되 곧 온 제사장 보디베라의 딸 아스낫이 그에게 낳은지라 **51** 요셉이 그 장자의 이름을 므낫세라 하였으니 하나님이 나로 나의 모든 고난과 나의 아비의 온 집 일을 잊어버리게 하셨다 함이요 **52** 차자의 이름을 에브라임이라 하였으니 하나님이 나로 나의 수고한 땅에서 창성하게 하셨다 함이었더라 **53** 애굽 땅에 일곱 해 풍년이 그치고 **54** 요셉의 말과 같이 일곱 해 흉년이 들기 시작하매 각국에는 기근이 있으나 애굽 온 땅에는 식물이 있더니 **55** 애굽 온 땅이 주리매 백성이 바로에게 부르짖어 양식을 구하는지라 바로가 애굽 모든 백성에게 이르되 요셉에게 가서 그가 너희에게 이르는 대로 하라 하니라 **56** 온 지면에 기근이 있으매 요셉이 모든 창고를 열고 애굽 백성에게 팔새 애굽 땅에 기근이 심하며 **57** 각국 백성도 양식을 사려고 애굽으로 들어와 요셉에게 이르렀으니 기근이 온 세상에 심함이었더라 요셉은 바로의 꿈이 일곱 해 풍년 후에 일곱 해 흉년이 들 것을 보여준 것으로 해석했다(창 41:25-32). 그래서 그는 바로에게 두 가지를 권고했다. 첫째는 명철하고 지혜 있는 사람을 택하여 애굽 땅을 다스리게 하는 것이다(창 41:33). 둘째는 일곱 해 풍년에 곡물을 거두어 저장해서 일곱 해 흉년을 예비하는 것이다(창 41:34-36).

바로는 요셉의 첫째 권고를 받아들였다. 그래서 그는 명철하고 지혜 있는 사람으로 요셉을 택하여 애굽 땅을 다스리게 했다. 그것이 앞서 창세기 41장 37-45절의 내용이다. 이런 점에서 45절 끝에 "요셉이 나가 애굽 온 땅을 순찰하니라"고 한 설명은 요셉이 애굽을 다스리기 시작했음을 말한다고 할 수 있다.

요셉의 나이 삼십 세

이제 본문은 바로가 요셉의 둘째 권고도 받아들였음을 보여준다. 바로는 요셉이 일곱 해 풍년에 곡물을 거두어 저장해서 일곱 해 흉년을 예비하게 한 것이다. 그래서 오늘 읽은 말씀은 이렇게 시작된다. "요셉이 애굽 왕 바로 앞에 설 때에 삼십 세라 그가 바로 앞을 떠나 애굽 온 땅을 순찰하니"(46절). 이것은 요셉이 일곱 해 풍년에 곡물을 거두어 저장해서 일곱 해 흉년을 예비한 것이 스스로 한 것이 아니라 바로가 시켜서 한 것임을 보여준다. 그래서 바로는 백성이 자기에게 양식을 구할 때에도 요셉에게 가도록 한 것이다. "애굽 온 땅이 주리매 백성이 바로에게 부르짖어 양식을 구하는지라 바로가 애굽 모든 백성에게 이르되 요셉에게 가서 그가 너희에게 이르는 대로 하라 하니라"(55절).

그런데 주목할 것은 성경이 여기서 요셉의 나이를 언급한 점이다. "요셉이 애굽 왕 바로 앞에 설 때에 삼십 세라"(46절상). 성경은 이미 앞에서 요셉의 나이를 언급한 적이 있다. 창세기 37장 2절이다. "야곱의 약전이 이러하니라 요셉이 십칠 세의 소년으로서 그 형제와 함께 양을 칠 때에 그 아비의 첩 빌하와 실바의 아들들로 더불어 함께 하였더니 그가 그들의 과실을 아비에게 고하더라." 성경은 요셉의 이야기를 시작하면서 그의 나이를 언급했던 것이다. 그때 요셉의 나이가 십칠 세였다. 그런데 성경은 여기 창세기 41장 46절에서 다시 그의 나이를 언급한다. 이제 요셉의 나이는 삼십 세가 되었다. 따라서 양을 치던 십칠 세 소년이 애굽의 총리가 되기까지 십삼 년이 걸린 것이다. 그 동안 요셉은 애굽에 팔려 와서 종살이와 옥살이를 치르며 살아왔다. 그러니까 성경이 여기서 요셉의 나이를 다시 언급한 것은 이런 의미가 있다. 요셉은 십삼 년 동안 종살이와 옥살이를 치르는 고생을 견딘 후에 애굽의 총리가된 것이다.

그렇지만 성경이 여기서 요셉의 나이를 다시 언급한 것은 더 깊은 의미가 있다. 성경이 앞에서 요셉의 나이를 처음 언급했을 때 그것은 그가 꾼 꿈과 관련이 있다. 그 내용은 창세기 37장에 나온다. 요셉은 십칠 세 소년이었을 때 꿈을 꾸었다. 그것은 형들의 단이 요셉의 단을 둘러서 절하는 꿈과 해와 달과 열한 별이 요셉에게 절하는 꿈이었다. 그런데 요셉은 그 꿈을 말했다가 형들의 시기로 애굽에 종으로 팔려 가게 되었다. 그 후로 요셉은 가족과 헤어져 살았다.

그런데 창세기 41장에서 성경은 다시 요셉의 나이를 언급한다. 이제 애굽의 총리가 된 요셉은 삼십 세가 되었다. 그런데 십삼 년 전에 꾼 그의 꿈이 이루어 질 때가 된 것이다. 이 사실은 본문에서 일곱 해 풍년에 이어 일곱 해 흉년이 시작됨으로써 드러난다. 왜냐하면 그 과정을 통해 요셉은 그 동안 헤어졌던 가족을 다시 만나게 될 것이고, 그의 꿈은 이루어질 것이기 때문이다.

이처럼 성경은 요셉이 꿈을 꾼 때 그의 나이를 처음 언급했었다. 그래서 성경은 다시 요셉의 나이를 언급함으로써 그의 꿈이 이루어질 때가 된 것을 나타낸다. 그러면 이제부터 요셉의 꿈이 어떻게 이루어지게 되는지 살펴보자. 그 발단은 애굽 땅에 일곱 해 풍년이 들고 난 후 일곱 해 흉년이 들기 시작한 것이다.

일곱 해 풍년

먼저, 일곱 해 풍년에 대해 살펴보자. 47-49절을 보자. "일곱 해 풍년에 토지 소출이 심히 많은지라 요셉이 애굽 땅에 있는 그 칠 년 곡물을 거두어 각성에 저축하되 각성 주위의 밭의 곡물을 그 성중에 저장하매 저장한 곡식이 바다 모래 같이 심히 많아 세기를 그쳤으니 그 수가 한이 없음이었더라."

요셉이 바로의 꿈을 해석해 준 대로 애굽 땅에 일곱 해 풍년이 들었다. "일곱 해 풍년에 토지 소출이 심히 많은지라"(47절). 이것은 29절에서 요셉이 바로의 꿈을 해석할 때 말한 대로 된 것이다. "온 애굽 땅에 일곱 해 큰 풍년이 있겠고." 그러자 요셉은 자신이 바로에게 권고했던 대로 했다. "요셉이 애굽 땅에 있는 그 칠 년 곡물을 거두어 각성에 저축하되 각성 주위의 밭의 곡물을 그 성중에 저장하매 저장한 곡식이 바다 모래 같이 심히 많아 세기를 그쳤으니 그 수가 한이 없음이었더라"(48-49절). 34-35절에서 요셉은 바로에게 이렇게 권고했던 것이다. "바로께서는 또 이같이 행하사 국중에 여러 관리를 두어 그 일곱 해 풍년에 애굽 땅의 오분의 일을 거두되 그 관리로 장차 올 풍년의 모든 곡물을 거두고 그 곡물을 바로의 손에 돌려 양식을 위하여 각 성에 적치하게 하소서." 이때 요셉이 저장한 곡식이 얼마나 많은지가 강조된다. 그래서 성경은 삼중적인 표현을 쓴다. "저장한 곡식이 바다 모래 같이-심히 많아ᅳ세기를 그쳤으니 그 수가 한이 없음이었더라." 이것은 바로의 꿈을 통해 보여주신 대로 하나님이 일곱 해 풍년을 들게 하신 것이 확실함을 나타낸다.

이처럼 일곱 해 풍년은 바로에게 꿈을 통해 보여주신 대로 하나님이 이루신 일이다. 이 점은 이미 바로의 꿈을 해석할 때 요셉이 말했던 사실이다. "요셉이 바로에게 고하되 바로의 꿈은 하나이라 하나님이 그 하실 일을 바로에게 보이심이니이다 … 내가 바로에게 고하기를 하나님이 그 하실 일로 바로에게 보이신다 함이 이것이라 … 바로께서 꿈을 두 번 겹쳐 꾸신 것은 하나님이 이 일을 정하셨음이라 속히 행하시리니"(창 41:25, 28, 32). 그러기에 자기가 해석한 대로 이루어지는 것을 보았을 때, 요셉은 하나님이 행하신다는 확신을 가진 것이다.

사실, 과거에도 요셉은 옥에 갇혔을 때 술 맡은 관원장과 떡 굽는 관원장의 꿈을 해석해 준 일이 있다. 요셉은 떡 굽는 관원장은 죽임을 당하고 술 맡은 관원장은 복직하게 될 것을 말해 준 것이다. 그래서 결국 그들은 요셉이 해석해 준 그대로 되었다. 그때 요셉은 하나님이 두 관원장의 꿈을 이루어 주신 것을 보았다. 그런데 요셉은 다시 하나님이 바로의 꿈도 이루어 주신 것을 보게 된 것이다.

요셉의 두 아들 므낫세와 에브라임

바로 이런 상황에서 성경은 요셉이 두 아들을 낳고 이름을 지은 것에 대해 말한다. 50-52절을 보자. "흉년이 들기 전에 요셉에게 두 아들을 낳되 곧 온 제사장 보디베라의 딸 아스낫이 그에게 낳은지라 요셉이 그 장자의 이름을 므낫세라 하였으니 하나님이 나로 나의 모든 고난과 나의 아비의 온 집 일을 잊어버리게 하셨다 함이요 차자의 이름을 에브라임이라 하였으니 하나님이 나로 나의 수고한 땅에서 창성하게 하셨다 함이었더라.”

요셉이 두 아들을 낳고 이름을 지은 때는 “흉년이 들기 전에”다. 요셉은 일곱 해 풍년이 드는 것을 보면서 두 아들의 이름을 지은 것이다. 요셉은 자기가 바로의 꿈을 해석한 대로 일곱 해 풍년이 드는 것을 보면서 하나님이 행하신다는 확신을 가졌다.

이런 가운데 요셉은 그의 아내 아스낫과의 사이에서 두 아들을 낳고 하나님을 찬송하는 의미로 이름을 지은 것이다. 그는 장자의 이름을 “므낫세”라고 지었다. 그 뜻은 “하나님이 나로 나의 모든 고난과 나의 아비의 온 집 일을 잊어버리게 하셨다”는 것이다. “므낫세”는 “잊다”라는 말의 히브리어 “나사”에서 온 것이다.

여기 “나의 모든 고난과 나의 아비의 온 집 일”은 요셉이 형들에 의해 애굽에 종으로 팔려 와서 겪었던 모든 고난을 가리킨다. 형들은 요셉의 꿈이 이루어지는 것이 싫었기 때문에 그를 팔았던 것이다. 또한 “하나님이 … 잊어버리게 하셨다”는 것은 하나님이 끝내셨다는 것을 뜻한다. 따라서 요셉이 장자의 이름을 므낫세라 지은 것은 이런 뜻이다. 하나님은 요셉의 꿈이 이루어지지 못하게 한 형들의 시도를 끝내셨다는 것이다. 하나님은 어떻게 그렇게 하셨을까? 하나님은 요셉의 꿈을 이루심으로써 요셉의 꿈이 이루어지지 못하게 한 형들의 시도를 끝내셨다. 그래서 형들이 한 일이 요셉에겐 더 이상 의미가 없고, 더 이상 문제가 되지 않는 것이다. 요셉은 더 이상 과거에 매이지 않게 된 것이다.

그래서 요셉은 나중에 형들에게 이렇게 말할 수 있었다. “당신들이 나를 이곳에 팔았으므로 근심하지 마소서 한탄하지 마소서 하나님이 생명을 구원하시려고 나를 당신들 앞서 보내셨나이다”(창 45:5). “두려워 마소서 내가 하나님을 대신하리이까 당신들은 나를 해하려 하였으나 하나님은 그것을 선으로 바꾸사 오늘과 같이 만민의 생명을 구원하게 하시려 하셨나니 당신들은 두려워 마소서"(창 50:19-21). 요셉은 자기를 팔았던 형들에게 아무런 원한이 없었던 것이다.

우리도 하나님이 역사하실 때 우리의 아픈 과거로부터 자유할 수 있다. 과거에 아무리 힘들었고, 다른 사람에게 큰 해를 입었어도 하나님이 모든 일을 행하신다는 것을 알게 되면 다 용서할 수 있고, 자유할 수 있는 것이다.

또한 요셉은 차자의 이름을 "에브라임"이라고 지었다. 그 뜻은 "하나님이 나로 나의 수고한 땅에서 창성하게 하셨다"는 것이다. "에브라임"은 "창성하다[번성하다]"라는 말의 히브리어 "파라"에서 온 것이다.

여기 "창성하다[번성하다]"란 말은 하나님이 족장들에게 주신 약속에 사용된 용어이다. "내가 너로 심히 번성케 하리니 나라들이 네게로 좇아 일어나며 열왕이 네게로 좇아 나리라"(창 17:6). "전능하신 하나님이 네게 복을 주어 너로 생육하고 번성케 하사 너로 여러 족속을 이루게 하시고"(창 28:3). "그에게 이르시되 나는 전능한 하나님이니라 생육하며 번성하라 국민과 많은 국민이 네게서 나고 왕들이 네 허리에서 나오리라"(창 35:11).

따라서 요셉이 차자의 이름을 "에브라임"이라고 지은 것은 예언적인 것이다. 이 사실은 창세기 48장에 가면 분명해진다. "요셉에게 이르되 이전에 가나안 땅 루스에서 전능한 하나님이 내게 나타나 복을 허락하여 내게 이르시되 내가 너로 생육하게 하며 번성하게 하여 네게서 많은 백성이 나게 하고 내가 이 땅을 네 후손에게 주어 영원한 기업이 되게 하리라 하셨느니라 내가 애굽으로 와서 네게 이르기 전에 애굽에서 네게 낳은 두 아들 에브라임과 므낫세는 내 것이라 르우벤과 시므온처럼 내 것이 될 것이요 … 나를 모든 환난에서 건지신 사자께서 이 아이에게 복을 주시오며 이들로 내 이름과 내 조부 아브라함과 아버지 이삭의 이름으로 칭하게 하시오며 이들로 세상에서 번식되게 하시기를 원하나이다 … 아비가 허락지 아니하여 가로되 나도 안다 내 아들아 나도 안다 그도 한 족속이 되며 그도 크게 되려니와 그 아우가 그보다 큰 자가 되고 그 자손이 여러 민족을 이루리라 하고"(창 48:3-5, 16, 19).

이처럼 요셉은 하나님이 아브라함에게 주신 약속의 성취를 바라보게 되었다. 요셉은 이제 새로운 미래를 바라보게 된 것이다.

이처럼 요셉이 두 아들의 이름을 므낫세와 에브라임이라고 지은 것은 요셉의 변화된 삶을 나타낸다. 그는 더 이상 과거에 매이지 않고 새로운 미래를 내다볼 수 있게 된 것이다. 이것은 하나님이 하신 일이다. 그래서 요셉은 두 아들에게 하나님을 찬송하는 뜻의 이름을 지어 준 것이다.

우리도 하나님이 우리의 삶을 변화시켜 주실 때 요셉처럼 하나님을 찬송할 것이다. 찬송은 하나님이 하신 일을 나타낸다. 하나님의 역사에 대한 체험이 없으면, 진정한 찬송은 있을 수 없다. 하나님이 하신 일을 우리가 경험하고 알았기 때문에, 그래서 우리가 변화를 받았기 때문에 찬송하게 되는 것이다. 이런 점에서 찬송은 하나님을 영화롭게 하는 것이다. 우리에게 이런 찬송이 있는가?

일곱 해 흉년

그 다음, 일곱 해 흉년에 대해 살펴보자. 53-57절을 보자. "애굽 땅에 일곱 해 풍년이 그치고 요셉의 말과 같이 일곱 해 흉년이 들기 시작하매 각국에는 기근이 있으나 애굽 온 땅에는 식물이 있더니 애굽 온 땅이 주리매 백성이 바로에게 부르짖어 양식을 구하는지라 바로가 애굽 모든 백성에게 이르되 요셉에게 가서 그가 너희에게 이르는 대로 하라 하니라 온 지면에 기근이 있으매 요셉이 모든 창고를 열고 애굽 백성에게 팔새 애굽 땅에 기근이 심하며 각국 백성도 양식을 사려고 애굽으로 들어와 요셉에게 이르렀으니 기근이 온 세상에 심함이었더라."

요셉이 바로의 꿈을 해석해 준 대로 애굽 땅에 일곱 해 흉년이 들었다. "요셉의 말과 같이"(54절). 창세기 41장 30-31절에 보면, 요셉은 이렇게 말했었다. "후에 일곱 해 흉년이 들므로 애굽 땅에 있던 풍년을 다 잊어버리게 되고 이 땅이 기근으로 멸망되리니 후에 든 그 흉년이 너무 심하므로 이전 풍년을 이 땅에서 기억하지 못하게 되리이다." 그가 말한 요지는 두 가지이다. 첫째, 일곱 해 풍년 후에 일곱 해 흉년이 들 것이다. "애굽 땅에 일곱 해 풍년이 그치고 요셉의 말과 같이 일곱 해 흉년이 들기 시작하매"(53-54절). 둘째, 그 흉년은 아주 심한 흉년이 될 것이다. "애굽 땅에 기근이 심하며 … 기근이 온 세상에 심함이었더라"(56-57절).

이처럼 요셉이 바로의 꿈을 해석해 준 대로 애굽 땅에 일곱 해 흉년이 들었다. 그렇다면 이것은 하나님이 행하신 것이 분명하다. 왜냐하면 요셉은 바로의 꿈을 해석해 주면서 그것은 하나님이 하실 일을 보여주신 것이라고 말했기 때문이다(창 41:25, 28, 32).

그런데 본문 마지막 57절은 앞으로 일어날 일을 암시하고 있다. "각국 백성도 양식을 사려고 애굽으로 들어와 요셉에게 이르렀으니 기근이 온 세상에 심함이었더라." 각국 백성도 양식을 사려고 애굽으로 들어와 요셉에게 이르렀을 때, 거기에는 요셉의 형들도 있었던 것이다. 그래서 창세기 42장은 야곱이 그 아들들에게 애굽에 가서 곡식을 사오라고 말하는 것으로 시작된다.

이처럼 하나님은 기근을 통해서 요셉이 형들과 만나게 하신다. 그럼으로써 하나님은 결국 요셉의 꿈이 이루어지게 하시는 것이다. 하나님은 우리도 요셉처럼 인도해 가신다는 사실을 잊지 말자.

형들의
첫 번째
애굽 방문

providence

19

인간의 악행을 다루시는
하나님의 섭리

창 42:1-5 1 때에 야곱이 애굽에 곡식이 있음을 보고 아들들에게 이르되 너희는 어찌
하여 서로 관망만 하느냐 2 야곱이 또 이르되 내가 들은즉 저 애굽에 곡식이 있다 하
니 너희는 그리로 가서 거기서 우리를 위하여 사오라 그리하면 우리가 살고 죽지 아니
하리라 하매 3 요셉의 형 십 인이 애굽에서 곡식을 사려고 내려갔으나 4 야곱이 요셉의
아우 베냐민을 그 형들과 함께 보내지 아니하였으니 이는 그의 말이 재난이 그에게 미
칠까 두렵다 함이었더라 5 이스라엘의 아들들이 양식 사러 간 자 중에 있으니 가나안
땅에 기근이 있음이라

요셉의 이야기가 시작되는 창세기 37장은 가나안 땅에서 벌어진 이야기이
다. 거기서 요셉은 형들에 의해 팔려서 애굽으로 가게 된다.

그 후 가나안 땅에서 벌어진 이야기가 창세기 38장에 나온다. 그것은 요
셉의 형제 중 한 사람 유다의 이야기로서 대략 이십 년 이상의 기간에 해당한
다.

그런데 이 기간에 애굽에 간 요셉은 종살이와 옥살이를 치르며 마침내 애

굽 온 땅을 다스리는 자가 된다. 이 내용이 창세기 39-41장에 나온다.

그런 다음, 본문 창세기 42장에 오면 요셉의 이야기는 새로운 국면을 맞는다. 창세기 37장에서 등장했던 야곱이 다시 등장한다. 가나안 땅에서 기근을 만난 야곱은 곡식을 사려고 그의 아들들을 애굽으로 보낸 것이다.

본문의 구성

그러면 본문의 내용을 이해하기 위해 그 구성부터 살펴보자. 먼저 5절을 보자. "이스라엘의 아들들이 양식 사러 간 자 중에 있으니 가나안 땅에 기근이 있음이라." 이 내용은 창세기 41장 57절과 연결된다. "각국 백성도 양식을 사려고 애굽으로 들어와 요셉에게 이르렀으니 기근이 온 세상에 심함이었더라." 두 구절을 비교해 보면 같은 단어들이 사용된 것을 볼 수 있다. 그것들은 "양식을 사다," "오다," "기근" 등이다. 그리고 "이스라엘의 아들들"이란 표현은 "각국 백성"(=온 땅, 온 세상)에 포함되는 것임을 알 수 있다. 결국 창세기 42장 5절은 41장 57절에 속한 특수한 경우를 말한 것이다. 따라서 41장 57절은 자연스럽게 42장 5절과 연결된다.

그런데 성경은 그 사이에 본문 1-4절의 내용을 추가한 것이다. 이것은 5절을 보완해서 설명하기 위한 것이다. 설명하려는 요점은 두 가지이다. 하나는 왜 이스라엘의 아들들이 양식을 사러 간 자 중에 있었을까 하는 것이다. 다른 하나는 양식을 사러 간 자 중에 있던 이스라엘의 아들들은 정확하게 누구일까 하는 것이다.

요셉의 형들을 애굽에 보낸 야곱

그러면 본문의 내용을 이해하기 위해 첫 번째 요점을 살펴보자. 그것은 왜 이스라엘의 아들들이 양식을 사러 간 자 중에 있었을까 하는 것이다. 1-2절은 그 이유를 말해 준다. "때에 야곱이 애굽에 곡식이 있음을 보고 아들들에게 이르되 너희는 어찌하여 서로 관망만 하느냐 야곱이 또 이르되 내가 들은즉 저 애굽에 곡식이 있다 하니 너희는 그리로 가서 거기서 우리를 위하여 사오라 그리하면 우리가 살고 죽지 아니하리라 하매."

5절은 "이스라엘의 아들들이 양식 사러 간 자 중에 있으니"라고 말한다. 그런데 그것은 그들이 주도적으로 한 일이 아니다. 1절에서 야곱은 그의 아들들에게 이렇게 말했다. "너희는 어찌하여 서로 관망만 하느냐?" 야곱의 아들들 가운데 곡식을 사려고 애굽에 내려갈 생각을 한 사람은 아무도 없었던 것이다. 그런 아들들에게 애굽에 가서 곡식을 사오게 한 사람이 바로 야곱이다. 2절에 보면, 그는 아들들에게 이렇게 말했다. "내가 들은즉 저 애굽에 곡식이 있다 하니 너희는 그리로 가서 거기서 우리를 위하여 사오라 그리하면 우리가 살고 죽지 아니하리라." 그렇다면 왜 이스라엘의 아들들이 양식을 사러 간 자 중에 있었을까? 그 이유는 야곱 때문이다.

이 점은 요셉 이야기에서 야곱이 처음 등장했던 때와 비슷하다. 창세기 37장에 보면, 요셉이 형들이 있는 세겜에 갔던 적이 있다. 그런데 그것은 요셉이 주도적으로 한 일이 아니다. 창세기 37장 12-14절은 요셉이 세겜에 가게 된 상황을 이렇게 설명한다. "그 형들이 세겜에 가서 아비의 양 떼를 칠 때에 이스라엘이 요셉에게 이르되 네 형들이 세겜에서 양을 치지 아니하느냐 너를 그들에게로 보내리라 요셉이 아비에게 대답하되 내가 그리하겠나이다 이스라엘이 그에게 이르되 가서 네 형들과 양 떼가 다 잘 있는 여부를 보고 돌아와 내게 고하라 하고 그를 헤브론 골짜기에서 보내매 이에 세겜으로 가니라." 따라서 요셉을 형들이 있는 세겜에 가게 한 사람은 바로 야곱이다.

요셉의 꿈을 이루시는 하나님의 섭리

이처럼 과거 야곱은 요셉을 형들이 있는 세겜에 보냈던 적이 있다. 이제 이십 년 이상 세월이 지나 야곱은 요셉의 형들을 요셉이 있는-야곱은 그 사실을 몰랐겠지만-애굽에 보낸 것이다. 이것은 무엇을 의미할까? 우선, 야곱이 요셉을 형들이 있는 세겜에 보냈던 것은 요셉을 애굽의 총리로 세우시려는 하나님의 섭리였다. 그 동안 우리가 살펴본 창세기 39-41장이 그 사실을 보여준다. 그렇다면, 창세기 42장에서 야곱이 요셉의 형들을 애굽에 보낸 것도 하나님의 섭리이다. 본문에서 야곱은 양식을 얻기 위해 그 아들들을 애굽에 보냈을 뿐이다. 하지만 하나님은 그런 야곱을 통해서 그분의 목적을 이루시는 것이다.

본문에는 이 사실을 확인시켜 주는 것들이 있다. 하나는 3절에 "요셉의 형(들)"이란 표현을 쓴 것이다. 이것은 그들과 요셉의 만남이 임박했음을 암시한다. 실제로 그들은 곧 요셉을 만나게 된다. 그래서 6절은 이렇게 말한다. "때에 요셉이 나라의 총리로서 그 땅 모든 백성에게 팔더니 요셉의 형들이 와서 그 앞에서 땅에 엎드려 절하매."

거기 보면, "요셉의 형들"이란 말이 나온다. 성경은 요셉이 그의 형들과 만남으로써 그의 꿈이 이루어지는 것을 보여준다. "요셉의 형들이 와서 그 앞에서 땅에 엎드려 절하매"라고 한 것은 요셉의 꿈이 이루어지고 있음을 나타낸다. 창세기 37장 3-5절은 요셉의 꿈에 대해 이렇게 말하기 때문이다. "요셉이 꿈을 꾸고 자기 형들에게 고하매 그들이 그를 더욱 미워하였더라 요셉이 그들에게 이르되 청컨대 나의 꾼 꿈을 들으시오 우리가 밭에서 곡식을 묶더니 내 단은 일어서고 당신들의 단은 내 단을 둘러서서 절하더이다." 따라서 야곱이 양식을 얻기 위해 그 아들들을 애굽에 보낸 것을 말할 때 "요셉의 형(들)"이란 표현을 쓴 것은 야곱이 한 일이 요셉의 꿈을 이루시는 하나님의 섭리임을 보여준 것이다.

또 하나는 5절에 이렇게 말한 것이다. "이스라엘의 아들들이 양식 사러 간 자 중에 있으니 가나안 땅에 기근이 있음이라." 이것은 앞서 말한 대로 창세기 41장 57절의 특수한 경우를 말한 것이다. 그런데 41장 57절은 바로의 꿈이 요셉의 해석대로 이루어졌을 때의 일을 말한 것이다. "요셉의 말과 같이 일곱 해 흉년이 들기 시작하매 각국에는 기근이 있으나 애굽 온 땅에는 식물이 있더니." 또한 바로의 꿈은 요셉이 말한 대로 하나님이 하실 일을 보이신 것이다(창 41:25, 28, 32). 그러므로 이스라엘의 아들들이 양식을 사러 애굽에 간 것은 야곱이 보낸 것이지만 동시에 바로의 꿈을 이루시는 하나님의 섭리인 것이다.

따라서 본문에는 하나님이란 말이 나오지 않고, 야곱은 기근 때문에 양식을 얻기 위해 그 아들들을 애굽에 보냈을 뿐이지만, 그것은 바로의 꿈을 이루시고 요셉의 꿈을 이루시는 하나님의 섭리였던 것이다.

우리의 삶에도 이런 하나님의 섭리가 있다. 그런데 하나님의 섭리는 감추어져 있다. 그것은 우리 눈에 보이는 것이 아니고 우리가 다 이해할 수 있는 것도 아니다. 그러나 하나님의 섭리에서 벗어나서 일어나는 일은 아무것도 없다. 우리 인생의 모든 일들이 하나님의 섭리 가운데 일어나고 있는 것이다. 그리스도인은 이것을 믿고 살아가는 사람들이다. 그러므로 그리스도인은 세상 사람들과 다르게 사는 것이다. 세상 사람들은 인생에서 우연을 믿고, 운수를 따지고, 행운을 구하고, 운명과 숙명을 말하지만, 우리 그리스도인은 인생을 그렇게 보지 않는다. 우리 인생의 어느 것도 그런 것들에 의해서 좌우되는 것이 아니라 선하신 하나님의 손길에 의해서 좌우되는 것이다. 얼마나 많은 사람들이 그런 것들에 매여 살아가는가. 그들은 이사나 결혼을 위해 날을 봐야 하고, 오늘의 운수를 봐야 하고, 점을 치고 굿을 해야 하는 것이다. 그러나 우리 그리스도인은 하나님의 섭리를 믿기에 그런 모든 것으로부터 자유할 수 있다.

애굽에 내려간 요셉의 형 십 인

그 다음, 두 번째 요점을 살펴보자. 그것은 양식을 사러 간 자 중에 있던 이스라엘의 아들들은 정확하게 누구일까 하는 것이다. 3-4절이 이 점에 대해 말해 준다. "요셉의 형 십 인이 애굽에서 곡식을 사려고 내려갔으나 야곱이 요셉의 아우 베냐민을 그 형들과 함께 보내지 아니하였으니 이는 그의 말이 재난이 그에게 미칠까 두렵다 함이었더라."

여기 보면, 양식 사러 간 자 중에 있던 이스라엘의 아들들은 "요셉의 형 십 인"이다. 거기에 베냐민은 빠졌다. 그렇게 된 것은 역시 야곱 때문이다. 4절은 이렇게 말한다. "야곱이 요셉의 아우 베냐민을 그 형들과 함께 보내지 아니하였으니 이는 그의 말이 재난이 그에게 미칠까 두렵다 함이었더라."

여기 야곱이 베냐민을 요셉의 형들과 함께 보내지 않은 것을 말할 때 "요셉의 아우 베냐민"이라고 말한다. 이것은 베냐민에 대한 형들의 정서가 요셉에 대한 형들의 정서와 다르지 않을 것임을 암시한다. 그러기에 야곱은 "재난이 그에게 미칠까 두려워한다." 이 말은 베냐민에게 요셉과 같은 일이 닥칠 것을 두려워하는 야곱의 심정을 나타낸다. 이 사실은 창세기 42장 38절에서 야곱이 한 말 가운데 잘 드러난다. "내 아들은 너희와 함께 내려가지 못하리니 그의 형은 죽고 그만 남았음이라 만일 너희 행하는 길에서 재난이 그 몸에 미치면 너희가 나의 흰 머리로 슬피 음부로 내려가게 함이 되리라."

야곱은 요셉이 죽은 줄로 알고 있다. 그는 요셉의 형들이 요셉에게 한 일에 대해서는 아무것도 모른다. 그렇지만 야곱이 아는 것은 요셉에 대한 형들의 정서다. 창세기 37장에는 요셉에 대한 형들의 정서가 잘 나타나 있다. "그 형들이 아비가 형제들보다 그를 사랑함을 보고 그를 미워하여 그에게 언사가 불평하였더라 요셉이 꿈을 꾸고 자기 형들에게 고하매 그들이 그를 더욱 미워하였더라 … 그 형들이 그에게 이르되 네가 참으로 우리의 왕이 되겠느냐 참으로 우리를 다스리게 되겠느냐 하고 그 꿈과 그 말을 인하여 그를 더욱 미워하더니 … 그 형들은 시기하되"(창 37:4-5, 8, 11).

야곱은 요셉에 대한 형들의 미움과 시기를 잘 안다. 그러기에 그는 요셉의 동생 베냐민을 형들과 함께 보낼 수 없는 것이다. 만일 그랬다가는 무슨 일이 베냐민에게 닥칠지 알 수 없는 것이다.

형들의 악행을 다루시는 하나님의 섭리

그러므로 이것은 이십 년 전 요셉의 형들이 요셉에게 했던 악행들을 상기시킨다. 형들은 요셉을 미워하고 시기하여 그를 죽이려고 했다가 구덩이에 던졌고 후에 애굽으로 가는 이스마엘 사람들에게 팔았던 것이다. 뿐만 아니라, 그들은 악한 짐승이 요셉을 먹은 것처럼 야곱을 속였던 것이다. 그때 야곱은 이런 반응을 보였었다. "자기 옷을 찢고 굵은 베로 허리를 묶고 오래도록 그 아들을 위하여 애통하니 그 모든 자녀가 위로하되 그가 그 위로를 받지 아니하여 가로되 내가 슬퍼하며 음부에 내려 아들에게로 가리라 하고 그 아비가 그를 위하여 울었더라"(창 37:34-35). 그렇게 형들의 악행은 감추어져 있었다.

그 후로 이십 년 이상의 세월이 흘렀다. 그런데 기근으로 양식을 구하기 위해 야곱이 그 아들들을 애굽으로 보내야 했을 때, 요셉의 형들이 저지른 악행은 다시 들추어졌다. 야곱은 요셉에 대한 형들의 미움과 시기를 생각하여 베냐민을 형들과 함께 보내지 않았던 것이다.

본문에서 야곱이 요셉의 형들 십 인을 애굽으로 보낸 것은 하나님의 섭리이다. 따라서 여기에는 하나님의 목적이 있다. 그것은 악행을 저지른 요셉의 형들을 다루어서 변화시키시려는 것이다. 그들은 악행을 저지르고도 회개하지 않고 덮어 두고 숨겨 둔 상태로 하나님의 축복에 참여할 수 없는 것이다. 하나님은 그들을 축복하시기 전에 먼저 그들을 바꾸시려는 것이다. 왜 야곱에 의해서 그들이 애굽으로 가게 되었을까? 그것은 하나님이 그들을 다루시기 위함이다. 그들은 보이지 않는 하나님의 손길에 의해 결국 변하게 되는 것이다. 요셉을 미워하고 가혹하게 대했던 이 형들, 아버지를 감쪽같이 속였던 이 형들이 하나님의 섭리에 의해서 변하게 되는 것이다.

하나님은 오늘 우리들의 악행에 대해서도 그렇게 하실 것이다. 하나님은 우리를 변화시키시려고 그분의 섭리를 통해 우리를 다루시는 것이다. 웨스트민스터 신앙고백서 5장 5항에 보면 섭리에 대하여 이런 내용이 나온다. "가장 지혜로우시고 의로우시며 은혜로우신 하나님께서는 때때로 자기의 친자녀들이 각종 유혹에 빠지도록, 그들 자신의 부패한 마음대로 행하도록 내버려 두신다. 이는 그들이 전에 지은 죄들을 인하여 그들이 징계를 당하거나 아니면 그들의 부패하고 간사한 마음이 얼마나 강력한 잠재력을 가지고 있는가를 깨달아 겸손케 하기 위함이요 또한 그들을 깨우쳐 그들이 보존되기 위하여 하나님 자신에게 더욱 친밀하고 견실하게 의존하도록 하기 위함이며 또한 장차 있을 모든 죄의 상황들에 대비하여 그리고 여러 다른 의롭고 거룩한 목적들을 위하여 그들이 더욱 깨어 있도록 하기 위함이다." 쉽게 말하면, 하나님의 섭리라고 하는 것은 때로는 우리를 징계하기 위한 목적, 때로는 우리를 훈련시키기 위한 목적이 있다는 것이다. 하나님은 섭리를 통해서 우리를 다루시는 것이다.

이것은 이론이 아니다. 이것은 우리가 삶 속에서 실제로 경험하는 것이다. 하나님이 섭리의 손길을 통해서 우리를 다루실 때 우리는 정신을 차리고 돌이켜야 한다. 하나님은 그것을 원하신다. 그래서 우리가 돌이켜서 새사람이 되면 된다. 우리가 하나님께 순종하는 사람으로 바뀌면 된다. 하나님은 이 요셉의 형들을 바꾸시기 위해서 이십 년 전 그들의 악행을 들추기 시작하신다. 하나님은 그들을 특수한 상황으로 몰아가시면서 결국 그들이 바뀌지 않으면 안 되도록 만드신다. 그것은 그들을 거룩한 사람으로 만드셔서 하나님의 축복에 참여하도록 하기 위함이다. 하나님은 우리도 그렇게 다루신다. 그래서 크게 보면, 인생은 두 가지로 변화를 받는다고 할 수 있다. 하나는 기록된 하나님의 말씀인 성경을 읽고 듣고 배울 때 깨달아서 우리가 변하는 것이다. 또 하나는 보이지 않는 하나님의 섭리의 손길에 의해서 우리가 때때로 아주 힘들고 어렵고 난처한 상황에 처함으로써 우리가 변하는 것이다. 하나님은 그렇게 우리를 변화시키신다.

20

요셉의 위협 앞에
형들의 변화가 시작되다

창 42:6-17 6 때에 요셉이 나라의 총리로서 그 땅 모든 백성에게 팔더니 요셉의 형들이 와서 그 앞에서 땅에 엎드려 절하매 7 요셉이 보고 형들인 줄 아나 모르는 체하고 엄한 소리로 그들에게 말하여 가로되 너희가 어디서 왔느냐 그들이 가로되 곡물을 사려고 가나안에서 왔나이다 8 요셉은 그 형들을 아나 그들은 요셉을 알지 못하더라 9 요셉이 그들에게 대하여 꾼 꿈을 생각하고 그들에게 이르되 너희는 정탐들이라 이 나라의 틈을 엿보려고 왔느니라 10 그들이 그에게 이르되 내 주여 아니니이다 종들은 곡물을 사러 왔나이다 11 우리는 다 한 사람의 아들로서 독실한 자니 종들은 정탐이 아니니이다 12 요셉이 그들에게 이르되 아니라 너희가 이 나라의 틈을 엿보러 왔느니라 13 그들이 가로되 주의 종 우리들은 십이 형제로서 가나안 땅 한 사람의 아들들이라 말째 아들은 오늘 아버지와 함께 있고 또 하나는 없어졌나이다 14 요셉이 그들에게 이르되 내가 너희에게 이르기를 너희는 정탐들이라 한 말이 이것이니라 15 너희는 이같이 하여 너희 진실함을 증명할 것이라 바로의 생명으로 맹세하노니 너희 말째 아우가 여기 오지 아니하면 너희가 여기서 나가지 못하리라 16 너희 중 하나를 보내어 너희 아우를 데려오게 하고 너희는 갇히어 있으라 내가 너희의 말을 시험하여 너희 중에 진실이 있는지 보리라 바로의 생명으로 맹세하노니 그리하지 아니하면 너희는 과연 정 탐이니라 하고 17 그들을 다 함께 삼 일을 가두었더라

앞서 읽은 창세기 42장 1-5절의 내용은 이런 것이다. 가나안 땅에 기근이 들어 야곱은 양식을 사러 그 아들들을 애굽에 보냈다. 그때 야곱은 요셉의 형제들 중 베냐민을 뺀 열 명을 보냈다. 그 이유는 야곱이 베냐민에게 재난 이 미칠 것을 두려워했기 때문이다. 그런데 거기서 요셉의 이야기는 새로운 국면을 맞는다. 왜냐하면 요셉의 이야기에서 처음에 등장했던 야곱과 요셉 의 형들이 다시 등장하기 때문이다. 그러면서 이야기는 과거 그들 가운데 일 어났던 일을 배경으로 전개되는 것이다. 다시 말하면, 창세기 42장은 창세기 37장을 배경으로 하는 것이다.

요셉과 형들의 재회

이제 본문은 앞서 읽은 내용의 연속이다. 양식을 사러 애굽에 내려간 요셉 의 형들은 드디어 요셉과 만나게 된다. 6절을 보자. "때에 요셉이 나라의 총 리로서 그 땅 모든 백성에게 팔더니 요셉의 형들이 와서 그 앞에서 땅에 엎드 려 절하매."

여기서 성경이 부각시키는 것은 요셉과 그 형들의 대조적인 모습이다. 요 셉은 "나라의 총리"이다. 반면에 그 형들은 "그 앞에서 땅에 엎드려 절하는" 모습이다. 이것은 적어도 이십 년 전에 요셉이 꾸었던 꿈의 성취를 보여준다. 창세기 37장 6-7절에 보면 요셉은 꿈을 꾸고 형들에게 이렇게 말했다. "나 의 꾼 꿈을 들으시오 우리가 밭에서 곡식을 묶더니 내 단은 일어서고 당신들 의 단은 내 단을 둘러서서 절하더이다." 또한 9절에 보면 요셉은 다시 꿈을

꾸고 형들에게 이렇게 말했다. "내가 또 꿈을 꾼즉 해와 달과 열한 별이 내게 절하더이다." 그런데 본문 42장 6절에 오면 요셉의 형들이 요셉 앞에 와서 절하고 있는 것이다. 형들은 요셉의 꿈 이야기를 들었을 때 "네가 참으로 우리의 왕이 되겠느냐 참으로 우리를 다스리게 되겠느냐"고 말했지만, 요셉의 꿈은 현실로 이루어지고 있는 것이다.

요셉의 형들이 요셉을 다시 만나 절하게 된 것은 가나안 땅에 기근이 들었기 때문이다. 기근은 하나님의 섭리에 의한 것이다. 하나님은 요셉이 말한 대로 바로의 꿈을 통해서 기근이 들 것을 미리 보여주신 것이다. 따라서 요셉의 꿈은 하나님의 섭리에 의해서 성취된 것이다. 하나님은 요셉에게 꿈을 꾸게 하셨을 뿐 아니라 그 꿈이 이루어지도록 모든 일을 섭리하신 것이다.

하나님은 우리에게도 약속을 주실 뿐 아니라 그 약속이 이루어지도록 모든 일을 섭리하신다. 약속의 하나님은 또한 섭리의 하나님이시다. 그러므로 우리가 하나님의 약속을 받아들이는 것도 중요하지만, 우리는 그 약속이 성취될 때까지 믿음으로 기도하고 인내하면서 나아가야 한다. 우리가 요셉의 이야기를 읽어 보면 요셉이 믿었다거나 기도했다거나 인내했다는 말이 없다. 그렇지만 실제로 요셉은 하나님이 보여 주신 꿈을 하나님의 약속으로 받아들이고 그 약속에 의지해서 믿고 기도하고 인내하면서 살아온 것이다. 그래서 마침내 그 꿈이 현실로 이루어지는 것을 보게 된 것이다. 우리도 약속이 이루어지는 것을 보게 된다면 그것은 우리가 하나님이 주신 약속을 믿고 기도하며 인내할 때이다.

심은 대로 거둔 요셉의 형들

이렇게 요셉과 그 형들이 만나게 되었을 때 그들 사이에 대화가 시작된다.

7절을 보자. "요셉이 보고 형들인 줄 아나 모르는 체하고 엄한 소리로 그들에게 말하여 가로되 너희가 어디서 왔느냐 그들이 가로되 곡물을 사려고 가나안에서 왔나이다."

우선, 여기서 우리가 주목해야 할 말이 있다. 그것은 "요셉이 보고 형들인 줄 아나"라고 할 때 "알다"라는 말이다. 이때 "알다"는 말은 '알아보다'는 뜻이다. 왜 우리가 이 말을 주목하게 되느냐 하면 이 말이 앞에서 나왔기 때문이다. 우리는 앞에서 창세기 42장이 창세기 37장을 배경으로 하는 것이라는 점을 살펴보았다. 그런데 창세기 37장에서 요셉의 형들이 요셉을 팔고 아버지 야곱을 속일 때 이 말이 사용된 것이다. "그 채색옷을 보내어 그 아비에게로 가져다가 이르기를 우리가 이것을 얻었으니 아버지의 아들의 옷인가 아닌가 보소서 하매 아비가 그것을 알아보고 가로되 내 아들의 옷이라 악한 짐승이 그를 먹었도다 요셉이 정녕 찢겼도다 하고"(창 37:32-33). 여기 "보소서"와 "알아보고"가 본문에 사용된 "아나"와 같은 말이다. 그러니까 창세기 37장에서는 요셉의 형들이 야곱을 속일 때 쓰였던 말이 창세기 42장에서는 요셉이 그 형들을 속일 때 쓰인 것이다. 이것은 요셉의 형들이 심은 대로 거두고 있음을 보여준다.

우리의 인생살이 속에는 우리가 과거에 심은 대로 거두는 일들이 종종 일어난다. 그러므로 우리는 아무렇게나 살아서는 안 되는 것이다. 갈라디아서 6장 7-9절을 보자. "스스로 속이지 말라 하나님은 만홀히 여김을 받지 아니하시나니 사람이 무엇으로 심든지 그대로 거두리라 자기의 육체를 위하여 심는 자는 육체로부터 썩어진 것을 거두고 성령을 위하여 심는 자는 성령으로부터 영생을 거두리라 우리가 선을 행하되 낙심하지 말지니 피곤하지 아니하면 때가 이르매 거두리라." 여기 보면 거둔다는 말이 네 번이나 나온다. 심은 대로 거두는 것을 강조한 것이다. 하나님의 주권적 정의가 우리의 삶 속에 나타나고 있는 것이다. 그래서 사도 바울은 우리에게 두 가지를 권면하는 것이다. 첫째는 악을 행하는 사람에게 "스스로 속이지 말라"는 것이다. 그 말은 악을 행하면서 하나님은 모르실 거라고 생각하지 말라는 것이다. 요셉의 형들은 요셉의 옷을 수염소 피에 적시어다가 아버지를 감쪽같이 속였다. 그러면서 그들은 아무도 모를 거라고 생각했지만, 하나님은 다 알고 계셨다. 그래서 이십 년이 넘게 지난 뒤에 하나님은 그들이 심은 대로 거두게 하신 것이다. 사실 요셉이 형들인 줄 알면서도 모르는 체한 것 때문에 형들은 얼마나 힘들었는지 모른다. 이게 다 심은 대로 거두는 것이다. 둘째는 선을 행하는 사람에게 "낙심하지 말라"는 것이다. 왜냐하면 하나님은 심은 대로 거두게 하시기 때문이다. 하나님은 선을 행하는 것을 결코 헛되게 하시지 않을 것이므로 낙심하지 말라는 것이다.

우리의 삶에는 이렇게 심은 대로 거두는 일이 많다. 우리가 미처 깨닫지 못하지만 하나님의 정의가 우리의 삶에 임하고 있는 것이다. 그러므로 우리는 아무렇게나 살 수 없는 것이다.

원수 갚지 않은 요셉

그 다음, 우리가 생각할 것은 형들에게 말하는 요셉의 말투다. 7절에는 "엄한 소리로 그들에게 말하여"라고 되어 있다. 그러면 왜 요셉은 형들에게 엄한 소리로 말했을까? 얼른 생각할 수 있는 것은 요셉이 형들에게 보복하려는 것이 아닐까 하는 것이다. 왜냐하면 요셉이 형들에게 당한 게 많고 그것 때문에 고생한 게 많아서 원한이 맺혔을 거라는 생각이 들기 때문이다.

그러나 요셉이 형들에게 엄한 소리로 말한 것은 그들에 대한 원한에서 보복한 것이 아니다. 요셉은 지금 형들에게 원수를 갚으려는 것이 아니다. 이 사실은 9절을 보면 분명해진다. "요셉이 그들에게 대하여 꾼 꿈을 생각하고 그들에게 이르되 너희는 정탐들이라 이 나라의 틈을 엿보려고 왔느니라."

여기 보면, 요셉은 형들을 정탐이라고 몰아세운다. 그런데 그렇게 하는 이유를 성경은 이렇게 말해준다. "요셉이 그들에게 대하여 꾼 꿈을 생각하고." 자기 앞에 와서 절하는 형들을 보면서 요셉이 생각한 것은 "형들에게 대하여 꾼 꿈"이다. 그런데 요셉이 이 꿈을 생각했다는 것은 이런 의미이다. 원래 그 꿈을 보면 해와 달과 열한 별이 절하게 되어 있다. 그런데 지금 온 것은 열 명 뿐이다. 따라서 요셉은 나머지 한 명도 와야 한다고 생각한 것이다. 그래서 15절과 16절에서 요셉은 막째 아우도 데려오라고 말한 것이다. 이처럼 요셉은 형들과 대화할 때 자기가 그들에게 당한 일과 그로 인해 겪은 고난을 생각한 것이 아니다. 그가 생각한 것은 하나님이 보여주신 꿈이다. 따라서 요셉이 형들에게 엄한 소리로 말한 것은 그들에 대한 원한 때문이 아니다.

여기서 우리는 요셉이 원수 갚지 않는 것을 본다. 그런데 중요한 것은 어떻게 요셉이 그렇게 할 수 있었을까 하는 점이다. 사실 요셉은 남도 아닌 형들이 자기를 죽이려고 했고, 결국엔 팔아 버렸으니 원한을 품을 수 있었을 것이다. 그런데 그에게는 형들에 대한 원한이 없다. 어떻게 요셉이 그렇게 할 수 있었을까? 요셉은 형들에게 당한 일을 잊으려고 애를 쓴 게 아니다. 요셉은 이를 악물고 참아 온 것이 아니다. 하나님께서 요셉이 형들에 대한 원한을 품지 않게 만들어 주신 것이다. 창세기 41장 51절에 이런 말씀이 나온다. "요셉이 그 장자의 이름을 므낫세라 하였으니 하나님이 나로 나의 모든 고난과 나의 아비의 온 집 일을 잊어버리게 하셨다 함이요." 하나님은 어떻게 요셉으로 그 모든 일을 잊어버리게 하셨을까? 하나님은 요셉의 꿈이 이루어지게 하심으로써 잊어버리게 하신 것이다. 그러니까 요셉은 형들 때문에 겪은 모든 고난도 꿈을 이루시기 위한 하나님의 섭리임을 깨달음으로써 그것들을 잊을 수 있는 것이다. 그래서 그는 형들에 대한 원한이 없는 것이다.

우리도 마찬가지이다. 우리가 남들 때문에 고난을 당할 수 있고 억울한 일을 당할 수 있다. 그런데 우리가 원한을 품지 않는 것은 하나님이 잊어버리게 하시기 때문이다. 우리는 우리가 당한 모든 고난이 하나님의 약속을 이루기 위한 하나님의 섭리임을 깨달을 때 그 모든 고난을 잊게 된다. 그럴 때 우리는 원한을 품지 않을 수 있다. 만일 우리가 누구에게 원한을 품는다면, 그것은 우리가 이런 하나님의 은혜를 모르기 때문이다.

요셉의 위협과 형들의 변화

이처럼 요셉이 형들에게 엄한 소리로 말한 것은 그들에 대한 원한 때문이 아니다. 그렇다면 요셉은 무슨 의도로 형들에게 엄한 소리로 말한 것일까? 여기에 대해 말해 주는 것이 8절이다. "요셉은 그 형들을 아나 그들은 요셉을 알지 못하더라."

여기 "요셉은 그 형들을 아나"라고 한 것은 7절에서 "요셉이 보고 형들인 줄 아나"라고 한 것을 반복한 것이다. 그러면서 여기에다가 "그들은 요셉을 알지 못하더라"는 설명을 추가한 것이다. 이것은 요셉이 형들에게 엄한 소리로 말한 의도를 보여주기 위한 것이다. 지금 상황이 요셉은 형들을 알지만 형들은 요셉을 모르는 것이다. 따라서 요셉은 자기 마음대로 형들을 조종할 수 있는 것이다. 만일 형들도 요셉을 알았더라면 어떻게 되었을까? 요셉이 형들에게 엄한 소리로 말할 때 그들은 요셉이 복수하는 것으로 생각했을 것이다. 그렇지만 형들은 요셉을 알지 못했다. 그래서 요셉이 그들에게 엄한 소리로 말할 때 그들은 복수한다고 생각하지 않았다. 단지 그들은 무섭고 겁이 나서 위협을 느꼈을 것이다.

이처럼 요셉은 의도적으로 형들에게 위협을 가한 것이다. 왜냐하면 형들의 변화를 유도하기 위해서이다. 실제로 본문을 보면 요셉은 계속적으로 형들에게 위협을 가하고 겁을 준다. 그러면서 형들은 변하기 시작한다. 9절에 보면, 요셉이 형들에게 말한다. "너희는 정탐들이라 이 나라의 틈을 엿보려고 왔느니라." 요셉은 다 알면서 형들에게 겁을 주려고 그렇게 말한 것이다. 그랬더니 형들이 이렇게 대답한다. "내 주여 아니니이다 종들은 곡물을 사러 왔나이다 우리는 다 한 사람의 아들로서 독실한 자니 종들은 정탐이 아니니이다"(10-11절). 그들은 "내 주여 아니니이다 … 종들은 정탐이 아니니이다"라고 말한다. 그럼으로써 자신들이 정탐이 아니라는 것을 강조한다. 이때 요셉의 형들은 자신들을 가리켜 "독실한 자"라는 표현을 쓴다. "독실한 자"라는 말은 정직한 자라는 뜻이다. 그들은 자신들이 스파이가 아니라 정직한 자라고 말한 것이다.

이 말은 이상하게 들린다. 왜냐하면 요셉의 형들은 원래 정직한 자가 아니기 때문이다. 창세기 37장 20절에 가면 요셉의 형들이 요셉이 오는 것을 보면서 서로 이렇게 말한 것을 볼 수 있다. "자, 그를 죽여 한 구덩이에 던지고 우리가 말하기를 악한 짐승이 그를 잡아먹었다 하자." 그들은 요셉을 죽이고 악한 짐승이 잡아먹은 것처럼 속이려고 한 것이다. 실제로 그들은 요셉을 판다음 아버지를 그렇게 속였다. 그런데 이런 요셉의 형들이 요셉 앞에서 "우리는 … 정직한 자니"라고 말하고 있는 것이다. 그들은 계속되는 요셉의 위협 앞에서 정직해지고 있는 것이다. 그들에게 변화가 나타나고 있는 것이다.

그렇지만 형들이 이렇게 말한다고 해서 요셉은 그 말을 그대로 받아들이지 않는다. 요셉은 아직도 형들을 믿지 못한다. 요셉은 형들이 자기에게 했던 일을 알기에 그들을 그냥 받아줄 수 없는 것이다. 그래서 요셉은 계속해서 형들에게 위협을 가한다. 12절에 보면 요셉은 이렇게 말한다. "아니라 너희가 이 나라의 틈을 엿보러 왔느니라." 요셉은 정탐이 아니라는 형들의 말에도 불구하고 계속해서 그들을 몰아가는 것이다. 그랬더니 형들이 대답한다. 13절을 보자. "그들이 가로되 주의 종 우리들은 십이 형제로서 가나안 땅 한 사람의 아들들이라 말째 아들은 오늘 아버지와 함께 있고 또 하나는 없어졌나이다." 이 말을 보면, 형들의 대답은 점점 더 구체적이 된다. 그들은 요셉이 묻지 않은 것까지 털어 놓는다. 그들은 더 정직하게 보이려고 그렇게 하는 것이다.

그런데 요셉은 형들이 그렇게 말을 해도 도무지 믿어 주려고 하지 않는다. 요셉은 의도적으로 그러는 것이다. 왜냐하면 형들을 바꿔야 하기 때문이다. 그래서 14-16절에 보면 요셉은 형들에게 한층 더 위협을 가한다. "요셉이 그들에게 이르되 내가 너희에게 이르기를 너희는 정탐들이라 한 말이 이것이니라 너희는 이같이 하여 너희 진실함을 증명할 것이라 바로의 생명으로 맹세하노니 너희 말째 아우가 여기 오지 아니하면 너희가 여기서 나가지 못하리라 너희 중 하나를 보내어 너희 아우를 데려오게 하고 너희는 갇히어 있으라 내가 너희의 말을 시험하여 너희 중에 진실이 있는지 보리라 바로의 생명으로 맹세하노니 그리하지 아니하면 너희는 과연 정탐이니라 하고."

여기서 요셉은 형들에게 그들이 갇히게 될 것이라고 위협한다. 이렇게 위협함으로써 요셉은 형들의 진실함을 확인하고 싶어한다. 그래서 15절에 이렇게 말한다. "너희는 이같이 하여 너희 진실함을 증명할 것이라." 또한 16절에 이렇게 말한다. "내가 너희의 말을 시험하여 너희 중에 진실이 있는지 보리라." 요셉이 형들의 진실함을 확인하는 방법은 그들의 말째 아우를 데려오게 하는 것이다. 이 과정에서 요셉은 시종일관 형들을 정탐으로 몰아간다(9, 12, 14, 16절).

결국 요셉은 형들을 삼 일 동안 가둔다. 17절을 보자. "그들을 다 함께 삼

일을 가두었더라." 여기서 우리는 두 가지를 생각하게 된다.

첫째, 요셉은 형들을 알지만, 그 형들은 요셉을 알지 못한다. 그러기에 요셉은 형들을 정탐으로 몰아세우며 그들에게 위협을 가한다. 이것은 요셉의 섭리라고 할 수 있다. 이 위협 앞에서 형들의 변화가 시작된다. 그리고 이러한 변화는 야곱과 요셉, 그리고 요셉의 형들의 관계 변화로 이어지고 그들은 하나님의 축복을 누리게 된다. 하나님의 섭리에 있어서도, 하나님은 우리를 아시지만 우리는 하나님을 알지 못한다. 잠언 25장 2절은 이렇게 말한다. "일을 숨기는 것은 하나님의 영화요." 그러기에 하나님은 종종 우리의 앞일을 알지 못하게 하심으로써 우리에게 위협을 가하신다. 그리고 그 위협을 통해서 마치 요셉이 형들을 변화시키듯이 하나님은 우리를 변화시키신다.

둘째, 요셉은 형들에게 원한이 없다. 그렇지만 요셉과 형들의 관계가 회복된 것은 아니다. 그들의 관계가 회복되려면, 먼저 형들의 변화가 일어나야 한다. 형들이 먼저 자신들의 죄를 깨닫고 회개해야 하는 것이다. 만일 형들이 변하지 않는다면, 아무리 요셉이 형들을 용서했어도 요셉과 형들의 관계는 회복될 수 없는 것이다. 이것은 하나님과 우리 사이의 관계에서도 마찬가지다. 하나님은 예수 그리스도의 십자가를 통해서 우리의 죄와 죄책(형벌)을 다 처리하셨다. 그래서 하나님은 이제 우리를 용서하실 수 있게 되었다. 그렇다고 해서 하나님과 우리 사이의 관계가 회복된 것은 아니다. 그렇게 되려면, 우리 편에서 변화가 일어나야 한다. 우리가 죄를 깨닫고 회개해야 하나님과의 관계가 회복되는 것이다. 성경은 하나님의 용서가 무조건 우리에게 주어진다고 말하지 않는다. 그러면 하나님의 용서가 우리에게 주어지는 것은 언제일까? 그것은 우리가 회개할 때이다. 우리가 잘못한 것도 깨닫지 못하고 여전히 죄 가운데 살아가는데 하나님의 용서가 주어지는 것은 아니다. 요한일서 1장 9절은 이렇게 말한다. "만일 우리가 우리 죄를 자백하면 저는 미쁘시고 의로우사 우리 죄를 사하시며 모든 불의에서 우리를 깨끗케 하실 것이요." 하나님의 용서가 임하는 것은 우리가 우리 죄를 자백할 때이다. 사도행전 2장 38절에서 사도 베드로는 이렇게 말한다. "너희가 회개하여 각각 예수 그리스도의 이름으로 세례를 받고 죄 사함을 얻으라." 우리가 죄 사함을 받으려면 먼저 회개해야 한다. 요셉은 형들에 대한 원한이 없었지만, 그렇다고 단번에 형들과의 관계를 회복한 것은 아니다. 형들이 지난 날 요셉에 대해서, 아버지에 대해서 잘못한 것들을 깨닫고 뉘우쳤을 때 요셉은 형들과의 관계를 회복한 것이다. 하나님과 우리 사이의 관계도 그렇다.

21

회개와 화해

창 42:18-25 **18** 삼 일 만에 요셉이 그들에게 이르되 나는 하나님을 경외하노니 너희는 이같이 하여 생명을 보전하라 **19** 너희가 독실한 자이면 너희 형제 중 한 사람만 그 옥에 갇히게 하고 너희는 곡식을 가지고 가서 너희 집들의 주림을 구하고 **20** 너희 말째 아우를 내게로 데리고 오라 그리하면 너희 말이 진실함이 되고 너희가 죽지 아니하리라 그들이 그대로 하니라 **21** 그들이 서로 말하되 우리가 아우의 일로 인하여 범죄하였도다 그가 우리에게 애걸할 때에 그 마음의 괴로움을 보고도 듣지 아니하였으므로 이 괴로움이 우리에게 임하도다 **22** 르우벤이 그들에게 대답하여 가로되 내가 너희더러 그 아이에게 득죄하지 말라고 하지 아니하였느냐 그래도 너희가 듣지 아니하였느니라 그러므로 그의 피 값을 내게 되었도다 하니 **23** 피차간에 통변을 세웠으므로 그들은 요셉이 그 말을 알아들은 줄을 알지 못하였더라 **24** 요셉이 그들을 떠나가서 울고 다시 돌아와서 그들과 말하다가 그들 중에서 시므온을 취하여 그들의 목전에서 결박하고 **25** 명하여 곡물을 그 그릇에 채우게 하고 각인의 돈은 그 자루에 도로 넣게 하고 또 길양식을 그들에게 주게 하니 그대로 행하였더라 창세기 42장은 베냐민을 뺀 야곱의 열 아들이 애굽에 다녀온 이야기이다. 먼저, 1-5절에서 야곱은 가나안 땅에 기근이 닥치자 양식을 사러 열 아들을 애굽으로 보낸다. 그 다음, 6-25절에서 애굽으로 내려간 야곱의 열 아들은 두 번에 걸쳐 요셉을 만난다. 첫 번째 만남이 앞서 읽은 6-17절에 나오고, 두 번째 만남이 본문 18-25절에 나온다.

요셉과 형들의 두 번째 만남

첫 번째 만남에서 요셉은 의도적으로 형들에게 위협을 가하고 겁을 주었다. 그는 "엄한 소리로" 형들에게 말했다. 또한 그는 형들을 "정탐들"이라고 몰아세웠다. 그리고 그는 형들을 다 함께 "삼 일을 가두었다." 그런 다음, 두 번째 만남이 이루어졌다. 18-20절을 보자. "삼 일 만에 요셉이 그들에게 이르되 나는 하나님을 경외하노니 너희는 이같이 하여 생명을 보전하라 너희가 독실한 자이면 너희 형제 중 한 사람만 그 옥에 갇히게 하고 너희는 곡식을 가지고 가서 너희 집들의 주림을 구하고 너희 말째 아우를 내게로 데리고 오라 그리하면 너희 말이 진실함이 되고 너희가 죽지 아니하리라 그들이 그대로 하니라."

여기 보면, 요셉의 말이 바뀐 것을 알 수 있다. 첫 번째 만남에서 요셉은 형들 중 아홉은 가두어 두고 하나를 보내어 말째 아우를 데려오도록 했다. 그런데 삼 일을 가둔 후에 요셉은 말을 바꿨다. 형들 중 하나만 가두어 두고 아홉을 보내어 말째 아우를 데려오게 한 것이다. 요셉이 이렇게 말을 바꾼 이유가 있다. 그것은 기근으로 죽게 된 가나안 땅에 있는 가족들을 살리기 위해서이다. 그래서 그는 아홉을 보내어 양식을 가져가게 하면서 이렇게 말한 것이다. "나는 하나님을 경외하노니 너희는 이같이 하여 생명을 보전하라

… 너희는 곡식을 가지고 가서 너희 집들의 주림을 구하고 … 너희가 죽지 아니하리라"(18-20절).

형들의 변화

그렇지만 이것은 겉으로 드러난 이유일 뿐이다. 요셉이 말을 바꾼 데에는 또 다른 이유가 있다. 그것은 형들로 하여금 이십 년 전에 그들이 했던 행동을 떠올리게 하기 위해서이다. 요셉은 지금 하나를 뺀 다른 형제들을 야곱에게 보냄으로써 과거 자신을 빼고 형들만 야곱에게 돌아갔던 일을 상기시키려는 것이다. 실제로, 요셉의 형들은 요셉의 바뀐 말을 듣고 과거 자신들이 요셉에게 했던 일을 떠올렸다. 21-22절을 보자. "그들이 서로 말하되 우리가 아우의 일로 인하여 범죄하였도다 그가 우리에게 애걸할 때에 그 마음의 괴로움을 보고도 듣지 아니하였으므로 이 괴로움이 우리에게 임하도다 르우벤이 그들에게 대답하여 가로되 내가 너희더러 그 아이에게 득죄하지 말라고 하지 아니하였느냐 그래도 너희가 듣지 아니하였느니라 그러므로 그의 피 값을 내게 되었도다 하니."

우선, 이 상황은 창세기 37장에 기록된 이십 년 전의 상황과 비슷하다. 형제들이 서로 말한 다음, 거기에 대해 르우벤이 말하는 형식을 취한 것이다. "그들이 서로 말하되 우리가 아우의 일로 인하여 범죄하였도다 그가 우리에게 애걸할 때에 그 마음의 괴로움을 보고도 듣지 아니하였으므로 이 괴로움이 우리에게 임하도다 르우벤이 그들에게 대답하여 가로되 내가 너희더러 그 아이에게 득죄하지 말라고 하지 아니하였느냐 그래도 너희가 듣지 아니하였느니라 그러므로 그의 피 값을 내게 되었도다 하니"(창 42:21-22). "요셉이 그들에게 가까이 오기 전에 그들이 요셉을 멀리서 보고 죽이기를 꾀하여 서로 이르되 꿈꾸는 자가 오는도다 자, 그를 죽여 한 구덩이에 던지고 우리가 말하기를 악한 짐승이 그를 잡아먹었다 하자 그 꿈이 어떻게 되는 것을 우리가 볼 것이니라 하는지라 르우벤이 듣고 요셉을 그들의 손에서 구원하려 하여 가로되 우리가 그 생명은 상하지 말자 르우벤이 또 그들에게 이르되 피를 흘리지 말라 그를 광야 그 구덩이에 던지고 손을 그에게 대지 말라 하니"(창 37:18-22). 다른 점은 그때는 요셉이 없는 가운데 말했다면, 지금은 요셉 앞에서 말하고 있는 것이다.

그러면 형제들이 서로 말한 내용부터 살펴보자. "우리가 아우의 일로 인하여 범죄하였도다 그가 우리에게 애걸할 때에 그 마음의 괴로움을 보고도 듣지 아니하였으므로 이 괴로움이 우리에게 임하도다"(21절). 여기 보면, 그들은 자신들이 요셉의 일로 범죄한 사실을 인정했다. "우리가 아우의 일로 인하여 범죄하였도다." 이와 함께 그들은 자신들이 심은 대로 거두고 있음도 깨달았다. "그가 우리에게 애걸할 때에 그 마음의 괴로움을 보고도 듣지 아니하였으므로 이 괴로움이 우리에게 임하도다."

그 다음, 르우벤이 말한 내용을 살펴보자. "내가 너희더러 그 아이에게 득죄하지 말라고 하지 아니하였느냐 그래도 너희가 듣지 아니하였느니라 그러므로 그의 피 값을 내게 되었도다"(22절). 여기 "그의 피 값을 내게 되었도다"는 말은 형들이 요셉을 죽였다는 사실을 전제한 것이다. 이때까지도 르우벤은 그렇게 알고 있었던 것이다. 창세기 37장 21-24절에는 이런 말씀이 나온다. "르우벤이 듣고 요셉을 그들의 손에서 구원하려 하여 가로되 우리가 그 생명은 상하지 말자 르우벤이 또 그들에게 이르되 피를 흘리지 말라 그를 광야 그 구덩이에 던지고 손을 그에게 대지 말라 하니 이는 그가 요셉을 그들의 손에서 구원하여 그 아비에게로 돌리려 함이었더라 요셉이 형들에게 이르매 그 형들이 요셉의 옷 곧 그 입은 채색옷을 벗기고 그를 잡아 구덩이에 던지니 그 구덩이는 빈 것이라 그 속에 물이 없었더라." 그런 다음, 창세기 37장 29-30절에는 다시 이런 말씀이 이어진다. "르우벤이 돌아와서 구덩이에 이르러 본즉 거기 요셉이 없는지라 옷을 찢고 아우들에게로 와서 가로되 아이가 없도다 나는 나는 어디로 갈까." 그러니까 르우벤이 없는 사이에 형제들은 요셉을 이스마엘 사람에게 판 것이다. 그리고 그들은 야곱과 함께 르우벤에게도 이 사실을 숨긴 것이다.

그랬던 그들이 지금 이렇게 말한 것이다. "우리가 아우의 일로 인하여 범죄하였도다." 이것은 요셉의 형들에게 변화가 일어난 것을 보여준다. 그들은 이십 년이 넘도록 숨겨온 일을 생각했고 자신들의 행동이 잘못이었음을 인정하게 된 것이다.

요셉이 형들에게 자신을 숨기고 위협을 가한 의도가 여기에 있는 것이다. 그는 과거 자신을 팔았던 형들의 변화를 위해서 계속해서 위협을 가하고 겁을 주었던 것이다. 그 결과 형들은 하나님의 주권적 정의에 의해서 자신들이 심은 대로 거두고 있음을 깨달을 정도가 되었던 것이다. "그가 우리에게 애걸할 때에 그 마음의 괴로움을 보고도 듣지 아니하였으므로 이 괴로움이 우리에게 임하도다." 그리고 그렇게 되었을 때 그들은 요셉에게 했던 자신들의 행동이 죄였음을 고백하기에 이른 것이다. "우리가 아우의 일로 인하여 범죄하였도다." 형들은 요셉의 위협 앞에서 너무 두려운 나머지 과거에 자신들이 저지른 일을 생각했고 죄를 자백하게 된 것이다. 칼빈은 이렇게 말했다. "회개는 하나님에 대한 진지한 두려움으로부터 발생한다." 우리도 그럴 것이다.

화해가 시작되다

자, 그런데 23절은 이런 설명을 덧붙인다. "피차간에 통변을 세웠으므로 그들은 요셉이 그 말을 알아들은 줄을 알지 못하였더라." 형들은 통역을 통해 요셉과 말했기 때문에 요셉이 자기들의 말을 알아들은 줄 미처 몰랐다. 그렇지만 사실은 요셉이 형들의 말을 알아들은 것이다. 그랬을 때 그가 보인 반응이 24-25절에 나온다. "요셉이 그들을 떠나가서 울고 다시 돌아와서 그들과 말하다가 그들 중에서 시므온을 취하여 그들의 목전에서 결박하고 명하여 곡물을 그 그릇에 채우게 하고 각인의 돈은 그 자루에 도로 넣게 하고 또 길양식을 그들에게 주게 하니 그대로 행하였더라."

우선, 형들의 말을 알아들은 요셉이 보인 반응은 운 것이다. "요셉이 그들을 떠나가서 울고 다시 돌아와서"(24절상). 이것은 요셉과 형들의 화해가 시작됨을 보여준다. 나중에 창세기 45장에 가면 요셉은 형들에게 자기를 알리고 울게 된다. 그때 그들 간에 화해가 이루어진다.

중요한 것은, 형들에게 변화가 일어났을 때, 그들이 과거 자신들이 요셉에게 한 행동에 대해 뉘우쳤을 때, 그들이 회개했을 때 요셉이 운 것이다. 요셉과 형들의 관계 회복, 즉 화해를 위해서는 형들의 변화가 선행되어야 했던 것이다.

이 점은 야곱과 에서의 화해에서도 마찬가지이다. 창세기 33장 4절에는 야곱과 에서가 화해하는 장면이 나온다. "에서가 달려와서 그를 맞아서 안고 목을 어긋맞기고 그와 입 맞추고 피차 우니라." 그런데 성경은 이런 화해가 있기 전에 야곱에게 변화가 있었음을 보여준다. 첫째가 야곱의 복종이다. "자기는 그들 앞에서 나아가되 몸을 일곱 번 땅에 굽히며 그 형 에서에게 가까이 하니"(창 33:3). 이것은 야곱이 에서를 속이고 가로챈 축복을 원상태로 돌린 것이다. "만민이 너를 섬기고 열국이 네게 굴복하리니 네가 형제들의 주가 되고 네 어미의 아들들이 네게 굴복하며"(창 27:29상).

둘째가 야곱의 예물이다. "야곱이 가로되 그렇지 아니하니이다 형님께 은혜를 얻었사오면 청컨대 내 손에서 이 예물(민하)을 받으소서 내가 형님의 얼굴을 뵈온즉 하나님의 얼굴을 본 것 같사오며 형님도 나를 기뻐하심이니이다 하나님이 내게 은혜를 베푸셨고 나의 소유도 족하오니 청컨대 내가 형님께 드리는 예물(브라카)을 받으소서 하고 그에게 강권하매 받으니라"(창 33:10-11). 11절에 "예물"로 번역된 말은 히브리어로는 "복"을 뜻하는 말이다. 이것도 야곱이 에서를 속이고 가로챈 축복을 원상태로 돌린 것이다. "이삭이 가로되 네 아우가 간교하게 와서 네 복을 빼앗았도다 에서가 가로되 그의 이름을 야곱이라 함이 합당치 아니하니이까 그가 나를 속임이 이것이 두 번째니이다 전에는 나의 장자의 명분을 빼앗고 이제는 내 복을 빼앗았나이다 또 가로되 아버지께서 나를 위하여 빌 복을 남기지 아니하셨나이까"(창 27:35-36).

이처럼 야곱은 그의 복종과 그의 예물을 통해서 과거 형을 속이고 빼앗은 복을 배상한 것이다. 이것은 야곱이 자신의 잘못을 인정하고 돌이킨 것, 즉 회개를 보여준다. 야곱과 에서의 화해가 이루어지기 위해서는 야곱의 변화가 선행되어야 했던 것이다.

이 점은 사람과 사람 사이의 화해뿐만 아니라 하나님과 사람 사이의 화해에서도 마찬가지이다. 사람이 하나님과 화해하려면 회개가 선행되어야 한다.

그러면 사람과 하나님의 화해는 어떻게 가능할까? 그것은 예수 그리스도의 속죄를 통해 가능하다. 왜냐하면 하나님은 우리의 죄와 죄책을 처리하심으로써 이제 우리를 사해 주실 수 있기 때문이다. 그렇지만 우리가 회개하지 않으면 우리는 하나님의 죄 사함을 받을 수 없다.

성경은 언제나 죄 사함에는 회개가 수반된다고 가르친다. "너희는 여호와를 만날만한 때에 찾으라 가까이 계실 때에 그를 부르라 악인은 그 길을, 불의한 자는 그 생각을 버리고 여호와께로 돌아오라 그리하면 그가 긍휼히 여기시리라 우리 하나님께로 나아오라 그가 널리 용서하시리라"(사 55:6-7). "자기의 죄를 숨기는 자는 형통치 못하나 죄를 자복하고 버리는 자는 불쌍히 여김을 받으리라"(잠 28:13). "내가 토설치 아니할 때에 종일 신음하므로 내 뼈가 쇠하였도다 … 내가 이르기를 내 허물을 여호와께 자복하리라 하고 주께 내 죄를 아뢰고 내 죄악을 숨기지 아니하였더니 곧 주께서 내 죄의 악을 사하셨나이다"(시 32:3, 5). "우리 구원의 하나님이여 우리를 돌이키시고 우리에게 향하신 주의 분노를 그치소서"(시 85:4). "세례 요한이 이르러 광야에서 죄 사함을 받게 하는 회개의 세례를 전파하니 온 유대 지방과 예루살렘 사람이 다 나아가 자기 죄를 자복하고 요단강에서 그에게 세례를 받더라"(막 1:4-5). "이는 저희로 보기는 보아도 알지 못하며 듣기는 들어도 깨닫지 못하게 하여 돌이켜 죄 사함을 얻지 못하게 하려 함이니라 하시고"(막 4:12). "또 그의 이름으로 죄 사함을 얻게 하는 회개가 예루살렘으로부터 시작하여 모든 족속에게 전파될 것이 기록되었으니"(눅 24:47). "베드로가 가로되 너희가 회개하여 각각 예수 그리스도의 이름으로 세례를 받고 죄 사함을 얻으라"(행 2:38). "그러므로 너희가 회개하고 돌이켜 너희 죄 없이 함을 받으라 이같이 하면 유쾌하게 되는 날이 주 앞으로부터 이를 것이요"(행 3:19). "이스라엘로 회개케 하사 죄 사함을 얻게 하시려고 그를 오른손으로 높이사 임금과 구주를 삼으셨느니라"(행 5:31). "그러므로 너의 이 악함을 회개하고 주께 기도하라 혹 마음에 품은 것을 사하여 주시리라"(행 8:22). "그 눈을 뜨게 하여 어두움에서 빛으로, 사단의 권세에서 하나님께로 돌아가게 하고 죄 사함과 나를 믿어 거룩케 된 무리 가운데서 기업을 얻게 하리라 하더이다"(행 26:18). "믿음의 기도는 병든 자를 구원하리니 주께서 저를 일으키시리라 혹시 죄를 범하였을찌라도 사하심을 얻으리라 이러므로 너희 죄를 서로 고하며 병 낫기를 위하여 서로 기도하라 의인의 간구는 역사하는 힘이 많으니라"(약 5:15-16). "만일 우리가 우리 죄를 자백하면 저는 미쁘시고 의로우사 우리 죄를 사하시며 모든 불의에서 우리를 깨끗케 하실 것이요"(요일 1:9).

또한 누가복음 15장 17-20절에는 이런 내용이 나온다. "이에 스스로 돌이켜 가로되 내 아버지에게는 양식이 풍족한 품군이 얼마나 많은고 나는 여기서 주려 죽는구나 내가 일어나 아버지께 가서 이르기를 아버지여 내가 하늘과 아버지께 죄를 얻었사오니 지금부터는 아버지의 아들이라 일컬음을 감당치 못하겠나이다 나를 품군의 하나로 보소서 하리라 하고 이에 일어나서 아버지께로 돌아가니라 아직도 상거가 먼데 아버지가 저를 보고 측은히 여겨 달려가 목을 안고 입을 맞추니." 아들이 회개했을 때 아버지의 용서가 주어진 것이다. 칼빈은 "회개와 용서는 서로 연결되어 있다"고 말했다. 웨스트민스터 신앙고백서 15장 3항은 이렇게 말한다. "아무도 회개 없이는 사함을 기대할 수 없다."

돈에 대해 형들을 시험한 요셉

그 다음, 형들의 말을 알아들은 요셉이 보인 반응은 시므온을 결박하고 가져온 돈을 자루에 도로 넣게 한 것이다. "그들과 말하다가 그들 중에서 시므온을 취하여 그들의 목전에서 결박하고 명하여 곡물을 그 그릇에 채우게 하고 각인의 돈은 그 자루에 도로 넣게 하고 또 길 양식을 그들에게 주게 하니 그대로 행하였더라"(24절하-25절). 요셉이 시므온을 결박한 것은 그가 형들의 말을 알아들었기 때문이다. 그는 형들이 자기를 판 책임이 맏형 르우벤에게 있지 않다는 것을 알게 되었다. 그래서 둘째로 나이 많은 시므온을 택한 것이다.

그리고 가져온 돈을 자루에 도로 넣게 한 것은 다시 형들을 시험하기 위해서이다. 왜냐하면 형들은 과거에 은 이십 개에 요셉을 이스마엘 사람들에게 팔았기 때문이다. 그래서 요셉은 형들이 돈을 훔친 것처럼 만들어 놓고 그들이 어떻게 하는지 보려고 한 것이다. 시므온의 안전을 생각해서 돈을 돌려줄 것인지, 아니면 돈을 갖고 시므온을 위태롭게 할 것인지 보려고 한 것이다. 요셉은 이 점에 있어서도 형들의 변화를 확인하려고 한 것이다. 형들이 진정 자신들의 잘못을 회개했다면, 그들은 이 점에서도 달라져야 할 것이기 때문이다.

지금 우리 사회에 닥친 큰 어려움의 속을 들여다보면 거기에는 돈에 대한 탐욕이 있다. 한 신문 기자가 이렇게 말했다. "이 배(세월호)는 사실상 여객선이 아니라 화물선이었다." 왜냐하면 규정을 어기고 그렇게 화물을 싣고 다녔기 때문이다. 배가 위험에 처하는 데도 그렇게 해 온 것이다. 그러면서 기자는 그 이유를 이렇게 썼다. "돈을 얻으려고." 그래서 요즘 우리 사회에는 원전 마피아니 해수부 마피아니 하는 말들이 도는 것이 아닐까? 그게 무슨 뜻인가? 돈을 위해서라면 국민의 생명과 안전을 얼마든지 버릴 수 있다는 것이다. 그런 사람들이 많아졌다는 것이다. 그게 우리 사회의 비극이 아닐까?

거기에는 그리스도인들이 없었을까? 교회 다니는 사람들이 있었을 것 아닌가? 누구라도 그런 비리를 끊을 수 있었으면 좀 나아질 수 있었을 텐데. 우리는 돈을 위해서 불법을 밥 먹듯이 저지르는 그런 사회에 살아가고 있는 것이다. 우리 자식들이 죽어 가는 것도 모르고 말이다. 그런 사람이라면 아무리 교회를 다녀도 회개한 그리스도인이 아니고 구원 받을 수 없을 것이다. 주님이 분명히 말씀하시지 않았는가? 하나님과 재물을 겸하여 섬길 수 없다고. 하나님을 섬기든지 돈을 섬기든지 둘 중에 하나가 있을 뿐이다. 돈보다 사람의 생명과 안전을 우선시하든지, 아니면 돈을 위해서 그런 것들을 버리든지 둘 중에 하나가 있을 뿐이다. 우리는 본문에서 요셉이 왜 돈을 가지고 시험하는지 생각해 보아야 한다. 진짜 회개했다면, 그래서 진짜 변했다면 돈을 대하는 태도가 달라질 것이다. 그리스도인은 돈에 대해서 달라져야 한다. 그런데 너무나 많은 그리스도인들이 돈에 대해서 세상 사람들과 똑같이 살아간다. 우리가 그리스도인으로서 책임을 감당하려면 우리 각자가 가정이나 직장이나 사회 속에서 돈에 대해서 정직해져야 한다. 돈을 섬기지 말고 하나님을 섬겨야 한다.

22

하나님에 대한 두려움에서 비롯된 생활의 변화

창 42:26-38 26 그들이 곡식을 나귀에 싣고 그곳을 떠났더니 27 한 사람이 객점에서 나귀에게 먹이를 주려고 자루를 풀고 본즉 그 돈이 자루 아귀에 있는지라 28 그가 그 형제에게 고하되 내 돈을 도로 넣었도다 보라 자루 속에 있도다 이에 그들이 혼이 나서 떨며 서로 돌아보며 말하되 하나님이 어찌하여 우리에게 이 일을 행하셨는고 하고 29 그들이 가나안 땅에 돌아와 그 아비 야곱에게 이르러 그 만난 일을 자세히 고하여 가로되 30 그 땅의 주 그 사람이 엄히 우리에게 말씀하고 우리를 그 나라 정탐자로 여기기로 31 우리가 그에게 이르되 우리는 독실한 자요 정탐이 아니니이다 32 우리는 한 아비의 아들 십이 형제로서 하나는 없어지고 말째는 오늘 우리 아버지와 함께 가나안 땅에 있나이다 하였더니 33 그 땅의 주 그 사람이 우리에게 이르되 내가 이같이 하여 너희가 독실한 자임을 알리니 너희 형제 중 하나를 내게 두고 양식을 가지고 가서 너희 집들의 주림을 구하고 34 너희 말째 아우를 내게로 데려 오라 그리하면 너희가 정탐이 아니요 독실한 자임을 내가 알고 너희 형제를 너희에게 돌리리니 너희가 이 나라에서 무역하리라 하더이다 하고 35 각기 자루를 쏟고 본즉 각인의 돈뭉치가 그 자루 속에 있는지라 그들과 그 아비가 돈뭉치를 보고 다 두려워하더니 36 그 아비 야곱이 그들에게 이르되 너희가 나로 나의 자식들을 잃게 하도다 요셉도 없어졌고 시므온도 없어졌거늘 베냐민을 또 빼앗아 가고자 하니 이는 다 나를 해롭게 함이로다 37 르우벤이 아비에게 고하여 가로되 내가 그를 아버지께로 데리고 오지 아니하거든 나의 두 아들을 죽이소서 그를 내 손에 맡기소서 내가 그를 아버지께로 데리고 돌아오리이다 38 야곱이 가로되 내 아들은 너희와 함께 내려가지 못하리니 그의 형은 죽고 그만 남았음이라 만일 너희 행하는 길에서 재난이 그 몸에 미치면 너희가 나의 흰 머리로 슬피 음부로 내려가게 함이 되리라

창세기 42장은 야곱의 아들들이 처음 애굽에 다녀온 이야기이다. 여기서 관심의 초점은 베냐민에게 맞추어져 있다. 1-5절에서 야곱은 가나안 땅에 기근이 닥치자 양식을 사러 아들들을 애굽으로 보냈다. 그때 야곱은 베냐민에게 재난이 미칠 것을 두려워하여 그를 뺀 열 아들만 보냈다. 그 다음, 6-25절에서 애굽으로 내려간 야곱의 아들들은 두 번에 걸쳐 요셉을 만났다. 그때 요셉은 시므온을 구류하면서 그들의 말째 아우, 즉 베냐민을 데려 오라고 요구했다. 이제, 본문 26-38절에서 시므온이 빠진 야곱의 아홉 아들은 애굽을 떠나 다시 가나안 땅 야곱에게 이른다. 이때 야곱은 그들이 베냐민을 애굽으로 데려가지 못하게 막는다. 이처럼 야곱의 아들들이 처음 애굽에 다녀오는 과정에서 관심의 초점은 베냐민에게 맞추어져 있다.

하나님에 대한 형들의 두려움

그러면 이런 큰 틀 속에서 본문의 내용을 살펴보자. 26-28절은 야곱의 아들들이 애굽을 떠나 가나안 땅으로 돌아오는 중에 벌어진 일을 말한다. "그들이 곡식을 나귀에 싣고 그곳을 떠났더니 한 사람이 객점에서 나귀에게 먹

이를 주려고 자루를 풀고 본즉 그 돈이 자루 아귀에 있는지라 그가 그 형제에게 고하되 내 돈을 도로 넣었도다 보라 자루 속에 있도다 이에 그들이 혼이 나서 떨며 서로 돌아보며 말하되 하나님이 어찌하여 우리에게 이 일을 행하셨는고 하고."

야곱의 아들들은 곡식을 나귀에 싣고 애굽을 떠났다. 그런데 그들 중 한 사람이 객점[여관]에서 나귀에게 먹이를 주려고 자루를 풀었다가 자루 아구에 돈이 있는 것을 발견했다. 그래서 그가 형제들에게 말했다. "내 돈을 도로 넣었도다 보라 자루 속에 있도다." 그랬을 때, 그 형제들이 보인 반응은 이렇다. "이에 그들이 혼이 나서 떨며 서로 돌아보며 말하되 하나님이 어찌하여 우리에게 이 일을 행하셨는고 하고."

야곱의 아들들은 "혼이 났다." 그들은 너무 놀라 얼빠진 사람처럼 된 것이다. 왜냐하면 돈이 자루 속에 있다는 것은 돈을 훔친 것이 되기 때문이다. 그리고 그들은 "떨며 서로 돌아보며" 이렇게 말했다. "하나님이 어찌하여 우리에게 이 일을 행하셨는고." 따라서 이것은 그들이 하나님에 대한 두려움을 갖게 된 것을 의미한다.

앞에서 요셉이 형들에게 "엄한 소리로" 말하고, 그들을 "정탐"으로 몰아세우고, 그들을 "삼일을 가두었을" 때, 그리고 마침내 그들 중 한 사람을 구류하기로 했을 때, 그들은 서로 말했다. "우리가 아우의 일로 인하여 범죄하였도다 그가 우리에게 애걸할 때에 그 마음의 괴로움을 보고도 듣지 아니하였으므로 이 괴로움이 우리에게 임하도다"(21절). 그들은 자신들의 죄를 자백하게 된 것이다. 그리고 그들이 당하는 괴로움은 그들의 죄로 인한 벌이었던 것이다.

그런데 이번에는 요셉이 자루에 도로 넣은 돈을 발견하고 형들은 서로 이렇게 말했다. "하나님이 어찌하여 우리에게 이 일을 행하셨는고." 이것은 형들로서는 처음으로 하나님을 언급한 것이다. 그들은 비로소 하나님에 대한 두려움을 갖게 된 것이다. 그들은 자신들의 죄와 그로 인해 받는 벌의 배후에 하나님이 계심을 깨닫게 된 것이다.

이처럼 요셉의 형들이 하나님에 대한 두려움을 갖게 된 것은 그들의 변화를 나타낸다. 그들이 과거 요셉을 팔고 아버지 야곱을 속인 것은 하나님에 대한 두려움이 없었기 때문이다. 이 점은 창세기 38장에 기록된 유다의 행적에서 잘 나타난다. 창세기 38장에 기록된 유다의 행적은 창세기 37장에서 유다를 비롯한 형들이 요셉을 팔고 야곱을 속인 일과 시기적으로 일치한다. 유다는 탐욕으로 가나안 여자와 결혼했다. 그리고 그는 마치 가나안 사람처럼 창녀와 동침했고, 사람들의 평판을 생각해서 자신의 잘못을 덮으려고만 했다. 그에게는 하나님에 대한 두려움이 전혀 없었던 것이다.

물론, 그때에도 하나님은 유다가 심은 대로 거두게 하심으로써, 다시 말하면 유다가 아버지 야곱을 속인 것처럼 그가 다말에게 속임을 당하도록 허용하심으로써 자신의 죄를 자백하도록 만드셨다. "유다가 그것들을 알아보고 가로되 그는 나보다 옳도다 내가 그를 내 아들 셀라에게 주지 아니하였음이로다 하고." 그리고 그 결과 유다의 생활에는 변화가 일어났다. "다시는 그를 가까이 하지 아니하였더라"(창 38:26).

마찬가지로, 하나님은 요셉의 형들도 심은 대로 거두게 하심으로써 자신들의 죄를 자백하게 만드셨다. "그들이 서로 말하되 우리가 아우의 일로 인하여 범죄하였도다 그가 우리에게 애걸할 때에 그 마음의 괴로움을 보고도 듣지 아니하였으므로 이 괴로움이 우리에게 임하도다"(창 42:21). 그리고 그 결과 그들에게는 중대한 변화가 일어났다. "이에 그들이 혼이 나서 떨며 서로 돌아보며 말하되 하나님이 어찌하여 우리에게 이 일을 행하셨는고 하고"(38절하). 이제 요셉의 형들은 하나님에 대한 두려움을 갖게 된 것이다.

야곱을 대하는 태도가 달라진 형들

이처럼 하나님에 대한 두려움을 갖게 된 형들에게는 생활의 변화도 나타났다. 그들이 아버지 야곱을 대하는 태도가 달라진 것이다. 우선, 29-34절을 보자. "그들이 가나안 땅에 돌아와 그 아비 야곱에게 이르러 그 만난 일을 자세히 고하여 가로되 그 땅의 주 그 사람이 엄히 우리에게 말씀하고 우리를 그 나라 정탐자로 여기기로 우리가 그에게 이르되 우리는 독실한 자요 정탐이 아니니이다 우리는 한 아비의 아들 십이 형제로서 하나는 없어지고 말째는 오늘 우리 아버지와 함께 가나안 땅에 있나이다 하였더니 그 땅의 주 그 사람이 우리에게 이르되 내가 이같이 하여 너희가 독실한 자임을 알리니 너희 형제 중 하나를 내게 두고 양식을 가지고 가서 너희 집들의 주림을 구하고 너희 말째 아우를 내게로 데려 오라 그리하면 너희가 정탐이 아니요 독실한 자임을 내가 알고 너희 형제를 너희에게 돌리리니 너희가 이 나라에서 무역하리라 하더이다 하고."

야곱의 아들들이 그 아비에게 보고한 내용은 앞서 6-24절에 나온 것이다. 여기서 주목할 점은 야곱을 대하는 그 아들들의 태도이다. 그들은 가급적 그 아비 야곱의 두려움을 진정시키기 위한 말을 한다. 몇 가지 점에 대해서 그렇다.

첫째는 말째 베냐민에 대해서이다. 13절에서 야곱의 아들들은 요셉에게 이렇게 말했다. "주의 종 우리들은 십이 형제로서 가나안 땅 한 사람의 아들들이라 말째 아들은 오늘 아버지와 함께 있고 또 하나는 없어졌나이다." 그런데 32절에서 그들은 야곱에게 이렇게 말한다. "우리는 한 아비의 아들 십이 형제로서 하나는 없어지고 말째는 오늘 우리 아버지와 함께 가나안 땅에 있나이다." 그들은 야곱에게 말할 때 말째 베냐민을 마지막에 언급한 것이다.

왜냐하면 야곱이 말째 베냐민에 대해 두려워하는 것이 있기 때문이다. "야곱이 요셉의 아우 베냐민을 그 형들과 함께 보내지 아니하였으니 이는 그의 말이 재난이 그에게 미칠까 두렵다 함이었더라"(4절).

둘째는 시므온에 대해서이다. 19절에서 요셉은 형들에게 이렇게 말했다. "너희 형제 중 한 사람만 그 옥에 갇히게 하고." 그런데 33절에서 야곱의 아들들은 야곱에게 이렇게 말한다. "너희 형제 중 하나를 내게 두고." 이것은 마치 시므온이 옥에 갇히지 않은 것 같은 인상을 준다.

셋째는 요셉의 경고에 대해서이다. 20절에서 요셉은 형들에게 이렇게 말했다. "너희 말째 아우를 내게로 데리고 오라 그리하면 너희 말이 진실함이 되고 너희가 죽지 아니하리라." 그런데 34절에서 야곱의 아들들은 야곱에게 이렇게 말한다. "너희 말째 아우를 내게로 데려 오라 그리하면 너희가 정탐이 아니요 독실한 자임을 내가 알고 너희 형제를 너희에게 돌리리니 너희가 이 나라에서 무역하리라 하더이다." 그들은 요셉의 경고를 약속으로 바꾼 것이다.

뿐만 아니라, 야곱의 아들들은 그 아비의 두려움을 완화시키려고 몇 가지 사실들은 아예 말하지 않았다. 그것들은 요셉이 그들을 삼일을 가둔 것(17절), 그들의 가책과 르우벤의 주장(21-22절), 시므온을 결박한 것(24절) 등이다.

이것은 과거 그들이 야곱을 대하던 태도와는 다른 것이다. 창세기 37장에서 이 아들들은 야곱을 속임으로써 큰 고통에 빠뜨렸던 것이다. 그래서 야곱은 요셉이 죽은 줄 알고 슬퍼했던 것이다. 그런데 그렇게 무정했던 아들들이 지금은 아버지의 두려움을 진정시키려고 조심해서 말하고 있는 것이다.

자기 연민에서 나온 야곱의 두려움

하지만 35절을 보면 그들의 이러한 노력은 수포로 돌아가고 말았다. "각기 자루를 쏟고 본즉 각인의 돈뭉치가 그 자루 속에 있는지라 그들과 그 아비가 돈뭉치를 보고 다 두려워하더니."

이미 애굽에서 올 때 객점에서 한 사람이 자루에서 돈을 발견한 적이 있다. 그때 형제들은 그 사실을 알고 하나님에 대한 두려움을 갖게 되었다(27-28절). 그런데 지금은 그들 모두의 자루에서 돈이 발견된 것이다. 그랬을 때, 그들의 반응이 이런 말로 표현된다. "그들과 그 아비가 돈뭉치를 보고 다 두려워하더니."

여기 요셉의 형들이 두려워한 것은 28절에서 그들이 보인 반응의 연장이다. 앞서 그들은 한 사람의 자루에서 발견된 돈 때문에 하나님에 대한 두려움을 갖게 되었다. 그것은 21-22절에 나타난 대로 그들의 죄와 그로 인해 받는 벌의 배후에 하나님이 계심을 깨달은 데서 온 것이다. 그런데 지금은 그 두려움이 그들 모두의 자루에서 발견된 돈 때문에 더욱 고조되고 있는 것이다.

그렇다면 그들의 아비인 야곱이 두려워한 것은 우리가 어떻게 이해해야 할까? 우리는 이 물음에 대한 답을 야곱이 보인 반응에서 알 수 있다. 36절을 보자. "그 아비 야곱이 그들에게 이르되 너희가 나로 나의 자식들을 잃게 하도다 요셉도 없어졌고 시므온도 없어졌거늘 베냐민을 또 빼앗아 가고자 하니 이는 다 나를 해롭게 함이로다."

여기 보면, 야곱의 두려움은 하나님에 대한 두려움이 아닌 것을 알 수 있다. 그는 이미 시므온도 요셉처럼 없어진 것으로 간주한다. 그렇다면 혹시 그는 아들들의 자루에서 나온 돈을 보고 그들이 돈을 받고 시므온을 팔아

버린 것으로 의심한 것은 아닐까? 아무튼 야곱이 두려워한 것은 요셉과 시므온처럼 베냐민도 잃게 되는 것이고, 그것이 자신을 해롭게 하는 것이다. 그는 자신이 그런 해를 당할까 봐 두려운 것이다. 그의 두려움은 하나님에 대한 것이 아니라 자기 연민에서 나온 것이다.

그러자 야곱의 말을 듣던 르우벤이 말한다. 37절을 보자. "르우벤이 아비에게 고하여 가로되 내가 그를 아버지께로 데리고 오지 아니하거든 나의 두 아들을 죽이소서 그를 내 손에 맡기소서 내가 그를 아버지께로 데리고 돌아오리이다." 르우벤은 베냐민도 요셉과 시므온처럼 잃게 될까 봐 두려워하는 야곱을 진정시키려고 말한다. 그래서 그는 자신이 베냐민을 아버지께로 데리고 올 것을 강조한다. 그는 만일 자신이 베냐민을 데려오지 못하면 자기 두 아들을 죽이라고까지 말한다.

그렇지만 르우벤의 말은 야곱에겐 소용이 없다. 38절을 보자. "야곱이 가로되 내 아들은 너희와 함께 내려가지 못하리니 그의 형은 죽고 그만 남았음이라 만일 너희 행하는 길에서 재난이 그 몸에 미치면 너희가 나의 흰 머리로 슬피 음부로 내려가게 함이 되리라." 야곱은 그 아들들이 베냐민을 애굽으로 데려가지 못하게 막는다. 그 이유는 베냐민도 요셉처럼 될까 봐 두렵기 때문이다. 여기 "나의 흰 머리로 슬피 음부로 내려가게 함"이란 표현은 요셉이 죽은 줄 알았을 때 야곱이 했던 말과 비슷하다. "그 모든 자녀가 위로하되 그가 그 위로를 받지 아니하여 가로되 내가 슬퍼하며 음부에 내려 아들에게로 가리라 하고 그 아비가 그를 위하여 울었더라"(창 37:35).

결국, 4절에 나타난 야곱의 두려움은 그 두려움을 진정시키려는 아들들의 노력에도 불구하고 그대로 있다. 요셉의 형들이 그 아버지 야곱을 대하는 태도는 달라졌지만 그들을 대하는 야곱의 태도는 아직 달라지지 않았다.

하나님에 대한 두려움에서 비롯된 생활의 변화

그러면 요셉의 형들이 그 아버지 야곱을 대하는 태도가 달라진 이유는 무엇일까? 그 이유는 그들이 하나님에 대한 두려움을 갖게 되었기 때문이다. 그들은 하나님을 경외하였기에 생활이 달라진 것이다. 전에는 하나님에 대한 두려움이 없었기 때문에 아버지 야곱을 속이고 무정하게 대했다. 그러나 그들이 하나님에 대한 두려움을 갖게 되자 그들의 생활에 변화가 일어난 것이다.

우리도 마찬가지이다. 우리도 하나님에 대한 두려움을 갖게 될 때 생활에 변화가 나타날 것이다. 성경은 여호와를 경외함으로 악에서 떠난다고 가르친다. "모세가 백성에게 이르되 두려워 말라 하나님이 강림하심은 너희를 시험하고 너희로 경외하여 범죄치 않게 하려 하심이니라"(출 20:20). "여호와를 경외하며 악을 떠날찌어다"(잠 3:7). "여호와를 경외하는 것은 악을 미워하는 것이라"(잠 8:13). "지혜로운 자는 두려워하여 악을 떠나나"(잠 14:16). "여호와를 경외함으로 인하여 악에서 떠나게 되느니라"(잠 16:6). "일의 결국을 다 들었으니 하나님을 경외하고 그 명령을 지킬찌어다 이것이 사람의 본분이니라"(전 12:13). "오직 너희를 부르신 거룩한 자처럼 너희도 모든 행실에 거룩한 자가 되라 기록하였으되 내가 거룩하니 너희도 거룩할찌어다 하셨느니라 외모로 보시지 않고 각 사람의 행위대로 판단하시는 자를 너희가 아버지라 부른즉 너희의 나그네로 있을 때를 두려움으로 지내라"(벧전 1:15-17). "너희의 두려워하며 정결한 행위를 봄이라"(벧전 3:2). "그러므로 나의 사랑하는 자들아 너희가 나 있을 때뿐 아니라 더욱 지금 나 없을 때에도 항상 복종하여 두렵고 떨림으로 너희 구원을 이루라"(빌 2:12). "그런즉 사랑하는 자들아 이 약속을 가진 우리가 하나님을 두려워하는 가운데서 거룩함을 온전히 이루어

육과 영의 온갖 더러운 것에서 자신을 깨끗케 하자"(고후 7:1).

또한 성경은 여호와를 경외함으로 악에서 떠난 사람들의 예를 보여준다. 아브라함은 이삭을 번제로 드리라는 하나님의 명령을 받았을 때 순종했다. 그가 그럴 수 있었던 이유는 하나님을 경외했기 때문이다. "사자가 가라사대 그 아이에게 네 손을 대지 말라 아무 일도 그에게 하지 말라 네가 네 아들 네 독자라도 내게 아끼지 아니하였으니 내가 이제야 네가 하나님을 경외하는 줄을 아노라"(창 22:12). 히브리 산파 십브라와 부아는 남자 아이를 죽이라는 애굽 왕의 명령을 거역했다. 그들이 그럴 수 있었던 이유는 하나님을 경외했기 때문이다. "그러나 산파들이 하나님을 두려워하여 애굽 왕의 명을 어기고 남자를 살린지라 … 산파는 하나님을 경외하였으므로 하나님이 그들의 집을 왕성케 하신지라"(출 1:17, 21). 요셉이 보디발의 아내의 유혹을 뿌리칠 수 있었던 것은 하나님을 경외하는 마음이 그에게 있었기 때문이다. "이 집에는 나보다 큰이가 없으며 주인이 아무 것도 내게 금하지 아니하였어도 금한 것은 당신뿐이니 당신은 자기 아내임이라 그런즉 내가 어찌 이 큰 악을 행하여 하나님께 득죄하리이까"(창 39:9). 오바댜는 아합의 궁내대신으로서 목숨을 걸고 여호와의 선지자들을 숨겨 주었다. 그가 그렇게 할 수 있었던 것은 그가 여호와를 크게 경외하는 자였기 때문이다. "아합이 궁내대신 오바댜를 불렀으니 이 오바댜는 크게 여호와를 경외하는 자라 이세벨이 여호와의 선지자들을 멸할 때에 오바댜가 선지자 일백 인을 가져 오십 인씩 굴에 숨기고 떡과 물을 먹였었더라"(왕상 18:3, 4). 여호사밧은 재판관들에게 재판을 공정히 하도록 당부했다. 그때 그는 그들이 여호와를 두려워하는 마음으로 행할 때 그렇게 할 수 있음을 말했다. "그런즉 너희는 여호와를 두려워하는 마음으로 삼가 행하라 우리의 하나님 여호와께서는 불의함도 없으시고 편벽됨도 없으시고 뇌물을 받으심도 없으시니라"(대하 19:7). 욥은 악에서 떠난 자로 살았는데 그 이유는 그가 하나님을 경외했기 때문이다. "우스 땅에 욥이라 이름하는 사람이 있었는데 그 사람은 순전하고 정직하여 하나님을 경외하며 악에서 떠난 자더라"(욥 1:1). 느헤미야는 자신이 이전 총독들처럼 백성에게 토색하지 않았다고 말했다. 그 이유는 그가 하나님을 경외했기 때문이다. "이전 총독들은 백성에게 토색하여 양식과 포도주와 또 은 사십 세겔을 취하였고 그 종자들도 백성을 압제하였으나 나는 하나님을 경외하므로 이같이 행치 아니하고"(느 5:15).

왜 요셉이 이렇게 형들을 자꾸 시험하는 것일까? 그것은 비록 요셉이 형들을 용서한다고 해도 그들이 달라지지 않으면 아무 소용이 없기 때문이다. 그래서 형들은 요셉이 자루에 도로 넣은 돈을 발견했을 때 하나님을 두려워하게 된 것이다. "하나님이 어찌하여 우리에게 이 일을 행하셨는고." 그리고 그들은 달라지기 시작한 것이다. 이처럼 생활의 변화는 하나님에 대한 두려움에서 온다. 우리에게도 이런 하나님에 대한 두려움이 있는가?

형들의
두 번째
애굽 방문

providence

23

야곱과 그 아들들의
화해

창 43:1-14 1 그 땅에 기근이 심하고 2 그들이 애굽에서 가져온 곡식을 다 먹으매 그 아비가 그들에게 이르되 다시 가서 우리를 위하여 양식을 조금 사라 3 유다가 아비에게 말하여 가로되 그 사람이 엄히 우리에게 경계하여 가로되 너희 아우가 너희와 함께하지 아니하면 너희가 내 얼굴을 보지 못하리라 하였으니 4 아버지께서 우리 아우를 우리와 함께 보내시면 우리가 내려가서 아버지를 위하여 양식을 사려니와 5 아버지께서 만일 그를 보내지 않으시면 우리는 내려가지 아니하리니 그 사람이 우리에게 말하기를 너희 아우가 너희와 함께하지 아니하면 너희가 내 얼굴을 보지 못하리라 하였음이니이다 6 이스라엘이 가로되 너희가 어찌하여 너희에게 오히려 아우가 있다고 그 사람에게 고하여 나를 해롭게 하였느냐 7 그들이 가로되 그 사람이 우리와 우리의 친족에 대하여 자세히 힐문하여 이르기를 너희 아버지가 그저 살았느냐 너희에게 아우가 있느냐 하기로 그 말을 조조이 그에게 대답한 것이라 그가 너희 아우를 데리고 내려오라 할 줄을 우리가 어찌 알았으리이까 8 유다가 아비 이스라엘에게 이르되 저 아이를 나와 함께 보내시면 우리가 곧 가리니 그러면 우리와 아버지와 우리 어린 것들이 다 살고 죽지 아니하리이다 9 내가 그의 몸을 담보하오니 아버지께서 내 손에 그를 물으소서 내가 만일 그를 아버지께 데려다가 아버지 앞에 두지 아니하면 내가 영원히 죄를 지리이다 10 우리가 지체하지 아니하였더면 벌써 두 번 갔다 왔으리이다 11 그들의 아비 이스라엘이 그들에게 이르되 그러할진대 이렇게 하라 너희는 이 땅의 아름다운 소산을 그릇에 담아가지고 내려가서 그 사람에게 예물을 삼을지니 곧 유향 조금과 꿀 조금과 향품과 몰약과 비자와 파단행이니라 12 너희 손에 돈을 배나 가지고 너희 자루 아귀에 도로 넣어 온 그 돈을 다시 가지고 가라 혹 차착이 있었을까 두렵도다 13 네 아우도 데리고 떠나 다시 그 사람에게로 가라 14 전능하신 하나님께서 그 사람 앞에서 너희에게 은혜를 베푸사 그 사람으로 너희 다른 형제와 베냐민을 돌려보내게 하시기를 원하노라 내가 자식을 잃게 되면 잃으리로다

창세기 43장은 야곱의 아들들이 두 번째 애굽에 내려간 이야기이다. 이 가운데 본문은 어떻게 그들이 애굽에 다시 내려가게 되었는지를 보여준다. 그 내용은 주로 야곱과 유다의 대화로 구성되어 있다. 여기서 우리는 야곱과 그 아들들이 화해하는 것을 보게 된다. 이 사실은 창세기 42장과 본문의 내용을 비교해 보면 알 수 있다.

야곱과 그 아들들의 불화

창세기 42장은 야곱의 아들들이 첫 번째 애굽에 내려갔던 이야기이다. 그 이야기는 야곱의 말째 아들 베냐민을 중심으로 전개된다. 가나안 땅에 기근이 있을 때, 야곱은 양식을 사기 위해 그 아들들을 애굽으로 보냈다. 그때 야곱은 베냐민을 뺀 열 명의 아들들을 보냈다. "야곱이 요셉의 아우 베냐민을 그 형들과 함께 보내지 아니하였으니 이는 그의 말이 재난이 그에게 미칠까 두렵다 함이었더라"(창 42:4). 애굽에 내려간 야곱의 아들들은 요셉을 만났는데, 그로부터 말째 아우를 데리고 오라는 지시를 받았다. "너희 말째 아

우를 내게로 데리고 오라 그리하면 너희 말이 진실함이 되고 너희가 죽지 아니하리라"(창 42:20). 그래서 그들은 가나안 땅에 돌아와 그들의 아버지 야곱에게 그 사실을 말했다. "너희 말째 아우를 내게로 데려오라 그리하면 너희가 정탐이 아니요 독실한 자임을 내가 알고 너희 형제를 너희에게 돌리리니 너희가 이 나라에서 무역하리라 하더이다 하고"(창 42:34). 그랬더니 그 말을 들은 야곱의 반응은 이러했다. "너희가 나로 나의 자식들을 잃게 하도다 요셉도 없어졌고 시므온도 없어졌거늘 베냐민을 또 빼앗아 가고자 하니 이는 다 나를 해롭게 함이로다"(창 42:36). 결국 그는 그들이 베냐민을 데려가는 것을 허락하지 않았다. "내 아들은 너희와 함께 내려가지 못하리니 그의 형은 죽고 그만 남았음이라 만일 너희 행하는 길에서 재난이 그 몸에 미치면 너희가 나의 흰 머리로 슬피 음부로 내려가게 함이 되리라"(창 42:38). 그래서 야곱의 아들들은 다시 애굽에 내려갈 수 없었다.

이 과정에서 드러난 것은 야곱과 그 아들들의 불화이다. 아들들은 베냐민을 데려가려고 했지만, 야곱은 거절한 것이다.

야곱의 신뢰를 잃지 않은 유다

그런데 창세기 43장에 오면 상황이 바뀐다. 야곱의 아들들이 다시 애굽에 내려가지 않으면 안 될 상황이 온 것이다. 본문 1-2절을 보자. "그 땅에 기근이 심하고 그들이 애굽에서 가져온 곡식을 다 먹으매 그 아비가 그들에게 이르되 다시 가서 우리를 위하여 양식을 조금 사라." 기근은 심하고 애굽에서 가져온 곡식은 다 떨어지자 야곱은 아들들에게 애굽에 다시 가서 양식을 사오도록 한 것이다.

그랬을 때, 유다가 아버지에게 말했다. 3-5절을 보자. "유다가 아비에게 말하여 가로되 그 사람이 엄히 우리에게 경계하여 가로되 너희 아우가 너희와 함께하지 아니하면 너희가 내 얼굴을 보지 못하리라 하였으니 아버지께서 우리 아우를 우리와 함께 보내시면 우리가 내려가서 아버지를 위하여 양식을 사려니와 아버지께서 만일 그를 보내지 않으시면 우리는 내려가지 아니하리니 그 사람이 우리에게 말하기를 너희 아우가 너희와 함께하지 아니하면 너희가 내 얼굴을 보지 못하리라 하였음이니이다.”

우선, 이 상황에서 왜 유다가 나서게 되었는지부터 생각해 보자. 맏아들 르우벤은 이미 아버지 야곱을 설득하는 데 실패했다. 창세기 42장 37절에서 그는 아버지 야곱에게 이렇게 말했다. “내가 그를 아버지께로 데리고 오지 아니하거든 나의 두 아들을 죽이소서 그를 내 손에 맡기소서 내가 그를 아버지께로 데리고 돌아오리이다.” 그렇지만 그 말을 들은 야곱은 그들이 베냐민을 데려가는 것을 승낙하지 않았다.

이렇게 된 것은 야곱이 르우벤을 신뢰하지 못한 데 기인한다. 왜냐하면 르우벤이 야곱에게 지은 죄가 있기 때문이다. 창세기 35장 22절은 이렇게 말한다. “이스라엘이 그 땅에 유할 때에 르우벤이 가서 그 서모 빌하와 통간하매 이스라엘이 이를 들었더라.” 그래서 야곱은 죽기 전 아들들을 축복할 때 이런 말을 한 것이다. “르우벤아 너는 내 장자요 나의 능력이요 나의 기력의 시작이라 위광이 초등하고 권능이 탁월하도다마는 물의 끓음 같았은즉 너는 탁월치 못하리니 네가 아비의 침상에 올라 더럽혔음이로다 그가 내 침상에 올랐었도다”(창 49:3-4).

그 다음, 둘째 아들 시므온과 셋째 아들 레위가 있다. 물론 시므온은 지금 애굽에 볼모로 잡혀 있는 상태다. 그런데 이들 역시 야곱이 신뢰할 수 없는 아들들이다. 왜냐하면 이들이 과거 야곱에게 저지른 과오 때문이다. 야곱의 딸 디나가 세겜 땅 추장 세겜에게 강간을 당했을 때, 디나의 오라비인 시므온과 레위는 무자비한 피의 보복을 자행했던 것이다. 그때 야곱은 그들에게 이렇게 말했다. "너희가 내게 화를 끼쳐 나로 이 땅 사람 곧 가나안 족속과 브리스 족속에게 냄새를 내게 하였도다 나는 수가 적은즉 그들이 모여 나를 치고 나를 죽이리니 그리하면 나와 내 집이 멸망하리라"(창 34:30). 그래서 야곱은 죽기 전 아들들을 축복할 때 이런 말을 한 것이다. "시므온과 레위는 형제요 그들의 칼은 잔해하는 기계로다 내 혼아 그들의 모의에 상관하지 말찌어다 내 영광아 그들의 집회에 참예하지 말찌어다 그들이 그 분노대로 사람을 죽이고 그 혈기대로 소의 발목 힘줄을 끊었음이로다 그 노염이 혹독하니 저주를 받을 것이요 분기가 맹렬하니 저주를 받을 것이라 내가 그들을 야곱 중에서 나누며 이스라엘 중에서 흩으리로다"(창 49:5-7).

이처럼 르우벤, 시므온, 레위는 이미 야곱의 신뢰를 잃었다. 그러면 넷째 아들 유다는 어떨까? 유다 역시 형들과 마찬가지로 죄가 없지 않다. 요셉을 이스마엘 사람에게 팔자고 제안한 사람이 바로 유다였다. 또한 그는 가나안 여자와 결혼했고, 창녀와 동침하기도 했다. 그렇지만 유다의 죄는 형들의 죄처럼 야곱이 직접 알았는지 불분명하다. 어쨌든 그는 창세기 38장에 기록된 대로 자신의 죄를 자백하고 다시 그 죄를 반복하지 않는 변화된 모습을 보였다.

이런 점에서 유다는 형들과 달리 아버지 야곱의 신뢰를 잃지 않았다. 실제로, 야곱은 죽기 전 아들들을 축복할 때 유다에 대해선 특정한 죄를 언급하지 않았다. "유다야 너는 네 형제의 찬송이 될찌라 네 손이 네 원수의 목을 잡을 것이요 네 아비의 아들들이 네 앞에 절하리로다 유다는 사자 새끼로다 내 아들아 너는 움킨 것을 찢고 올라갔도다 그의 엎드리고 웅크림이 수사자 같고 암사자 같으니 누가 그를 범할 수 있으랴 홀이 유다를 떠나지 아니하며 치리자의 지팡이가 그 발 사이에서 떠나지 아니하시기를 실로가 오시기까지 미치리니 그에게 모든 백성이 복종하리로다 그의 나귀를 포도나무에 매며 그 암나귀 새끼를 아름다운 포도나무에 맬 것이며 또 그 옷을 포도주에 빨며 그 복장을 포도즙에 빨리로다 그 눈은 포도주로 인하여 붉겠고 그 이는 우유로 인하여 희리로다"(창 49:8-12). 그래서 심한 기근으로 양식이 떨어져 다시 애굽에 가야 하는 상황에서 그가 나서게 된 것이다.

여기서부터 유다는 형제들 가운데 지도자가 된다. 영적 지도력은 출생 순서대로 주어지는 것이 아니다. 회개하지 않은 죄는 지도력을 파괴한다.

야곱의 두려움을 헤아릴 줄 아는 유다

그러면 다음으로 유다가 말한 내용을 살펴보자. 유다는 아버지 야곱에게 요셉이 준 경고를 처음과 마지막에 반복해서 말한다. "그 사람이 엄히 우리에게 경계하여 가로되 너희 아우가 너희와 함께하지 아니하면 너희가 내 얼굴을 보지 못하리라 하였으니 … 그 사람이 우리에게 말하기를 너희 아우가 너희와 함께하지 아니하면 너희가 내 얼굴을 보지 못하리라 하였음이니이다"(3, 5절). 그러면서 그는 애굽에 다시 가는 것이 아버지의 결정에 달렸음을 말한다. "아버지께서 우리 아우를 우리와 함께 보내시면 우리가 내려가서 아버지를 위하여 양식을 사려니와 아버지께서 만일 그를 보내지 않으시면 우리는 내려가지 아니하리니"(4, 5절).

그러자 야곱이 아들들을 꾸짖는다. 6절을 보자. "이스라엘이 가로되 너희가 어찌하여 너희에게 오히려 아우가 있다고 그 사람에게 고하여 나를 해롭게 하였느냐." 이 말에 대한 아들들의 반응이 7절에 나온다. "그들이 가로되 그 사람이 우리와 우리의 친족에 대하여 자세히 힐문하여 이르기를 너희 아버지가 그저 살았느냐 너희에게 아우가 있느냐 하기로 그 말을 조조이 그에게 대답한 것이라 그가 너희 아우를 데리고 내려오라 할 줄을 우리가 어찌 알았으리이까."

이때 유다가 다시 나선다. 8-10절을 보자. "유다가 아비 이스라엘에게 이르되 저 아이를 나와 함께 보내시면 우리가 곧 가리니 그러면 우리와 아버지와 우리 어린 것들이 다 살고 죽지 아니하리이다 내가 그의 몸을 담보하오리니 아버지께서 내 손에 그를 물으소서 내가 만일 그를 아버지께 데려다가 아버지 앞에 두지 아니하면 내가 영원히 죄를 지리이다 우리가 지체하지 아니하였더면 벌써 두 번 갔다 왔으리이다."

유다는 다시 야곱에게 베냐민을 보내도록 요청한다. "저 아이를 나와 함께 보내시면 우리가 곧 가리니." 그러면서 그 목적을 이렇게 말한다. "그러면 우리와 아버지와 우리 어린 것들이 다 살고 죽지 아니하리이다." 이것은 야곱이 처음 아들들을 애굽으로 보낼 때 했던 말과 같다. "(너희는 그리로 가서 거기서 우리를 위하여 사오라) 그리하면 우리가 살고 죽지 아니하리라"(창 42:2). 유다는 거기에 "우리 어린 것들"을 추가함으로써 야곱이 베냐민을 보내야 할 필요성을 강조한다.

그리고 그는 베냐민에 대해 이런 말을 덧붙인다. "내가 그의 몸을 담보하오리니 아버지께서 내 손에 그를 물으소서 내가 만일 그를 아버지께 데려다가 아버지 앞에 두지 아니하면 내가 영원히 죄를 지리이다." 이것은 르우벤이 했던 말과 비교된다. 르우벤은 앞에서 자기의 두 아들을 담보로 베냐민을 보내도록 야곱에게 요청했다. 그런데 유다는 자신을 담보로 베냐민을 보내도록 야곱에게 요청한 것이다.

여기서 우리는 창세기 37장과 비교해서 유다의 변화된 모습을 본다. 이때는 시간적으로 창세기 38장에서 유다가 자기 죄를 자백한 때와 거의 일치한다.

창세기 37장에서 유다는 요셉을 잃은 아버지 야곱의 고통을 헤아릴 줄 모른다. 그래서 유다는 은 이십 개에 요셉을 이스마엘 사람에게 팔 수 있었다. 또한 성경은 그 사실을 이렇게 표현한다. "그들이 요셉의 옷을 취하고 수염소를 죽여 그 옷을 피에 적시고 그 채색옷을 보내어 그 아비(their father)에게로 가져다가 이르기를 우리가 이것을 얻었으니 아버지의 아들의 옷인가 아닌가 보소서 하매 아비가 그것을 알아보고 가로되 내 아들의 옷이라 악한 짐승이 그를 먹었도다 요셉이 정녕 찢겼도다 하고 자기 옷을 찢고 굵은 베로 허리를 묶고 오래도록 그 아들을 위하여 애통하니 그 모든 자녀가 위로하되 그가 그 위로를 받지 아니하여 가로되 내가 슬퍼하며 음부에 내려 아들에게로 가리라 하고 그 아비(his father)가 그를 위하여 울었더라"(창 37:31-35). 여기서 요셉은 야곱의 아들일 뿐 유다와는 별 상관이 없다. 그렇기 때문에 요셉을 잃은 야곱의 고통을 유다는 헤아릴 줄 모른다.

그에 비해, 본문에서 유다는 베냐민을 잃는 것에 대한 아버지 야곱의 두려움을 헤아릴 줄 안다. 본문에서 베냐민은 야곱의 아들로서보다 유다를 비롯한 형들의 아우로서 불려진다. "유다가 아비에게 말하여 가로되 그 사람이 엄히 우리에게 경계하여 가로되 너희 아우가 너희와 함께하지 아니하면 너희가 내 얼굴을 보지 못하리라 하였으니 아버지께서 우리 아우를 우리와 함께 보내시면 우리가 내려가서 아버지를 위하여 양식을 사려니와 아버지께서 만일 그를 보내지 않으시면 우리는 내려가지 아니하리니 그 사람이 우리에게 말하기를 너희 아우가 너희와 함께하지 아니하면 너희가 내 얼굴을 보지 못하리라 하였음이니이다 이스라엘이 가로되 너희가 어찌하여 너희에게 오히려 아우가 있다고 그 사람에게 고하여 나를 해롭게 하였느냐 그들이 가로되 그 사람이 우리와 우리의 친족에 대하여 자세히 힐문하여 이르기를 너희 아버지가 그저 살았느냐 너희에게 아우가 있느냐 하기로 그 말을 조조이 그에게 대답한 것이라 그가 너희 아우를 데리고 내려오라 할 줄을 우리가 어찌 알았으리이까"(3-7절). 이처럼 베냐민은 유다의 아우이다. 그렇기 때문에 유다는 베냐민을 잃는 것에 대한 아버지 야곱의 두려움을 헤아릴 줄 안다. 그래서 유다는 아버지 야곱에게 베냐민에 대해 이렇게 말한 것이다. "내가 그의 몸을 담보하오리니 아버지께서 내 손에 그를 물으소서 내가 만일 그를 아버지께 데려다가 아버지 앞에 두지 아니하면 내가 영원히 죄를 지리이다"(9절). 유다는 자신의 생명을 걸고 베냐민의 안전을 보증한 것이다.

창세기 37장은 요셉이 애굽으로 내려간 이야기이다(창 37:25, 29; 39:1). 그에 비해, 창세기 43장은 베냐민이 애굽으로 내려가는 이야기이다(창 43:4-5, 15). 그런데 두 경우를 비교해 보면 너무나 다른 점이 있다. 요셉이 애굽으로 내려갈 때는 아버지 몰래 아들들이 요셉을 팔아 버려서 애굽으로 내려간 것이다. 그들은 아버지의 권위를 인정하지 않은 것이다. 그러나 베냐민이 애굽으로 내려갈 때는 유다가 아버지 야곱의 허락을 받으려고 애를 쓴다. 아버지의 권위를 인정하고 그 뜻에 순종해서 일을 하려고 계속 아버지를 설득하는 것이다. 창세기 37장에 나타난 유다를 비롯한 야곱의 아들들의 모습은 부모를 공경할 줄 모른다. 그러나 창세기 43장에서 그들은 아버지를 존경하고 사랑할 줄 안다. 그들은 바뀐 것이다.

우리가 진정으로 하나님을 믿는 사람이라면 "네 부모를 공경하라"고 하신 하나님의 명령에 순종해야 한다. 하나님을 믿는다고 하면서 부모를 거역하고 부모의 권위를 업신여긴다면 그것은 하나님을 거역하는 것이다. 오늘날 우리는 주위에서 그런 자식들을 쉽게 볼 수 있다. 그러나 하나님을 믿는 사람이라면 그들과 달라야 한다. 하나님은 우리가 부모의 권위를 존중하고 부모를 사랑하라고 가르치신다. 그것이 부모 공경의 명령인 것이다. 유다를 비롯한 야곱의 아들들도 전에는 아버지를 업신여기고 아버지에게 고통을 안겨 주는 자식들이었지만 그들이 하나님의 은혜로 변화되었을 때, 그들이 자기들의 죄를 깨닫고 뉘우쳤을 때 그들은 부모를 공경하는 자녀들이 된 것이다.

야곱과 그 아들들의 화해

이런 유다의 요청을 야곱은 허락한다. 11-14절을 보자. "그들의 아비 이스라엘이 그들에게 이르되 그러할찐대 이렇게 하라 너희는 이 땅의 아름다운 소산을 그릇에 담아가지고 내려가서 그 사람에게 예물을 삼을찌니 곧 유향 조금과 꿀 조금과 향품과 몰약과 비자와 파단행이니라 너희 손에 돈을 배나 가지고 너희 자루 아귀에 도로 넣어 온 그 돈을 다시 가지고 가라 혹 차착이 있었을까 두렵도다 네 아우도 데리고 떠나 다시 그 사람에게로 가라 전능하신 하나님께서 그 사람 앞에서 너희에게 은혜를 베푸사 그 사람으로 너희 다른 형제와 베냐민을 돌려보내게 하시기를 원하노라 내가 자식을 잃게 되면 잃으리로다."

여기서 야곱이 아들들에게 당부한 내용은 이렇다. 첫째, 예물을 가져가라(11절). 둘째, 돈을 배나 가지고 가라(12절). 셋째, 베냐민을 데리고 가라(13절). 야곱은 유다의 요청을 허락한 것이다.

그러면서 야곱은 그 결과에 대하여 하나님께 의탁한다. "전능하신 하나님께서 그 사람 앞에서 너희에게 은혜를 베푸사 그 사람으로 너희 다른 형제와 베냐민을 돌려보내게 하시기를 원하노라 내가 자식을 잃게 되면 잃으리로다"(14절). 이것은 야곱에게 일어난 중요한 변화를 보여준다. 앞서 창세기 42장에서, 야곱은 그 아들들이 베냐민을 애굽으로 데려가려고 할 때 그들에게 이렇게 말했다. "너희가 나로 나의 자식들을 잃게 하도다 요셉도 없어졌고 시므온도 없어졌거늘 베냐민을 또 빼앗아 가고자 하니 이는 다 나를 해롭게 함이로다 … 내 아들은 너희와 함께 내려가지 못하리니 그의 형은 죽고 그만 남았음이라 만일 너희 행하는 길에서 재난이 그 몸에 미치면 너희가 나의 흰 머리로 슬피 음부로 내려가게 함이 되리라"(창 42:36, 38). 그때 야곱은 베냐민도 잃을까 봐 두려워했다. 그것은 자기에게 미칠 화를 생각한 자기 연민에서 비롯된 것이다. 이런 자기 연민의 태도는 창세기 43장에서도 나타난다. 애굽에 다시 내려가려면 베냐민도 함께 가야 한다는 유다의 말에 야곱은 이렇게 말한 것이다. "너희가 어찌하여 너희에게 오히려 아우가 있다고 그 사람에게 고하여 나를 해롭게 하였느냐"(창 43:6).

그런데 이런 야곱이 마침내 달라졌다. 자식을 잃게 될 두려움이 사라진 것이다. "내가 자식을 잃게 되면 잃으리로다." 이렇게 된 것은 그가 하나님께 의탁했기 때문이다. "전능하신 하나님께서 그 사람 앞에서 너희에게 은혜를 베푸사 그 사람으로 너희 다른 형제와 베냐민을 돌려보내게 하시기를 원하노라."

이때 "전능하신 하나님"(엘 샤다이)은 하나님께서 아브라함과 언약을 세우실 때 사용하신 이름이다. "아브람의 구십구 세 때에 여호와께서 아브람에게 나타나서 그에게 이르시되 나는 전능한 하나님이라 너는 내 앞에서 행하여 완전하라 내가 내 언약을 나와 너 사이에 세워 너로 심히 번성케 하리라 하시니"(창 17:1-2). 또한 "전능하신 하나님"은 이삭이 야곱을 밧단아람으로 보내며 축복할 때 사용한 이름이다. "전능하신 하나님이 네게 복을 주어 너로 생육하고 번성케 하사 너로 여러 족속을 이루게 하시고"(창 28:3). 또한 "전능하신 하나님"은 하나님께서 밧단아람에서 돌아온 야곱에게 다시 나타나셔서 약속하실 때 사용한 이름이다. "나는 전능한 하나님이니라 생육하며 번성하라 국민과 많은 국민이 네게서 나고 왕들이 네 허리에서 나오리라"(창 35:11). 이처럼 자기에게 미칠 화를 생각해서 자기 연민에 빠져 있을 때, 야곱은 베냐민을 잃을까 봐 두려웠다. 그래서 야곱은 아들들이 베냐민을 데려가려는 것을 허락할 수 없었다. 그러나 아브라함과 언약을 세우신 전능하신 하나님을 생각할 때, 야곱은 자식을 잃게 될 두려움에서 벗어났다. 그래서 야곱은 아들들이 베냐민을 데려가려는 것을 허락한 것이다.

이 과정에서 드러난 것은 야곱과 그 아들들의 화해이다. 하나님은 아들들도 변하고 아버지도 변하게 하심으로써 관계가 소원했던 가족이 하나가 되게 하신 것이다.

자기 연민에서 믿음으로

우리도 자기 연민에 빠지면 두려워지는 것이다. 그런데 우리가 하나님께 의탁하면, 믿음을 갖게 되면, 우리는 두려움에서 벗어나게 되는 것이다. 당신 안에 미래에 대한 염려가 많고 두려움이 많다는 것은 하나님께 의탁하지 않고 자기 연민에 빠져 살아간다는 증거다. 창세기 34장 30절에 보면, 야곱은 디나의 일로 세겜 사람에게 보복했던 시므온과 레위에게 이렇게 말했다. "너희가 내게 화를 끼쳐 나로 이 땅 사람 곧 가나안 족속과 브리스 족속에게 냄새를 내게 하였도다 나는 수가 적은즉 그들이 모여 나를 치고 나를 죽이리니 그리하면 나와 내 집이 멸망하리라." 여기 반복되는 "나"를 주목하라. 야곱은 자꾸 자기를 바라본 것이고 그래서 세겜 사람들의 보복이 두려워진 것이다. 그때 하나님은 야곱에게 이렇게 말씀하셨다. "일어나 벧엘로 올라가서 거기 거하며 네가 네 형 에서의 낯을 피하여 도망하던 때에 네게 나타났던 하나님께 거기서 단을 쌓으라"(창 35:1). 그래서 그가 자기 사람들을 데리고 벧엘로 향했을 때 그가 두려워하던 일은 일어나지 않았다. 그는 벧엘의 하나님을 바라본 것이다. 그러므로 우리가 자기 연민에 빠져 두려워할 것이 아니라 믿음으로 하나님께 맡기고 두려움에서 벗어나야 한다. 그럴 때 하나님의 역사가 일어나는 것이다.

24

요셉과 형들의
화해

창 43:15-34 **15** 그 사람들이 그 예물을 취하고 갑절 돈을 자기들의 손에 가지고 베냐민을 데리고 애굽에 내려가서 요셉의 앞에 서니라 **16** 요셉이 베냐민이 그들과 함께 있음을 보고 그 청지기에게 이르되 이 사람들을 집으로 인도해 들이고 짐승을 잡고 준비하라 이 사람들이 오정에 나와 함께 먹을 것이니라 **17** 그 사람이 요셉의 명대로 하여 그 사람들을 요셉의 집으로 인도하니 **18** 그 사람들이 요셉의 집으로 인도되매 두려워하여 이르되 전일 우리 자루에 넣어 있던 돈의 일로 우리가 끌려드도다 이는 우리를 억류하고 달려들어 우리를 잡아 노예를 삼고 우리의 나귀를 빼앗으려 함이로다 하고 **19** 그들이 요셉의 청지기에게 가까이 나아가 그 집 문 앞에서 그에게 고하여 **20** 가로되 내 주여 우리가 전일에 내려와서 양식을 사 가지고 **21** 객점에 이르러 자루를 풀어본즉 각인의 돈이 본수대로 자루 아귀에 있기로 우리가 도로 가져왔고 **22** 양식 살 다른 돈도 우리가 가지고 내려왔나이다 우리의 돈을 우리 자루에 넣은 자는 누구인지 우리가 알지 못하나이다 **23** 그가 이르되 너희는 안심하라 두려워 말라 너희 하나님 너희 아버지의 하나님이 재물을 너희 자루에 넣어 너희에게 주신 것이니라 너희 돈은 내가 이미 받았느니라 하고 시므온을 그들에게로 이끌어 내고 **24** 그들을 요셉의 집으로 인도하고 물을 주어 발을 씻게 하며 그 나귀에게 먹이를 주더라 25 그들이 여기서 먹겠다 함을 들으므로 예물을 정돈하고 요셉이 오정에 오기를 기다리더니 26 요셉이 집으로 오매 그들이 그 집으로 들어가서 그 예물을 그에게 드리고 땅에 엎드리어 절하니 27 요셉이 그들의 안부를 물으며 가로되 너희 아버지 너희가 말하던 그 노인이 안녕하시냐 지금까지 생존하셨느냐 28 그들이 대답하되 주의 종 우리 아비가 평안하고 지금까지 생존하였나이다 하고 머리 숙여 절하더라 29 요셉이 눈을 들어 자기 어머니의 아들 자기 동생 베냐민을 보고 가로되 너희가 내게 말하던 너희 작은 동생이 이 그가 또 가로되 소자여 하나님이 네게 은혜 베푸시기를 원하노라 30 요셉이 아우를 인하여 마음이 타는 듯하므로 급히 울 곳을 찾아 안방으로 들어가서 울고 31 얼굴을 씻고 나와서 그 정을 억제하고 음식을 차리라 하매 32 그들이 요셉에게 따로 하고 그 형제들에게 따로 하고 배식하는 애굽 사람에게도 따로 하니 애굽 사람은 히브리 사람과 같이 먹으면 부정을 입음이었더라 33 그들이 요셉의 앞에 앉되 그 장유의 차서대로 앉히운 바 되니 그들이 서로 이상히 여겼더라 34 요셉이 자기 식물로 그들에게 주되 베냐민에게는 다른 사람보다 오배나 주매 그들이 마시며 요셉과 함께 즐거워하였더라

창세기 43장은 야곱의 아들들이 두 번째 애굽에 내려간 이야기이다. 먼저, 1-14절은 가나안 땅에서 야곱과 그 아들들, 특히 유다가 나눈 대화이다. 이 대화를 통해서 야곱은 그 아들들이 베냐민을 데리고 애굽에 가는 것을 승낙하게 된다. 여기서 야곱은 그 아들들과 화해하게 된다. 그 다음, 본문 15-34절은 애굽에서 야곱의 아들들, 즉 요셉의 형제들이 요셉과 식사한 이야기이다. 이 식사를 통해서 요셉은 그 형제들을 환대한다. 여기서 요셉은 형들과 화해하게 된다.

형들을 환대한 요셉

그러면 어떻게 요셉은 형들과 화해한 것일까? 15절을 보자. "그 사람들이 그 예물을 취하고 갑절 돈을 자기들의 손에 가지고 베냐민을 데리고 애굽에 내려가서 요셉의 앞에 서니라." 이것은 앞서 창세기 43장 11-13절에서 이스라엘이 말한 대로 그 아들들이 따른 것을 보여준다.

이렇게 요셉의 형들이 베냐민을 데리고 요셉의 앞에 섰을 때, 요셉은 그의 청지기에게 식사를 준비시켰다. 16절을 보자. "요셉이 베냐민이 그들과 함께 있음을 보고 그 청지기에게 이르되 이 사람들을 집으로 인도해 들이고 짐승을 잡고 준비하라 이 사람들이 오정에 나와 함께 먹을 것이니라." 요셉은 자기 집에서 오정에 그의 형들과 함께 식사하려고 한 것이다. 그런데 주목할 것은 요셉이 이렇게 하게 된 이유이다. 그것은 "요셉이 베냐민이 그들과 함께 있음을 보았기" 때문이다. 요셉은 다른 형제들과 함께 있는 베냐민을 보고 그 청지기에게 식사를 준비시킨 것이다.

그렇다면 요셉은 이때 베냐민을 보고 무슨 생각을 한 것일까? 우리는 이어지는 사건을 통해서 여기에 대해서 알게 된다.

우선, 17절을 보자. "그 사람이 요셉의 명대로 하여 그 사람들을 요셉의 집으로 인도하니." 요셉의 청지기는 요셉의 명령대로 요셉의 형제들을 요셉의 집으로 인도했다.

그랬을 때, 요셉의 형제들이 보인 반응이 18절에 나온다. "그 사람들이 요셉의 집으로 인도되매 두려워하여 이르되 전일 우리 자루에 넣어 있던 돈의 일로 우리가 끌려드도다 이는 우리를 억류하고 달려들어 우리를 잡아 노예를 삼고 우리의 나귀를 빼앗으려 함이로다 하고." 그 청지기가 요셉의 형제들을 요셉의 집으로 인도한 것은 그들을 두렵게 했다. 그것은 양식을 사러 온 사람들 가운데 자신들에게만 그렇게 했기 때문일 것이다. 그들은 그 두려움을 이런 말로 표현했다. "전일 우리 자루에 넣어 있던 돈의 일로 우리가 끌려드도다 이는 우리를 억류하고 달려들어 우리를 잡아 노예를 삼고 우리의 나귀를 빼앗으려 함이로다." 요셉의 형제들은 첫 번째 애굽에 왔다가 돌아갈 때 자루에 들어 있던 돈 때문에 자신들을 노예로 삼을 거라는 두려움을 갖게 된 것이다.

여기서 우리는 하나님의 섭리에 의해서 또 다시 요셉의 형들이 심은 대로 거둔 것을 본다. 왜냐하면 과거 그들이 요셉을 노예로 팔았기 때문이다.

그래서 두려워진 요셉의 형들은 요셉의 집에 들어가기 전에 과거 자루에 들어 있던 돈에 대해 해명했다. 19-22절을 보자. "그들이 요셉의 청지기에게 가까이 나아가 그 집 문 앞에서 그에게 고하여 가로되 내 주여 우리가 전일에 내려와서 양식을 사 가지고 객점에 이르러 자루를 풀어본즉 각인의 돈이 본수대로 자루 아구에 있기로 우리가 도로 가져왔고 양식 살 다른 돈도 우리가 가지고 내려왔나이다 우리의 돈을 우리 자루에 넣은 자는 누구인지 우리가 알지 못하나이다." 요셉의 형들은 그 돈을 자신들이 훔친 것은 아니라는 점을 분명히 밝힌 것이다.

그랬을 때, 요셉의 청지기가 보인 반응이 23-24절에 나온다. "그가 이르되 너희는 안심하라 두려워 말라 너희 하나님 너희 아버지의 하나님이 재물을 너희 자루에 넣어 너희에게 주신 것이니라 너희 돈은 내가 이미 받았느니라 하고 시므온을 그들에게로 이끌어 내고 그들을 요셉의 집으로 인도하고 물을 주어 발을 씻게 하며 그 나귀에게 먹이를 주더라."

그 청지기는 자루에 들어 있던 돈 때문에 두려워하는(18절) 요셉의 형제들에게 말했다. "너희는 안심하라 두려워 말라." 이때 "너희는 안심하라"는 말은 "너희에게 평안(샬롬)이 있기를 바란다"는 뜻의 인사다. 이것은 요셉과 형들의 관계가 두려움에서 평화로 바뀌고 있음을 의미한다. 요셉과 형들 사이에 화해가 이루어진 것이다.

또한 그 청지기는 자루에 들어 있던 돈에 대해 이런 설명을 덧붙였다. "너희 하나님 너희 아버지의 하나님이 재물을 너희 자루에 넣어 너희에게 주신 것이니라 너희 돈은 내가 이미 받았느니라." 이 청지기는 자루에 들어 있던 돈을 하나님의 섭리로 본 것이다. 따라서 자루에 들어 있던 돈은 하나님이 요셉의 형들에게 주신 것이다. 그러기에 그들은 이 돈을 돌려줄 필요가 없다.

그러면서 그 청지기는 "시므온을 그들에게로 이끌어 냈다." 주목할 것은 요셉의 형들이 자루에 들어 있던 돈을 정직하게 돌려주려고 하자, 시므온을 그들에게 돌려준 것이다. 요셉의 형들은 자루에 들어 있던 돈을 갖기 위해서 시므온을 버리지 않았다. 그들은 마치 과거에 그들이 돈을 받고 요셉을 팔아 버린 것처럼 하지 않은 것이다. 사실, 요셉은 이 점을 시험하려고 형들의 자루에 돈을 도로 넣었던 것이다. 그래서 요셉은 이제 과거와 다른 형들의 변화된 모습을 확인하게 된 것이다.

이와 함께 그 청지기가 요셉의 형들에게 한 일이 있다. "그들을 요셉의 집으로 인도하고 물을 주어 발을 씻게 하며 그 나귀에게 먹이를 주더라"(24절). 이것은 그 청지기가 그들을 환대했음을 보여준다.

이처럼 요셉의 청지기가 요셉의 형들을 환대한 것은 요셉이 형들과 화해한 것을 나타낸다. 요셉은 형들의 변화를 확인한 다음 그들과 화해한 것이다. 요셉과 형들의 화해를 위해서는 형들의 변화가 선행되어야 했던 것이다. 그래서 앞서 창세기 42장 21-24절에서도 형들이 과거 자신들이 요셉에게 한 행동에 대해 뉘우쳤을 때, 요셉이 운 것이다. 즉 그들 사이에 화해가 시작된 것이다.

이 점은 사람과 사람 사이의 화해뿐만 아니라 하나님과 사람 사이의 화해에서도 마찬가지이다. 하나님은 예수 그리스도를 십자가에서 피 흘려 죽게 하심으로써 우리의 모든 죄를 용서해 주시고 우리와 화목하기를 원하셨다. 그러나 우리가 우리의 지은 죄를 깨닫고 회개하고 돌이키지 않으면 하나님이 하신 일은 아무 의미가 없게 된다. 우리에게는 샬롬이 임할 수 없는 것이다. 하나님과 사람 사이의 화해가 이루어지려면 회개와 삶의 변화가 선행되어야 한다. 삶의 변화가 없는 화해는 있을 수 없다. 따라서 우리가 습관적으로 죄를 짓는다면 그것은 하나님과의 화해가 무엇인지 모르고, 하나님의 용서를 누리지 못한다는 의미일 것이다. 우리가 하나님의 용서를 받고 하나님과 화해한 사람이라면 삶 속에서 지난날의 잘못을 고쳐야 할 것이다.

성취된 요셉의 꿈

이렇게 청지기의 환대를 받은 요셉의 형들은 마침내 기다리던 요셉을 만나게 된다. 25-26절을 보자. "그들이 여기서 먹겠다 함을 들으므로 예물을 정돈하고 요셉이 오정에 오기를 기다리더니 요셉이 집으로 오매 그들이 그 집으로 들어가서 그 예물을 그에게 드리고 땅에 엎드리어 절하니." 여기 요셉의 형제들이 요셉에게 엎드리어 절하는 장면이 나온다. 주목할 것은 이때 절한 사람이 모두 열한 명이라는 점이다. 시므온도 풀려났고, 베냐민도 함께 내려왔기 때문이다. 이것은 요셉이 처음 꾸었던 꿈이 비로소 성취된 것을 보여준다(창 42:6).

이렇게 형제들을 만나게 된 요셉은 먼저 그들의 아버지에 대해 물었다. 27-28절을 보자. "요셉이 그들의 안부를 물으며 가로되 너희 아버지 너희가 말하던 그 노인이 안녕하시냐 지금까지 생존하셨느냐 그들이 대답하되 주의 종 우리 아비가 평안하고 지금까지 생존하였나이다 하고 머리 숙여 절하더라." 여기 보면, 요셉은 아버지 야곱에 대해 이렇게 물었다. "너희 아버지 너희가 말하던 그 노인이 안녕하시냐? 지금까지 생존하셨느냐?" 그러자 형제들이 대답했다. "주의 종 우리 아비가 평안하고 지금까지 생존하였나이다." 이때 "안녕하다" 또는 "평안하다"는 말은 샬롬을 묻고 답하는 말이다.

그런데 요셉은 아버지의 샬롬만 물은 것이 아니다. 왜냐하면 27절이 이렇게 시작되기 때문이다. "요셉이 그들의 안부를 물으며." 요셉은 아버지의 샬롬뿐 아니라 형들의 안부[샬롬]에 대해서도 물은 것이다.

이것은 앞서 23절에서 요셉의 청지기가 "너희는 안심하라," 즉 "너희에게 평안[샬롬]이 있기를"이라고 인사한 것과 함께 중요한 사실을 나타낸다. 그것은 요셉과 형들의 관계가 더 이상 두려움의 관계가 아닌 평화[샬롬]의 관계라는 것이다. 따라서 앞서 창세기 42장에서 첫 번째 애굽에 내려갔을 때 시작된 요셉과 그 형들의 화해는 여기서도 계속된다.

형제들을 다시 만나게 된 요셉은 그 다음 자기 동생 베냐민에 대해 물었다. 29절을 보자. "요셉이 눈을 들어 자기 어머니의 아들 자기 동생 베냐민을 보고 가로되 너희가 내게 말하던 너희 작은 동생이 이냐 그가 또 가로되 소자여 하나님이 네게 은혜 베푸시기를 원하노라."

이때 "눈을 들어 ⋯ 보고"라는 표현은 본 것의 중요성을 나타낸다. 그 중요성은 본 것이 하나님과 관련된 것이란 점에 기인한다. 창세기에는 이 표현이 여러 번 나온다. "이에 롯이 눈을 들어 요단 들을 바라본즉 소알까지 온 땅에 물이 넉넉하니 여호와께서 소돔과 고모라를 멸하시기 전이었는 고로 여호와의 동산 같고 애굽 땅과 같았더라"(창 13:10). "롯이 아브람을 떠난 후에 여호와께서 아브람에게 이르시되 너는 눈을 들어 너 있는 곳에서 동서남북을 바라보라 보이는 땅을 내가 너와 네 자손에게 주리니 영원히 이르리라"(창 13:14-15). "여호와께서 마므레 상수리 수풀 근처에서 아브라함에게 나타나시니라 오정 즈음에 그가 장막 문에 앉았다가 눈을 들어 본즉 사람 셋이 맞은편에 섰는지라 그가 그들을 보자 곧 장막 문에서 달려 나가 영접하며 몸을 땅에 굽혀"(창 18:1-2). "아브라함이 아침에 일찍이 일어나 나귀에 안장을 지우고 두 사환과 그 아들 이삭을 데리고 번제에 쓸 나무를 쪼개어 가지고 떠나 하나님의 자기에게 지시하시는 곳으로 가더니 제 삼 일에 아브라함이 눈을 들어 그곳을 멀리 바라본지라"(창 22:3-4). "아브라함이 눈을 들어 살펴본즉 한 수양이 뒤에 있는데 뿔이 수풀에 걸렸는지라 아브라함이 가서 그 수양을 가져다가 아들을 대신하여 번제로 드렸더라 아브라함이 그 땅 이름을 여호와이레라 하였으므로 오늘까지 사람들이 이르기를 여호와의 산에서 준비되리라 하더라"(창 22:13-14). "이삭이 저물 때에 들에 나가 묵상하다가 눈을 들어 보매 약대들이 오더라 리브가가 눈을 들어 이삭을 바라보고 약대에서 내려"(창 24:63-64). "그 양 떼가 새끼 밸 때에 내가 꿈에 눈을 들어 보니 양 떼를 탄 수양은 다 얼룩무늬 있는 것, 점 있는 것, 아롱진 것이었더라 꿈에 하나님의 사자가 내게 말씀하시기를 야곱아 하기로 내가 대답하기를 여기 있나이다 하매 가라사대 네 눈을 들어 보라 양 떼를 탄 수양은 다 얼룩무늬 있는 것, 점 있는 것, 아롱진 것이니라 라반이 네게 행한 모든 것을 내가 보았노라"(창 31:10-12). "야곱이 눈을 들어 보니 에서가 사백 인을 거느리고 오는지라 그 자식들을 나누어 레아와 라헬과 두 여종에게 맡기고"(창 33:1, 32:6, 11 참조) "에서가 눈을 들어 여인과 자식들을 보고 묻되 너와 함께 한 이들은 누구냐 야곱이 가로되 하나님이 주의 종에게 은혜로 주신 자식이니이다"(창 33:5). "그들이 앉아 음식을 먹다가 눈을 들어 본즉 한 떼 이스마엘 족속이 길르앗에서 오는데 그 약대들에 향품과 유향과 몰약을 싣고 애굽으로 내려가는지라"(창 37:25, 45:5 참조).

본문에서 요셉이 눈을 들어 본 것은 베냐민이다. 그렇다면 여기서 베냐민은 왜 중요할까? 여기서 베냐민은 어떤 점에서 하나님과 관련이 있을까? 그것은 요셉이 형제들을 시켜서 베냐민을 데려오도록 한 이유를 보면 알 수 있다. 원래 야곱은 베냐민을 뺀 열 명의 아들들만을 애굽으로 보냈었다. 그런데 그들을 본 요셉은 그들의 말째 아우 베냐민도 데려오게 했다. 왜냐하면 그는 자기가 꾼 꿈의 성취를 생각했기 때문이다. "요셉이 그들에게 대하여 꾼 꿈을 생각하고 그들에게 이르되 너희는 정탐들이라 이 나라의 틈을 엿보려고 왔느니라 … 요셉이 그들에게 이르되 내가 너희에게 이르기를 너희는 정탐들이라 한 말이 이것이니라 너희는 이같이 하여 너희 진실함을 증명할 것이라 바로의 생명으로 맹세하노니 너희 말째 아우가 여기 오지 아니하면 너희가 여기서 나가지 못하리라"(창 42:9, 14-15). 이처럼 요셉이 눈을 들어 베냐민을 본 것은 중요하다. 왜냐하면 그것은 요셉이 꾼 꿈의 성취를 의미하기 때문이다.

베냐민을 시기하지 않은 형들

그런데 성경은 여기서 베냐민에 대해 이런 설명을 덧붙인다. "자기 어머니의 아들 자기 동생." 이것은 요셉과 베냐민의 결속을 보여준다. 그런 만큼, 베냐민에 대한 요셉의 정은 특별하다. 30-31절을 보자. "요셉이 아우를 인하여 마음이 타는 듯하므로 급히 울 곳을 찾아 안방으로 들어가서 울고 얼굴을 씻고 나와서 그 정을 억제하고 음식을 차리라 하매."

결국, 요셉의 명령대로 음식을 차리게 되었다. 32-34절을 보자. "그들이 요셉에게 따로 하고 그 형제들에게 따로 하고 배식하는 애굽 사람에게도 따로 하니 애굽 사람은 히브리 사람과 같이 먹으면 부정을 입음이었더라 그들이 요셉의 앞에 앉되 그 장유의 차서대로 앉히운 바 되니 그들이 서로 이상히 여겼더라 요셉이 자기 식물로 그들에게 주되 베냐민에게는 다른 사람보다 오배나 주매 그들이 마시며 요셉과 함께 즐거워하였더라."

여기서 주목할 것은 베냐민에 대한 요셉의 편애이다. 그는 베냐민에게는 다른 사람보다 식물을 "오배나 주었다"고 말한다. 이것은 형들을 시험하기 위한 것이다. 그랬을 때 형들이 보인 반응은 이렇다. "그들이 마시며 요셉과 함께 즐거워하였더라." 형들은 과거 야곱이 편애한 요셉을 시기했던 것처럼 요셉이 편애한 베냐민을 시기하지 않은 것이다. 형들의 변화가 다시 나타나는 대목이다.

결국, 요셉을 시기했던 형들은 베냐민을 시기하지 않았다. 그들은 과거와 달리 변화되었다. 이런 변화와 함께 요셉은 그들과 화해한 것이다.

이렇게 형들의 변화를 통한 요셉과 형들의 화해를 가능하게 만든 것은 하나님의 섭리이다. 원래 야곱의 가정은 깨어진 가정이었다. 그렇지만 하나님이 역사하실 때 아버지와 아들들이 화해하게 되고, 요셉과 형들이 화해하게 되어 가정이 회복된 것이다. 우리의 가정에도 이런 회복이 있기를!

25

회개는
생활의 변화로 나타나야

창 44:1-13 1 요셉이 그 청지기에게 명하여 가로되 양식을 각인의 자루에 실을 수 있을 만큼 채우고 각인의 돈을 그 자루에 넣고 2 또 내 잔 곧 은잔을 그 소년의 자루 아귀에 넣고 그 양식 값 돈도 함께 넣으라 하매 그가 요셉의 명령대로 하고 3 개동 시에 사람들과 그 나귀를 보내니라 4 그들이 성에서 나가 멀리 가기 전에 요셉이 청지기에게 이르되 일어나 그 사람들의 뒤를 따라 미칠 때에 그들에게 이르기를 너희가 어찌하여 악으로 선을 갚느냐 5 이것은 내 주인이 가지고 마시며 늘 점치는데 쓰는 것이 아니냐 너희가 이같이 하니 악하도다 하라 6 청지기가 그들에게 따라 미쳐 그대로 말하니 7 그들이 그에게 대답하되 우리 주여 어찌 이렇게 말씀하시나이까 이런 일은 종들이 결단코 아니하나이다 8 우리 자루에 있던 돈도 우리가 가나안 땅에서부터 당신에게로 가져왔거늘 우리가 어찌 당신 주인의 집에서 은, 금을 도적질하리이까 9 종들 중 뉘게서 발견되든지 그는 죽을 것이요 우리는 우리 주의 종이 되리이다 10 그가 가로되 그러면 너희 말과 같이 하리라 그것이 뉘게서든지 발견되면 그는 우리 종이 될 것이요 너희에게는 책망이 없으리라 11 그들이 각각 급히 자루를 땅에 내려놓고 각기 푸니 12 그가 나이 많은 자에게서부터 시작하여 나이 적은 자에게까지 수탐하매 잔이 베냐민의 자루에서 발견된지라 13 그들이 옷을 찢고 각기 짐을 나귀에 싣고 성으로 돌아오니라 창세기 42장에서 요셉의 형들은 양식을 사러 처음 애굽에 내려갔다가 요셉을 만난다. 그때 요셉은 자신의 정체를 감춘 채 그들을 정탐으로 몰아 위협하고 그들의 말째 아우를 데려오도록 명령한다. 그러면서 시므온은 옥에 가두고 나머지 형제들은 곡물과 함께 그들의 돈을 자루에 넣어 돌려보낸다. 요셉이 그렇게 한 것은 형들을 시험하기 위해서이다. 요셉은 그들이 시므온을 생각해서 정직하게 돈을 돌려줄지를 보려고 한 것이다. 왜냐하면 그들은 과거에 돈을 받고 요셉을 팔았기 때문이다.

창세기 43장에서 요셉의 형들은 베냐민을 데리고 양식을 사러 다시 애굽에 내려간다. 이때 그들은 그들의 자루에 들어 있던 돈을 돌려주려고 도로 가져간다. 그런데 베냐민이 형들과 함께 온 것을 본 요셉은 그들과 함께 식사를 하게 된다. 그러면서 요셉은 베냐민에게는 다른 형제보다 다섯 배나 많은 음식을 준다. 그렇지만 형들은 그 일에 상관하지 않고 즐겁게 식사한다.

베냐민의 자루에 은잔을 넣게 한 요셉

그런 다음, 요셉은 형제들을 보내게 된다. 그것이 본문 1-3절의 내용이다. "요셉이 그 청지기에게 명하여 가로되 양식을 각인의 자루에 실을 수 있을 만큼 채우고 각인의 돈을 그 자루에 넣고 또 내 잔 곧 은잔을 그 소년의 자루 아귀에 넣고 그 양식 값 돈도 함께 넣으라 하매 그가 요셉의 명령대로 하고 개동 시에 사람들과 그 나귀를 보내니라."

여기 보면, 요셉은 형제들을 보낼 때 처음과 마찬가지로 양식과 함께 그들의 돈을 자루에 넣게 한다. 그런데 이번에는 다른 것이 있다. 베냐민의 자루에는 요셉의 잔 곧 은잔도 넣게 한 것이다. 요셉이 이렇게 한 것은 역시 형들을 시험하기 위해서이다. 요셉은 그들이 어떻게 베냐민에게 할 것인지를 보려고 한 것이다.

요셉은 이미 형제들과 식사하는 자리에서 이 점을 시험했다. 창세기 43장 34절에 보면, 요셉은 형제들에게 음식을 나눠줄 때 베냐민에게는 다른 사람보다 다섯 배나 주었다. 베냐민은 요셉의 편애를 받은 것이다. 그것은 마치 요셉이 야곱의 편애를 받아 형들에게 미움을 샀던 경우와 비슷하다. 그렇지만 형들은 요셉의 편애를 받은 베냐민을 미워하지 않았다. 그래서 그들은 마시며 요셉과 함께 즐거워했다. 그들이 달라진 것이다. 그렇지만 요셉은 한때 자기를 미워해서 팔아 버린 형들의 진정성을 확인하고 싶었다. 그래서 그는 베냐민의 자루에 요셉의 잔 곧 은잔을 넣게 한 것이다. 형들은 과거 라헬의 아들이면서 야곱이 사랑하는 요셉을 종으로 팔아 버렸다. 그렇다면 역시 라헬의 아들이면서 야곱이 사랑하는 베냐민을 형들은 어떻게 할 것인가?

이렇게 해서 형들을 보낸 요셉은 청지기를 시켜 그들을 따라가게 한다. 4-6절을 보자. "그들이 성에서 나가 멀리 가기 전에 요셉이 청지기에게 이르되 일어나 그 사람들의 뒤를 따라 미칠 때에 그들에게 이르기를 너희가 어찌하여 악으로 선을 갚느냐 이것은 내 주인이 가지고 마시며 늘 점치는데 쓰는 것이 아니냐 너희가 이같이 하니 악하도다 하라 청지기가 그들에게 따라 미쳐 그대로 말하니."

요셉이 청지기에게 말하도록 시킨 내용은 이렇다. "너희가 어찌하여 악으로 선을 갚느냐 이것은 내 주인이 가지고 마시며 늘 점치는데 쓰는 것이 아니냐 너희가 이같이 하니 악하도다." 여기 "내 주인이 가지고 마시며 늘 점치는데 쓰는 것"은 요셉의 은잔을 말한다. 그리고 "너희가 어찌하여 악으로 선을 갚느냐 … 너희가 이같이 하니 악하도다"는 요셉의 형들이 그 잔을 훔친 것에 대해 말한 것이다. 요셉의 은잔을 점치는 것으로 말한 것은 그것을 자루에 넣고 훔친 것처럼 말한 것과 마찬가지로 계략을 꾸민 것이다. 요셉은 자기의 정체를 감추고서 형들을 시험하려고 한 것이다.

결백을 주장한 형들

그래서 청지기가 요셉이 시킨 대로 요셉의 형들을 따라가서 말했을 때 그들은 이렇게 대답했다. 7-9절을 보자. "그들이 그에게 대답하되 우리 주여 어찌 이렇게 말씀하시나이까 이런 일은 종들이 결단코 아니하나이다 우리 자루에 있던 돈도 우리가 가나안 땅에서부터 당신에게로 가져왔거늘 우리가 어찌 당신 주인의 집에서 은, 금을 도적질하리이까 종들 중 뉘게서 발견되든지 그는 죽을 것이요 우리는 우리 주의 종이 되리이다."

우선, 요셉의 형들은 청지기의 말을 부정했다. "우리 주여 어찌 이렇게 말씀하시나이까 이런 일은 종들이 결단코 아니하나이다." 그러면서 그들은 과거 자신들이 보인 행동을 근거로 결백을 주장했다. "우리 자루에 있던 돈도 우리가 가나안 땅에서부터 당신에게로 가져왔거늘 우리가 어찌 당신 주인의 집에서 은, 금을 도적질하리이까." 게다가 그들은 거리낌 없이 이런 약속까지 했다. "종들 중 뉘게서 발견되든지 그는 죽을 것이요 우리는 우리 주의 종이 되리이다." 그들이 이렇게 말할 수 있는 것은 자신들의 결백에 대한 확신 때문이다.

그러자 이 말을 들은 요셉의 청지기가 말했다. 10절을 보자. "그가 가로되 그러면 너희 말과 같이 하리라 그것이 뉘게서든지 발견되면 그는 우리 종이 될 것이요 너희에게는 책망이 없으리라."

청지기는 요셉의 형들이 맹세한 내용을 받아들였다. 그러면서 그 내용을 수정했다. 요셉의 형들은 요셉의 잔이 발견된 사람은 죽을 것이고, 나머지는 종이 될 거라고 말했다. 그러나 청지기는 요셉의 잔이 발견된 사람만이 종이 될 것이고, 나머지는 책임이 없을 거라고 수정해서 말했다. 왜냐하면 이 시험의 목적은 베냐민을 종으로 삼을 때 형들의 반응을 보기 위한 것이기 때문이다.

요셉의 형들은 청지기의 말에 따랐다. 11절을 보자. "그들이 각각 급히 자루를 땅에 내려놓고 각기 푸니." 여기서도 "급히"라는 말은 그들의 주저할 것 없는 행동을 나타낸다.

베냐민의 자루에서 발견된 요셉의 잔

그러자 요셉의 청지기가 그들을 조사했다. 12절을 보자. "그가 나이 많은 자에게서부터 시작하여 나이 적은 자에게까지 수탐하매 잔이 베냐민의 자루에서 발견된지라." 우리는 이미 창세기 43장 33절에서 이런 내용을 본 적이 있다. "그들이 요셉의 앞에 앉되 그 장유의 차서대로 앉히운 바 되니 그들이 서로 이상히 여겼더라." 형들이 요셉 앞에 나이 순서대로 앉게 되었을 때 그들은 서로 놀랐다는 것이다. 이것은 불안감을 조성하기 위한 것이다. 여기 요셉의 청지기가 자루를 조사하는 데도 "나이 많은 자에게서부터 시작하여 나이 적은 자에게까지" 했다고 말한다. 요셉의 청지기는 마지막 베냐민의 자루에 요셉의 은잔이 있다는 것을 알면서도 그렇게 한 것이다. 이것 역시 불안감을 고조시키기 위한 것이다. 이렇게 조사한 결과는 베냐민의 자루에서 잔이 발견된 것이다. 그렇다면 이제 베냐민은 약속대로 애굽에서 종이 되어야 하는 것이다.

이것은 이십여 년 전 요셉이 애굽에 종으로 팔려 갔던 때의 상황과 흡사하다. 베냐민은 요셉과 마찬가지로 라헬의 아들이면서 야곱이 사랑하는 아들이다. 그런 베냐민이 요셉과 마찬가지로 애굽에서 종이 되어야 하는 상황에 놓인 것이다. 요셉은 이런 상황을 일부러 만든 것이다. 그래서 요셉은 이런 상황에서 형들이 어떻게 할지를 보려고 한 것이다.

베냐민을 대하는 형들의 태도

그랬을 때, 형들이 보인 반응이 13절에 나온다. "그들이 옷을 찢고 각기 짐을 나귀에 싣고 성으로 돌아오니라."

이것은 과거 요셉을 팔았을 때 그들이 보였던 행동과 사뭇 다른 것이다. 우선, 그들이 "옷을 찢었다." 이러한 행동은 그들의 괴로움을 표현한 것이다. 그런데 이것은 그들이 과거 요셉을 팔았을 때와 대조적이다. 그때 옷을 찢은 것은 르우벤과 야곱뿐이었다. "르우벤이 돌아와서 구덩이에 이르러 본즉 거기 요셉이 없는지라 옷을 찢고 아우들에게로 와서 가로되 아이가 없도다 나는 나는 어디로 갈까 … 아비가 그것을 알아보고 가로되 내 아들의 옷이라 악한 짐승이 그를 먹었도다 요셉이 정녕 찢겼도다 하고 자기 옷을 찢고 굵은 베로 허리를 묶고 오래도록 그 아들을 위하여 애통하니"(창 37:29-30, 33-34). 요셉의 형들은 르우벤에게는 요셉을 판 사실을 숨겼고, 야곱에게는 악한 짐승이 먹은 것처럼 속였다. 그래서 요셉이 애굽에 종으로 팔려 간 것을 모르는 르우벤과 야곱만 옷을 찢은 것이다. 나머지 형들은 옷을 찢지 않았다. 그들은 요셉이 애굽에 종으로 팔려 간 것에 대해 슬퍼하거나 괴로워하지 않았다.

그런데 지금은 그들이 베냐민이 애굽에서 종이 되어야 하는 것을 알고 옷을 찢은 것이다. 그들도 마음이 아팠던 것이다. 이것은 중요한 변화이다. 이제 요셉의 형들도 아버지와 형제의 사정을 헤아리게 된 것이다.

그 다음, 그들이 "각기 짐을 나귀에 싣고 성으로 돌아온" 것이다. 이것은 그들이 과거 요셉을 버렸듯이 베냐민을 버리지 않았음을 보여준다. 창세기 42장 21절에서 요셉의 형들은 요셉을 팔았을 때의 일을 이렇게 말한다. "우리가 아우의 일로 인하여 범죄하였도다 그가 우리에게 애걸할 때에 그 마음의 괴로움을 보고도 듣지 아니하였으므로 이 괴로움이 우리에게 임하도다."

이처럼 본문에서 형들의 모습은 과거와 다르다. 그들은 베냐민이 애굽에서 종이 되어야 하는 것을 알고 "옷을 찢고 각기 짐을 나귀에 싣고 성으로 돌아온" 것이다. 그들은 베냐민 때문에 마음이 아팠고 베냐민을 버리지 않은 것이다. 그들이 달라진 것이다. 요셉이 확인하고 싶은 것이 바로 이 점이다. 그것은 요셉이 형들과 화해하기 위해서이다.

창세기 37장에는 과거 요셉을 대하던 형들의 모습이 잘 나타나 있다. "그 형들이 … 그를 미워하여 그에게 언사가 불평하였더라 … 그들이 그를 더욱 미워하였더라 … 그 형들이 … 그를 더욱 미워하더니 … 그 형들은 시기하되 … 그들이 … 죽이기를 꾀하여 … 서로 이르되 … 자, 그를 죽여 한 구덩이에 던지고 … 그 형들이 요셉의 옷 곧 그 입은 채색옷을 벗기고 그를 잡아 구덩이에 던지니 … 유다가 자기 형제에게 이르되 … 자 그를 이스마엘 사람에게 팔고 … 그들이 … 은 이십 개에 그를 이스마엘 사람들에게 팔매."

또한 창세기 37장에는 과거 아버지 야곱을 대하던 형들의 모습이 잘 나타나 있다. "그들이 요셉의 옷을 취하고 수염소를 죽여 그 옷을 피에 적시고 그 채색옷을 보내어 그 아비에게로 가져다가 이르기를 우리가 이것을 얻었으니 아버지의 아들의 옷인가 아닌가 보소서 하매 … 그 모든 자녀가 위로하되." 요셉의 형들은 아버지를 거짓과 위선으로 대하고 속인 것이다.

요셉은 이런 형들과 화해하려는 것이다. 요셉은 이미 형들에 대한 원한이 없다. 그렇지만 형들과 관계가 회복되려면 형들의 회개와 변화가 필요하다. 그래서 요셉은 형들을 시험한 것이다.

하나님은 우리의 죄와 죄책을 대신 담당하신 예수 그리스도 안에서 우리를 용서하신다. 그렇지만 우리는 회개 없이 이러한 하나님의 용서를 경험할 수 없다. 하나님과 관계가 회복되려면 우리의 회개와 변화가 필요하다.

회개는 생활의 변화로 나타나야

창세기 42장에서 요셉은 형들을 애굽에서 처음 만났을 때 그들에게 엄한 소리로 말하고, 그들을 정탐으로 몰아세우고, 그들을 삼 일 동안 가두고, 그리고 마침내 그들 중 한 사람을 구류하기로 하면서 위협을 가했다. 그때 요셉의 형들은 자기들이 요셉에게 한 일에 대하여 회개했다. 그들은 요셉 앞에서 서로 이렇게 말한 것이다. "우리가 아우의 일로 인하여 범죄하였도다 그가 우리에게 애걸할 때에 그 마음의 괴로움을 보고도 듣지 아니하였으므로 이 괴로움이 우리에게 임하도다"(창 42:21).

그렇지만 요셉은 형들을 보내면서 자루에 곡식과 함께 그들의 돈을 도로 넣음으로써 그들을 시험했다. 창세기 43장에서 요셉은 형들을 애굽에서 두 번째 만났을 때 그들과 식사하면서 그들을 시험했다. 그리고 요셉은 다시 형들을 보내면서 자루에 곡식과 함께 그들의 돈을 도로 넣게 하고 베냐민의 자루에는 요셉의 잔을 넣게 함으로써 그들을 시험했다. 그렇다면 왜 요셉은 형들이 이미 회개했음에도 이렇게 자꾸 그들을 시험한 것일까? 그것은 그들의 생활이 변화된 것을 확인하기 위해서이다. 왜냐하면 회개는 생활의 변화로 나타나야 하기 때문이다.

성경은 이 사실을 분명히 가르친다. 누가복음 3장 8절에 보면, 세례 요한은 자기에게 세례를 받으러 오는 사람들에게 이렇게 말했다. "그러므로 회개에 합당한 열매를 맺고 속으로 아브라함이 우리 조상이라 말하지 말라 내가 너희에게 이르노니 하나님이 능히 이 돌들로도 아브라함의 자손이 되게 하시리라." 사도행전 26장 20절에서 사도 바울은 아그립바 왕 앞에서 이렇게 말했다. "먼저 다메섹에와 또 예루살렘에 있는 사람과 유대 온 땅과 이방인에게까지 회개하고 하나님께로 돌아가서 회개에 합당한 일을 행하라 선전하므로." 에스겔 18장 30절은 이렇게 말한다. "나 주 여호와가 말하노라 이스라엘 족속아 내가 너희 각 사람의 행한 대로 국문할찌라 너희는 돌이켜 회개하고 모든 죄에서 떠날찌어다 그리한즉 죄악이 너희를 패망케 아니하리라." 요한계시록 2장 5절은 이렇게 말한다. "그러므로 어디서 떨어진 것을 생각하고 회개하여 처음 행위를 가지라 만일 그리하지 아니하고 회개치 아니하면 내가 네게 임하여 네 촛대를 그 자리에서 옮기리라." 이처럼 회개는 생활의 변화로 나타나야 하는 것이다.

우리가 아무리 교회를 오래 다니고, 직분도 받고, 봉사를 많이 해도 생활이 변하지 않으면 회개한 것이라 볼 수 없다. 요셉이 왜 형들을 시험한 것일까? 형들은 요셉을 미워하고 시기해서 팔아 버렸다. 그런데 그 형들이 정말 회개했다면 그들의 생활이 달라질 것이다. 요셉은 그것을 확인하고 싶은 것이다. 우리도 형제를 미워하고 시기할 때가 많다. 그것은 우리가 제대로 회개하지 않은 증거다. 우리가 정말 회개했다면 형제를 미워하고 시기하지 말아야 한다. 그런 생활이 달라져야 한다. 그것이 회개한 것이다. 요셉이 왜 형들에게 이 사실을 자꾸 확인하려고 하는 것일까? 그 이유는 형들이 회개해야 요셉과 화해가 이루어지기 때문이고, 그래야 그들에게 하나님의 축복이 임하기 때문이다.

26

유다의 변화된 삶

창 44:14-34 14 유다와 그 형제들이 요셉의 집에 이르니 요셉이 오히려 그곳에 있는 지라 그 앞 땅에 엎드리니 **15** 요셉이 그들에게 이르되 너희가 어찌하여 이런 일을 행하였느냐 나 같은 사람이 점 잘 칠 줄을 너희가 알지 못하느냐 **16** 유다가 가로되 우리가 내 주께 무슨 말을 하오리이까 무슨 설명을 하오리이까 어떻게 우리의 정직을 나타내리이까 하나님이 종들의 죄악을 적발하셨으니 우리와 이 잔이 발견된 자가 다 내 주의 종이 되겠나이다 **17** 요셉이 가로되 내가 결코 그리하지 아니하리라 잔이 그 손에서 발견된 자만 나의 종이 되고 너희는 평안히 너희 아버지께로 도로 올라갈 것이니라 **18** 유다가 그에게 가까이 가서 가로되 내 주여 청컨대 종으로 내 주의 귀에 한 말씀을 고하게 하소서 주의 종에게 노하지 마옵소서 주는 바로와 같으심이니이다 **19** 이전에 내 주께서 종들에게 물으시되 너희는 아비가 있느냐 아우가 있느냐 하시기에 **20** 우리가 내 주께 고하되 우리에게 아비가 있으니 노인이요 또 그 노년에 얻은 아들 소년이 있으니 그의 형은 죽고 그 어미의 끼친 것은 그뿐이므로 그 아비가 그를 사랑하나이다 하였더니 **21** 주께서 또 종들에게 이르시되 그를 내게로 데리고 내려와서 나로 그를 목도하게 하라 하시기로 **22** 우리가 내 주께 말씀하기를 그 아이는 아비를 떠나지 못할찌니 떠나면 아비가 죽겠나이다 23 주께서 또 주의 종들에게 말씀하시되 너희 말째 아우가 너희와 함께 내려오지 아니하면 너희가 다시 내 얼굴을 보지 못하리라 하시기로 24 우리가 주의 종 우리 아비에게로 도로 올라가서 내 주의 말씀을 그에게 고하였나이다 25 그 후에 우리 아비가 다시 가서 곡물을 조금 사오라 하시기로 26 우리가 이르되 우리가 내려갈 수 없나이다 우리 말째 아우가 함께하면 내려가려니와 말째 아우가 우리와 함께함이 아니면 그 사람의 얼굴을 볼 수 없음이니이다 27 주의 종 우리 아비가 우리에게 이르되 너희도 알거니와 내 아내가 내게 두 아들을 낳았으나 28 하나는 내게서 나간고로 내가 말하기를 정녕 찢겨 죽었다 하고 내가 지금까지 그를 보지 못하거늘 29 너희가 이도 내게서 취하여 가려한즉 만일 재해가 그 몸에 미치면 나의 흰머리로 슬피 음부로 내려가게 하리라 하니 30 아비의 생명과 아이의 생명이 서로 결탁되었거늘 이제 내가 주의 종 우리 아비에게 돌아갈 때에 아이가 우리와 함께하지 아니하면 31 아비가 아이의 없음을 보고 죽으리니 이같이 되면 종들이 주의 종 우리 아비의 흰머리로 슬피 음부로 내려가게 함이니이다 32 주의 종이 내 아비에게 아이를 담보하기를 내가 이를 아버지께로 데리고 돌아오지 아니하면 영영히 아버지께 죄를 지리이다 하였사오니 33 청컨대 주의 종으로 아이를 대신하여 있어서 주의 종이 되게 하시고 아이는 형제와 함께 도로 올려 보내소서 34 내가 어찌 아이와 함께하지 아니하고 내 아비에게로 올라 갈 수 있으리이까 두렵건대 재해가 내 아비에게 미침을 보리이다

창세기 43장에서 요셉의 형들은 베냐민을 데리고 양식을 사러 두 번째 애굽에 내려간다. 그러자 요셉은 그들을 자기 집으로 인도해 들이게 하고 거기서 함께 식사한다. 그 후, 창세기 44장에서 요셉은 그들을 보내게 된다. 이때 그는 한 번 더 그들을 시험하려고 일을 꾸민다. 그래서 각자의 자루에 양식과 돈을 넣고 베냐민의 자루에는 자신의 잔도 넣어 보낸다. 그런 다음, 요셉은 청지기를 시켜 그들을 따라가서 그 잔이 발견된 자를 종이 되게 만든

다. 결국 베냐민의 자루에서 잔이 발견되자 요셉의 형들은 베냐민과 함께 애굽으로 돌아온다. 그리고 그들은 다시 요셉 앞에 서게 된다. 본문은 바로 이 장면을 기록한 것이다.

다시 요셉에게 지은 죄를 자백한 형들

14절은 요셉과 그의 형제들이 또 다시 만나는 장면을 이렇게 설명한다. "유다와 그 형제들이 요셉의 집에 이르니 요셉이 오히려 그곳에 있는지라 그 앞 땅에 엎드리니." 우선, 주목할 것은 "유다와 그 형제들"이란 표현이다. 이것은 유다가 요셉의 형제들을 대표하는 것으로 표현한 것이다. 유다는 이제 요셉의 형제들을 대표하는 지도자로 등장하는 것이다. 그의 지도력은 그가 베냐민을 보내도록 아버지 야곱을 설득할 때부터 이미 드러나기 시작했다. 그러더니 여기서 그의 지도력이 분명하게 명시된 것이다. 그래서 본문에서 요셉의 형제들이 요셉 앞에 또 다시 섰을 때, 유다가 다른 형제들을 대표해서 요셉과 대화한 것이다.

그 다음, 주목할 것은 가다가 돌아와서 요셉 앞에 다시 서게 된 요셉의 형제들이 취한 행동이다. 성경은 "그 앞 땅에 엎드리니"라고 말한다. 이것은 요셉의 꿈이 성취된 것을 말하지 않는다. 우리는 이미 창세기 42장 6절에서 요셉의 꿈이 성취된 것을 보았다. "요셉의 형들이 와서 그 앞에서 땅에 엎드려 절하매." 또한 창세기 43장 26절과 28절에서도 요셉의 꿈이 성취된 것을 보았다. "그들이 … 땅에 엎드리어 절하니 … 그들이 … 머리 숙여 절하더라." 그때 사용된 말(히브리어 "하바")은 경의를 표하여 절하는 것을 뜻한다. 그러나 여기 사용된 말(히브리어 "나팔")은 절망하여 엎드리는 것을 뜻한다. 이것은 요셉의 형제들이 처한 곤경을 보여준다. 그들은 요셉의 잔을 훔친 것이 발

각된 것이기 때문에 절망하는 것이다.

이런 상황에서 요셉과 유다 사이에 대화가 전개된다. 먼저 요셉이 그들에게 묻는다. "요셉이 그들에게 이르되 너희가 어찌하여 이런 일을 행하였느냐 나 같은 사람이 점 잘 칠 줄을 너희가 알지 못하느냐"(15절). 앞서 5절에서 요셉은 이미 청지기에게 요셉의 잔에 대해 이렇게 말하라고 시킨 적이 있다. "이것은 내 주인이 가지고 마시며 늘 점치는데 쓰는 것이 아니냐."

그러자 유다가 대답한다. "유다가 가로되 우리가 내 주께 무슨 말을 하오리이까 무슨 설명을 하오리이까 어떻게 우리의 정직을 나타내리이까 하나님이 종들의 죄악을 적발하셨으니 우리와 이 잔이 발견된 자가 다 내 주의 종이 되겠나이다"(16절). 우선, 유다는 자신들의 결백을 주장한다. "우리가 내 주께 무슨 말을 하오리이까 무슨 설명을 하오리이까 어떻게 우리의 정직[결백, 무죄]을 나타내리이까." 그러면서 그는 하나님의 판결을 언급한다. "하나님이 종들의 죄악을 적발하셨으니." 여기 "종들의 죄악"은 요셉의 잔을 훔친 것을 가리키지 않는다. 왜냐하면 이미 거기에 대해서는 결백을 주장했기 때문이다. 이것은 자신들이 지은 과거의 모든 죄, 특히 요셉에게 지은 죄를 가리킨다. 그래서 마지막으로 유다는 자신들이 받을 벌에 대해 말한다. "우리와 이 잔이 발견된 자가 다 내 주의 종이 되겠나이다."

여기서 요셉의 형들은 다시금 자신들이 요셉에게 지은 죄를 언급한 셈이다. 그들은 처음 애굽에 와서 요셉을 만났을 때에도 그 죄를 자백한 적이 있다. "우리가 아우의 일로 인하여 범죄하였도다 그가 우리에게 애걸할 때에 그 마음의 괴로움을 보고도 듣지 아니하였으므로 이 괴로움이 우리에게 임하도다"(42:21).

야곱에 대한 형들의 태도를 시험한 요셉

이 대답을 듣고 요셉이 다시 말한다. "요셉이 가로되 내가 결코 그리하지 아니하리라 잔이 그 손에서 발견된 자만 나의 종이 되고 너희는 평안히 너희 아버지께로 도로 올라갈 것이니라"(17절).

이것은 앞에서 요셉의 형제들과 요셉의 청지기 사이에 나눈 대화와 비슷하다. 요셉의 형제들은 요셉의 잔에 대하여 그의 청지기에게 이렇게 말했다. "종들 중 뉘게서 발견되든지 그는 죽을 것이요 우리는 우리 주의 종이 되리이다"(9절). 그러자 그 말을 들은 요셉의 청지기는 요셉의 형제들에게 이렇게 말했다. "그것이 뉘게서든지 발견되면 그는 우리 종이 될 것이요 너희에게는 책망이 없으리라"(10절). 그것은 요셉의 형들이 베냐민에게 어떻게 할 것인지를 시험해 보려는 것이다.

그런데 베냐민의 자루에서 요셉의 잔이 발견되었을 때, 그들은 "옷을 찢고 각기 짐을 나귀에 싣고 성으로 돌아온"(13절) 것이다. 이것은 요셉의 형들과 베냐민 사이에 형제의 결속을 보여준 것이다. 요셉의 형들은 과거 요셉을 팔았던 때와 달라진 것이다. 그들은 베냐민의 괴로움을 헤아릴 줄 알았기에 "옷을 찢었다." 그리고 그들은 베냐민과 함께 애굽으로 돌아간 것이다. 이것은 과거 그들이 요셉을 무정하게 버린 것과는 아주 다른 것이다.

그에 비해, 본문 16-17절은 요셉의 형제들과 요셉 사이에 나눈 대화이다. 요셉의 형제들은 요셉의 잔과 관련하여 요셉에게 이렇게 말했다. "우리와 이 잔이 발견된 자가 다 내 주의 종이 되겠나이다." 그러자 그 말을 들은 요셉은 그 형제들에게 이렇게 말했다. "잔이 그 손에서 발견된 자만 나의 종이 되고 너희는 평안히 너희 아버지께로 도로 올라갈 것이니라." 그것은 요셉의 형들이 그들의 아버지에게 어떻게 할 것인지를 시험해 보려는 것이다.

야곱에 대한 태도가 달라진 유다

자, 그랬을 때, 유다가 말한 내용이 18절부터 34절까지 나온다. 먼저, 그는 요셉에게 자신이 말하는 것을 허락해 달라고 요청한다. "유다가 그에게 가까이 가서 가로되 내 주여 청컨대 종으로 내 주의 귀에 한 말씀을 고하게 하소서 주의 종에게 노하지 마옵소서 주는 바로와 같으심이니이다"(18절). 그런 다음, 그는 말하기 시작한다. 이것은 창세기에 나오는 가장 긴 이야기이다. 그 만큼 요셉을 설득하려는 유다의 심정은 간절하다.

여기서 두드러진 것은 아버지 야곱에 대한 유다의 마음이다. 그래서 그의 이야기는 아버지에 대한 것으로 시작하고 끝난다. "이전에 내 주께서 종들에게 물으시되 너희는 아비가 있느냐 아우가 있느냐 하시기에"(19절). "내가 어찌 아이와 함께하지 아니하고 내 아비에게로 올라 갈 수 있으리이까 두렵건대 재해가 내 아비에게 미침을 보리이다"(34절). 그리고 그가 말한 내용에는 히브리어로 "아비"란 말이 열네 번이나 나온다. 요셉에게 말하는 유다의 관심은 온통 아버지에게 있다.

19-23절은 요셉의 형들이 양식을 사러 처음 애굽에 내려갔을 때의 일을 말한다. "이전에 내 주께서 종들에게 물으시되 너희는 아비가 있느냐 아우가 있느냐 하시기에 우리가 내 주께 고하되 우리에게 아비가 있으니 노인이요 또 그 노년에 얻은 아들 소년이 있으니 그의 형은 죽고 그 어미의 끼친 것은 그 뿐이므로 그 아비가 그를 사랑하나이다 하였더니 주께서 또 종들에게 이르시되 그를 내게로 데리고 내려와서 나로 그를 목도하게 하라 하시기로 우리가 내 주께 말씀하기를 그 아이는 아비를 떠나지 못할찌니 떠나면 아비가 죽겠나이다 주께서 또 주의 종들에게 말씀하시되 너희 말째 아우가 너희와 함께 내려오지 아니하면 너희가 다시 내 얼굴을 보지 못하리라 하시기로."

이 내용은 창세기 42장 13-20절과 43장 7절에 이미 대략적으로 언급된 것이다. 여기서 유다가 강조한 것은 이것이다. 베냐민은 아비가 사랑하는 아이이므로 그가 아비를 떠나면 아비가 죽을 거라는 점이다.

그 다음, 24절은 요셉의 형들이 가나안 땅에 돌아와 그 아비에게 이르렀을 때의 일을 말한다. "우리가 주의 종 우리 아비에게로 도로 올라가서 내 주의 말씀을 그에게 고하였나이다." 이 내용은 창세기 42장 29-34절에 나와 있다. 그 주된 요지는 요셉의 형들이 그 아비에게 말째 아우를 데려오라는 요셉의 말을 전한 것이다.

그 다음, 25-34절은 요셉의 형들이 양식을 사러 두 번째 애굽에 내려갈 때의 일을 말한다. "그 후에 우리 아비가 다시 가서 곡물을 조금 사오라 하시기로 우리가 이르되 우리가 내려갈 수 없나이다 우리 말째 아우가 함께하면 내려가려니와 말째 아우가 우리와 함께함이 아니면 그 사람의 얼굴을 볼 수 없음이니이다 주의 종 우리 아비가 우리에게 이르되 너희도 알거니와 내 아내가 내게 두 아들을 낳았으나 하나는 내게서 나간고로 내가 말하기를 정녕 찢겨 죽었다 하고 내가 지금까지 그를 보지 못하거늘 너희가 이도 내게서 취하여 가려한즉 만일 재해가 그 몸에 미치면 나의 흰머리로 슬피 음부로 내려가게 하리라 하니 아비의 생명과 아이의 생명이 서로 결탁되었거늘 이제 내가 주의 종 우리 아비에게 돌아갈 때에 아이가 우리와 함께하지 아니하면 아비가 아이의 없음을 보고 죽으리니 이같이 되면 종들이 주의 종 우리 아비의 흰머리로 슬피 음부로 내려가게 함이니이다 주의 종이 내 아비에게 아이를 담보하기를 내가 이를 아버지께로 데리고 돌아오지 아니하면 영영히 아버지께 죄를 지리이다 하였사오니 청컨대 주의 종으로 아이를 대신하여 있어서 주의 종이 되게 하시고 아이는 형제와 함께 도로 올려 보내소서 내가 어찌 아이와 함께하지 아니하고 내 아비에게로 올라갈 수 있으리이까 두렵건대 재해가 내 아비에게 미침을 보리이다." 여기서 유다가 말한 내용은 창세기 43장 2-10절과 42장 38절에 나온 것이다. 이때 유다가 강조한 것은 이것이다. 아비에게 돌아갈 때 베냐민이 함께하지 않으면 아비가 죽을 거라는 점이다. 이처럼 유다는 요셉이 베냐민을 종이 되게 할 경우 아비에게 미칠 영향을 강조한 것이다. 유다의 관심은 온통 아비에게 있는 것이다.

이것은 과거 요셉을 팔았을 때 유다가 보인 태도와는 너무 달라진 것이다. 창세기 37장에 가면, 요셉을 팔자고 제안한 사람은 바로 유다였다. "유다가 자기 형제에게 이르되 우리가 우리 동생을 죽이고 그의 피를 은닉한들 무엇이 유익할까 자 그를 이스마엘 사람에게 팔고 우리 손을 그에게 대지 말자 그는 우리의 동생이요 우리의 골육이니라 하매 형제들이 청종하였더라"(창 37:26-27). 여기에는 유다가 요셉을 죽이는 대신 이스마엘 사람에게 팔자고 한 이유가 나온다. "우리가 우리 동생을 죽이고 그의 피를 은닉한들 무엇이 유익할까 … 그는 우리의 동생이요 우리의 골육이니라." 유다는 자신을 포함한 요셉의 형제들의 입장만을 생각한 것이다. 그는 아버지 야곱의 입장은 전혀 고려하지 않은 것이다. 그래서 그는 요셉을 죽이는 대신 팔자고 한 것이다.

이것은 아버지의 입장을 생각한 르우벤과 비교가 된다. 르우벤이 요셉을 죽이지 말자고 한 것은 아버지를 생각했기 때문이다. "르우벤이 또 그들에게 이르되 피를 흘리지 말라 그를 광야 그 구덩이에 던지고 손을 그에게 대지 말라 하니 이는 그가 요셉을 그들의 손에서 구원하여 그 아비에게로 돌리려 함이었더라"(창 37:22). 그래서 르우벤은 요셉을 파는 데는 가담하지 않았다. 아마 르우벤의 의도를 눈치 챈 다른 형제들은 그가 없는 사이 요셉을 팔아 버렸을 것이다. 그래서 나중에 구덩이에 요셉이 없는 것을 본 르우벤은 "옷을 찢고"(창 37:29) 아우들에게 와서 "아이가 없도다 나는 나는 어디로 갈까"(창 37:30)라고 말한 것이다.

그렇다면 아버지를 생각한 르우벤만이 옷을 찢은 것은 당연하다. 아버지 야곱도 아들들에게 속아서 요셉이 짐승에 먹혀 죽은 줄 알고 옷을 찢었던 것이다. 성경은 요셉이 죽은 줄로 안 아버지 야곱의 반응을 이렇게 말한다. "자기 옷을 찢고 굵은 베로 허리를 묶고 오래도록 그 아들을 위하여 애통하니 그 모든 자녀가 위로하되 그가 그 위로를 받지 아니하여 가로되 내가 슬퍼하며 음부에 내려 아들에게로 가리라 하고 그 아비가 그를 위하여 울었더라"(창 37:34-35). 하지만 유다를 비롯한 요셉의 형들은 아버지를 위로했을 뿐(그나마 이것도 거짓 위로일 뿐이다!) 아무도 옷을 찢지 않았다. 그들은 아버지의 고통과 슬픔에 무정했다.

그런데 본문에서 유다는 전혀 다른 모습이다. 그렇게 아버지의 사정에 아랑곳없던 그가 아버지의 슬픔을 헤아릴 줄 알게 된 것이다. "주의 종 우리 아비가 우리에게 이르되 … 너희가 이도 내게서 취하여 가려한즉 만일 재해가 그 몸에 미치면 나의 흰머리로 슬피 음부로 내려가게 하리라 하니(42:38 참조) … 이제 내가 주의 종 우리 아비에게 돌아갈 때에 아이가 우리와 함께하지 아니하면 아비가 아이의 없음을 보고 죽으리니 이같이 되면 종들이 주의 종 우리 아비의 흰머리로 슬피 음부로 내려가게 함이니이다 … 내가 어찌 아이와 함께하지 아니하고 내 아비에게로 올라 갈 수 있으리이까 두렵건대 재해가 내 아비에게 미침을 보리이다." 아버지를 대하는 유다의 태도가 달라진 것이다.

사실, 전에는 아버지 야곱이 요셉을 편애했다(창 37:3). 그러기에 요셉의 형들이 아버지에 대해서 무정했을 수 있다. 그런데 본문에서 유다가 말한 내용 중에는 여전히 아버지 야곱의 편애가 나타난다. "우리가 내 주께 고하되 우리에게 아비가 있으니 노인이요 또 그 노년에 얻은 아들 소년이 있으니 그의 형은 죽고 그 어미의 끼친 것은 그 뿐이므로 그 아비가 그를 사랑하나이다 하였더니"(20절). 아버지 야곱은 적어도 이 점에서 달라지지 않았다. 그렇지만 요셉의 형들은 달라졌다. 그래서 유다는 그런 아버지의 슬픔을 헤아릴 줄 알게 된 것이다.

그뿐만이 아니다. 유다는 본문에서 이런 말도 했다. "주의 종이 내 아비에게 아이를 담보하기를 내가 이를 아버지께로 데리고 돌아오지 아니하면 영영히 아버지께 죄를 지리이다 하였사오니 청컨대 주의 종으로 아이를 대신하여 있어서 주의 종이 되게 하시고 아이는 형제와 함께 도로 올려 보내소서"(32-33절). 과거 요셉을 종으로 팔자고 했던 유다가 지금 베냐민 대신 자기가 종이 되겠다고 나선 것이다. 더군다나 자기가 대신하려는 베냐민은 자기보다 더 아버지의 사랑을 받는 형제이다. 그렇지만 유다는 오직 아버지를 생각해서 자기를 희생하려는 것이다. 유다는 아버지를 사랑한 것이다.

이처럼 유다는 아버지를 대하는 것이 달라졌다. 앞에서는(1-13절) 베냐민을 대하는 것이 달라졌는데, 이제는 아버지를 대하는 것도 달라진 것이다. 유다와 그 형제들은 삶이 변한 것이다.

죄의 자백에서 비롯된 변화된 삶

그렇다면 그들의 변화된 삶은 어디에서 비롯된 것일까? 그것은 그들이 요셉에게 지은 죄를 인정하고 자백한 데서 비롯된 것이다. 다시 말하면, 그들의 변화된 삶은 그들의 회개에서 비롯된 것이다. "그들이 서로 말하되 우리가 아우의 일로 인하여 범죄하였도다 그가 우리에게 애걸할 때에 그 마음의 괴로움을 보고도 듣지 아니하였으므로 이 괴로움이 우리에게 임하도다 르우벤이 그들에게 대답하여 가로되 내가 너희더러 그 아이에게 득죄하지 말라고 하지 아니하였느냐 그래도 너희가 듣지 아니하였느니라 그러므로 그의 피 값을 내게 되었도다 하니"(창 42:21-22). "유다가 가로되 우리가 내 주께 무슨 말을 하오리이까 무슨 설명을 하오리이까 어떻게 우리의 정직을 나타내리이까 하나님이 종들의 죄악을 적발하셨으니 우리와 이 잔이 발견된 자가 다 내 주의 종이 되겠나이다"(창 44:16). 우리의 변화된 삶도 우리의 회개에서 비롯된다.

본문의 이야기는 부모 자식 간에 관계가 어떻게 회복되는지 말해 준다. 과거에 야곱과 그의 아들들은 서로 관계가 좋지 않았다. 아버지는 편애하고 아들들은 아버지를 무정하게 속였다. 그런데 이제 그 아들들이, 특히 유다가 변한 것이다. 그러니까 아버지는 여전히 편애하는 데도 이 아들이 아버지를 사랑하게 된 것이다. 그는 아버지의 아픔을 헤아릴 줄 아는 아들이 된 것이다. 우리가 예수님을 믿고 죄 사함을 받게 되면 부모 자식 간의 관계도 회복된다. 그것은 하나님의 역사인 것이다.

27

형들을 용서한 요셉

창 45:1-15 1 요셉이 시종하는 자들 앞에서 그 정을 억제하지 못하여 소리 질러 모든 사람을 자기에게서 물러가라 하고 그 형제에게 자기를 알리니 때에 그와 함께한 자가 없었더라 2 요셉이 방성대곡하니 애굽 사람에게 들리며 바로의 궁중에 들리더라 3 요셉이 그 형들에게 이르되 나는 요셉이라 내 아버지께서 아직 살아 계시니이까 형들이 그 앞에서 놀라서 능히 대답하지 못하는지라 4 요셉이 형들에게 이르되 내게로 가까이 오소서 그들이 가까이 가니 가로되 나는 당신들의 아우 요셉이니 당신들이 애굽에 판 자라 5 당신들이 나를 이곳에 팔았으므로 근심하지 마소서 한탄하지 마소서 하나님이 생명을 구원하시려고 나를 당신들 앞서 보내셨나이다 6 이 땅에 이 년 동안 흉년이 들었으나 아직 오 년은 기경도 못하고 추수도 못할지라 7 하나님이 큰 구원으로 당신들의 생명을 보존하고 당신들의 후손을 세상에 두시려고 나를 당신들 앞서 보내셨나니 8 그런즉 나를 이리로 보낸 자는 당신들이 아니요 하나님이시라 하나님이 나로 바로의 아비를 삼으시며 그 온 집의 주를 삼으시며 애굽 온 땅의 치리자를 삼으셨나이다 9 당신들은 속히 아버지께로 올라가서 고하기를 아버지의 아들 요셉의 말에 하나님이 나를 애굽 전국의 주로 세우셨으니 내게로 지체 말고 내려오사 10 아버지의 아들들과 아버지의 손자들과 아버지의 양과 소와 모든 소유가 고센 땅에 있어서 나와 가깝게 하소서 11 흉년 이 아직 다섯 해가 있으니 내가 거기서 아버지를 봉양하리이다 아버지와 아버지의 가속 과 아버지의 모든 소속이 결핍할까 하나이다 하더라 하소서 12 당신들의 눈과 내 아우 베냐민의 눈이 보는바 당신들에게 이 말을 하는 것은 내 입이라 13 당신들은 나의 애굽 에서의 영화와 당신들의 본 모든 것을 다 내 아버지께 고하고 속히 모시고 내려오소서 하며 14 자기 아우 베냐민의 목을 안고 우니 베냐민도 요셉의 목을 안고 우니라 15 요셉 이 또 형들과 입맞추며 안고 우니 형들이 그제야 요셉과 말하니라

창세기 44장에는 요셉이 그 형들을 시험한 이야기가 나온다. 그 줄거리는 이렇다. 양식을 사러 두 번째 애굽에 왔던 형제들을 보낼 때, 요셉은 그들의 자루에 양식과 돈을 넣고, 베냐민의 자루엔 자기 잔도 넣어 보냈다. 그런 다음, 그는 청지기를 시켜 그들을 따라가서 그들의 자루를 조사하게 했다. 그 랬을 때 베냐민의 자루에서 요셉의 잔이 발견되어 그들은 애굽으로 다시 돌 아오게 되었다. 그러자 요셉은 그 잔이 발견된 베냐민만 종을 삼고 나머지 는 돌려보내려고 했다.

그때 유다가 다른 형제들을 대표해서 요셉에게 말했다. 그는 이런 요지로 요셉을 설득했다: 아버지는 베냐민을 사랑해서 아버지와 베냐민의 생명은 결탁되어 있다. 그래서 만일 베냐민을 두고 아버지에게 돌아가면, 아버지는 베냐민이 없는 것 때문에 죽을 것이다. 내가 베냐민 대신 종이 될 테니 베냐 민은 형제와 함께 올려 보내 달라.

이런 유다의 말은 요셉의 형들이 달라진 것을 보여주었다. 그들은 과거 요 셉을 팔았을 때와 달리 아버지의 사정을 헤아릴 줄 알았다. 또한 그들은 과 거 요셉을 팔았을 때와 달리 베냐민을 사랑했다. 그래서 요셉은 유다의 말 을 통해서 형들의 변화를 알 수 있었다. 그들은 자기들이 요셉에게 지은 죄

를 진정으로 회개한 것이다.

형제에게 자기를 알리고 운 요셉

이제 창세기 45장에 오면, 이런 유다의 말을 들은 요셉의 반응이 나타난다. 1-2절을 보자. "요셉이 시종하는 자들 앞에서 그 정을 억제하지 못하여 소리 질러 모든 사람을 자기에게서 물러가라 하고 그 형제에게 자기를 알리니 때에 그와 함께한 자가 없었더라 요셉이 방성대곡하니 애굽 사람에게 들리며 바로의 궁중에 들리더라."

유다의 말을 들은 요셉은 또 다시 울었다. 이것은 요셉이 세 번째 운 장면이다. 첫 번째 운 것은 창세기 42장 24절에 나온다. 요셉은 형들이 자신에게 죄 지은 것을 자백하는 말을 듣고 울었다. "요셉이 그들을 떠나가서 울고." 두 번째 운 것은 창세기 43장 30절에 나온다. 요셉은 자기 동생 베냐민을 보고 울었다. "요셉이 아우를 인하여 마음이 타는 듯하므로 급히 울 곳을 찾아 안방으로 들어가서 울고." 그리고 세 번째 운 것이 여기 45장 1-2절에 나온다. 이때는 요셉이 유다의 말을 통해서 형들이 달라진 것을 확인하고 운 것이다.

그런데 이번에는 두 번째 울 때와 달라진 것이 있다. 그때는 요셉이 울고 나서 "그 정을 억제하고 음식을 차리라 한"(창 43:31) 것으로 되어 있다. 그러나 이번에는 요셉이 "시종하는 자들 앞에서 그 정을 억제하지 못하여 소리 질러 모든 사람을 자기에게서 물러가라 한"(창 45:1상) 것으로 되어 있다. 요셉이 이렇게 모든 사람을 자기에게서 물러가게 한 이유가 있다. 그것은 자기를 형들에게 알리기 위해서다. 그래서 바로 뒤에 이런 설명이 이어진다. "그 형제에게 자기를 알리니 때에 그와 함께한 자가 없었더라"(창 45:1하).

요셉이 이렇게 그 형제에게 자기를 알리게 된 것은 형들의 변화를 충분히 확인했다고 판단했기 때문이다. 앞에서는 요셉이 형들이 없는 곳에 가서 울었다. 왜냐하면 요셉이 자기 신분을 형들에게 숨기기 위해서이다. 그래야 요셉은 형들을 계속 시험할 수 있기 때문이다. 그렇지만 이제는 그럴 필요가 없게 된 것이다. 그래서 요셉은 그 형제에게 자기를 알리고 그들 앞에서 운 것이다. 성경은 이때 요셉이 "방성대곡했다"고 말한다.

이처럼 요셉이 형제들 앞에서 큰 소리로 운 것은 유다의 말을 들었기 때문이다. 그는 유다의 말을 통해서 형들이 자신에게 지은 죄에 대해 회개한 사실을 확인하고서 그렇게 운 것이다. 그것은 용서와 자비의 눈물인 것이다. 잠언 28장 13절은 이렇게 말한다. "자기의 죄를 숨기는 자는 형통치 못하나 죄를 자복하고 버리는 자는 불쌍히 여김을 받으리라." 요셉은 죄를 자백한 형들을 불쌍히 여겨 운 것이다.

이 사실은 이제 형들을 대하는 요셉의 말과 행동에서 분명하게 드러난다. 3절을 보자. "요셉이 그 형들에게 이르되 나는 요셉이라 내 아버지께서 아직 살아 계시니이까 형들이 그 앞에서 놀라서 능히 대답하지 못하는지라." 여기 요셉은 형들에게 자기 이름을 말하면서 이렇게 묻는다. "내 아버지께서 아직 살아 계시니이까?" 창세기 43장 27절에서 요셉은 이렇게 물었었다. "너희 아버지 너희가 말하던 그 노인이 안녕하시냐 지금까지 생존하셨느냐?" 그렇지만 이제 요셉은 자기 이름을 밝혔으므로 "내 아버지"라고 말한다.

그랬을 때, 형들의 반응은 이렇다. "형들이 그 앞에서 놀라서 능히 대답하지 못하는지라." 창세기 43장 28절에서 형들은 요셉의 물음에 이렇게 대답했다. "주의 종 우리 아비가 평안하고 지금까지 생존하였나이다." 그렇지만 지금은 같은 질문에 대답하지 못한 것이다.

성경은 그 이유를 그들이 "그 앞에서 놀라서"라고 말한다. 이때 사용된 "놀라다"란 말은 전쟁에서 죽음 앞에 섰을 때 느끼는 두려움을 말한다. 그러면 왜 요셉의 형들은 이 순간 이런 두려움을 느낀 것일까? 그것은 자기들이 죽이려고 했었고, 자기들이 팔았던 요셉을 만났기 때문이다. 그들은 요셉이 복수할까 봐 두려운 것이다. 과거에는 요셉의 생명이 형들의 손에 달렸었지만, 지금은 거꾸로 형들의 생명이 요셉의 손에 달린 것이다. 그래서 형들은 요셉 앞에서 이렇게 놀란 것이다.

이렇게 형들이 놀라서 능히 대답하지 못하니까 요셉이 어떻게 했는가? 4절 상반절을 보자. "요셉이 형들에게 이르되 내게로 가까이 오소서." 이것은 요셉이 형들에 대한 미움이나 분노가 없음을 나타낸 것이다. 그래서 요셉의 형들은 요셉에게 가까이 갔다. "그들이 가까이 가니"(4절중).

형들을 안심시킨 요셉

그러자 요셉은 그들에게 말하기 시작한다. 그 내용이 4하-13절에 나온다. 여기서 요셉이 말한 내용은 크게 두 가지다. 하나는 놀라서 능히 대답하지 못하는 형들을 안심시키는 내용이다(4하-8절). "가로되 나는 당신들의 아우 요셉이니 당신들이 애굽에 판 자라 당신들이 나를 이곳에 팔았으므로 근심하지 마소서 한탄하지 마소서 하나님이 생명을 구원하시려고 나를 당신들 앞서 보내셨나이다 이 땅에 이 년 동안 흉년이 들었으나 아직 오 년은 기경도 못하고 추수도 못할찌라 하나님이 큰 구원으로 당신들의 생명을 보존하고 당신들의 후손을 세상에 두시려고 나를 당신들 앞서 보내셨나니 그런즉 나를 이리로 보낸 자는 당신들이 아니요 하나님이시라 하나님이 나로 바로의 아비를 삼으시며 그 온 집의 주를 삼으시며 애굽 온 땅의 치리자를 삼으셨나이다."

여기 보면, 요셉은 자신을 이렇게 소개한다. "나는 당신들의 아우 요셉이니 당신들이 애굽에 판 자라"(4절). 요셉이 형들에게 자신을 판 사실을 말하는 것은 원한 때문이 아니다. 그것은 형들이 놀라서 능히 대답하지 못하는 이유가 바로 이 사실에 있기 때문이다. 그래서 요셉은 바로 이어서 이렇게 말한다. "당신들이 나를 이곳에 팔았으므로 근심하지 마소서 한탄하지 마소서"(5절상).

이렇게 일단 형들을 안심시킨 요셉은 자기가 그렇게 말하는 이유를 제시한다. "하나님이 생명을 구원하시려고 나를 당신들 앞서 보내셨나이다"(5절하). 이것은 놀라운 고백이다. 형들이 요셉을 팔았지만, 하나님은 그 일을 통해서 하나님의 목적을 이루셨다는 것이다. 요셉은 이 사실을 세 번이나 언급함으로써 강조한다. "하나님이 큰 구원으로 당신들의 생명을 보존하고 당신들의 후손을 세상에 두시려고 나를 당신들 앞서 보내셨나니"(7절). "그런즉 나를 이리로 보낸 자는 당신들이 아니요 하나님이시라 하나님이 나로 바로의 아비를 삼으시며 그 온 집의 주를 삼으시며 애굽 온 땅의 치리자를 삼으셨나이다"(8절).

여기서 주목할 것은 요셉을 애굽에 보내신 하나님의 목적이다. "하나님이 생명을 구원하시려고 나를 당신들 앞서 보내셨나이다"(5절하). "이 땅에 이년 동안 흉년이 들었으나 아직 오 년은 기경도 못하고 추수도 못할찌라 하나님이 큰 구원으로 당신들의 생명을 보존하고 당신들의 후손을 세상에 두시려고 나를 당신들 앞서 보내셨나니"(6-7절). "그런즉 나를 이리로 보낸 자는 당신들이 아니요 하나님이시라 하나님이 나로 바로의 아비를 삼으시며 그 온 집의 주를 삼으시며 애굽 온 땅의 치리자를 삼으셨나이다"(8절). 하나님의 목적은 점점 더 범위가 좁혀진다. 마지막 세 번째 말할 때, 요셉은 자신에 대한 하나님의 목적을 말한다. 이때 "치리자"란 말은 "다스리는 자"란 뜻이다. 이것은 요셉의 꿈이 성취된 것을 보여준다. 왜냐하면 요셉의 형들은 요셉의 꿈 이야기를 듣고 요셉에게 이렇게 말했었기 때문이다. "네가 참으로 우리의 왕이 되겠느냐 참으로 우리를 다스리게 되겠느냐"(창 37:8).

원래 형들은 요셉의 꿈이 이루어지지 못하도록 요셉을 죽이려고 했다. 창세기 37장 19-20절에 이렇게 되어 있다. "서로 이르되 꿈꾸는 자가 오는도다 자, 그를 죽여 한 구덩이에 던지고 우리가 말하기를 악한 짐승이 그를 잡아먹었다 하자 그 꿈이 어떻게 되는 것을 우리가 볼 것이니라 하는지라." 물론, 그들은 유다의 제안대로 요셉을 죽이는 대신 종으로 팔았다. 그렇지만 하나님은 형들의 그러한 행위까지도 사용하셔서 요셉의 꿈을 이루어 주셨다.

세상 사람들은 이것을 행운 또는 우연이라고 말할지 모른다. 그러나 우리는 이것을 하나님의 섭리라고 말한다. 우리의 인생살이 속에는 하나님의 섭리가 미치지 않는 곳이 없다. 형들은 요셉을 팔아 버리면 모든 게 다 끝날 거라고 생각했는데 오히려 자기들이 요셉의 꿈을 이루는 도구가 된 셈이다. 사람들은 자신들의 인생을 계획하고 계산하고 준비하고 대비하지만, 그렇다고 해서 인생이 그대로 되는 것은 아니다. 막상 일이 되고 나서 보면 자신들이 생각했던 것과 다를 때가 많은 것이다. 우리의 인생이 우리가 계획한 대로 되어 왔는가? 그렇지 않은 사람이 더 많을 것이다. 우리의 인생은 종종 우리가 예상하지 못한 대로 되었을 것이다. 하나님이 그렇게 섭리하신 것이다. 하나님이 우리의 인생을 보존하시고 다스리시고 인도해 오신 것이다. 사람들은 자신들의 예측과 계산이 맞을 거라고 생각하고 자신들의 의도대로 모든 일이 일어날 거라고 기대하지만 실제로는 그렇지 않은 것이다. 그게 인생이다. 왜냐하면 인생에는 하나님의 섭리가 있기 때문이다.

그래서 잠언에는 이런 말씀들이 있다. "마음의 경영은 사람에게 있어도 말의 응답은 여호와께로서 나느니라"(잠 16:1). "사람이 마음으로 자기의 길을 계획할지라도 그 걸음을 인도하는 자는 여호와시니라"(잠 16:9). "사람이 제비는 뽑으나 일을 작정하기는 여호와께 있느니라"(잠 16:33). "사람의 마음에는 많은 계획이 있어도 오직 여호와의 뜻이 완전히 서리라"(잠 19:21). "사람의 걸음은 여호와께로서 말미암나니 사람이 어찌 자기의 길을 알 수 있으랴"(잠 20:24). "너는 내일 일을 자랑하지 말라 하루 동안에 무슨 일이 날는지 네가 알 수 없음이니라"(잠 27:1). 우리의 인생살이 속에는 보이지 않는 하나님의 섭리가 작용하고 있는 것이다. 이것을 인정하고 살아가는 것이 지혜다.

또한 하나님은 그분의 선한 목적을 이루기 위해서 인간의 악까지도 사용하신다. 요셉의 형들은 요셉을 미워했고, 시기했고, 죽이려고 했고, 구덩이 던졌고, 팔아 버렸다. 그들은 요셉의 꿈이 무산되기를 바란 것이다. 그러나 놀라운 것은 하나님이 그것을 사용하셔서 그분의 선한 목적을 이루신 것이다. 시편 105편 17절에는 "한 사람을 앞서 보내셨음이여 요셉이 종으로 팔렸도다"라는 말씀이 나온다. 형들이 종으로 팔아 버린 것이지만 사실은 하나님이 요셉을 애굽으로 보내신 것이다. 그것을 위해 하나님은 형들을 사용하신 것뿐이다. 하나님은 그분의 선한 목적을 이루기 위해서 인간의 악까지도 사용하신 것이다. 놀라운 일이다. 그래서 사도 바울은 로마서 8장 28절에서 이렇게 말한 것이다. "우리가 알거니와 하나님을 사랑하는 자 곧 그 뜻대로 부르심을 입은 자들에게는 모든 것이 합력하여 선을 이루느니라." "모든 것"에는 선한 것만 아니라 악한 것도 포함된다. 하나님은 악한 것까지도 사용하셔서 그분의 선한 목적을 이루시는 것이다.

어떻게 요셉은 형들을 용서할 수 있었을까? 형들이 미워하고, 시기하고, 죽이려고 하고, 구덩이에 던지고, 팔아 버린 것과 그 결과만을 생각하면 복수가 당연할지 모른다. 그러나 하나님은 형들의 악한 의도와 행동, 그리고 그 결과를 선으로 바꾸셨다. 그러기에 요셉은 하나님이 하신 일을 생각하여 형들을 용서한 것이다. 우리도 마찬가지이다. 사람들이 우리에게 손해를 입히거나 우리를 힘들게 만들 때에도 하나님은 그들을 사용하셔서 우리의 삶 속에 선한 목적을 이루신다는 것을 알게 되면 우리는 그들을 용서할 수 있는 것이다. 그러나 우리가 이런 하나님의 섭리를 잘 모르기 때문에 남들이 조금만 손해를 입혀도 우리는 참지 못하는 것이다. 그래서 우리는 그들에게 미움과 분노와 원한을 품게 되고 그들과 벽을 쌓게 되는 것이다. 만일 우리가 이런 하나님의 섭리를 좀 더 알 수 있게 된다면, 우리는 남들에게 좀 더 너그러울 수 있을 것이다. 그리고 우리도 요셉처럼 그들을 용서할 수 있을 것이다.

형들에게 아버지를 모시고 오게 한 요셉

요셉이 말한 또 하나의 내용은 형들에게 가서 아버지를 모시고 오라는 것이다(9-13절). "당신들은 속히 아버지께로 올라가서 고하기를 아버지의 아들 요셉의 말에 하나님이 나를 애굽 전국의 주로 세우셨으니 내게로 지체 말고 내려오사 아버지의 아들들과 아버지의 손자들과 아버지의 양과 소와 모든 소유가 고센 땅에 있어서 나와 가깝게 하소서 흉년이 아직 다섯 해가 있으니 내가 거기서 아버지를 봉양하리이다 아버지와 아버지의 가속과 아버지의 모든 소속이 결핍할까 하나이다 하더라 하소서 당신들의 눈과 내 아우 베냐민의 눈이 보는바 당신들에게 이 말을 하는 것은 내 입이라 당신들은 나의 애굽에서의 영화와 당신들의 본 모든 것을 다 내 아버지께 고하고 속히 모시고 내려오소서 하며."

여기서 요셉이 강조한 것은 아버지를 "속히" 모시고 오라는 것이다. 그래서 그는 처음과 마지막에 이 내용을 반복해서 말한다. "당신들은 속히 아버지께로 올라가서 고하기를 아버지의 아들 요셉의 말에 하나님이 나를 애굽 전국의 주로 세우셨으니 내게로 지체 말고 내려오사 … 당신들은 나의 애굽에서의 영화와 당신들의 본 모든 것을 다 내 아버지께 고하고 속히 모시고 내려오소서 하며"(9, 13절). 그러면서 그는 아버지와 모든 가족을 봉양할 것을 약속한다. "아버지의 아들들과 아버지의 손자들과 아버지의 양과 소와 모든 소유가 고센 땅에 있어서 나와 가깝게 하소서 흉년이 아직 다섯 해가 있으니 내가 거기서 아버지를 봉양하리이다 아버지와 아버지의 가속과 아버지의 모든 소속이 결핍할까 하나이다 하더라 하소서"(10-11절). 12절은 이 약속의 확실성을 보증하기 위해 증인을 세운 것이다. "당신들의 눈과 내 아우 베냐민의 눈이 보는바 당신들에게 이 말을 하는 것은 내 입이라."

이것은 3절에서 요셉이 처음으로 형들에게 물은 내용과 관련이 있다. "내 아버지께서 아직 살아 계시니이까?" 요셉의 일차적인 관심은 아버지에게 있는 것이다. 이것은 단지 오랜만에 아버지를 보고 싶은 마음 때문이 아니다. 거기에는 보다 더 깊은 의도가 있다. 그것은 오래 전 요셉이 꾼 꿈의 성취를 위해서이다. "요셉이 다시 꿈을 꾸고 그 형들에게 고하여 가로되 내가 또 꿈을 꾼즉 해와 달과 열 한 별이 내게 절하더이다 하니라 그가 그 꿈으로 부형에게 고하매 아비가 그를 꾸짖고 그에게 이르되 너의 꾼 꿈이 무엇이냐 나와 네 모와 네 형제들이 참으로 가서 땅에 엎드려 네게 절하겠느냐 그 형들은 시기하되 그 아비는 그 말을 마음에 두었더라"(창 37:9-11). 그래서 요셉은 아버지를 속히 모셔 오라고 할 때, 하나님이 하신 일을 언급한다. "당신들은 속히 아버지께로 올라가서 고하기를 아버지의 아들 요셉의 말에 하나님이 나를 애굽 전국의 주로 세우셨으니 내게로 지체 말고 내려오사 … 당신들은 나의 애굽에서의 영화와 당신들의 본 모든 것을 다 내 아버지께 고하고 속히 모시고 내려오소서 하며"(9, 13절).

형들과의 화해

이렇게 형들에게 말한 요셉은 베냐민과 형들을 안고 운다. 14-15절을 보자. "자기 아우 베냐민의 목을 안고 우니 베냐민도 요셉의 목을 안고 우니라 요셉이 또 형들과 입 맞추며 안고 우니 형들이 그제야 요셉과 말하니라."

"형들이 그제야 요셉과 말하니라." 놀라서 대답도 못하던 형들이 이제 말하기 시작한 것이다. 왜냐하면 요셉과 그들이 화해했기 때문이다. 형들은 요셉이 용서했고 복수하지 않는다는 것을 안 것이다. 원래 요셉과 형들의 관계는 좋지 않았다. 그런데 이제 그들 사이의 관계가 회복된 것이다. 요셉이 자신의 삶에 나타난 놀라운 하나님의 섭리를 깨닫고 그들을 용서했기 때문이다. 우리도 우리의 삶에 임하는 놀라운 하나님의 섭리를 깨닫게 될 때 우리에게 해를 입힌 사람을 용서하게 될 것이다. 하나님은 그 사람을 통해서도 우리에게 선한 목적을 이루실 수 있는 것이다.

28

바로와 하나님의 섭리

창 45:16-28 16 요셉의 형들이 왔다는 소문이 바로의 궁에 들리매 바로와 그 신복이 기뻐하고 17 바로는 요셉에게 이르되 네 형들에게 명하기를 너희는 이렇게 하여 너희 양식을 싣고 가서 가나안 땅에 이르거든 18 너희 아비와 너희 가속을 이끌고 내게로 오라 내가 너희에게 애굽 땅 아름다운 것을 주리니 너희가 나라의 기름진 것을 먹으리 라 19 이제 명을 받았으니 이렇게 하라 너희는 애굽 땅에서 수레를 가져다가 너희 자녀 와 아내를 태우고 너희 아비를 데려오라 20 또 너희의 기구를 아끼지 말라 온 애굽 땅 의 좋은 것이 너희 것임이니라 하라 21 이스라엘의 아들들이 그대로 할새 요셉이 바로 의 명대로 그들에게 수레를 주고 길 양식을 주며 22 또 그들에게 다 각기 옷 한 벌씩 주되 베냐민에게는 은 삼백과 옷 다섯 벌을 주고 23 그가 또 이와 같이 그 아비에게 보 내되 수나귀 열 필에 애굽의 아름다운 물품을 실리고 암나귀 열 필에는 아비에게 길에 서 공궤할 곡식과 떡과 양식을 실리고 24 이에 형들을 돌려보내며 그들에게 이르되 당 신들은 노중에서 다투지 말라 하였더라 25 그들이 애굽에서 올라와 가나안 땅으로 들 어가서 아비 야곱에게 이르러 26 고하여 가로되 요셉이 지금까지 살아 있어 애굽 땅 총리가 되었더이다 야곱이 그들을 믿지 아니하므로 기색하더니 27 그들이 또 요셉이 자기들에게 부탁한 모든 말로 그 아비에게 고하매 그 아비 야곱이 요셉의 자기를 태우려고 보낸 수레를 보고야 기운이 소생한지라 **28** 이스라엘이 가로되 족하도다 내 아들 요셉이 지금까지 살았으니 내가 죽기 전에 가서 그를 보리라

앞서 우리는 요셉이 마침내 형들에게 자기를 알리고 그들과 화해한 장면을 읽었다. 그때 요셉과 형들의 화해가 가능할 수 있었던 이유는 두 가지다. 하나는 요셉이 자기를 애굽에 판 형들을 용서했기 때문이다. 요셉은 형들을 애굽에서 처음 다시 만날 때부터 이미 그들에 대한 미움이나 원한이 없었다. 또 하나는 형들이 요셉을 애굽에 판 것에 대해 회개하고 달라졌기 때문이다. 요셉은 형들을 시험함으로써 이 사실을 확인할 수 있었다. 그렇게 되었을 때, 요셉은 형들에게 자기를 알리고 그들과 화해한 것이다.

그렇다면 요셉은 어떻게 자기를 애굽에 판 형들을 용서할 수 있었을까? 그 답은 요셉이 형들에게 자기를 알리며 했던 말 속에 들어 있다. "당신들이 나를 이곳에 팔았으므로 근심하지 마소서 한탄하지 마소서 하나님이 생명을 구원하시려고 나를 당신들 앞서 보내셨나이다 이 땅에 이년 동안 흉년이 들었으나 아직 오년은 기경도 못하고 추수도 못할찌라 하나님이 큰 구원으로 당신들의 생명을 보존하고 당신들의 후손을 세상에 두시려고 나를 당신들 앞서 보내셨나니 그런즉 나를 이리로 보낸 자는 당신들이 아니요 하나님이 시라 하나님이 나로 바로의 아비를 삼으시며 그 온 집의 주를 삼으시며 애굽 온 땅의 치리자를 삼으셨나이다"(창 45:5-8). 요셉은 자기를 애굽에 판 형들의 행위가 선한 목적을 이루시기 위한 하나님의 섭리임을 깨달았기에 용서할 수 있었던 것이다.

특히, 창세기 45장 7절에서 요셉은 이렇게 말했다. "하나님이 큰 구원으로 당신들의 생명을 보존하고 당신들의 후손을 세상에 두시려고 나를 당신

들 앞서 보내셨나니." 이것은 야곱과 그의 가족에 대한 하나님의 목적을 말한 것이다. 그래서 이 사실을 깨달은 요셉은 형들에게 이렇게 부탁했다. "당신들은 속히 아버지께로 올라가서 고하기를 아버지의 아들 요셉의 말에 하나님이 나를 애굽 전국의 주로 세우셨으니 내게로 지체 말고 내려오사 아버지의 아들들과 아버지의 손자들과 아버지의 양과 소와 모든 소유가 고센 땅에 있어서 나와 가깝게 하소서 흉년이 아직 다섯 해가 있으니 내가 거기서 아버지를 봉양하리이다 아버지와 아버지의 가속과 아버지의 모든 소속이 결핍할까 하나이다 하더라 하소서"(창 45:9-11). 요셉은 하나님의 선한 목적을 깨닫고 아버지와 그 가족을 애굽으로 모셔 오게 한 것이다.

바로의 환대

그런데 이제 본문에 보면 바로도 요셉의 형들에게 같은 내용을 말한 것이다. 16-20절을 보자. "요셉의 형들이 왔다는 소문이 바로의 궁에 들리매 바로와 그 신복이 기뻐하고 바로는 요셉에게 이르되 네 형들에게 명하기를 너희는 이렇게 하여 너희 양식을 싣고 가서 가나안 땅에 이르거든 너희 아비와 너희 가속을 이끌고 내게로 오라 내가 너희에게 애굽 땅 아름다운 것을 주리니 너희가 나라의 기름진 것을 먹으리라 이제 명을 받았으니 이렇게 하라 너희는 애굽 땅에서 수레를 가져다가 너희 자녀와 아내를 태우고 너희 아비를 데려오라 또 너희의 기구를 아끼지 말라 온 애굽 땅의 좋은 것이 너희 것임이니라 하라." 이것은 사실상 요셉이 형들에게 부탁한 것과 같은 내용이다. 그들의 아버지와 그들의 가족을 데리고 애굽으로 오라는 것이다.

그러면 바로는 어떻게 해서 이런 말을 하게 된 것일까? 요셉에게 부탁을 받은 것일까? 본문에는 전혀 그런 언급이 없다. 그러면 요셉이 형들에게 부탁한 내용을 들은 것일까? 그것도 아니다. 본문 16절은 이렇게 시작되기 때문이다. "요셉의 형들이 왔다는 소문이 바로의 궁에 들리매." 이 문장을 직역하면 이렇다. "소리가 바로의 궁에 들리매 요셉의 형들이 왔다고 하는." 이것은 의미상 2절과 연결된다. "요셉이 방성대곡하니 애굽 사람에게 들리며 바로의 궁중에 들리더라." 여기 "방성대곡하니"(개정판, "큰 소리로 우니")란 말에는 소리(聲)란 말이 들어 있다. 그래서 그 문장은 '소리가 바로의 궁중에 들리더라'는 의미를 전달해 준다. 따라서 "소리가 바로의 궁에 들리매"로 시작하는 16절은 2절과 연결된다.

이것은 바로가 요셉이 형들에게 부탁한 내용을 듣고 나서 말하지 않았음을 나타낸다. 왜냐하면 요셉이 형들에게 부탁한 내용은 3절 이후에 나오기 때문이다. 바로가 요셉의 형들에게 말하게 된 것은 그 전에 2절에 말한 대로 '소리가 바로의 궁에 들렸기' 때문이다. 그러니까 바로는 요셉이 자기 형들에게 말한 것과 상관없이 독자적으로 요셉의 형들에게 말한 것이다. 그래서 16절에는 요셉의 형들이 왔다는 소문이 바로의 궁에 들리니까 "바로와 그 신복이 기뻐했다"고 말한다. 그리고 이렇게 기뻤기 때문에 바로는 요셉의 형들에게 말한 것이다.

바로는 요셉을 통역으로 세우고 그의 형들에게 말한 것으로 보인다. 그래서 성경은 바로가 요셉의 형들에게 말한 내용을 이런 형식으로 전달한다. "바로는 요셉에게 이르되 네 형들에게 명하기를 … 이제 명을 받았으니 … 하라"(17-20절). 여기서 바로가 요셉의 형들에게 말한 내용은 두 번에 걸쳐 나타난다. 그리고 두 번 다 "이렇게 하라"로 시작된다. (개정판에서는 20절 끝에 "하라"가 생략되어 바로가 한 번에 말한 것처럼 되어 있다.) "너희는 이렇게 하여 너희 양식을 싣고 가서 가나안 땅에 이르거든 너희 아비와 너희 가속을 이끌고 내게로 오라 내가 너희에게 애굽 땅 아름다운 것을 주리니 너희가 나라의 기름진 것을 먹으리라"(17-18절). "이렇게 하라 너희는 애굽 땅에서 수레를 가져다가 너희 자녀와 아내를 태우고 너희 아비를 데려오라 또 너희의 기구를 아끼지 말라 온 애굽 땅의 좋은 것이 너희 것임이니라"(19-20절).

이것은 바로의 환대를 보여준다. 10절에서 요셉은 형들에게 아버지와 가족들이 "고센 땅"에 있게 될 것을 말했다. 그러나 18절에서 바로는 그들에게 "애굽 땅 아름다운 것[애굽 땅의 가장 좋은 곳]"을 주겠다고 말했다. 또한 11절에서 요셉은 "아버지를 봉양하겠다[먹이겠다]"고 말했다. 그러나 20절에서 바로는 "온 애굽 땅의 좋은 것[온 애굽 땅의 가장 좋은 것이 너희 것이라"고 말했다. 바로는 요셉이 말한 것 이상으로 환대를 베풀겠다고 약속한 것이다.

이 사실은 요셉이 그의 형들을 돌려보내는 장면에서도 그대로 나타난다. 21-24절을 보자. "이스라엘의 아들들이 그대로 할새 요셉이 바로의 명대로 그들에게 수레를 주고 길 양식을 주며 또 그들에게 다 각기 옷 한 벌씩 주되 베냐민에게는 은 삼백과 옷 다섯 벌을 주고 그가 또 이와 같이 그 아비에게 보내되 수나귀 열 필에 애굽의 아름다운 물품을 실리고 암나귀 열 필에는 아비에게 길에서 공궤할 곡식과 떡과 양식을 실리고 이에 형들을 돌려보내며 그들에게 이르되 당신들은 노중에서 다투지 말라 하였더라."

먼저, 21절은 이렇게 말한다. "이스라엘의 아들들이 그대로 할새." 여기 "그대로 할새"라는 말은 앞서 바로가 요셉을 통해 그 형들에게 "이렇게 하라"고 말한 것에 대한 대응이다. 그래서 요셉이 그 형들에게 한 것을 말할 때에도 "바로의 명대로"라고 말한 것이다.

그러면 요셉이 바로의 명령대로 그 형들에게 한 것은 무엇일까? 우선, 요셉이 형들에게 준 것이 있다. "수레를 주고 길 양식을 주며 또 그들에게 다 각기 옷 한 벌씩 주되 베냐민에게는 은 삼백과 옷 다섯 벌을 주고." 여기 요셉이 형들에게 각각 옷 한 벌씩 준 것은 주목할 필요가 있다. 왜냐하면 요셉 이야기에서 옷은 중요한 상징으로 사용되기 때문이다.

창세기 37장 3절에서 옷은 사랑의 상징이다. "요셉은 노년에 얻은 아들이므로 이스라엘이 여러 아들보다 그를 깊이 사랑하여 위하여 채색 옷을 지었더니." 반대로, 창세기 37장 23절에서 옷은 미움의 상징이다. "요셉이 형들에게 이르매 그 형들이 요셉의 옷 곧 그 입은 채색 옷을 벗기고." 창세기 37장 31-33절에서 옷은 속임을 상징한다. "그들이 요셉의 옷을 취하고 수염소를 죽여 그 옷을 피에 적시고 그 채색 옷을 보내어 그 아비에게로 가져다가 이르기를 우리가 이것을 얻었으니 아버지의 아들의 옷인가 아닌가 보소서 하매 아비가 그것을 알아보고 가로되 내 아들의 옷이라 악한 짐승이 그를 먹었도다 요셉이 정녕 찢겼도다 하고." 또한 창세기 39장 12-18절에서도 옷은 속임을 상징한다. "그 여인이 그 옷을 잡고 가로되 나와 동침하자 요셉이 자기 옷을 그 손에 버리고 도망하여 나가매 그가 요셉이 그 옷을 자기 손에 버려두고 도망하여 나감을 보고 집 사람들을 불러서 그들에게 이르되 보라 주인이 히브리 사람을 우리에게 데려다가 우리를 희롱하게 하도다 그가 나를 겁간코자 내게로 들어오기로 내가 크게 소리 질렀더니 그가 나의 소리 질러 부름을 듣고 그 옷을 내게 버려두고 도망하여 나갔느니라 하고 그 옷을 곁에 두고 자기 주인이 집으로 돌아오기를 기다려 이 말로 그에게 고하여 가로되 당신이 우리에게 데려온 히브리 종이 나를 희롱코자 내게로 들어 왔기로 내가 소리 질러 불렀더니 그가 그 옷을 내게 버려두고 도망하여 나갔나이다." 창세기 38장 14절과 19절에서 옷은 신분을 상징한다. "그가 그 과부의 의복을 벗고 면박으로 얼굴을 가리고 몸을 휩싸고 딤나 길 곁 에나임 문에 앉으니 이는 셀라가 장성함을 보았어도 자기를 그의 아내로 주지 않음을 인함이라 … 그가 일어나 떠나가서 그 면박을 벗고 과부의 의복을 도로 입으니라."

또한 창세기 41장 14절에서도 옷은 신분을 상징한다. "이에 바로가 보내어 요셉을 부르매 그들이 급히 그를 옥에서 낸지라 요셉이 곧 수염을 깎고 그 옷을 갈아입고 바로에게 들어오니." 또한 창세기 41장 42절에서도 옷은 신분을 상징한다. "자기의 인장 반지를 빼어 요셉의 손에 끼우고 그에게 세마 포 옷을 입히고 금 사슬을 목에 걸고."

따라서 요셉을 미워해서 요셉의 옷을 벗겼던 형들에게 요셉이 옷을 한 벌 씩 준 것은 요셉이 자기를 미워했던 형들을 사랑한다는 의미이다. 또한 요셉 이 형들에게 옷을 한 벌씩 준 것은 그들의 신분이 달라졌음을 의미한다. 그 들은 더 이상 기근 때문에 양식을 사러 애굽에 와야 하는 사람들이 아니라 애굽 땅의 좋은 것이 자기들의 것이 된 사람들이다. 그들은 기근에 의한 죽 음의 위협에서 벗어나 생명을 보존하게 된 사람들이다. 이때 요셉이 "베냐민 에게는 은 삼백과 옷 다섯 벌을 준" 것은, 이미 창세기 43장 34절에서 요셉이 형제들과 식사할 때 베냐민에게는 형들보다 다섯 배의 식물을 준 것처럼 그 에 대한 특별한 사랑을 나타낸다.

그 다음, 요셉이 아버지에게 보내기 위해 실은 것이 있다. "그가 또 이와 같 이 그 아비에게 보내되 수나귀 열 필에 애굽의 아름다운 물품을 실리고 암나 귀 열 필에는 아비에게 길에서 공궤할 곡식과 떡과 양식을 실리고"(23절). 주 목할 것은, 앞서 바로가 말한 것처럼 여기서도 "애굽의 아름다운 물품[애굽 의 가장 좋은 것]"을 보낸 것이다.

하나님의 섭리

이처럼 요셉이 형제들에게 준 것과 아버지에게 보낸 것은 바로의 환대를 보 여준다. 그렇다면 이러한 바로의 환대는 어디에서 비롯된 것일까? 물론 그것은 16절에 말한 대로 요셉의 형들이 왔다는 소문을 듣고 바로와 그 신복이 기뻐한 데서 비롯된 것이다. 그러면 바로와 그 신복이 기뻐한 것은 무슨 이유일까? 한 가지 가능한 설명은 이런 것이다. 요셉이 나라를 기근에서 구해 준 것이 고마워서 그랬을 것이라는 설명이다. 그렇지만 성경은 여기에 대해서는 아무 것도 말하지 않는다. 단지 우리가 그렇게 짐작할 수 있을 뿐이다.

오히려 성경은 우리에게 다른 것에 대해 말한다. 그것은 바로와 그 신복이 요셉의 형들이 왔다는 소문을 듣고 기뻐하여 그들에게 환대를 베푼 것이 하나님의 섭리라는 것이다. 성경은 바로가 요셉의 형들에게 환대를 베풀고 야곱과 그 가족을 애굽으로 초대한 것(창 45:16-20)과 요셉이 그 형들에게 아버지와 그 가족을 애굽으로 모셔 오게 한 것(창 45:9-13)을 나란히 보여준다. 그러니까 바로나 요셉이 요셉의 형들에게 말한 것은 사실상 같다. 이때 요셉이 그 형들에게 아버지와 그 가족을 애굽으로 모셔 오게 한 것은 하나님의 섭리에 따른 것이다. 왜냐하면 요셉은 자기가 깨달은 하나님의 의도를 이렇게 말했기 때문이다. "이 땅에 이년 동안 흉년이 들었으나 아직 오년은 기경도 못하고 추수도 못할찌라 하나님이 큰 구원으로 당신들의 생명을 보존하고 당신들의 후손을 세상에 두시려고 나를 당신들 앞서 보내셨나니"(창 45:6-7). 따라서 성경은 바로가 요셉의 형들에게 말한 것과 요셉이 그 형들에게 말한 것을 나란히 보여줌으로써 바로의 환대 역시 하나님의 섭리임을 나타낸다.

이 사실을 확인시켜주는 것이 있다. 본문 16절에 "바로와 그 신복이 기뻐하고"라는 표현이 있다. 직역하면, "그것(요셉의 형들이 왔다는 소문을 가리킨다)이 바로와 그 신복을 기쁘게 했다"이다. 이와 유사한 표현이 창세기 41장 37절에 나온다. "바로와 그 모든 신하가 이 일을 좋게 여긴지라." 직역하면, "이 일(요셉의 말을 가리킨다)이 바로와 그 모든 신하를 기쁘게 했다"이다. 그래서 바로는 요셉으로 애굽 전역을 총리하게 했다. 그런데 창세기 45장 9절에서 요셉은 이렇게 말한다. "하나님이 나를 애굽 전국의 주로 세우셨으니." 그렇다면 요셉의 말이 바로와 그 모든 신하를 기쁘게 했고, 바로가 요셉을 총리로 세운 것은 하나님의 섭리라는 말이 된다. 마찬가지로, 요셉의 형들이 왔다는 소문이 바로와 그 신복을 기쁘게 했고, 그래서 바로가 요셉의 형들에게 환대를 베푼 것도 하나님의 섭리라는 말이 된다.

이와 함께 창세기 46장 3절에서 하나님께서 야곱에게 하신 말씀을 통해서도 바로가 요셉의 형들에게 환대를 베푼 것이 하나님의 섭리임이 분명해진다. "하나님이 가라사대 나는 하나님이라 네 아비의 하나님이니 애굽으로 내려가기를 두려워 말라 내가 거기서 너로 큰 민족을 이루게 하리라." 바로의 환대를 통해서 야곱과 그 가족이 애굽에 내려가는 것은 하나님의 선한 목적을 이루기 위한 것이다.

이처럼 하나님의 섭리는 하나님을 아는 사람에게만이 아니라 하나님을 모르는 사람에게도 미친다. 하나님의 섭리는 보편적이어서 누구에게나 미치는 것이다. 단지 그것을 깨닫고 인정하는 사람과 그렇지 못한 사람이 있을 뿐이다. 따라서 우리는 세상과 역사를 어떻게 바라보아야 할지 알게 된다. 비록 세상 역사라 할지라도, 비록 하나님을 믿는 것과 상관없는 세상 사람들의 일이라 할지라도 거기에도 하나님의 섭리가 미치는 것이다. 하나님은 그런 일들을 통해서도 하나님의 선한 목적을 이루시려는 의도로 세상을 통치하시는 것이다.

이제 요셉은 형들을 돌려보낸다. 24절을 보자. "이에 형들을 돌려보내며 그들에게 이르되 당신들은 노중에서 다투지 말라 하였더라." 요셉이 형들에게 이렇게 당부한 데에는 이유가 있다. 그것은 그들이 이제 아버지에게 사실을 말해야 할 것이기 때문이다. 우리는 창세기 37장 18-22에서 요셉의 형제들과 르우벤 사이에 오간 대화를 보았다. "요셉이 그들에게 가까이 오기 전에 그들이 요셉을 멀리서 보고 죽이기를 꾀하여 서로 이르되 꿈꾸는 자가 오는도다 자, 그를 죽여 한 구덩이에 던지고 우리가 말하기를 악한 짐승이 그를 잡아먹었다 하자 그 꿈이 어떻게 되는 것을 우리가 볼 것이니라 하는지라 르우벤이 듣고 요셉을 그들의 손에서 구원하려하여 가로되 우리가 그 생명은 상하지 말자 르우벤이 또 그들에게 이르되 피를 흘리지 말라 그를 광야 그 구덩이에 던지고 손을 그에게 대지 말라 하니 이는 그가 요셉을 그들의 손에서 구원하여 그 아비에게로 돌리려 함이었더라." 또한 우리는 창세기 42장 21-22절에서 애굽에 온 요셉의 형제들과 르우벤이 요셉 앞에서 나눈 대화를 보았다. "그들이 서로 말하되 우리가 아우의 일로 인하여 범죄하였도다 그가 우리에게 애걸할 때에 그 마음의 괴로움을 보고도 듣지 아니하였으므로 이 괴로움이 우리에게 임하도다 르우벤이 그들에게 대답하여 가로되 내가 너희더러 그 아이에게 득죄하지 말라고 하지 아니하였느냐 그래도 너희가 듣지 아니하였느니라 그러므로 그의 피 값을 내게 되었도다 하니." 그러기에 이 사실을 아는 요셉은 형들이 돌아가다가 다툴까 봐 그러지 말라고 당부한 것이다.

사람의 의도와 하나님의 의도

결국 그들은 가나안 땅으로 돌아가 아버지에게 놀라운 사실을 말하게 된다. 25-28절을 보자. "그들이 애굽에서 올라와 가나안 땅으로 들어가서 아비 야곱에게 이르러 고하여 가로되 요셉이 지금까지 살아 있어 애굽 땅 총리가 되었더이다 야곱이 그들을 믿지 아니하므로 기색하더니 그들이 또 요셉이 자기들에게 부탁한 모든 말로 그 아비에게 고하매 그 아비 야곱이 요셉의 자기를 태우려고 보낸 수레를 보고야 기운이 소생한지라 이스라엘이 가로되 족하도다 내 아들 요셉이 지금까지 살았으니 내가 죽기 전에 가서 그를 보리라."

여기서 야곱의 아들들은 야곱에게 이렇게 말한다. "요셉이 지금까지 살아 있어 애굽 땅 총리가 되었더이다." 그 말을 들은 야곱의 반응은 이렇다. "그들을 믿지 아니하므로 기색하더니[어리둥절하더니]" 그러자 야곱의 아들들은 이렇게 했다. "요셉이 자기들에게 부탁한 모든 말로 그 아비에게 고하매." 이때 성경은 야곱이 "요셉의 자기를 태우려고 보낸 수레를 보고야 기운이 소생한지라"고 말한다. 그러면서 이스라엘은 그들에게 이렇게 말한다. "족하도다 내 아들 요셉이 지금까지 살았으니 내가 죽기 전에 가서 그를 보리라." 아마 "족하도다"라는 말이 나오는 것을 보면 이 앞에 무슨 얘기가 있었던 것같다. 야곱은 그 아들들에게 마치 이렇게 말하는 것 같다. '너희들은 요셉을 팔아 버렸고, 악한 짐승이 그를 먹은 것처럼 나를 속였지만 지금은 그걸 따질 필요가 없다. 요셉이 살았으면 나는 족하다.' 그리고 야곱은 죽기 전에 애굽에 가서 요셉을 보려고 하는 것이다. 이렇게 해서 야곱은 가족을 데리고 애굽으로 내려가게 된다.

여기서 우리는 하나님께서 그분의 목적을 이루시기 위해 어떻게 세상을 통치하시는지 보게 된다. 요셉의 형들은 요셉의 꿈이 이루어지지 못하게 할 악한 의도로 그를 죽이려고 했다가 결국 그를 팔아 버렸다. 그들은 그것으로 다 끝난 줄로 생각했다. 그런데 결론은 하나님이 그분의 의도대로 이루신 것이다. 창세기 15장 13절에 보면 하나님께서 일찍이 아브라함에게 주셨던 약속이 나온다. "너는 반드시 알라 네 자손이 이방에서 객이 되어 그들을 섬기겠고 그들은 사백 년 동안 네 자손을 괴롭히리니." 이것은 아브라함의 자손이 애굽에 내려가게 될 것을 말씀하신 것이다. 하나님은 이미 그런 의도를 갖고 계셨던 것이다. 그래서 하나님은 그 의도대로 야곱을 애굽으로 내려가게 하신 것이다. 이것이 하나님의 섭리이고, 하나님의 통치이다. 우리의 생애도 사람의 의도대로가 아니라 결국 하나님의 의도대로 될 것이다. 요셉이 깨닫게 된 것이 바로 그런 것이다. 형들이 자기를 팔아 버린 것 때문에 종살이하고 보디발의 아내가 누명을 씌운 것 때문에 옥살이하는 동안에도 하나님은 변함없이 모든 일을 원래 그분의 의도대로 이루어 오신 것이다. 하나님은 우리에게도 그렇게 역사하신다.

야곱의
애굽 이주

providence

29

야곱의 믿음과 순종

창 46:1-7 1 이스라엘이 모든 소유를 이끌고 발행하여 브엘세바에 이르러 그 아비 이삭의 하나님께 희생을 드리니 2 밤에 하나님이 이상 중에 이스라엘에게 나타나시고 불러 가라사대 야곱아 야곱아 하시는지라 야곱이 가로되 내가 여기 있나이다 하매 3 하나님이 가라사대 나는 하나님이라 네 아비의 하나님이니 애굽으로 내려가기를 두려워 말라 내가 거기서 너로 큰 민족을 이루게 하리라 4 내가 너와 함께 애굽으로 내려가겠고 정녕 너를 인도하여 다시 올라올 것이며 요셉이 그 손으로 네 눈을 감기리라 하셨더라 5 야곱이 브엘세바에서 발행할새 이스라엘의 아들들이 바로의 태우려고 보낸 수레에 자기들의 아비 야곱과 자기들의 처자들을 태웠고 6 그 생축과 가나안 땅에서 얻은 재물을 이끌었으며 야곱과 그 자손들이 다 함께 애굽으로 갔더라 7 이와 같이 야곱이 그 아들들과 손자들과 딸들과 손녀들 곧 그 모든 자손을 데리고 애굽으로 갔더라

본문은 야곱이 그 자손을 모두 데리고 애굽으로 간 이야기이다. 이 이야기는 요셉이 형들에게 부탁했던 말(창 45:9-11)과 바로가 그들에게 베푼 환대(창 45:17-20)에서 비롯된 것이다. 그래서 가나안 땅에 돌아온 요셉의 형들은

아버지 야곱에게 요셉이 살아 있어 애굽의 총리가 된 사실을 말했다. 그리고 요셉이 부탁한 말을 전했다. 그랬을 때 야곱은 처음에는 믿지 못해 어리둥절하더니 나중에 요셉이 보낸 수레를 보고 나서야 기운을 차렸다. 그리고 그는 이렇게 말했다. "족하도다 내 아들 요셉이 지금까지 살았으니 내가 죽기 전에 가서 그를 보리라"(창 45:28). 결국 야곱은 요셉을 보기 위해 애굽에 내려가기로 작정한 것이다.

그런 다음, 야곱은 애굽을 향해 떠났다. 그런데 가는 도중에 그에게 중요한 사건이 일어났다. 하나님이 또 다시 그에게 나타나신 것이다. 이것은 요셉의 이야기 가운데 하나님이 나타나셔서 말씀하신 유일한 경우이다. 그리고 이것은 하나님께서 족장들에게 나타나신 마지막 경우이다.

하나님께 희생을 드린 야곱

자, 그러면 어떻게 이 사건이 일어나게 되었을까? 1절을 보자. "이스라엘이 모든 소유를 이끌고 발행하여 브엘세바에 이르러 그 아비 이삭의 하나님께 희생을 드리니." 여기 "이스라엘"은 야곱의 새 이름이다. 원래 야곱은 출생 시에 "손으로 에서의 발꿈치를 잡은" 데서 붙여진 이름이다. 또한 야곱은 에서를 "속이고" 복을 빼앗은 것과 관련된 이름이다. 그에 비해 이스라엘은 밧단 아람에서 돌아올 때 얍복 나루에서 하나님과 사람으로 더불어 겨루어 이김으로 복을 받았을 때 주어진 이름이다. 야곱은 스스로 복을 얻으려던 사람을 나타낸다면, 이스라엘은 하나님께 복을 받은 사람을 나타낸다. 그런데 야곱과 그 자손이 애굽으로 이주하는 과정에서 이스라엘이란 이름이 종종 등장한다.

본문에서 야곱은 요셉을 보기 위해 애굽으로 떠났다. "이스라엘이 모든 소유를 이끌고 발행하여." 그가 떠난 곳은 아마 "헤브론"일 것이다. 왜냐하면 이십이 년 전 야곱이 요셉과 마지막 헤어졌던 곳이 헤브론이기 때문이다(창 37:14).

이렇게 헤브론을 떠나 애굽으로 가던 야곱이 브엘세바에 이르러 하나님께 희생을 드렸다. 브엘세바는 헤브론에서 남쪽으로 40Km쯤 내려간 곳이다. 이곳은 가나안 땅의 남쪽 끝에 해당한다. 그래서 성경은 나중에 이스라엘의 경계를 말할 때 종종 "단에서부터 브엘세바까지"라고 말한다(삿 20:1; 삼상 3:20 등등). 따라서 야곱은 하나님이 약속하신 땅을 벗어나게 되었을 때 이곳에서 하나님께 희생을 드린 것이다.

그렇다면 이것은 무슨 뜻이었을까? 여기서 우리는 야곱이 "브엘세바"란 곳에서 "그 아비 이삭의 하나님"께 희생을 드린 점에 주목할 필요가 있다. 왜냐하면 하나님은 일찍이 브엘세바에서 이삭에게 나타나신 적이 있기 때문이다. "이삭이 거기서부터 브엘세바로 올라갔더니 그 밤에 여호와께서 그에게 나타나 가라사대 나는 네 아비 아브라함의 하나님이니 두려워 말라 내 종 아브라함을 위하여 내가 너와 함께 있어 네게 복을 주어 네 자손으로 번성케 하리라 하신지라"(창 26:23-24). 브엘세바에서 이삭에게 나타나신 하나님은 그와 함께 있을 것을 약속해 주셨다. 따라서 야곱이 브엘세바에서 그 아비 이삭의 하나님께 희생을 드린 것은 그러한 약속과 관련된 것으로 보인다. 지금 야곱은 약속의 땅을 벗어나야 하는 상황에 놓여 있다. 이런 상황에서 그에게는 이런 의문이 있었을 것이다. 과연 하나님은 약속의 땅 밖에서도 함께 계시는 것일까? 이런 의문 속에서 야곱은 하나님께서 브엘세바에서 그 아비 이삭에게 주셨던 약속을 생각했을 것이다. 그리고 그 약속을 확증 받고 싶었을 것이다. 그래서 그는 브엘세바에서 그 아비 이삭의 하나님께 희생을 드린 것이다.

사실, 야곱에게는 이미 과거에 하나님이 약속의 땅 밖에서 그와 함께 계셨던 경험이 있다. 창세기 28장에는 야곱이 브엘세바를 떠나 약속의 땅을 벗어나서 하란으로 가던 때의 일이 나온다. 그때 하나님은 벧엘에서 꿈에 야곱에게 나타나 이런 약속을 주셨다. "내가 너와 함께 있어 네가 어디로 가든지 너를 지키며 너를 이끌어 이 땅으로 돌아오게 할지라 내가 네게 허락한 것을 다 이루기까지 너를 떠나지 아니하리라"(창 28:15). 그러자 야곱은 그 약속을 듣고 하나님께 이런 말로 서원했다. "하나님이 나와 함께 계시사 내가 가는 이 길에서 나를 지키시고 먹을 양식과 입을 옷을 주사 나로 평안히 아비 집으로 돌아가게 하시오면 여호와께서 나의 하나님이 되실 것이요"(창 28:20-21). 그 후 야곱은 그 약속이 실제로 이루어지는 것을 경험했다. 그래서 야곱이 외삼촌 라반과 이십 년을 함께 산 어느 날 하나님은 그에게 이렇게 말씀하셨다. "네 조상의 땅, 네 족속에게로 돌아가라 내가 너와 함께 있으리라"(창 31:3). 그때 야곱은 라헬과 레아를 불러 이렇게 말했다. "내가 그대들의 아버지의 안색을 본즉 내게 대하여 전과 같지 아니하도다 그러할찌라도 내 아버지의 하나님은 나와 함께 계셨느니라 그대들도 알거니와 내가 힘을 다하여 그대들의 아버지를 섬겼거늘 그대들의 아버지가 나를 속여 품삯을 열 번이나 변역하였느니라 그러나 하나님이 그를 금하사 나를 해치 못하게 하셨으며"(창 31:5-7). 야곱은 라반이 자기를 속여 품삯을 열 번이나 변역하였을 때에도 하나님은 자기와 함께 계셨다고 말한 것이다. 그래서 야곱은 자기를 잡으려고 쫓아온 외삼촌 라반에게도 이렇게 말할 수 있었다. "우리 아버지의 하나님, 아브라함의 하나님 곧 이삭의 경외하는 이가 나와 함께 계시지 아니하셨더면 외삼촌께서 이제 나를 공수로 돌려 보내셨으리이다 마는 하나님이 나의 고난과 내 손의 수고를 감찰하시고 어제 밤에 외삼촌을 책망하셨나이다"(창 31:42).

이처럼 야곱에게는 이미 하나님께서 약속의 땅 밖에서도 자기와 함께 계셨던 경험이 있다. 그러기에 그는 다시 약속의 땅을 벗어나야 하는 상황에서 하나님이 함께 계신다는 확증을 얻고자 했을 것이다. 그래서 그는 브엘세바에서 그 아비 이삭의 하나님께 희생을 드린 것이다.

이것은 과거 아브라함이 기근으로 인해 약속의 땅을 벗어나서 애굽에 내려가야 했던 때와 비교된다. 창세기 12장에 보면, 아브라함은 그때 하나님의 확증 없이 애굽으로 갔다. 그 결과 그는 자기 아내를 누이라고 함으로써 자손에 대한 하나님의 약속을 위태롭게 만들고 말았다. 거기서 아브라함은 하나님보다 인간의 방법을 더 의지하는 불신의 모습으로 나타난다. 그러나 창세기 46장에서 야곱은 기근으로 인해 약속의 땅을 벗어나서 애굽으로 내려가야 했을 때 하나님의 확증을 구했다. 그 결과 그는 애굽에서 자손에 대한 하나님의 약속이 성취되는 것을 보았다. 이처럼 본문에서 야곱은 하나님을 찾는 믿음의 모습으로 나타난다. 그만큼 그의 믿음은 성장했다고 할 수 있다. 그는 예전처럼 자기 힘과 방법을 의지하지 않고 하나님을 의지하는 사람이 된 것이다.

우리도 그래야 한다. 우리가 믿음에서 성장했다면, 그것은 자기 힘과 방법을 의지하지 않고 하나님을 의지하는 모습으로 나타나야 한다. 그래서 우리는 인생의 문제 앞에서 하나님을 찾을 수 있어야 한다. 하나님을 찾는 것은 참된 믿음의 표시이다. 히브리서 11장 6절은 이렇게 말한다. "믿음이 없이는 기쁘시게 못하나니 하나님께 나아가는 자는 반드시 그가 계신 것과 또한 그가 자기를 찾는 자들에게 상주시는 이심을 믿어야 할지니라."

야곱에게 나타나신 하나님

이렇게 야곱이 믿음으로 하나님께 희생을 드렸을 때, 하나님은 그에게 다시 나타나셨다. 2-4절을 보자. "밤에 하나님이 이상 중에 이스라엘에게 나타나시고 불러 가라사대 야곱아 야곱아 하시는지라 야곱이 가로되 내가 여기 있나이다 하매 하나님이 가라사대 나는 하나님이라 네 아비의 하나님이니 애굽으로 내려가기를 두려워 말라 내가 거기서 너로 큰 민족을 이루게 하리라 내가 너와 함께 애굽으로 내려가겠고 정녕 너를 인도하여 다시 올라올 것이며 요셉이 그 손으로 네 눈을 감기리라 하셨더라."

"나는 하나님이라 네 아비의 하나님이니." 이것은 야곱이 "그 아비 이삭의 하나님께 희생을 드린" 것에 대한 응답이다. "애굽으로 내려가기를 두려워 말라." 이것은 약속의 땅을 떠나 애굽으로 이주하는 것에 대한 야곱의 불안을 염두에 둔 것이다.

그러면서 그 이유를 말씀하신다. "내가 거기서 너로 큰 민족을 이루게 하리라." 여기 "큰 민족을 이룬다"는 것은 하나님의 약속을 가리킨다. 그것은 이미 하나님께서 아브라함과 이삭과 야곱에게 말씀하신 내용이다. "내가 너로 큰 민족을 이루고"(창 12:2). "내가 네 자손으로 땅의 티끌 같게 하리니 사람이 땅의 티끌을 능히 셀 수 있을찐대 네 자손도 세리라"(창 13:16). "그를 이끌고 밖으로 나가 가라사대 하늘을 우러러 뭇별을 셀 수 있나 보라 또 그에게 이르시되 네 자손이 이와 같으리라"(창 15:5). "내가 너로 심히 번성케 하리니 나라들이 네게로 좇아 일어나며 열왕이 네게로 좇아 나리라"(창 17:6). "아브라함은 강대한 나라가 되고"(창 18:18). "내가 … 네 씨로 크게 성하여 하늘의 별과 같고 바닷가의 모래와 같게 하리니"(창 22:17). "네 자손을 하늘의 별과 같이 번성케 하며"(창 26:4). "네 자손으로 번성케 하리라"(창 26:24). "네 자손이 땅의 티끌 같이 되어서 동서남북에 편만할찌며"(창 28:14). "생육하며 번성하라 국민과 많은 국민이 네게서 나고 왕들이 네 허리에서 나오리라"(창 35:11). 그런데 하나님은 지금 야곱에게 이러한 약속을 "거기서" 즉 애굽에서 이루겠다고 말씀하신다. 하나님은 애굽에서 하나님의 약속을 이루실 것이기 때문에 애굽에 내려가기를 두려워 말라고 하신 것이다. 여기서 야곱은 비로소 하나님의 계획을 깨닫게 된다. 하나님이 큰 민족을 이루어 주시겠다고 하신 약속은 가나안 땅이 아닌 애굽에서 이루어질 것이다. 실제로 출애굽기 1장에 가면 이스라엘 자손은 큰 민족으로 소개된다. 하나님은 약속대로 이루어 주신 것이다.

그러면서 하나님은 야곱에게 이런 말씀도 주신다. "내가 너와 함께 애굽으로 내려가겠고." 지금 약속의 땅을 벗어나서 애굽으로 내려가야 하는 야곱의 고민은 이런 것이다. 하나님은 과연 약속의 땅 밖에서도 함께하실까? 그래서 하나님은 애굽에서도 그와 함께하실 것을 말씀하신 것이다.

그렇지만 야곱의 고민은 또 있다. 애굽으로 가게 되면 가나안 땅을 주시겠다는 하나님의 약속은 어떻게 되는 것일까? 그래서 하나님은 야곱에게 또 말씀하신다. "정녕 너를 인도하여 다시 올라올 것이며." 야곱은 지금 애굽으로 가지만 언젠가 다시 이 땅으로 돌아오게 될 것이다. 이것은 약속하신 땅에 대한 궁극적인 소망을 주기 위한 것이다.

그리고 하나님은 마지막으로 한 말씀을 더하신다. "요셉이 그 손으로 네 눈을 감기리라." 이것은 야곱이 죽을 때까지 하나님이 그와 함께 계실 것을 말한다. "내가 너와 함께 애굽으로 내려가겠고 정녕 너를 인도하여 다시 올라올 것이며 요셉이 그 손으로 네 눈을 감기리라"(4절). 이 내용은 야곱이 약속의 땅을 떠나 밧단아람으로 갈 때 주셨던 것과 비슷하다. "내가 너와 함께 있어 네가 어디로 가든지 너를 지키며 너를 이끌어 이 땅으로 돌아오게 할찌라 내가 네게 허락한 것을 다 이루기까지 너를 떠나지 아니하리라"(창 28:15). 그때는 야곱이 브엘세바를 출발해서 북쪽으로 약속의 땅을 벗어나서 밧단아람으로 갔다면, 지금은 헤브론을 출발해서 남쪽으로 약속의 땅을 벗어나서 애굽으로 가고 있는 것이다. 그런데 하나님이 주신 약속은 그때나 지금이나 사실상 같다. 어디로 가든지 하나님은 야곱과 함께하실 것이다.

애굽으로 간 야곱과 그 자손

이렇게 하나님의 확증을 얻은 후에 야곱은 그 자손을 모두 데리고 브엘세바를 떠나 애굽으로 갔다. 5-7절을 보자. "야곱이 브엘세바에서 발행할새 이스라엘의 아들들이 바로의 태우려고 보낸 수레에 자기들의 아비 야곱과 자기들의 처자들을 태웠고 그 생축과 가나안 땅에서 얻은 재물을 이끌었으며 야곱과 그 자손들이 다 함께 애굽으로 갔더라 이와 같이 야곱이 그 아들들과 손자들과 딸들과 손녀들 곧 그 모든 자손을 데리고 애굽으로 갔더라."

이것은 야곱이 자기 가족을 다 데리고 애굽으로 간 것을 말한 것이다. 그런데 성경은 같은 내용을 두 번 반복해서 말한다(5-6절, 7절). 그러면 성경은 왜 같은 사실을 두 번이나 반복해서 언급한 것일까? 그 이유는 야곱의 순종을 강조하기 위해서이다. 야곱은 앞서 하나님이 주신 말씀에 순종해서 그 자손을 다 데리고 애굽으로 간 것이다.

이 점은 창세기 12장에서 아브라함이 하나님의 말씀에 순종해서 갔던 것과 유사하다. 그때 하나님은 아브라함에게 이런 명령을 주셨다. "너는 너의 본토 친척 아비 집을 떠나 내가 네게 지시할 땅으로 가라"(창 12:1). 그러면서 하나님은 그에게 이런 약속을 주셨다. "내가 너로 큰 민족을 이루고"(창 12:2). 그랬을 때 아브라함이 보인 반응을 성경은 이렇게 말한다. "이에 아브람이 여호와의 말씀을 좇아갔고"(창 12:4). 아브라함은 하나님의 말씀에 순종한 것이다. 그런데 본문에 보면 야곱도 마찬가지이다. 하나님은 야곱에게 이런 명령을 주셨다. "애굽으로 내려가기를 두려워 말라"(3절). 그러면서 그에게 이런 약속을 주셨다. "내가 거기서 너로 큰 민족을 이루게 하리라"(3절).

이것은 사실상 아브라함에게 주신 것과 같은 약속이다. 그래서 이런 하나님의 말씀을 듣고 야곱은 어떻게 했을까? 야곱은 거기에 순종해서 온 가족을 데리고 애굽으로 간 것이다.

이렇게 애굽으로 간 야곱과 그 자손은 거기서 사는 동안 점점 불어나서 결국 하나의 큰 민족이 된다. 그리고 그들은 다시 가나안 땅으로 올라오게 된다. 하나님의 말씀이 그대로 이루어진 것이다. 결국 하나님은 그 땅에서 그 민족을 통해 온 인류를 구원할 그리스도가 태어나게 하신다. 따라서 야곱의 순종은 하나님의 놀라운 구원을 위한 도구이다. 하나님은 야곱의 순종을 통해 그분의 계획을 이루신 것이다.

하나님은 지금도 우리의 순종을 통해 그분의 계획을 이루신다. 만일 하나님이 우리를 사용하신다면, 그것은 우리가 믿음의 사람이고 순종의 사람이기 때문이다. 하나님은 우리가 학식이 많고, 돈이 많고, 지위가 높고, 재능이 뛰어나기 때문에 쓰시는 것이 아니라 우리가 하나님의 말씀에 순종하기 때문에 쓰시는 것이다. 아브라함이 그랬고, 이삭이 그랬고, 야곱이 그랬고, 모세가 그랬고, 다윗이 그랬다. 하나님이 쓰시는 사람은 다 그런 것이다. 오늘도 하나님은 순종하는 자들을 통해서 그분의 일을 이루신다.

30

약속에 성실하신 하나님

창 46:8-27 8 애굽으로 내려간 이스라엘 가족의 이름이 이러하니 야곱과 그 아들들 곧 야곱의 맏아들 르우벤과 9 르우벤의 아들 하녹과 발루와 헤스론과 갈미요 10 시므온의 아들 곧 여무엘과 야민과 오핫과 야긴과 스할과 가나안 여인의 소생 사울이요 11 레위의 아들 곧 게르손과 그핫과 므라리요 12 유다의 아들 곧 엘과 오난과 셀라와 베레스와 세라니 엘과 오난은 가나안 땅에서 죽었고 또 베레스의 아들 곧 헤스론과 하물이요 13 잇사갈의 아들 곧 돌라와 부와와 욥과 시므론이요 14 스불론의 아들 곧 세렛과 엘론과 얄르엘이니 15 이들은 레아가 밧단아람에서 야곱에게 낳은 자손들이라 그 딸 디나를 합하여 남자와 여자가 삼십삼 명이며 16 갓의 아들 곧 시본과 학기와 수니와 에스본과 에리와 아로디와 아렐리요 17 아셀의 아들 곧 임나와 이스와와 이스위와 브리아와 그들의 누이 세라며 또 브리아의 아들 곧 헤벨과 말기엘이니 18 이들은 라반이 그 딸 레아에게 준 실바가 야곱에게 낳은 자손이라 합 십육 명이요 19 야곱의 아내 라헬의 아들 곧 요셉과 베냐민이요 20 애굽 땅에서 온 제사장 보디베라의 딸 아스낫이 요셉에게 낳은 므낫세와 에브라임이요 21 베냐민의 아들 곧 벨라와 베겔과 아스벨과 게라와 나아만과 에히와 로스와 뭅빔과 빔과 아릇이니 22 이들은 라헬이 야곱에게 낳은 자손이라 합 십사 명이요 **23** 단의 아들 후심이요 **24** 납달리의 아들 곧 야스엘과 구니와 예셀과 실렘이라 **25** 이들은 라반이 그 딸 라헬에게 준 빌하가 야곱에게 낳은 자손이니 합이 칠 명이라 **26** 야곱과 함께 애굽에 이른 자는 야곱의 자부 외에 육십육 명이니 이는 다 야곱의 몸에서 나온 자며 **27** 애굽에서 요셉에게 낳은 아들이 두 명이니 야곱의 집 사람으로 애굽에 이른 자의 도합이 칠십 명이었더라

본문은 흉년을 피해 애굽에 내려간 야곱 자손의 족보를 기록한 것이다. 여기에는 야곱과 함께 애굽에 내려간 자손들의 이름과 그 명수가 들어 있다. 그러면 먼저 이 족보의 내용을 살펴보고, 그 다음 이 족보가 갖는 의미를 생각해 보자.

애굽에 내려간 야곱 자손의 족보

우선, 이 족보는 8절에 이런 설명으로 시작된다. "애굽으로 내려간 이스라엘 가족의 이름이 이러하니 야곱과 그 아들들." 이 족보는 애굽으로 내려간 야곱의 자손을 기록한 것이다.

그런 다음, 8하-25절에 야곱의 자손에 대한 족보가 나온다. 그 내용은 배열 순서대로 보면 이렇다. 첫째로, 레아가 낳은 자손의 족보가 나온다. "곧 야곱의 맏아들 르우벤과 르우벤의 아들 하녹과 발루와 헤스론과 갈미요 시므온의 아들 곧 여무엘과 야민과 오핫과 야긴과 스할과 가나안 여인의 소생 사울이요 레위의 아들 곧 게르손과 그핫과 므라리요 유다의 아들 곧 엘과 오난과 셀라와 베레스와 세라니 엘과 오난은 가나안 땅에서 죽었고 또 베레스의 아들 곧 헤스론과 하물이요 잇사갈의 아들 곧 돌라와 부와와 욥과 시므론이요 스불론의 아들 곧 세렛과 엘론과 얄르엘이니 이들은 레아가 밧단

아람에서 야곱에게 낳은 자손들이라 그 딸 디나를 합하여 남자와 여자가 삼십삼 명이며"(8하-15절).

여기 15절에 이런 설명이 나온다. "이들은 레아가 밧단아람에서 야곱에게 낳은 자손들이라 그 딸 디나를 합하여 남자와 여자가 삼십삼 명이며." 여기에는 여섯 명의 아들, 스물네 명의 손자, 두 명의 증손자, 한 명의 딸이 포함된다. 손자가 스물네 명인 것은 시므온의 아들 중 "오핫"이 빠지기 때문이다. 이 "오핫"은 기록한 사람의 실수로 보인다. 성경 다른 곳의 기록에는 "오핫"이 들어 있지 않다. "시므온 자손은 그 종족대로 이러하니 느무엘(=여무엘, 출 6:15)에게서 난 느무엘 가족과 야민에게서 난 야민 가족과 야긴에게서 난 야긴 가족과 세라(=스할 또는 소할, 출 6:15)에게서 난 세라 가족과 사울에게서 난 사울 가족이라"(민 26:12-13). "시므온의 아들들은 느무엘과 야민과 야립과 세라와 사울이요"(대상 4:24). 또한 딸이 한 명인 것은 야곱의 딸 중에서 앞서(창 30:21; 34장) 언급된 디나만을 포함시켰기 때문이다. 이것은 성경의 족보가 종종 그렇듯이 이상적인, 완벽한 수를 맞추기 위함일 것이다. 따라서 이 족보는 역사적 사실을 그냥 기록한 것이 아니라 가공해서 기록한 것으로 보인다.

둘째로, 레아의 여종 실바가 낳은 자손의 족보가 나온다. "갓의 아들 곧 시본과 학기와 수니와 에스본과 에리와 아로디와 아렐리요 아셀의 아들 곧 임나와 이스와와 이스위와 브리아와 그들의 누이 세라며 또 브리아의 아들 곧 헤벨과 말기엘이니 이들은 라반이 그 딸 레아에게 준 실바가 야곱에게 낳은 자손들이라 합 십육 명이요"(16-18절). 여기 18절에 이런 설명이 나온다. "이들은 라반이 그 딸 레아에게 준 실바가 야곱에게 낳은 자손들이라 합 십육 명이요." 여기에는 두 명의 아들, 열한 명의 손자, 두 명의 증손자, 한 명의 손녀가 포함된다.

셋째로, 라헬이 야곱에게 낳은 자손의 족보가 나온다. "야곱의 아내 라헬의 아들 곧 요셉과 베냐민이요 애굽 땅에서 온 제사장 보디베라의 딸 아스낫이 요셉에게 낳은 므낫세와 에브라임이요 베냐민의 아들 곧 벨라와 베겔과 아스벨과 게라와 나아만과 에히와 로스와 뭅빔과 빔과 아릇이니 이들은 라헬이 야곱에게 낳은 자손이라 합 십사 명이요"(19-22절). 여기 22절에 이런 설명이 나온다. "이들은 라헬이 야곱에게 낳은 자손이라 합 십사 명이요." 여기에는 두 명의 아들, 열두 명의 손자가 포함된다. 특히 맨 앞에 이런 설명이 추가되어 있다. "야곱의 아내 라헬의 아들 곧 요셉과 베냐민이요."

넷째로, 라헬의 여종 빌하가 야곱에게 낳은 자손의 족보가 나온다. "단의 아들 후심이요 납달리의 아들 곧 야스엘과 구니와 예셀과 실렘이라 이들은 라반이 그 딸 라헬에게 준 빌하가 야곱에게 낳은 자손이니 합이 칠 명이라"(23-25절). 여기 25절에 이런 설명이 나온다. "이들은 라반이 그 딸 라헬에게 준 빌하가 야곱에게 낳은 자손이니 합이 칠 명이라." 여기에는 두 명의 아들, 다섯 명의 손자가 포함된다.

이렇게 야곱의 자손에 대한 족보를 기록한 다음, 종합적인 설명이 이어진다. "야곱과 함께 애굽에 이른 자는 야곱의 자부 외에 육십육 명이니 이는 다 야곱의 몸에서 나온 자며 애굽에서 요셉에게 낳은 아들이 두 명이니 야곱의 집 사람으로 애굽에 이른 자의 도합이 칠십 명이었더라"(26-27절). 앞에 기록한 족보의 내용을 종합하면 이렇다. "야곱과 함께 애굽에 이른 자"(26절)는 육십육 명이지만, "야곱의 집 사람으로 애굽에 이른 자"(27절)는 칠십 명이다. 여기 네 명의 차이가 나는 것은 야곱과 함께 가나안 땅에서 애굽으로 가지 않은 사람들이 있기 때문이다. 그들은, 성경에 명시된 것으로 보면 "가나안 땅에서" 죽은 엘과 오난이고(12절), "애굽 땅에서" 태어난 므낫세와 에브라임이다(20절).

이처럼 애굽으로 내려간 야곱의 자손에 대한 족보는 자손의 수가 많은 순서대로(33명-16명-14명-7명), 여종이 낳은 자손은 대체로 여주인이 낳은 자손의 절반 수준으로(16명/33명, 7명/14명), 그리고 자손의 총수는 "칠십"이라는 이상적인 수에 맞추어 기록되었다.

약속의 성취

그러면 이러한 족보가 갖는 의미는 무엇일까? 여기서 우리는 이 족보가 이런 설명으로 시작되는 것을 주목할 필요가 있다. "애굽으로 내려간 이스라엘 가족의 이름이 이러하니"(8절). 왜냐하면 이 설명에 의해서 이 족보는 앞의 내용과 연결되기 때문이다. 두 가지 점에서 그렇다. 하나는 "이스라엘 가족"이란 표현이다. 이것은 문자적으로 번역하면 "이스라엘의 아들들"이다. 바로 뒤에 "야곱과 그 아들들"이라고 할 때 "아들들"이 "가족"과 같은 단어이다. 그래서 15절, 18절, 22절(19절), 25절은 각각 레아, 실바, 라헬, 빌하가 낳은 "자손(들)"(=아들들)을 말한다. 모두 야곱 즉 이스라엘의 아들들을 말한 것이다. 그런데 같은 표현이 이미 앞에서 사용되었다. 5절을 보라. "야곱이 브엘세바에서 발행할새 이스라엘의 아들들이 바로의 태우려고 보낸 수레에 자기들의 아비 야곱과 자기들의 처자들을 태웠고."

이런 식으로, 본문에 나오는 야곱 자손의 족보는 앞의 이야기와 연결된다. 이 점은 중요하다. 왜냐하면 앞의 이야기에서 "이스라엘의 아들들"의 정체가 분명히 드러나기 때문이다. 6-7절은 5절에서 말한 "이스라엘의 아들들"의 정체를 드러내준다. "야곱이 브엘세바에서 발행할새 이스라엘의 아들들이 바로의 태우려고 보낸 수레에 자기들의 아비 야곱과 자기들의 처자들을 태웠고 그 생축과 가나안 땅에서 얻은 재물을 이끌었으며 야곱과 그 자손들이다 함께 애굽으로 갔더라 이와 같이 야곱이 그 아들들과 손자들과 딸들과 손녀들 곧 그 모든 자손을 데리고 애굽으로 갔더라." 여기 6절과 7절에는 같은 표현이 두 번 반복해서 나온다. "그 자손들이 다"와 "그 모든 자손"이다. 이 표현은 5절에 말한 "이스라엘의 아들들"과 그들의 자식들("자기들의 처자들")을 가리킨다.

중요한 것은 5절에서 말한 "이스라엘의 아들들"이 6절과 7절에서는 "그 자손(들)"이란 말로 표현된 것이다. 이때 "자손(들)"이란 말은 히브리어 "제라"이다. "제라"는 창세기에서 하나님이 약속하신 자손을 가리키는 말이다. "여호와께서 아브람에게 나타나 가라사대 내가 이 땅을 네 자손(제라)에게 주리라 하신지라"(창 12:7). "보이는 땅을 내가 너와 네 자손(제라)에게 주리니 영원히 이르리라 내가 네 자손(제라)으로 땅의 티끌 같게 하리니 사람이 땅의 티끌을 능히 셀 수 있을찐대 네 자손(제라)도 세리라"(창 13:15-16). "그를 이끌고 밖으로 나가 가라사대 하늘을 우러러 뭇별을 셀 수 있나 보라 또 그에게 이르시되 네 자손(제라)이 이와 같으리라"(창 15:5). "내가 내 언약을 나와 너와 네 대대 후손(제라)의 사이에 세워서 영원한 언약을 삼고 너와 네 후손(제라)의 하나님이 되리라"(창 17:7). "하나님이 가라사대 아니라 네 아내 사라가 정녕 네게 아들을 낳으리니 너는 그 이름을 이삭이라 하라 내가 그와 내 언약을 세우리니 그의 후손(제라)에게 영원한 언약이 되리라"(창 17:19). "내가 네게 큰 복을 주고 네 씨(제라)로 크게 성하여 하늘의 별과 같고 바닷가의 모래와 같게 하리니 네 씨(제라)가 그 대적의 문을 얻으리라"(창 22:17). "하늘의 하나님 여호와께서 나를 내 아버지의 집과 내 본토에서 떠나게 하시고 내게 말씀하시며 내게 맹세하여 이르시기를 이 땅을 네 씨(제라)에게 주리라 하셨으니 그가 그 사자를 네 앞서 보내실찌라 네가 거기서 내 아들을 위하여 아내를 택할찌니라"(창 24:7). "이 땅에 유하면 내가 너와 함께 있어 네게 복을 주고 내가 이 모든 땅을 너와 네 자손(제라)에게 주리라 내가 네 아비 아브라함에게 맹세한 것을 이루어 네 자손(제라)을 하늘의 별과 같이 번성케 하며 이 모든 땅을 네 자손(제라)에게 주리니 네 자손(제라)을 인하여 천하 만민이 복을 받으리라"(창 26:3-4). "그 밤에 여호와께서 그에게 나타나 가라사대 나는 네 아비 아브라함의 하나님이니 두려워 말라 내 종 아브라함을 위하여 내가 너와 함께 있어 네게 복을 주어 네 자손(제라)으로 번성케 하리라 하신지라"(창 26:24). "아브라함에게 허락하신 복을 네게 주시되 너와 너와 함께 네 자손(제라)에게 주사 너로 하나님이 아브라함에게 주신 땅 곧 너의 우거하는 땅을 유업으로 받게 하시기를 원하노라"(창 28:4). "또 본즉 여호와께서 그 위에 서서 가라사대 나는 여호와니 너의 조부 아브라함의 하나님이요 이삭의 하나님이라 너 누운 땅을 내가 너와 네 자손(제라)에게 주리니 네 자손(제라)이 땅의 티끌 같이 되어서 동서남북에 편만할찌며 땅의 모든 족속이 너와 네 자손(제라)을 인하여 복을 얻으리라"(창 28:13-14). "주께서 말씀하시기를 내가 정녕 네게 은혜를 베풀어 네 씨(제라)로 바다의 셀 수 없는 모래와 같이 많게 하리라 하셨나이다"(창 32:12). "내가 아브라함과 이삭에게 준 땅을 네게 주고 내가 네 후손(제라)에게도 그 땅을 주리라 하시고"(창 35:12). "유다가 오난에게 이르되 네 형수에게로 들어가서 남편의 아우의 본분을 행하여 네 형을 위하여 씨(제라)가 있게 하라 오난이 그 씨(제라)가 자기 것이 되지 않을 줄 알므로 형수에게 들어갔을 때에 형에게 아들(제라)을 얻게 아니하려고 땅에 설정하매 그 일이 여호와 목전에 악하므로 여호와께서 그도 죽이시니"(창 38:8-10).

따라서 5절에서 말한 "이스라엘의 아들들"은 단순한 자손이 아니다. 그들은 하나님이 아브라함과 이삭과 야곱에게 약속하셨던 바로 그 자손 "제라"다. 이렇게 볼 때, 본문에 기록된 "이스라엘의 아들들"(이스라엘 가족)에 대한 족보는 하나님이 주신 약속의 성취를 보여준다.

약속에 대한 기대와 믿음

또 하나는 "애굽으로 내려간"이란 표현이다. 이 표현은 이 족보의 처음과 마지막에 나타난다. "애굽으로 내려간 이스라엘 가족의 이름이 이러하니"(8절상). "야곱의 집 사람으로 애굽에 이른 자의 도합이 칠십 명이었더라"(27절하). 그런데 같은 표현이 이미 앞에서 사용되었다. 6하-7절은 야곱과 그 자손이 다 "애굽으로 간" 사실을 말한다. "야곱과 그 자손들이 다 함께 애굽으로 갔더라 이와 같이 야곱이 그 아들들과 손자들과 딸들과 손녀들 곧 그 모든 자손을 데리고 애굽으로 갔더라."

이런 식으로, 본문에 나오는 야곱 자손의 족보는 앞의 이야기와 연결된다. 이 점은 중요하다. 왜냐하면 앞의 이야기에서 야곱과 그 자손이 애굽으로 간 이유가 분명히 드러나기 때문이다. 원래, 야곱은 요셉과 바로의 초청으로 흉년을 피해 애굽으로 내려가기로 작정했다. 그런데 애굽으로 가던 중 그는 브엘세바에서 그 아비 이삭의 하나님께 희생을 드렸다. 그는 과거 그곳에서 그 아비 이삭에게 나타나셨던 하나님을 기억한 것이다. 왜냐하면 하나님은 그곳에서 그 아비 이삭에게 나타나 이런 약속을 주셨기 때문이다. "나는 네 아비 아브라함의 하나님이니 두려워 말라 내 종 아브라함을 위하여 내가 너와 함께 있어 네게 복을 주어 네 자손으로 번성케 하리라"(창 26:24). 따라서 야곱이 브엘세바에서 그 아비 이삭의 하나님께 희생을 드린 것은 그 약속을 생각하는 믿음의 표시였다.

그랬을 때, 하나님은 야곱에게 나타나 이렇게 말씀하셨다. "나는 하나님이라 네 아비의 하나님이니 애굽으로 내려가기를 두려워 말라 내가 거기서 너로 큰 민족을 이루게 하리라 내가 너와 함께 애굽으로 내려가겠고 정녕 너를 인도하여 다시 올라올 것이며 요셉이 그 손으로 네 눈을 감기리라"(창 46:3-4). 이것은 사실상 이삭에게 주셨던 약속을 재확인하신 것이다. 단지 "네 자손으로 번성케 하리라"는 약속이 "거기서(애굽에서) 너로 큰 민족을 이루게 하리라"는 내용으로 구체화되었을 뿐이다.

그러므로 야곱과 그 자손이 애굽으로 간 것은 단지 흉년을 피하기 위한 것이 아니다. 그것은 애굽에서 큰 민족을 이루실 약속의 성취를 기대하며 "애굽으로 내려가기를 두려워말라"는 명령에 순종한 것이다. 이렇게 볼 때, 애굽에 간 야곱과 그 자손에 대한 족보는 하나님의 약속에 대한 기대를 담고 있다.

이처럼 본문에 기록된 족보는 이중적인 의미를 갖는다. 한 편으로, 이것은 "이스라엘 가족" 즉 "이스라엘의 아들들"의 족보란 점에서 약속의 성취를 보여준다. 왜냐하면 "이스라엘의 아들들"은 하나님이 아브라함과 이삭과 야곱에게 약속하신 자손이기 때문이다. 자손에 대한 약속은 이미 성취되고 있는 것이다. 다른 한 편으로, 이것은 "애굽으로 내려간" 사람들의 족보란 점에서 약속에 대한 기대를 보여준다. 왜냐하면 "애굽으로 내려간" 이유가 단지 흉년이기 때문이 아니라 애굽에서 큰 민족을 이루게 하실 거라는 하나님의 약속이 있기 때문이다. 이 약속은 앞으로 성취될 것이다.

이처럼 본문에 기록된 족보는 이중적인 의미를 갖는다. 이것은 하나님의 약속이 이미 성취된 것과 동시에 앞으로 성취될 것을 보여준다. 이 족보에 사용된 "칠십"이란 수가 이런 이중적 의미를 나타낸다. 이것은 야곱의 가족을 축소된 형태의 민족으로 묘사한다. 이것은 하나님이 이미 약속을 성취하고 계심을 뜻한다. 동시에 이것은 야곱의 가족을 장차 이루게 될 큰 민족의 예표로서 표현한다. 이것은 하나님이 앞으로 약속을 성취하실 것을 뜻한다.

약속에 성실하신 하나님

결국 이 족보가 보여주는 것은 하나다. 그것은 하나님이 그분의 약속에 성실하시다는 사실이다. 이제까지도 그러셨고, 앞으로도 그러실 것이다.

특히 이 족보는 야곱의 자손이 과거 타향살이 속에서 만들어졌음을 보여준다. "이들은 레아가 밧단아람에서 야곱에게 낳은 자손들이라"(15절). "이들은 라반이 그 딸 레아에게 준 실바가 야곱에게 낳은 자손들이라"(18절). "이들은 라반이 그 딸 라헬에게 준 빌하가 야곱에게 낳은 자손이니"(25절). 22절의 라헬에 대해서는 "밧단아람에서"라는 말이 빠져 있다. 왜냐하면 베냐민은 밧단아람에서 돌아와서 낳았기 때문이다. 그렇지만 19절의 "야곱의 아내 라헬"이란 말은 밧단아람에서의 일을 생각나게 한다. 이처럼 이 족보는 야곱의 자손 칠십 명이 밧단아람에서 만들어진 것으로 말한다. 사실, 밧단아람에서 야곱은 외삼촌 라반 때문에 힘든 고난의 세월을 보냈다. 그럼에도 불구하고 하나님은 그분의 약속에 성실하셨다. 하나님은 야곱이 밧단아람에서 타향살이하는 동안 자손에 대한 약속을 이루어 오셨다.

그렇다면 하나님은 앞으로 야곱이 애굽에서 타향살이하는 동안에도 자손에 대한 약속을 이루실 것이다. 그래서 애굽에서의 힘든 세월에도 불구하고 하나님은 야곱이 큰 민족을 이루게 하실 것이다. 왜냐하면 하나님은 언제나 그분의 약속에 성실하시기 때문이다. 출애굽기 1장은 이 사실을 말하는 것으로 시작한다. "야곱과 함께 각기 권속을 데리고 애굽에 이른 이스라엘 아들들의 이름은 이러하니 르우벤과 시므온과 레위와 유다와 잇사갈과 스불론과 베냐민과 단과 납달리와 갓과 아셀이요 이미 애굽에 있는 요셉까지 야곱의 혈속이 모두 칠십 인이었더라 요셉과 그의 모든 형제와 그 시대 사람은 다 죽었고 이스라엘 자손은 생육이 중다하고 번식하고 창성하고 심히 강대하여 온 땅에 가득하게 되었더라"(출 1:1-7). 여기 1-5절은 본문에 기록된 족보의 내용을 요약한 것에 불과하다. 그런 다음, 6-7절은 "내가 거기서 너로 큰 민족을 이루게 하리라"고 하신 하나님의 약속이 성취된 것을 말한다. 신명기 10장 22절도 이러한 약속의 성취를 보여준다. "애굽에 내려간 네 열조가 겨우 칠십 인이었으나 이제는 네 하나님 여호와께서 너를 하늘의 별 같이 많게 하셨느니라." 또한 시편 105편 23-24절도 마찬가지이다. "이에 이스라엘이 애굽에 들어감이여 야곱이 함 땅에 객이 되었도다 여호와께서 그 백성을 크게 번성케 하사 그들의 대적보다 강하게 하셨으며." 이처럼 하나님은 약속에 성실하시다. 그러므로 우리는 헛된 것을 붙들지 말고 하나님의 약속을 붙들고 살아가야 한다.

31

야곱의 체험적 신앙

창 46:28-34 **28** 야곱이 유다를 요셉에게 미리 보내어 자기를 고센으로 인도하게 하고 다 고센 땅에 이르니 **29** 요셉이 수레를 갖추고 고센으로 올라가서 아비 이스라엘을 맞으며 그에게 보이고 그 목을 어긋맞겨 안고 얼마 동안 울매 **30** 이스라엘이 요셉에게 이르되 네가 지금까지 살아 있고 내가 네 얼굴을 보았으니 지금 죽어도 가하도다 **31** 요셉이 그 형들과 아비의 권속에게 이르되 내가 올라가서 바로에게 고하여 이르기를 가나안 땅에 있던 내 형들과 내 아비의 권속이 내게로 왔는데 **32** 그들은 목자라 목축으로 업을 삼으므로 그 양과 소와 모든 소유를 이끌고 왔나이다 하리니 **33** 바로가 당신들을 불러서 너희의 업이 무엇이냐 묻거든 **34** 당신들은 고하기를 주의 종들은 어렸을 때부터 지금까지 목축하는 자이온데 우리와 우리 선조가 다 그러하니이다 하소서 애굽 사람은 다 목축을 가증히 여기나니 당신들이 고센 땅에 거하게 되리이다

앞서 우리는 애굽으로 간 야곱 자손의 족보를 살펴보았다. 그때 우리가 주목한 것은 그 족보가 갖는 이중적인 의미다. 그것은 그 족보를 바로 앞의 야곱 자손이 애굽으로 간 이야기와 연결시켜 볼 때 드러난다. 그 족보는 하

나님의 약속이 이미 성취된 것을 보여준 동시에 앞으로 성취될 것을 보여준다. 결국 그 족보가 보여준 것은 하나님이 그분의 약속에 성실하시다는 사실이다. 따라서 본문을 시작으로 이어지는 창세기의 나머지 부분은 족보가 보여준 대로 '하나님의 약속이 앞으로 성취될 것'에 대한 이야기이다.

야곱과 요셉의 재회를 주선한 유다

이 이야기는 애굽에 간 야곱이 요셉을 만나는 장면에서부터 시작된다. 28-30절을 보자. "야곱이 유다를 요셉에게 미리 보내어 자기를 고센으로 인도하게 하고 다 고센 땅에 이르니 요셉이 수레를 갖추고 고센으로 올라가서 아비 이스라엘을 맞으며 그에게 보이고 그 목을 어긋맞겨 안고 얼마 동안 울매 이스라엘이 요셉에게 이르되 네가 지금까지 살아 있고 내가 네 얼굴을 보았으니 지금 죽어도 가하도다."

여기 보면, 애굽으로 간 야곱과 그 자손은 "다 고센 땅에 이르렀다." 이 과정에서 "야곱이 유다를 요셉에게 미리 보내어 자기를 고센으로 인도하게 했다." 야곱이 이렇게 한 것은 요셉이 한 말에 따른 것이다. 창세기 45장 10절에 보면, 요셉은 형들 편에 아버지 야곱에게 이렇게 말했던 것이다. "아버지의 아들들과 아버지의 손자들과 아버지의 양과 소와 모든 소유가 고센 땅에 있어서 나와 가깝게 하소서."

이때 주목할 것은 유다의 역할이다. 야곱은 요셉을 다시 만날 때 유다를 시켜 만남을 주선하게 한 것이다. 이것은 야곱과 요셉을 그토록 오랜 기간 헤어져 있게 만든 장본인이 유다임을 감안할 때 특별한 것이다. 창세기 37장 26-27에 보면 요셉을 팔자고 제안했던 사람이 유다였던 것이다. "유다가 자기 형제에게 이르되 우리가 우리 동생을 죽이고 그의 피를 은닉한들 무엇이

유익할까 자 그를 이스마엘 사람에게 팔고 우리 손을 그에게 대지 말자 그는 우리의 동생이요 우리의 골육이니라 하매 형제들이 청종하였더라." 따라서 야곱과 요셉을 이별하게 만든 유다가 그 두 사람을 재회하게 만든 것은 의미가 있다. 그것은 가족 간에 관계가 회복되었음을 보여준다.

요셉을 볼 때 야곱이 받은 인상

이렇게 야곱과 그 자손이 고센 땅에 이르렀을 때, 요셉은 그곳으로 가서 아버지 야곱을 만났다. 29절은 그 장면을 이렇게 설명한다. "요셉이 수레를 갖추고 고센으로 올라가서 아비 이스라엘을 맞으며 그에게 보이고 그 목을 어긋맞겨 안고 얼마 동안 울매." 이 장면은 앞서 요셉이 형제들과 다시 만난 때나 야곱이 에서와 다시 만난 때와 비슷하다. "자기 아우 베냐민의 목을 안고 우니 베냐민도 요셉의 목을 안고 우니라 요셉이 또 형들과 입 맞추며 안고 우니 형들이 그제야 요셉과 말하니라"(창 45:14-15). "에서가 달려와서 그를 맞아서 안고 목을 어긋맞기고 그와 입 맞추고 피차 우니라"(창 33:4).

그런데 다른 점이 하나 있다. 그것은 요셉이 야곱을 다시 만난 때는 이런 설명이 추가된 것이다. "그(야곱)에게 보이고." 이것은 요셉이 야곱에게 자신을 보인 것을 뜻한다. 이때 "보이고"(히브리어 "라아"의 니팔형)란 말은 의미심장하다. 왜냐하면 창세기에서 이 말은 인격적인 주어와 함께 쓰일 때 언제나 하나님이 나타나신 것을 가리키기 때문이다. "여호와께서 아브람에게 나타나 가라사대 내가 이 땅을 네 자손에게 주리라 하신지라 그가 자기에게 나타나신 여호와를 위하여 그곳에 단을 쌓고"(창 12:7). "아브람의 구십구 세 때에 여호와께서 아브람에게 나타나서 그에게 이르시되 나는 전능한 하나님이라 너는 내 앞에서 행하여 완전하라"(창 17:1). "여호와께서 마므레 상수리 수풀 근처에서 아브라함에게 나타나시니라"(창 18:1). "여호와께서 이삭에게 나타나 가라사대 애굽으로 내려가지 말고 내가 네게 지시하는 땅에 거하라"(창 26:2). "그 밤에 여호와께서 그에게 나타나 가라사대 나는 네 아비 아브라함의 하나님이니 두려워 말라 내 종 아브라함을 위하여 내가 너와 함께 있어 네게 복을 주어 네 자손으로 번성케 하리라 하신지라"(창 26:24). "하나님이 야곱에게 이르시되 일어나 벧엘로 올라가서 거기 거하며 네가 네 형 에서의 낯을 피하여 도망하던 때에 네게 나타났던 하나님께 거기서 단을 쌓으라 하신지라"(창 35:1). "야곱이 밧단아람에서 돌아오매 하나님이 다시 야곱에게 나타나사 그에게 복을 주시고"(창 35:9). "요셉에게 이르되 이전에 가나안 땅 루스에서 전능한 하나님이 내게 나타나 복을 허락하여"(창 48:3).

그런데 예외적으로 요셉이 야곱에게 자신을 보인 것을 말할 때 이 말을 사용한 것이다. 그 이유는 이렇다. 야곱은 요셉을 볼 때 마치 하나님이 나타나셨을 때 받은 것과 같은 압도할 만한 인상을 받은 것이다. 우리는 요셉이 애굽의 총리로서 수레를 갖추고, 수행원을 거느리고 야곱에게 나타났을 때 야곱이 그 권세와 위엄에 압도당했으리라는 것을 충분히 짐작할 수 있다. 창세기 41장 41-43절에는 바로가 요셉으로 애굽을 총리하게 할 때 어떻게 했는지가 나온다. "바로가 또 요셉에게 이르되 내가 너로 애굽 온 땅을 총리하게 하노라 하고 자기의 인장 반지를 빼어 요셉의 손에 끼우고 그에게 세마포 옷을 입히고 금 사슬을 목에 걸고 자기에게 있는 버금 수레에 그를 태우매 무리가 그 앞에서 소리 지르기를 엎드리라 하더라 바로가 그로 애굽 전국을 총리하게 하였더라." 따라서 우리는 요셉의 위세가 어떠했을지 짐작할 수 있다. 또한 창세기 45장 13절에는 요셉이 형들에게 이렇게 말한 내용이 나온다. "당신들은 나의 애굽에서의 영화와 당신들의 본 모든 것을 다 내 아버지께 고하고 속히 모시고 내려오소서 하며." 요셉은 형들에게 애굽의 총리로서 자신의 권세와 위엄을 아버지에게 말하라고 한 것이다. 그래서 형들은 아버지에게 가서 전한 것이다. "고하여 가로되 요셉이 지금까지 살아 있어 애굽 땅 총리가 되었더이다 야곱이 그들을 믿지 아니하므로 기색하더니"(창 45:26). 그런데 바로 이 요셉이 지금 야곱 앞에 나타난 것이다.

그렇지만 야곱을 압도한 것은 단지 요셉의 위세만이 아니다. 왜냐하면 애굽의 총리로서 요셉의 위세는 또 다른 의미가 있기 때문이다. 그것은 오래 전 (이십이 년 전) 요셉이 꾸었던 꿈의 성취이다. 창세기 37장 9-11절은 이렇게 말한다. "요셉이 다시 꿈을 꾸고 그 형들에게 고하여 가로되 내가 또 꿈을 꾼즉 해와 달과 열한 별이 내게 절하더이다 하니라 그가 그 꿈으로 부형에게 고하매 아비가 그를 꾸짖고 그에게 이르되 너의 꾼 꿈이 무엇이냐 나와 네 모와 네 형제들이 참으로 가서 땅에 엎드려 네게 절하겠느냐 그 형들은 시기하되 그 아비는 그 말을 마음에 두었더라." 거기서 야곱이 "그 말을 마음에 두었더라"는 것은 요셉이 말한 꿈을 하나님의 계시로 생각했음을 보여준다. 그런데 마침내 야곱은 그 꿈의 성취를 본 것이다. 애굽의 총리로서 요셉의 위세를 보았을 때 야곱은 하나님께서 마침내 요셉의 꿈을 이루신 사실을 깨달은 것이다. 이것은 야곱이 마치 창세기의 다른 곳에서 하나님이 나타나셨을 때 받은 것과 같은 압도할 만한 인상을 받은 것을 의미한다. 그래서 성경은 요셉이 야곱에게 자신을 보인 것을 말할 때 하나님이 나타나신 것을 말할 때 쓰는 말을 사용한 것이다. "그에게 보이고."

죽음을 대하는 태도가 달라진 야곱

이런 사실을 확인시켜 주는 것이 있다. 그것은 요셉이 야곱에게 자신을 보였을 때 야곱이 보인 반응이다. 그는 요셉에게 이렇게 말했다. "네가 지금까지 살아 있고 내가 네 얼굴을 보았으니 지금 죽어도 가하도다"(30절). 야곱이 이렇게 말한 것은 얼른 이해가 간다. 그는 이십이 년이 넘도록 죽은 줄로만 알았던 요셉을 다시 만났기 때문이다. 하지만, 우리는 야곱이 한 말을 통해서 그에게 중요한 변화가 일어났음을 알 수 있다. 죽음을 대하는 야곱의 태도가 달라진 것이다. 왜냐하면 이전까지 야곱은 자신의 죽음을 한탄하곤 했기 때문이다.

창세기 37장 35절에 보면, 야곱은 피에 젖은 요셉의 옷을 보고 그가 죽은 줄 알고 이렇게 말했었다. "내가 슬퍼하며 음부에 내려 아들에게로 가리라." 그런데 그로부터 이십 년이 지나 야곱은 르우벤이 베냐민을 애굽으로 데리고 가려 했을 때 이렇게 말했었다. "내 아들은 너희와 함께 내려가지 못하리니 그의 형은 죽고 그만 남았음이라 만일 너희 행하는 길에서 재난이 그 몸에 미치면 너희가 나의 흰 머리로 슬피 음부로 내려가게 함이 되리라"(창 42:38). 그래서 창세기 44장 27-29절에 보면 유다가 요셉 앞에서 이렇게 말한 것을 볼 수 있다. "주의 종 우리 아비가 우리에게 이르되 너희도 알거니와 내 아내가 내게 두 아들을 낳았으나 하나는 내게서 나간고로 내가 말하기를 정녕 찢겨 죽었다 하고 내가 지금까지 그를 보지 못하거늘 너희가 이도 내게서 취하여 가려한즉 만일 재해가 그 몸에 미치면 나의 흰머리로 슬피 음부로 내려가게 하리라 하니." 그러니까 이십이 년이 지나도록 자기 연민에 빠져 자신의 죽음을 한탄하는 야곱의 태도는 달라지지 않았다.

그러나 야곱이 요셉을 다시 만났을 때 죽음을 대하는 그의 태도는 달라졌다. 그는 자신의 죽음을 기꺼이 받아들이게 된 것이다. "네가 지금까지 살아 있고 내가 네 얼굴을 보았으니 지금 죽어도 가하도다." 그는 더 이상 자기 연민에 빠져 죽음을 한탄하지 않게 된 것이다. 물론, 그렇다고 해서 야곱이 금방 죽은 것은 아니다. 그는 실제로 십칠 년을 더 살았다(창 47:28).

야곱의 체험적 신앙

주목할 것은 야곱의 태도가 이렇게 달라진 이유이다. 야곱은 그 이유를 이렇게 말했다. "네가 지금까지 살아 있고 내가 네 얼굴을 보았으니." 그런데 여기에는 특이한 점이 있다. 창세기 45장 28절에 보면, 야곱은 요셉을 보러 가면서 이렇게 말했었다. "족하도다 내 아들 요셉이 지금까지 살았으니 내가 죽기 전에 가서 그를 보리라." 그런데 그렇게 말했던 야곱이 요셉을 보고 나서 이렇게 말한 것이다. "네가 지금까지 살아 있고 내가 네 얼굴을 보았으니 지금 죽어도 가하도다"(창 46:30). 야곱은 "그를 보리라"고 말했으므로 "너를 보았으니"라고 말하는 것이 자연스러울 것이다. 그런데 그는 "너를 보았으니"라고 말하지 않고 "네 얼굴을 보았으니"라고 말한 것이다.

그렇다면 야곱은 별다른 의미 없이 그렇게 말한 것일까? 그렇지 않다. 야곱은 어떤 특별한 의미에서 그렇게 말한 것이다. 특별한 의미란 오래 전 야곱이 했던 경험과 관련이 있다. 그것은 야곱이 형 에서의 얼굴을 보았던 경험이다. 창세기 33장 4절에는 야곱과 에서가 이십 년만에 다시 만나는 장면이 나온다. "에서가 달려와서 그를 맞아서 안고 목을 어긋맞기고 그와 입 맞추고 피차 우니라." 이것은 본문에서 야곱과 요셉이 이십이 년 만에 다시 만나는 장면과 비슷하다. "요셉이 수레를 갖추고 고센으로 올라가서 아비 이스라엘을 맞으며 그에게 보이고 그 목을 어긋맞겨 안고 얼마 동안 울매"(29절).

그런데 야곱은 에서를 다시 만난 경험을 창세기 33장 10절에 이렇게 표현했다. "내가 형님의 얼굴을 뵈온즉 하나님의 얼굴을 본 것 같사오며 형님도 나를 기뻐하심이니이다." 이것은 복수할 것만 같았던 에서가 뜻밖에 야곱을 용서한 것을 두고 말한 것이다. 그때 야곱은 자신이 형 에서의 얼굴을 본 것을 하나님의 얼굴을 본 것에 비교했다. 왜냐하면 야곱은 앞서 창세기 32장 30절에서 하나님의 얼굴을 본 경험이 있기 때문이다. "그러므로 야곱이 그곳 이름을 브니엘이라 하였으니 그가 이르기를 내가 하나님과 대면하여 보았으나 내 생명이 보전되었다 함이더라." 따라서 야곱은 하나님과 대면하여 보았으나 은혜로 죽지 않고 자기 생명이 보전된 것처럼, 형 에서를 대면하였으나 은혜로 복수를 당하지 않고 용서받은 것을 말한 것이다. 다시 말하면, 야곱이 형 에서의 얼굴을 본 것은 마치 하나님의 얼굴을 본 것과 같이 압도할 만한 인상을 준 것이다.

마찬가지로, 야곱은 요셉을 다시 만난 경험을 창세기 46장 30절에 이렇게 표현했다. "네가 지금까지 살아 있고 내가 네 얼굴을 보았으니." 이것은 죽은 줄로만 알았던 요셉이 뜻밖에 살아 있고 애굽의 총리가 된 것을 두고 말한 것이다. 야곱은 마치 하나님이 나타나셨을 때 받은 것과 같은 압도할 만한 인상을 받은 것이다. 그러므로 야곱에겐 이 경험이 오래 전 형 에서를 다시 만났던 경험에 비견할 만하다. 그래서 야곱은 요셉을 다시 만난 것을 과거의 경험에 비추어 요셉의 얼굴을 본 것으로 말한 것이다.

그러므로 야곱과 요셉이 이십이 년 만에 재회한 것은 단순히 이산가족 상봉 이야기가 아니다. 그것은 하나님의 역사가 그들 가운데 나타나고 있는 현장인 것이다. 그래서 야곱은 놀란 것이고 감격한 것이다. 그리고 이렇게 말한 것이다. "네가 지금까지 살아 있고 내가 네 얼굴을 보았으니 지금 죽어도 가하도다."

야곱이 확 변한 것이다. 전에는 자기 연민에 빠져 슬피 울며 음부로 내려가게 될 거라고 한탄하던 야곱이었다. 그런데 지금은 그런 야곱이 아닌 것이다. 그는 하나님이 하신 일과 그분의 계획을 보고 새로워진 것이다. 그는 자기 연민에서 벗어난 것이다. 사실, 과거 형 에서를 만날 때에도 야곱은 자기 힘으로 복을 얻으려고 하던 사람이었다. 그런데 야곱이 하나님의 얼굴을 보았을 때, 그는 달라졌다. "네 이름을 다시는 야곱이라 부를 것이 아니요 이스라엘이라 부를 것이니 이는 네가 하나님과 사람으로 더불어 겨루어 이기었음이니라"(창 32:28). 야곱은 더 이상 자기 힘과 노력으로 복을 얻으려는 사람이 아니라 하나님을 의지해서 이미 복을 받은 자로 살아가게 된 것이다.

우리도 하나님을 체험적으로 알게 될 때 변한다. 우리가 주일에 교회 와서 예배 드리고 설교도 듣고 헌금도 하지만 그런다고 해서 변하는 것은 아니다. 우리가 언제 변하느냐 하면 살아계신 하나님을 생활 속에서 체험적으로 알게 될 때이다. 이런 점에서 우리의 신앙은 체험적이어야 한다. 우리의 신앙이 머리로만 알고 입으로만 말하는 추상적이고 관념적인 신앙이 되지 말아야 한다. 하나님을 체험적으로 알고 변화하는 신앙생활이 되도록 하자.

형들과 아비의 권속을 고센 땅에 거하게 하려는 요셉의 의도

그 다음, 31-34절을 보자. "요셉이 그 형들과 아비의 권속에게 이르되 내가 올라가서 바로에게 고하여 이르기를 가나안 땅에 있던 내 형들과 내 아비의 권속이 내게로 왔는데 그들은 목자라 목축으로 업을 삼으므로 그 양과 소와 모든 소유를 이끌고 왔나이다 하리니 바로가 당신들을 불러서 너희의 업이 무엇이냐 묻거든 당신들은 고하기를 주의 종들은 어렸을 때부터 지금까지 목축하는 자이온데 우리와 우리 선조가 다 그러하니이다 하소서 애굽 사람은 다 목축을 가증히 여기나니 당신들이 고센 땅에 거하게 되리이다."

야곱과 그 자손을 초청할 때, 요셉은 "고센 땅"을 언급했지만(창 45:10), 바로는 이렇게 말했다. "너희 아비와 너희 가속을 이끌고 내게로 오라 내가 너희에게 애굽 땅 아름다운 것을 주리니 너희가 나라의 기름진 것을 먹으리라"(창 45:18). 그때 바로는 농사짓기에 좋은 땅을 생각했는지 모른다. 그래서 그는 고센 땅을 언급하지 않았다. 그런데 요셉의 관심은 그 형들과 아비의 권속이 "고센 땅"에 거하도록 하는 데 있다. 그래서 요셉은 그들에게 자기가 바로에게 할 말을 알려준다. "가나안 땅에 있던 내 형들과 내 아비의 권속이 내게로 왔는데 그들은 목자라 목축으로 업을 삼으므로 그 양과 소와 모든 소유를 이끌고 왔나이다"(31-32절). 그런 다음, 요셉은 그들에게 업이 무엇인지를 묻는 바로에게 대답할 말도 가르쳐준다. "주의 종들은 어렸을 때부터 지금까지 목축하는 자이온데 우리와 우리 선조가 다 그러하나이다"(34절상). 둘 다 강조하는 것은 야곱과 그 자손이 목축하는 사람들이라는 점이다.

그러고 나서 요셉은 이렇게 하는 의도를 말한다. "애굽 사람은 다 목축을 가증히 여기나니 당신들이 고센 땅에 거하게 되리이다"(34절하). 요셉은 마치 이렇게 말하는 것과 같다. '당신들이 목축하는 사람들이라는 것을 알면 애굽 사람들은 당신들을 가까이 하지 않을 거다. 그러면 당신들은 결국 고센 땅에 살게 될 거다.' 고센 땅은 정확하게 어딘지 알 수 없지만 대략 나일강 삼각주의 북동쪽에 해당한다. 그러니까 이스라엘에서 애굽으로 내려갈 때 제일 먼저 거쳐 가는 곳이 고센 땅인 셈이다. 요셉은 그 형들과 아비의 권속이 고센 땅에서 목축을 할 수 있도록 일러 준 것이다.

이렇게 해서 야곱의 가족들은 나중에 고센 땅에서 따로 목축을 하며 살게 된다. 그러면서 그들은 자손이 번성해서 나중에는 큰 민족을 이루게 된다. 하나님의 약속이 이루어지게 되는 것이다. 우리는 창세기 38장에서 유다가 가나안 여자와 결혼하고 가나안 문화에 동화된 것을 보았다. 그래서 하나님은 그들을 애굽으로 이주시키려고 하셨고 먼저 요셉을 애굽으로 보내신 것이다. 그리고 애굽 사람들과 따로 고센 땅에 거하게 하신 것이다. 따라서 야곱의 가족들이 고센 땅에 가서 살게 된 것은 그들의 정체성을 지키기 위해 필요한 것이었다. 하나님은 그때나 지금이나 자기 백성이 세상 가운데서 구별되기를 원하신다. 오늘날 교회가 세상에 동화되면 안 된다. 교회는 세상과 달라야 한다. 교회는 하나님의 백성으로서 그 정체성을 지켜 가야 한다.

32

야곱이 바로에게 축복하다

창 47:1-12 1 요셉이 바로에게 가서 고하여 가로되 나의 아비와 형들과 그들의 양과 소와 모든 소유가 가나안 땅에서 와서 고센 땅에 있나이다 하고 2 형들 중 오인을 택하여 바로에게 보이니 3 바로가 요셉의 형들에게 묻되 너희 생업이 무엇이냐 그들이 바로에게 대답하되 종들은 목자이온데 우리와 선조가 다 그러하니이다 하고 4 그들이 또 바로에게 고하되 가나안 땅에 기근이 심하여 종들의 떼를 칠 곳이 없기로 종들이 이곳에 우거하러 왔사오니 청컨대 종들로 고센 땅에 거하게 하소서 5 바로가 요셉에게 일러 가로되 네 아비와 형들이 네게 왔은즉 6 애굽 땅이 네 앞에 있으니 땅의 좋은 곳에 네 아비와 형들로 거하게 하되 고센 땅에 그들로 거하게 하고 그들 중에 능한 자가 있는 줄을 알거든 그들로 나의 짐승을 주관하게 하라 7 요셉이 자기 아비 야곱을 인도하여 바로 앞에 서게 하니 야곱이 바로에게 축복하매 8 바로가 야곱에게 묻되 네 연세가 얼마뇨 9 야곱이 바로에게 고하되 내 나그네 길의 세월이 일백삼십 년이니이다 나의 연세가 얼마 못되니 우리 조상의 나그네 길의 세월에 미치지 못하나 험악한 세월을 보내었나이다 하고 10 야곱이 바로에게 축복하고 그 앞에서 나오니라 11 요셉이 바로의 명대로 그 아비와 형들에게 거할 곳을 주되 애굽의 좋은 땅 라암세스를 그들에게 주어 기업을 삼게 하고 **12** 또 그 아비와 형들과 아비의 온 집에 그 식구를 따라 식물을 주어 공궤하였더라

앞서 읽은 말씀에는 요셉이 고센으로 가서 아버지 야곱과 다시 만나는 감동적인 장면이 나온다(창 46:28-30). 그때 요셉은 그 형들과 아비의 권속에게 그들을 고센 땅에 거하게 하려는 계획을 말해 주었다(창 46:31-34).

이제 본문은 요셉의 그러한 계획이 어떻게 시행되었는지를 보여준다. 우선 주목할 것은 이 모든 과정에서 나타난 요셉의 주도적인 역할이다. "요셉이 바로에게 가서 고하여 가로되"(1절). "형들 중 오인을 택하여 바로에게 보이니"(2절). "요셉이 자기 아비 야곱을 인도하여 바로 앞에 서게 하니"(7절). "요셉이 바로의 명대로 그 아비와 형들에게 거할 곳을 주되"(11절). 요셉은 맨 처음 자신이 바로를 만나 이야기하고, 그 다음 형들을 바로와 만나게 하고, 그 다음 아버지 야곱을 바로와 만나게 하고, 마지막으로 자신이 바로의 명령을 시행한 것이다. 그리고 그 결과 요셉의 아비와 형들과 아비의 온 집은 고센 땅에 거하게 된 것이다.

고센 땅에 거하게 된 요셉의 아비와 형들

그러면 어떻게 이 일이 이루어졌는지 차례대로 살펴보자. 1절을 보자. "요셉이 바로에게 가서 고하여 가로되 나의 아비와 형들과 그들의 양과 소와 모든 소유가 가나안 땅에서 와서 고센 땅에 있나이다 하고." 이것은 요셉이 창세기 46장 31-32절에서 말한 대로 한 것을 보여준다. "요셉이 그 형들과 아비의 권속에게 이르되 내가 올라가서 바로에게 고하여 이르기를 가나안 땅에 있던 내 형들과 내 아비의 권속이 내게로 왔는데 그들은 목자라 목축으로

업을 삼으므로 그 양과 소와 모든 소유를 이끌고 왔나이다 하리니."

그 다음, 2-4절을 보자. "형들 중 오인을 택하여 바로에게 보이니 바로가 요셉의 형들에게 묻되 너희 생업이 무엇이냐 그들이 바로에게 대답하되 종들은 목자이온데 우리와 선조가 다 그러하니이다 하고 그들이 또 바로에게 고하되 가나안 땅에 기근이 심하여 종들의 떼를 칠 곳이 없기로 종들이 이곳에 우거하러 왔사오니 청컨대 종들로 고센 땅에 거하게 하소서." 이것은 요셉이 창세기 46장 33-34절상반절에서 일러준 대로 형들이 한 것을 보여준다. "바로가 당신들을 불러서 너희의 업이 무엇이냐 묻거든 당신들은 고하기를 주의 종들은 어렸을 때부터 지금까지 목축하는 자이온데 우리와 우리 선조가 다 그러하니이다 하소서."

그 다음, 5-6절을 보자. "바로가 요셉에게 일러 가로되 네 아비와 형들이 네게 왔은즉 애굽 땅이 네 앞에 있으니 땅의 좋은 곳에 네 아비와 형들로 거하게 하되 고센 땅에 그들로 거하게 하고 그들 중에 능한 자가 있는 줄을 알거든 그들로 나의 짐승을 주관하게 하라." 이것은 요셉이 창세기 46장 34절 하반절에서 말한 대로 이루어진 것을 보여준다. "애굽 사람은 다 목축을 가증히 여기나니 당신들이 고센 땅에 거하게 되리이다."

그런데 여기에는 원래 요셉이 말한 계획에는 없던 내용이 나온다. 그것은 요셉의 형들이 바로에게 요청한 내용과 바로가 그들을 환대한 내용이다. 4절에 보면, 요셉의 형들은 바로에게 이렇게 요청했다. "가나안 땅에 기근이 심하여 종들의 떼를 칠 곳이 없기로 종들이 이곳에 우거하러 왔사오니 청컨대 종들로 고센 땅에 거하게 하소서." 요셉의 형들은 바로에게 자신들을 고센 땅에 거하게 해 달라고 요청한 것이다.

그래서 바로는 그들의 요청을 들어주었는데, 우리는 이때 그가 베푼 호의를 볼 수 있다. 6절에 보면, 바로는 요셉에게 이렇게 말했다. "애굽 땅이 네 앞에 있으니 땅의 좋은 곳에 네 아비와 형들로 거하게 하되." 이것은 이미 창세기 45장 18절에서 바로가 약속했던 것이다. "너희 아비와 너희 가속을 이끌고 내게로 오라 내가 너희에게 애굽 땅 아름다운 것을 주리니." 또한 6절에 보면, 바로는 요셉에게 이런 말도 했다. "그들 중에 능한 자가 있는 줄을 알거든 그들로 나의 짐승을 주관하게 하라." 이것은 바로가 요셉의 형들에게 베푼 호의를 보여준다.

그렇다면 요셉의 아비와 형들이 고센 땅에 거하게 된 것은 바로가 요셉의 형들이 요청한 것을 들어주었기 때문이다. 그들은 바로의 호의 덕분에 고센 땅에 거하게 된 것이다. 그러나 이것이 이야기의 전부는 아니다. 그들이 고센 땅에 거하게 된 데에는 또 다른 이야기가 존재한다.

4절에서 요셉의 형들은 바로에게 고센 땅에 거하게 해 달라고 요청할 때, 자신들이 애굽에 온 목적을 이렇게 말했다. "가나안 땅에 기근이 심하여 종들의 떼를 칠 곳이 없기로 종들이 이곳에 우거하러 왔사오니." 이때 "우거하다[거류하다]"(히브리어 "구르")란 말은 본토인이 아닌 나그네로 사는 것을 뜻한다. 시편 105편 23절은 이렇게 말한다. "이에 이스라엘이 애굽에 들어감이여 야곱이 함 땅에 객이 되었도다(구르)." 따라서 이 말은 일찍이 하나님께서 아브라함에게 주셨던 약속을 생각나게 한다. "여호와께서 아브람에게 이르시되 너는 정녕히 알라 네 자손이 이방에서 객이 되어 그들을 섬기겠고 그들은 사백년 동안 네 자손을 괴롭게 하리니"(창 15:13). 그때 "객"[나그네]이란 말은 "우거하다"란 말에서 온 것이다. 이처럼 요셉의 형들이 한 말은 그들이 애굽에 간 것이 하나님의 약속이 성취된 것임을 나타낸다. 이것은 그들이 고센 땅에 거하게 된 것이 약속대로 이루시는 하나님의 섭리임을 암시한다.

바로를 축복한 야곱

이 사실은 그 다음 야곱이 바로를 축복하는 장면에서 분명하게 드러난다. 7-10절을 보자. "요셉이 자기 아비 야곱을 인도하여 바로 앞에 서게 하니 야곱이 바로에게 축복하매 바로가 야곱에게 묻되 네 연세가 얼마뇨 야곱이 바로에게 고하되 내 나그네 길의 세월이 일백삼십 년이니이다 나의 연세가 얼마 못되니 우리 조상의 나그네 길의 세월에 미치지 못하나 험악한 세월을 보내었나이다 하고 야곱이 바로에게 축복하고 그 앞에서 나오니라."

여기서 주목할 것은 야곱이 바로를 축복한 시점이다. 그 시점은 바로가 요셉에게 그 아비와 형들을 고센 땅에 거하게 하라고 명령한 다음이고, 요셉이 그 명령을 시행하기 이전이다. 그러니까 우리가 6절을 읽은 다음 바로 11절로 넘어가면 이야기가 그대로 연결된다. 왜냐하면 6절에서는 바로가 요셉에게 명령을 내리고, 11절에서는 요셉이 그 명령대로 시행하기 때문이다. 그렇다면 왜 여기 7-10절에 야곱이 바로에게 축복한 이야기가 들어오게 된 것일까? 그것은 무언가 중요한 사실을 우리에게 말해 주기 위해서다.

7-10절에서 바로를 대하는 야곱의 태도는 앞서 요셉의 형들이 취한 것과 다르다. 요셉의 형들은 바로 앞에서 자신들을 낮추어 "종들"로 표현했다. "종들은 목자이온데 … 종들의 떼를 칠 곳이 없기로 … 청컨대 종들로 고센 땅에 거하게 하소서"(3절하, 4절상, 4절하). 그들은 바로에게 고센 땅에 거하게 해 달라고 요청하기 위해 그런 태도를 취한 것이다. 그들은 바로의 호의에 의지했던 것이다.

그러나 야곱은 바로의 호의에 의지하지 않는다. 그래서 바로 앞에서 자기를 "종"으로 낮추어 부를 필요도 없다. 그는 바로에게 고센 땅에 거하게 해 달라고 요청하려는 것이 아니다. 오히려 본문에서 야곱이 하려는 것은 바로에게 축복하는 것이다. 이 사실은 야곱이 바로 앞에 설 때와 그 앞에서 나올 때 두 번 나타난다. "요셉이 자기 아비 야곱을 인도하여 바로 앞에 서게 하니 야곱이 바로에게 축복하매 … 야곱이 바로에게 축복하고 그 앞에서 나오니라"(7, 10절).

야곱이 이렇게 할 수 있는 것은 하나님께서 족장들에게 주신 약속이 있기 때문이다. "땅의 모든 족속이 너를 인하여 복을 얻을 것이니라"(창 12:3). "아브라함은 강대한 나라가 되고 천하 만민은 그를 인하여 복을 받게 될 것이 아니냐"(창 18:18). "또 네 씨로 말미암아 천하 만민이 복을 얻으리니"(창 22:18). "또 네 씨로 말미암아 천하 만민이 복을 얻으리니"(창 26:4). "땅의 모든 족속이 너와 네 자손을 인하여 복을 얻으리라"(창 28:14). 그런 만큼, 야곱은 약속을 이루시는 하나님의 신실하심에 의지하여 감히 바로에게 축복한 것이다.

그래서 "네 연세가 얼마뇨"라고 바로가 물었을 때, 야곱은 이렇게 대답했다. "내 나그네 길의 세월이 일백삼십 년이니이다 나의 연세가 얼마 못되니 우리 조상의 나그네 길의 세월에 미치지 못하나 험악한 세월을 보내었나이다"(9절). 아브라함은 일백칠십오 세를 살았고(창 25:7), 이삭은 일백팔십 세를 살았다(창 35:28). 야곱은 그들에 비해 자기 연세가 얼마 못된다고 말한 것이다. 물론 야곱은 그 후로 십칠 년을 더 살았다. 그는 또한 "험악한 세월을 보내었다"고도 말했다. 야곱은 자기에게 복수하려고 했던 그의 형 에서 때문에, 이십 년 동안 수 없이 자기를 속이고 이용해 먹었던 그의 외삼촌 라반 때문에, 딸 디나가 강간을 당하자 세겜 사람에게 보복했던 그의 아들 시므온과 레위 때문에, 그리고 사랑하는 아들 요셉을 팔아 버리고 이십이 년 동안이나 감쪽같이 자기를 속였던 아들들 때문에 그렇게 말했을 것이다.

아마 야곱의 이런 점 때문에 그를 좋아하는 사람들이 많은 것 같다. 사람들은 야곱의 이야기 속에서 자신과 비슷한 처지의 야곱을 보며 공감하곤 하는 것이다. 우리도 그렇지 않을까? 아마 우리 중에도 야곱처럼 말하고 싶은 사람이 많을 것이다. 나이가 많으면 많을수록 인생을 살고 나면 험악한 일이 너무나 많은 것이다. 너무나 힘든 일이 많아서 어떻게 그 시절을 살아왔나 싶은 것이 인생인 것이다. 그렇지만 하나님의 사람들도 다 그렇게 살아온 것이다. 다윗도, 모세도, 아브라함도 그랬던 것이다.

그런데 중요한 것은 야곱이 이렇게 말할 때 자신의 인생을 가리켜 "나그네 길"(순례의 길, sojourning)로 표현한 것이다. "내 나그네 길의 세월이 일백삼십 년이니이다 나의 연세가 얼마 못되니 우리 조상의 나그네 길의 세월에 미치지 못하나 험악한 세월을 보내었나이다." 이 말은 4절에 나온 "우거하다[거류하다]"란 말과 뿌리가 같다. 이 말은 돌아갈 곳이 있음을 전제로 하는 말이다. 그래서 "나그네 길"로 표현한 것이다.

따라서 야곱은 은연중에 하나님이 약속하신 땅에 대한 믿음을 내비친 것이다. 야곱에게는 이 땅에서의 삶이 "나그네 길"이다. 그래서 언젠가 그는 하나님이 약속하신 곳으로 돌아가게 될 것이다. 그곳은 가나안 땅도 아니고, 갈대아 우르도 아니다. 그곳은 하나님이 약속하신, 하늘에 예비된 곳이다. 여기에 대해 히브리서 11장 13-16절은 이렇게 말한다. "이 사람들은 다 믿음을 따라 죽었으며 약속을 받지 못하였으되 그것들을 멀리서 보고 환영하며 또 땅에서는 외국인과 나그네로라 증거하였으니 이같이 말하는 자들은 본향 찾는 것을 나타냄이라 저희가 나온바 본향을 생각하였더면 돌아갈 기회가 있었으려니와 저희가 이제는 더 나은 본향을 사모하니 곧 하늘에 있는 것이라 그러므로 하나님이 저희 하나님이라 일컬음 받으심을 부끄러워 아니하시고 저희를 위하여 한 성을 예비하셨느니라." 아브라함이나 이삭이나 야곱은 모두 나그네 의식을 갖고 이 땅에서 산 것이다. 이처럼 바로 앞에 선 야곱은 바로의 호의가 아니라 약속을 이루시는 하나님의 미쁘심을 의지한 것이다.

하나님의 약속을 의지한 야곱

여기서 우리는 야곱이 바로에게 축복한 사실에 주목하게 된다. 왜냐하면 그렇게 한 것은 놀라운 일이기 때문이다. 그것은 역설적이다.

야곱의 인생은 "나그네 길"이다. 그에게는 땅도 없고 보장된 양식도 없다. 그런 만큼 그의 삶은 위험하고 모든 것이 불확실하고, 불안하고, 불안정하다. 실제로 그는 자신이 "험악한 세월"을 보냈다고 했다. 그러나 바로는 그렇지 않다. 그에게는 땅도 있고, 양식도 있고, 그 외 필요한 모든 것이 있다. 왕으로서 그의 삶은 안전하고, 모든 것이 보장된 삶을 산다. 그렇기 때문에 바로가 야곱에게 축복하는 것이 맞지, 야곱이 바로에게 축복하는 것은 맞지 않는다. 그것은 겉으로 보기에 명백한 모순이다. 아마 바로가 축복을 받으면서도 이상하다고 생각했을 것이다. 그래서 속으로 이렇게 말했을지 모른다. '이 노인네가 나를 축복하다니.'

그렇지만 야곱이 바로에게 축복한 것은 사실이다. 그러면 어떻게 그런 일이 일어날 수 있을까? 그것은 야곱이 현실을 뛰어넘는 하나님의 약속을 가졌기 때문이다. 야곱은 지금 땅도 없고 보장된 양식도 없고 그의 미래는 불확실하다. 그러나 바로 앞에 선 야곱에겐 하나님이 주신 특별한 약속이 있다. 창세기 46장 3-4절에 보면, 브엘세바에서 하나님은 야곱에게 나타나셔서 이렇게 말씀하셨다. "하나님이 가라사대 나는 하나님이라 네 아비의 하나님이니 애굽으로 내려가기를 두려워 말라 내가 거기서 너로 큰 민족을 이루게 하리라 내가 너와 함께 애굽으로 내려가겠고 정녕 너를 인도하여 다시 올라올 것이며 요셉이 그 손으로 네 눈을 감기리라 하셨더라."

따라서 야곱이 바로에게 축복한 사실은 야곱이 눈에 보이는 이 땅의 현실이 아닌 보이지 않는 하나님의 약속을 의지한 것임을 나타낸다. 이것이 모든 그리스도인의 특징이다. 오늘 우리는 이 나그네 의식을 회복해야 한다. 우리는 마치 이 땅에서 사는 것이 전부인 양 착각하고 살 때가 많다. 우리는 예수 믿는 목적이 이 땅에서 돈 잘 벌고 출세하고 소원을 이루고 행복하게 사는 것이라고 생각하는 것이다. 그러나 성경이 말하는 것은, 이 땅에서 우리의 삶이 아무리 많은 부를 소유하고 아무리 크게 출세하고 아무리 많은 것을 이룬다고 해도 나그네 인생이라는 것이다. 때가 되면 우리는 본향으로 돌아가야 하고 이 땅 위에 모든 것은 다 두고 가야 하는 것이다. 우리가 이 사실을 잊지 말아야 한다. 우리는 경제적으로 잘 살게 되면서 이 나그네 의식을 많이 잃어버렸다. 그래서 우리는 더 많이 가지려고, 더 많이 누리려고 애를 쓰며 살아간다. 그러나 그 모든 것은 다 두고 갈 것들이다. 그것들은 대단한 것이 아니다. 왜냐하면 우리 인생은 나그네 길이기 때문이다. 나그네는 다 갖추고 살지 않는다. 왜냐하면 돌아갈 때 다 버리고 갈 것이기 때문이다. 나그네가 호화롭게 사치하며 산다면 그는 나그네가 아닌 것이다. 그는 이 땅에서 그렇게 오래도록 살고 싶은 것이다. 그리스도인들은 눈에 보이는 것을 추구하는 사람들이 아니다. 믿음은 보이지 않는 하나님을 믿는 것이다. 믿음은 보이지 않는 하나님의 약속을 의지하는 것이다. 나그네는 그 믿음으로 살아가는 것이다. 로마서 8장 24-25절은 이렇게 말한다. "우리가 소망으로 구원을 얻었으매 보이는 소망이 소망이 아니니 보는 것을 누가 바라리요 만일 우리가 보지 못하는 것을 바라면 참음으로 기다릴찌니라." 고린도후서 5장 7절에서 사도 바울은 이렇게 말한다. "이는 우리가 믿음으로 행하고 보는 것으로 하지 아니함이로라." 히브리서 11장 1-2절에는 이런 말씀이 나온다. "믿음은 바라는 것들의 실상이요 보지 못하는 것들의 증거니 선진들이 이로써 증거를 얻었느니라." 그리스도인은 보이지 않는 하나님과 그분의 약속을 의지하여 나그네처럼 이 땅을 걸어가는 것이다.

약속대로 이루시는 하나님의 섭리

그렇다면 야곱이 바로에게 축복한 사실이 의미하는 것은 무엇일까? 11-12절을 보자. "요셉이 바로의 명대로 그 아비와 형들에게 거할 곳을 주되 애굽의 좋은 땅 라암세스를 그들에게 주어 기업을 삼게 하고 또 그 아비와 형들과 아비의 온 집에 그 식구를 따라 식물을 주어 공궤하였더라."

이 말씀에 따르면, 결국 요셉은 바로의 명령대로 시행한다. 그런데 그는 단지 그 아비와 형들을 고센 땅에 거하게 한 것만이 아니다. 그는 그들이 그 땅에 안전하게 거하도록 한 것이다. "애굽의 좋은 땅 라암세스를 그들에게 주어 기업을 삼게 하고 또 그 아비와 형들과 아비의 온 집에 그 식구를 따라 식물을 주어 공궤하였더라." 여기 "라암세스"는 고센에 대한 후대의 이름으로 추정된다. 이때 "기업을 삼게 하고"라는 말은 빼앗을 수 없게 주어진 것을 의미한다. 따라서 그 말은 그 땅에 거하는 것이 그 만큼 안전함을 뜻한다. 땅의 문제가 해결된 것이다. 또한 요셉은 그들의 양식을 공급한 것이다. 세상은 지금 기근으로 굶어 죽고 있는데 먹고 사는 문제가 해결된 것이다. "또 그 아비와 형들과 아비의 온 집에 그 식구를 따라 식물을 주어 공궤하였더라." 이것은 창세기 45장 11절에서 요셉이 약속한 것이다. "흉년이 아직 다섯 해가 있으니 내가 거기서 아버지를 봉양하리이다 아버지와 아버지의 가속과 아버지의 모든 소속이 결핍할까 하나이다 하더라 하소서."

이처럼 야곱과 그 자손은 땅도 얻고 양식도 얻었다. 그렇지만 이 사실 앞에 야곱이 바로에게 축복한 사건이 있다. 즉 야곱은 현실을 뛰어넘는 하나님의 약속을 의지한 것이다. 따라서 그들이 고센 땅에 거하게 되고 양식도 얻게 된 것은 약속대로 이루시는 하나님의 섭리임을 의미한다. "내가 거기서 너로 큰 민족을 이루게 하리라"는 약속이 이루어지기 위해서 그들에게 땅도, 양식도 필요했던 것이다. 신명기 26장 5절에 보면, 모세는 이 약속이 이루어진 사실을 이렇게 말한다. "너는 또 네 하나님 여호와 앞에 아뢰기를 내 조상은 유리하는 아람 사람으로서 소수의 사람을 거느리고 애굽에 내려가서 거기 우거하여 필경은 거기서 크고 강하고 번성한 민족이 되었더니."

지금도 하나님은 그분의 약속에 의지해서 나그네처럼 이 땅을 살아가는 사람들을 돌봐 주신다. 이것이 이 땅에서 그리스도인이 살아가는 방식이다. 나그네라고 해서 아무것도 없이 남에게 폐를 끼치며 사는 것이 아니다. 하나님이 그분의 손길로 우리의 필요를 공급하시는 것이다.

33

바로의 번영은
하나님이 축복하신 결과다

창 47:13-26 **13** 기근이 더욱 심하여 사방에 식물이 없고 애굽 땅과 가나안 땅이 기근으로 쇠약하니 **14** 요셉이 곡식을 팔아 애굽 땅과 가나안 땅에 있는 돈을 몰수히 거두고 그 돈을 바로의 궁으로 가져오니 **15** 애굽 땅과 가나안 땅에 돈이 진한지라 애굽 백성이 다 요셉에게 와서 가로되 돈이 진하였사오니 우리에게 식물을 주소서 어찌 주앞에서 죽으리이까 **16** 요셉이 가로되 너희의 짐승을 내라 돈이 진하였은즉 내가 너희의 짐승과 바꾸어 주리라 **17** 그들이 그 짐승을 요셉에게 끌어 오는지라 요셉이 그 말과 양 떼와 소 떼와 나귀를 받고 그들에게 식물을 주되 곧 그 모든 짐승과 바꾸어서 그 해 동안에 식물로 그들을 기르니라 **18** 그 해가 다하고 새 해가 되매 무리가 요셉에게 와서 그에게 고하되 우리가 주께 숨기지 아니하나이다 우리의 돈이 다하였고 우리의 짐승 떼가 주께로 돌아갔사오니 주께 낼 것이 아무 것도 남지 아니하고 우리의 몸과 전지뿐이라 **19** 우리가 어찌 우리의 전지와 함께 주의 목전에 죽으리이까 우리 몸과 우리 토지를 식물로 사소서 우리가 토지와 함께 바로의 종이 되리니 우리에게 종자를 주시면 우리가 살고 죽지 아니하고 전지도 황폐치 아니하리이다 **20** 그러므로 요셉이 애굽 전지를 다 사서 바로에게 드리니 애굽 사람이 기근에 몰려서 각기 전지를 팖이라 땅이 바로의 소유가 되니라 21 요셉이 애굽 이 끝에서 저 끝까지의 백성을 성읍들에 옮겼으나 22 제사장의 전지는 사지 아니하였으니 제사장은 바로에게서 녹을 받음이라 바로의 주는 녹을 먹으므로 그 전지를 팔지 않음이었더라 23 요셉이 백성에게 이르되 오늘날 내가 바로를 위하여 너희 몸과 너희 전지를 샀노라 여기 종자가 있으니 너희는 그 땅에 뿌리라 24 추수의 오분 일을 바로에게 상납하고 사분은 너희가 취하여 전지의 종자도 삼고 너희의 양식도 삼고 너희 집 사람과 어린 아이의 양식도 삼으라 25 그들이 가로되 주께서 우리를 살리셨사오니 우리가 주께 은혜를 입고 바로의 종이 되겠나이다 26 요셉이 애굽 토지법을 세우매 그 오분 일이 바로에게 상납되나 제사장의 토지는 바로의 소유가 되지 아니하여 오늘까지 이르니라

앞서 우리는 애굽으로 간 야곱과 그 자손이 어떻게 고센 땅에 거하게 되었는지 살펴보았다. 그때 성경은 그들이 고센 땅에 거하게 된 것만 말하지 않고 양식을 얻게 된 것도 말했다. "요셉이 바로의 명대로 그 아비와 형들에게 거할 곳을 주되 애굽의 좋은 땅 라암세스를 그들에게 주어 기업을 삼게 하고 또 그 아비와 형들과 아비의 온 집에 그 식구를 따라 식물을 주어 공궤하였더라"(창 47:11-12). 이것은 기근 속에서도 야곱과 그 자손이 애굽에서 생존할 수 있게 된 것을 의미한다.

이렇게 된 것은 요셉의 계획에 따른 것이다. 창세기 45장 9-11절에 보면, 요셉은 이미 그의 형들에게 이렇게 말했다. "당신들은 속히 아버지께로 올라가서 고하기를 아버지의 아들 요셉의 말에 하나님이 나를 애굽 전국의 주로 세우셨으니 내게로 지체말고 내려오사 아버지의 아들들과 아버지의 손자들과 아버지의 양과 소와 모든 소유가 고센 땅에 있어서 나와 가깝게 하소서 흉년이 아직 다섯 해가 있으니 내가 거기서 아버지를 봉양하리이다 아버지와 아버지의 가속과 아버지의 모든 소속이 결핍할까 하나이다 하더라 하소서."

따라서 요셉은 그가 말한 대로 다섯 해 남은 흉년에 고센 땅에 있는 야곱과 그 자손에게 양식을 공급해 준 것이다.

자, 그런 다음에 본문의 말씀이 나온다. 이 내용은 애굽 백성에 대한 것이다. 창세기 47장 1-12절이 야곱과 그 자손에 대한 것이라면, 창세기 47장 13-26절은 애굽 백성에 대한 것이다.

애굽 백성의 곤경과 바로의 번영

우선, 13-14절이 당시의 상황을 말해 준다. "기근이 더욱 심하여 사방에 식물이 없고 애굽 땅과 가나안 땅이 기근으로 쇠약하니 요셉이 곡식을 팔아 애굽 땅과 가나안 땅에 있는 돈을 몰수히 거두고 그 돈을 바로의 궁으로 가져오니." 이 상황은 창세기 41장 53-57절에서 말한 상황과 연결된다. "애굽 땅에 일곱 해 풍년이 그치고 요셉의 말과 같이 일곱 해 흉년이 들기 시작하매 각국에는 기근이 있으나 애굽 온 땅에는 식물이 있더니 애굽 온 땅이 주리매 백성이 바로에게 부르짖어 양식을 구하는지라 바로가 애굽 모든 백성에게 이르되 요셉에게 가서 그가 너희에게 이르는 대로 하라 하니라 온 지면에 기근이 있으매 요셉이 모든 창고를 열고 애굽 백성에게 팔 쌔 애굽 땅에 기근이 심하며 각국 백성도 양식을 사려고 애굽으로 들어와 요셉에게 이르렀으니 기근이 온 세상에 심함이었더라."

거기서는 "기근이 온 세상에 심했다"고 말한다. 그런데 여기서는 "기근이 더욱 심하여 사방에 식물이 없고 애굽 땅과 가나안 땅이 기근으로 쇠약했다"고 말한다. 상황이 더욱 악화된 것이다. 이것은 요셉이 바로의 꿈을 해석한 대로 이루어진 것을 보여준다. "온 애굽 땅에 일곱 해 큰 풍년이 있겠고 후에 일곱 해 흉년이 들므로 애굽 땅에 있던 풍년을 다 잊어버리게 되고 이 땅이 기근으로 멸망되리니 후에 든 그 흉년이 너무 심하므로 이전 풍년을 이 땅에서 기억하지 못하게 되리이다"(창 41:29-31).

어쨌든 이렇게 심한 기근 때문에 요셉은 "애굽 땅과 가나안 땅에 있는 돈을 몰수히 거두게" 된다. 그러자 돈이 다 떨어진 애굽 백성은 어떻게 했을까? 15절을 보자. "애굽 땅과 가나안 땅에 돈이 진한지라 애굽 백성이 다 요셉에게 와서 가로되 돈이 진하였사오니 우리에게 식물을 주소서 어찌 주 앞에서 죽으리이까." 애굽 백성은 요셉에게 와서 식물[먹을거리]을 달라고 요청한 것이다.

그랬을 때 요셉의 반응이 16절에 나온다. "요셉이 가로되 너희의 짐승을 내라 돈이 진하였은즉 내가 너희의 짐승과 바꾸어 주리라." 요셉은 그들에게 돈 대신 짐승을 내게 한 것이다.

그래서 그들은 요셉의 요구대로 짐승을 내고 식물을 얻게 된다. 17절을 보자. "그들이 그 짐승을 요셉에게 끌어 오는지라 요셉이 그 말과 양 떼와 소떼와 나귀를 받고 그들에게 식물을 주되 곧 그 모든 짐승과 바꾸어서 그 해 동안에 식물로 그들을 기르니라."

이렇게 되자 애굽 백성은 짐승도 다 잃고 만다. 그래서 그들은 어떻게 되었을까? 18-19절을 보자. "그 해가 다하고 새 해가 되매 무리가 요셉에게 와서 그에게 고하되 우리가 주께 숨기지 아니하나이다 우리의 돈이 다하였고 우리의 짐승 떼가 주께로 돌아갔사오니 주께 낼 것이 아무 것도 남지 아니하고 우리의 몸과 전지뿐이라 우리가 어찌 우리의 전지와 함께 주의 목전에 죽으리이까 우리 몸과 우리 토지를 식물로 사소서 우리가 토지와 함께 바로의 종이 되리니 우리에게 종자를 주시면 우리가 살고 죽지 아니하고 전지도 황폐치 아니하리이다." 애굽 백성은 요셉에게 와서 식물과 종자를 얻기 위해 몸과 토지를 내기로 한 것이다.

그러자 요셉은 그들의 말대로 시행한다. 20절에 보면, 요셉은 그들의 토지를 산다. "그러므로 요셉이 애굽 전지를 다 사서 바로에게 드리니 애굽 사람이 기근에 몰려서 각기 전지를 팖이라 땅이 바로의 소유가 되니라." 또한 21절에 보면, 그는 그들의 몸도 산다. "요셉이 애굽 이 끝에서 저 끝까지의 백성을 성읍들에 옮겼으나." 이때 "성읍들에 옮겼으나"라는 말은 사본에 따라서는 "종으로 삼았으나"라는 말로도 읽을 수 있다. 이것은 요셉이 애굽 백성의 몸을 산 것을 의미한다. 여기에 한 가지 예외가 있다. 그것은 요셉이 제사장의 토지는 사지 않은 것이다. "제사장의 전지는 사지 아니하였으니 제사장은 바로에게서 녹을 받음이라 바로의 주는 녹을 먹으므로 그 전지를 팔지 않음이었더라"(22절).

이처럼 애굽 백성이 처한 곤경은 점점 더 심해진다. 결국 이러한 상황은 요셉이 세운 토지법에 의해서 해결된다. 요셉은 백성에게 수확의 오분 일을 이자로 받기로 하고 종자를 제공한다. "요셉이 백성에게 이르되 오늘날 내가 바로를 위하여 너희 몸과 너희 전지를 샀노라 여기 종자가 있으니 너희는 그 땅에 뿌리라 추수의 오분 일을 바로에게 상납하고 사분은 너희가 취하여 전지의 종자도 삼고 너희의 양식도 삼고 너희 집 사람과 어린 아이의 양식도 삼으라"(23-24절). 이제 애굽 백성은 모두 바로의 소작인으로 전락하게 된 것이다. 그렇지만 애굽 백성은 이러한 요셉의 제안을 기쁘게 받아들인다. "그들이 가로되 주께서 우리를 살리셨사오니 우리가 주께 은혜를 입고 바로의 종이 되겠나이다"(25절). 이렇게 해서 요셉에 의해서 애굽의 토지법이 세워진다. "요셉이 애굽 토지법을 세우매 그 오분 일이 바로에게 상납되나 제사장의 토지는 바로의 소유가 되지 아니하여 오늘까지 이르니라"(26절).

이 이야기는 결론적으로 두 가지 사실을 말해준다. 첫째, 애굽 백성은 돈도, 짐승도, 토지도, 몸도, 자유도 잃은 곤경에 빠졌다. 둘째, 바로는 이 모든 애굽 백성의 소유를 얻는 번영을 누리게 되었다. 14절은 "그 돈을 바로의 궁으로 가져오니"라고 말한다. 17-18절은 요셉이 모든 짐승을 받고 식물을 주니까 그것도 다 바로의 것이 되었음을 말해 준다. 20절은 "요셉이 애굽 전지를 다 사서 바로에게 드리니 … 땅이 바로의 소유가 되니라"고 말한다. 23절에서 요셉은 백성에게 이렇게 말한다. "오늘날 내가 바로를 위하여 너희 몸과 너희 전지를 샀노라." 25절에서 애굽 백성은 요셉에게 이렇게 말한다. "주께서 우리를 살리셨사오니 우리가 주께 은혜를 입고 바로의 종이 되겠나이다."

애굽에서도 야곱과 함께 하신 하나님

이러한 사실이 보여주는 것은 두 가지이다. 첫째, 애굽 백성과 이스라엘(야곱과 그 자손)이 처한 상황의 대조이다. 애굽 백성은 양식을 얻기 위해 땅도 잃고 자유도 잃었다. 반면에 야곱과 그 자손은 땅도 얻고 양식도 얻었다. 그렇다면 이것은 무엇을 의미할까? 애굽 백성은 기근 속에서 양식을 얻기 위해 모든 것을 잃었는데, 야곱과 그 자손은 기근 속에서 땅도 얻고 양식도 얻은 것은 무슨 이유일까? 그 이유는 하나님께서 애굽으로 향하던 야곱에게 주신 약속에서 발견된다. 창세기 46장 3-4절에 보면, 하나님은 야곱에게 "애굽으로 내려가기를 두려워 말라"고 하시면서 이런 약속을 주셨다. "내가 거기서 너로 큰 민족을 이루게 하리라 내가 너와 함께 애굽으로 내려가겠고." 하나님은 야곱과 함께 애굽으로 내려가겠다고 말씀하신 것이다. 따라서 야곱과 그 자손이 애굽에서 거할 땅도 얻고 양식도 얻게 된 것은 하나님께서 그들과 함께 계신 결과이다. 하나님은 가나안 땅에서만 아니라 애굽에서도 야곱과 함께 계신 것이다.

하나님의 백성이 세상 사람과 다른 점이 여기에 있다. 하나님은 언제 어디서나 자기 백성과 함께 계신다. 아브라함이 그랬다. "때에 아비멜렉과 그 군대 장관 비골이 아브라함에게 말하여 가로되 네가 무슨 일을 하든지 하나님이 너와 함께 계시도다"(창 21:22). 또한 이삭도 그랬다. 창세기 26장 28절에 보면 아비멜렉이 그 친구 아훗삿과 군대장관 비골로 더불어 이삭에게 이렇게 말했다. "그들이 가로되 여호와께서 너와 함께 계심을 우리가 분명히 보았으므로 우리의 사이 곧 우리와 너의 사이에 맹세를 세워 너와 계약을 맺으리라 말하였노라." 이것은 하나님께서 그랄과 브엘세바에서 이삭에게 주신 약속의 성취이다. "이 땅에 유하면 내가 너와 함께 있어 네게 복을 주고 내가 이 모든 땅을 너와 네 자손에게 주리라"(창 26:3). "나는 네 아비 아브라함의 하나님이니 두려워 말라 내 종 아브라함을 위하여 내가 너와 함께 있어 네게 복을 주어 네 자손으로 번성케 하리라"(창 26:24). 또한 야곱도 예외는 아니다. 창세기 31장 5절에서 야곱은 라헬과 레아에게 이렇게 말했다. "내가 그대들의 아버지의 안색을 본즉 내게 대하여 전과 같지 아니하도다 그러할찌라도 내 아버지의 하나님은 나와 함께 계셨느니라." 그리고 창세기 31장 42절에서 야곱은 외삼촌 라반에게 이렇게 말했다. "우리 아버지의 하나님, 아브라함의 하나님 곧 이삭의 경외하는 이가 나와 함께 계시지 아니하셨더면 외삼촌께서 이제 나를 공수로 돌려 보내셨으리이다 마는 하나님이 나의 고난과 내 손의 수고를 감찰하시고 어젯밤에 외삼촌을 책망하셨나이다." 뿐만 아니라, 창세기 35장 3절에서 야곱은 자기 집 사람과 자기와 함께한 모든 자에게 이렇게 말했다. "우리가 일어나 벧엘로 올라가자 나의 환난 날에 내게 응답하시며 나의 가는 길에서 나와 함께하신 하나님께 내가 거기서 단을 쌓으려 하노라." 이것은 하나님께서 야곱이 밧단 아람으로 갈 때와 돌아올 때 그에게 주신 약속의 성취이다. "내가 너와 함께 있어 네가 어디로 가든지 너를 지키며 너를 이끌어 이 땅으로 돌아오게 할찌라 내가 네게 허락한 것을 다 이루기까지 너를 떠나지 아니하리라"(창 28:15). "네 조상의 땅 네 족속에게로 돌아가라 내가 너와 함께 있으리라"(창 31:3).

이 점은 요셉도 마찬가지이다. 하나님은 보디발의 집에서 그와 함께하셨다. "여호와께서 요셉과 함께하시므로 그가 형통한 자가 되어 그 주인 애굽 사람의 집에 있으니 그 주인이 여호와께서 그와 함께하심을 보며 또 여호와께서 그의 범사에 형통케 하심을 보았더라"(창 39:2-3). 뿐만 아니라, 하나님은 옥에서도 요셉과 함께하셨다. "여호와께서 요셉과 함께하시고 그에게 인자를 더하사 전옥에게 은혜를 받게 하시매 … 전옥은 그의 손에 맡긴 것을 무엇이든지 돌아보지 아니하였으니 이는 여호와께서 요셉과 함께하심이라 여호와께서 그의 범사에 형통케 하셨더라"(창 39:21, 23). 또한 여호수아도 마찬가지이다. 신명기 31장 8절에서 모세는 여호수아에게 이렇게 말했다. "여호와 그가 네 앞서 행하시며 너와 함께하사 너를 떠나지 아니하시며 버리지 아니하시리니 너는 두려워 말라 놀라지 말라." 그리고 여호수아 1장 5절에서 모세가 죽은 후 하나님은 여호수아에게 직접 말씀하셨다. "너의 평생에 너를 능히 당할 자 없으리니 내가 모세와 함께 있던 것 같이 너와 함께 있을 것임이라 내가 너를 떠나지 아니하며 버리지 아니하리니."

신약에 오면, 하나님은 예수 그리스도를 통하여 교회와 함께하신다. 성경은 여기에 대한 약속을 여러 곳에서 말해 준다. "그러므로 주께서 친히 징조로 너희에게 주실 것이라 보라 처녀가 잉태하여 아들을 낳을 것이요 그 이름은 임마누엘(하나님이 우리와 같이 계심이라)이라 하리라"(사 7:14). "그러므로 너희는 가서 모든 족속으로 제자를 삼아 아버지와 아들과 성령의 이름으로 세례를 주고 내가 너희에게 분부한 모든 것을 가르쳐 지키게 하라 볼찌어다 내가 세상 끝날까지 너희와 항상 함께 있으리라"(마 28:19-20). "돈을 사랑치 말고 있는 바를 족한 줄로 알라 그가 친히 말씀하시기를 내가 과연 너희를 버리지 아니하고 과연 너희를 떠나지 아니하리라 하셨느니라"(히 13:5). 이처럼 하나님은 언제 어디서나 자기 백성과 함께하신다! 이것이 하나님의 백성과 세상 사람의 다른 점이다.

바로의 번영은 하나님이 축복하신 결과다

둘째, 본문에 나타난 사실이 보여주는 것은 바로가 받은 축복이다. 본문에서 바로는 엄청난 돈과 짐승을 소유한 부자가 되었다. 뿐만 아니라, 애굽 땅이 모두 바로의 소유가 되었고, 애굽 백성은 다 바로의 종이 되었다. 그런데 바로가 이렇게 된 것은 하나님께서 그를 축복하신 결과이다. 왜냐하면 바로가 요셉과 이스라엘에게 선을 베풀었기 때문이다. 그는 요셉이 자신의 꿈을 해석해 주었을 때 요셉을 총리로 세우고 아내를 얻게 해 주었다(창 41:39-45).

뿐만 아니라, 그는 요셉의 형들이 왔다는 소문을 들었을 때 그들의 아비와 가족을 애굽으로 초청했다(창 45:17-20).

또한 바로는 요셉의 형들이 자신들을 고센 땅에 거하게 해달라고 요청했을 때 그 요청을 들어주었다(창 47:5-6). 이처럼 바로는 요셉과 이스라엘에게 선을 베풀었다. 그래서 하나님은 바로에게 축복하신 것이다.

이것은 일찍이 하나님께서 아브라함에게 주신 약속의 원리에 따른 것이다. "너를 축복하는 자에게는 내가 복을 내리고 너를 저주하는 자에게는 내가 저주하리니 땅의 모든 족속이 너를 인하여 복을 얻을 것이니라"(창 12:3). 따라서 바로가 야곱과 그 자손에게 이런 선을 베풀었을 때 야곱이 바로에게 축복한 것은 우연이 아니다(창 47:7, 10). 그러니까 바로가 축복을 받은 것은 야곱이 그에게 축복한 결과라고도 할 수 있다.

같은 원리가 보디발의 경우에서도 나타난다. 보디발이 요셉에게 은혜를 베풀어 가정 총무로 삼으니까 하나님은 보디발의 집에 복을 내리신 것이다. "요셉이 그 주인에게 은혜를 입어 섬기매 그가 요셉으로 가정 총무를 삼고 자기 소유를 다 그 손에 위임하니 그가 요셉에게 자기 집과 그 모든 소유물을 주관하게 한 때부터 여호와께서 요셉을 위하여 그 애굽 사람의 집에 복을 내리시므로 여호와의 복이 그의 집과 밭에 있는 모든 소유에 미친지라"(창 39:4-5).

이처럼 본문에서 바로가 번영을 누리게 된 것은 그가 받은 하나님의 축복이다. 그것은 아브라함에게 주신 약속의 원리가 그에게 이루어진 것을 뜻한다. 그것은 하나님께서 아브라함을 통하여 다른 사람에게 복을 내리시는 원리이다. 그런데 여기에는 우리가 고려해야 할 두 가지 사항이 있다. 첫째, 바로의 경우에 그가 받은 축복은 이 땅에서의 물질적인 번영으로 제한된다. 그러나 하나님이 아브라함에게 약속하신 복은 이 땅에서의 물질적인 번영 뿐 아니라 영적인 복과 더 나아가 내세의 복까지 포함한다. 갈라디아서 3장 8-9절은 이렇게 말한다. "또 하나님이 이방을 믿음으로 말미암아 의로 정하실 것을 성경이 미리 알고 먼저 아브라함에게 복음을 전하되 모든 이방이 너를 인하여 복을 받으리라 하였으니 그러므로 믿음으로 말미암은 자는 믿음이 있는 아브라함과 함께 복을 받느니라." 신자들이 누릴 복은 이런 것이다.

둘째, 바로의 경우에 그가 받은 축복은 아브라함의 자손, 즉 야곱과 요셉을 통하여 받은 것이다. 실제로 하나님은 창세기 12장 3절과 같은 약속을 아브라함의 자손에게도 주셨다. "땅의 모든 족속이 너를 인하여 복을 얻을 것이니라"(창 18:18; 22:18 참조). "또 네 씨로 말미암아 천하 만민이 복을 얻으리니"(창 26:4). "땅의 모든 족속이 너와 네 자손을 인하여 복을 얻으리라"(창 28:14). 그런데 하나님이 아브라함에게 약속하신 복은 궁극적으로 그리스도에게 약속하신 것이다. "이는 그리스도 예수 안에서 아브라함의 복이 이방인에게 미치게 하고 또 우리로 하여금 믿음으로 말미암아 성령의 약속을 받게 하려 함이니라 … 이 약속들은 아브라함과 그 자손에게 말씀하신 것인데 여럿을 가리켜 그 자손들이라 하지 아니하시고 오직 하나를 가리켜 네 자손이라 하셨으니 곧 그리스도라 … 너희가 그리스도께 속한 자면 곧 아브라함의 자손이요 약속대로 유업을 이을 자니라"(갈 3:14, 16, 29).

　이런 점에서, 바로가 복을 받은 것은 앞으로 일어날 일에 대한 하나의 그림이라고 할 수 있다. 그것은 모든 이방 사람이 예수 그리스도를 통하여 아브라함의 복에 참여하게 되는 것이다. 하나님은 우리를 통하여 다른 사람들도 그리스도 안에서 복을 받기를 원하신다. 하나님은 우리만, 우리 가정만, 우리 교회만 복을 받는 것을 원하시지 않는다. 하나님이 우리를 먼저 구원해 주신 것은 우리를 통해서 이 구원의 복이 세상 사람에게도 전해지도록 하기 위함이다. 이것이 하나님의 계획이고 의도이다. 하나님이 야곱을 통하여 바로에게 복을 주신 것과 같이 하나님은 지금 우리를 통해서 세상 사람들에게 복을 주시기를 원하시는 것이다. 그래서 우리가 그들에게 예수 그리스도의 복음을 전하는 것, 그것이 우리가 감당해야 할 세상에 대한 우리의 책임이요 사명인 것이다.

야곱의
축복과 죽음

providence

34

믿음으로
죽음을 준비한 야곱

창 47:27-31 27 이스라엘 족속이 애굽 고센 땅에 거하며 거기서 산업을 얻고 생육하며 번성하였더라 28 야곱이 애굽 땅에 십칠 년을 거하였으니 그의 수가 일백사십칠 세라 29 이스라엘의 죽을 기한이 가까우매 그가 그 아들 요셉을 불러 그에게 이르되 이제 내가 네게 은혜를 입었거든 청하노니 네 손을 내 환도뼈 아래 넣어서 나를 인애와 성심으로 대접하여 애굽에 장사하지 않기를 맹세하고 30 내가 조상들과 함께 눕거든 너는 나를 애굽에서 메어다가 선영에 장사하라 요셉이 가로되 내가 아버지의 말씀대로 행하리이다 31 야곱이 또 가로되 내게 맹세하라 맹세하니 이스라엘이 침상 머리에서 경배하니라

자손에 대한 약속의 성취를 본 야곱

본문은 야곱이 죽음을 준비한 이야기이다. 그런데 이 이야기는 27절에 이런 설명으로 시작된다. "이스라엘 족속이 애굽 고센 땅에 거하며 거기서 산업

을 얻고 생육하며 번성하였더라."

여기에는 번역상의 문제가 있다. 한 문장에 두 가지 형태의 동사가 사용된 것이다. "거하며"는 단수형이고, 나머지 "산업을 얻고," "생육하며," "번성하였더라"는 복수형이다. 따라서 이 구절을 정확하게 번역하자면 이렇게 된다. "이스라엘이(이스라엘 족속이 아니다) 애굽 고센 땅에 거하며 그들이(이스라엘 족속을 가리킨다) 거기서 산업을 얻고 생육하며 번성하였더라." 이것은 분명 한 사람 이스라엘로부터 많은 자손이 나온 것을 말해 준다.

이것은 하나님께서 야곱에게 주신 약속의 성취이다. 창세기 46장 3절에 보면, 하나님은 브엘세바에서 야곱에게 나타나 이렇게 말씀하셨다. "나는 하나님이라 네 아비의 하나님이니 애굽으로 내려가기를 두려워 말라 내가 거기서 너로 큰 민족을 이루게 하리라." 따라서 본문 27절은 그 약속이 이미 성취되고 있음을 보여준다.

이 사실은 여기에 사용된 "생육하며 번성하였더라"는 표현을 통해서 분명하게 드러난다. 왜냐하면 이 표현은 자손에 대한 하나님의 명령이나 약속에 사용된 것이기 때문이다. 하나님은 인간을 지으시고 복을 주시며 생육하고 번성하라고 명령하셨다. "생육하고(히브리어 '파라') 번성하여(히브리어 '라바') 땅에 충만하라 땅을 정복하라 바다의 고기와 공중의 새와 땅에 움직이는 모든 생물을 다스리라"(창 1:28). 이 명령은 인류의 번식에 대한 일종의 약속인 셈이다. 그렇지만 이 약속은 노아 때에 하나님이 물로 세상을 심판하심으로써 효력이 없는 것처럼 보였다. 그래서 하나님은 홍수 후에 노아와 그 아들들에게 다시 같은 명령을 주셨다. "생육하고 번성하여 땅에 충만하라 … 너희는 생육하고 번성하며 땅에 편만하여 그 중에서 번성하라"(창 9:1, 7).

이런 명령과 달리, 하나님은 아브라함에게 구원 받은 사람의 번식에 대한 약속을 주셨다. 아브라함의 구십구 세 때에 하나님은 그에게 이렇게 말씀하셨다. "내가 내 언약을 나와 너 사이에 세워 너로 심히 번성케 하리라(라바) 하시니 … 내가 너로 심히 번성케 하리니(파라) 나라들이 네게로 좇아 일어나며 열왕이 네게로 좇아 나리라"(창 17:2, 6). 또한 하나님은 이삭에게도 그랄과 브엘세바에서 같은 약속을 주셨다. "네 자손을 하늘의 별과 같이 번성케 하며(라바) 이 모든 땅을 네 자손에게 주리니 네 자손을 인하여 천하 만민이 복을 받으리라 … 나는 네 아비 아브라함의 하나님이니 두려워 말라 내 종 아브라함을 위하여 내가 너와 함께 있어 네게 복을 주어 네 자손으로 번성케 하리라(라바)"(창 26:4, 24). 그래서 이삭은 야곱을 밧단 아람으로 보낼 때 이런 말로 그를 축복했다. "전능하신 하나님이 네게 복을 주어 너로 생육하고 번성케 하사 너로 여러 족속을 이루게 하시고"(창 28:3). 그리고 야곱이 밧단 아람에서 돌아왔을 때 하나님은 다시 그에게 나타나 말씀하셨다. "나는 전능한 하나님이니라 생육하며 번성하라 국민과 많은 국민이 네게서 나고 왕들이 네 허리에서 나오리라"(창 35:11). 이 말씀은 구원 받은 사람의 번식에 대한 일종의 약속인 셈이다.

그런데 본문 27절에 "생육하며 번성하였더라"는 표현이 사용된 것이다. 이것은 하나님이 아브라함과 이삭과 야곱에게 주신 자손에 대한 약속이 이미 성취되고 있음을 나타낸다.

이처럼 하나님은 약속하실 뿐만 아니라 그 약속을 반드시 이루신다. 이 점에서 하나님은 미쁘시다. 따라서 우리가 이 하나님을 의뢰하고 살아갈 때 하나님은 영광을 받으신다. 고린도후서 1장 18-20절에서 사도 바울은 이렇게 말한다. "하나님은 미쁘시니라 우리가 너희에게 한 말은 예 하고 아니라 함이 없노라 우리 곧 나와 실루아노와 디모데로 말미암아 너희 가운데 전파된 하나님의 아들 예수 그리스도는 예 하고 아니라 함이 되지 아니하였으니 저에게는 예만 되었느니라 하나님의 약속은 얼마든지 그리스도 안에서 예가 되니 그런즉 그로 말미암아 우리가 아멘 하여 하나님께 영광을 돌리게 되느니라."

하나님의 섭리 아래 있는 야곱의 생애

그런 다음, 야곱이 죽음을 준비한 이야기가 나온다. 우선, 28절은 야곱의 연대를 말한다. "야곱이 애굽 땅에 십칠 년을 거하였으니 그의 수가 일백사십칠 세라."

야곱이 애굽 땅에 거한 햇수는 "십칠 년"이다. 이것은 요셉이 가나안 땅에 거한 햇수와 같다. 창세기 37장 2절은 요셉이 애굽으로 팔려 간 때 "십칠 세의 소년"이었다고 말한다. 그렇다면 이렇게 말할 수 있다. 요셉이 아버지 야곱의 돌봄 속에서 그의 생애 첫 십칠 년을 보냈다면, 야곱은 요셉의 돌봄 속에서 그의 생애 마지막 십칠 년을 보낸 것이다. 이것은 우연의 일치일까?

이와 함께 147세라는 야곱의 나이도 흥미롭다. 아브라함의 향년이 175세다(창 25:7). 이삭의 향년은 180세다(창 35:28). 그런데 각각의 나이를 인수분해하면 이렇게 된다.

아브라함   175=5×5×7

이삭   180=6×6×5

야곱   147=7×7×3

이처럼 각각의 나이를 구성하는 인수들 사이에는 어떤 규칙이 존재한다. 그리고 각각의 인수들의 합은 모두 17이다(이 내용은 Waltke가 Sarna의 창세기 주석에서 인용한 것을 재인용한 것이다).

이러한 사실이 보여주는 것은 아브라함, 이삭, 야곱의 생애가 하나님의 섭리 아래 있다는 점이다. 사르나(Sarna)는 여기에 대해 이렇게 말한다. "족장들의 연대는 이스라엘의 형성기가 우연한 사건들의 연결이 아니라 하나님의 거대한 계획에 따라 정해진 일련의 사건들이라는 심오한 성경의 확신을 표현하는 수사학적인 장치를 구성한다."

이처럼 하나님은 그분의 계획을 이루기 위해 모든 일을 섭리하신다. 따라서 우리의 생애에 벌어지는 사건들은 우연이 아닌 하나님의 섭리이다. 이 점에서 우리의 생애는 신비롭다. 그리스도인은 운수에 기대거나 요행을 바라지 말고, 숙명론에 빠지지도 말고, 오직 하나님의 계획과 그분의 인도하심에 의지해야 한다.

땅에 대한 약속의 성취를 믿은 야곱

이처럼 야곱의 연대를 말한 다음, 성경은 죽음을 준비한 야곱에 대해 말한다. "이스라엘의 죽을 기한이 가까우매 그가 그 아들 요셉을 불러 그에게 이르되 이제 내가 네게 은혜를 입었거든 청하노니 네 손을 내 환도뼈 아래 넣어서 나를 인애와 성심으로 대접하여 애굽에 장사하지 않기를 맹세하고 내가 조상들과 함께 눕거든 너는 나를 애굽에서 메어다가 선영에 장사하라 요셉이 가로되 내가 아버지의 말씀대로 행하리이다"(29-30절).

야곱은 죽을 기한이 가까웠을 때 그 아들 요셉을 불러 당부했다. 그가 당부한 내용은 자신을 애굽에 장사하지 말고 선영에 장사하라는 것이다. "선영"은 조상들을 장사한 곳이다. 따라서 야곱은 요셉에게 자신을 애굽이 아닌 가나안 땅에 장사하라고 당부한 것이다.

그러면 야곱은 왜 이런 당부를 한 것일까? 그것은 그가 하나님의 약속을 믿었기 때문이다. 야곱은 그가 죽은 후에라도 하나님께서 그의 자손에게 가나안 땅을 주실 거라고 믿은 것이다. 그래서 자기가 죽거든 애굽이 아닌 가나안 땅의 선영에 장사하라고 당부한 것이다.

하나님은 야곱에게 가나안 땅에 대한 약속을 주셨다. 그런데 그것은 하나님이 아브라함에게 주신 땅에 대한 약속을 계승한 것에 불과하다. 원래 하나님은 아브라함이 가나안 땅에 들어갔을 때 세겜에서 그에게 나타나 이렇게 말씀하셨다. "내가 이 땅을 네 자손에게 주리라"(창 12:7). 롯이 요단 들을 택하고 이사갔을 때에도 여전히 가나안 땅에 거한 아브라함에게 하나님은 말씀하셨다. "너는 눈을 들어 너 있는 곳에서 동서남북을 바라보라 보이는 땅을 내가 너와 네 자손에게 주리니 영원히 이르리라 … 너는 일어나 그 땅을 종과 횡으로 행하여 보라 내가 그것을 네게 주리라"(창 13:14-15, 17). 하나님은 아브라함과 언약을 세우실 때에도 가나안 땅에 대한 약속을 주셨다. "내가 이 땅을 애굽강에서부터 그 큰 강 유브라데까지 네 자손에게 주노니 곧 겐 족속과 그니스 족속과 갓몬 족속과 헷 족속과 브리스 족속과 르바 족속과 아모리 족속과 가나안 족속과 기르가스 족속과 여부스 족속의 땅이니라"(창 15:18-21). 아브라함의 구십구 세 때에 하나님은 그에게 또 약속하셨다. "내가 너와 네 후손에게 너의 우거하는 이 땅 곧 가나안 일경으로 주어 영원한 기업이 되게 하고 나는 그들의 하나님이 되리라"(창 17:8).

아브라함은 가나안 땅에 대한 하나님의 약속을 믿었다. 그래서 아브라함은 그의 아내 사라가 죽었을 때 가나안 땅에 장사하였다. "그 후에 아브라함이 그 아내 사라를 가나안 땅 마므레 앞 막벨라 밭 굴에 장사하였더라 마므레는 곧 헤브론이라"(창 23:19). 또한 그는 그의 종을 고향으로 보내 그의 아들 이삭의 아내를 구할 때에도 이렇게 지시했다. "삼가 내 아들을 그리로 데리고 돌아가지 말라 하늘의 하나님 여호와께서 나를 내 아버지의 집과 내 본토에서 떠나게 하시고 내게 말씀하시며 내게 맹세하여 이르시기를 이 땅을 네 씨에게 주리라 하셨으니 그가 그 사자를 네 앞서 보내실찌라 네가 거기서 내 아들을 위하여 아내를 택할찌니라 만일 여자가 너를 좇아오고자 아니하면 나의 이 맹세가 너와 상관이 없나니 오직 내 아들을 데리고 그리로 가지 말찌니라"(창

24:6-8). 아브라함은 가나안 땅에 대한 하나님의 약속을 믿은 것이다.

하나님은 가나안 땅에 대한 약속을 이삭에게도 주셨다. 창세기 26장 2절에 보면, 하나님은 그랄에서 이삭에게 나타나 이렇게 명령하셨다. "애굽으로 내려가지 말고 내가 네게 지시하는 땅에 거하라." 그러면서 그에게 이런 약속을 주셨다. "이 땅에 유하면 내가 너와 함께 있어 네게 복을 주고 내가 이 모든 땅을 너와 네 자손에게 주리라 내가 네 아비 아브라함에게 맹세한 것을 이루어 네 자손을 하늘의 별과 같이 번성케 하며 이 모든 땅을 네 자손에게 주리니 네 자손을 인하여 천하 만민이 복을 받으리라 이는 아브라함이 내 말을 순종하고 내 명령과 내 계명과 내 율례와 내 법도를 지켰음이니라"(창 26:3-5). 이 약속은 형식과 내용에 있어서 하나님이 아브라함에게 주신 약속과 흡사하다. 이것은 이삭도 하나님이 아브라함에게 주신 약속을 계승한 것임을 보여준다. 이삭은 하나님이 아브라함에게 주신 가나안 땅에 대한 약속을 계승한 것이다.

그런데 이삭은 하나님의 명령에 순종하여 그랄에 거하였다(창 26:6). 그 역시 아브라함과 마찬가지로 땅에 대한 하나님의 약속을 믿은 것이다. 그래서 창세기 28장 3-4절에서 이삭은 이런 말로 아들 야곱을 축복했다. "전능하신 하나님이 네게 복을 주어 너로 생육하고 번성케 하사 너로 여러 족속을 이루게 하시고 아브라함에게 허락하신 복을 네게 주시되 너와 너와 함께 네 자손에게 주사 너로 하나님이 아브라함에게 주신 땅 곧 너의 우거하는 땅을 유업으로 받게 하시기를 원하노라."

그 후 하나님은 벧엘에서 꿈에 야곱에게 나타나 이런 약속을 주셨다. "나는 여호와니 너의 조부 아브라함의 하나님이요 이삭의 하나님이라 너 누운 땅을 내가 너와 네 자손에게 주리니 … 내가 너와 함께 있어 네가 어디로 가든지 너를 지키며 너를 이끌어 이 땅으로 돌아오게 할찌라 내가 네게 허락한

것을 다 이루기까지 너를 떠나지 아니하리라"(창 28:13, 15). 그로부터 이십
년이 지나 하나님은 외삼촌 라반의 집에 있던 야곱에게 이렇게 말씀하셨다.
"네 조상의 땅 네 족속에게로 돌아가라 내가 너와 함께 있으리라"(창 31:3).
그리고 야곱이 밧단아람에서 돌아왔을 때 하나님은 다시 그에게 나타나 이
렇게 말씀하셨다. "나는 전능한 하나님이니라 생육하며 번성하라 국민과 많
은 국민이 네게서 나고 왕들이 네 허리에서 나오리라 내가 아브라함과 이삭
에게 준 땅을 네게 주고 내가 네 후손에게도 그 땅을 주리라"(창 35:11-12). 하
나님은 아브라함과 이삭에게 준 땅을 야곱에게도 주겠다고 약속하신 것이
다.

　야곱은 이러한 하나님의 약속을 믿었다. 그래서 창세기 37장 1절에는 이
런 말씀이 나온다. "야곱이 가나안 땅 곧 그 아비의 우거하던 땅에 거하였으
니." 그때 "가나안 땅 곧 그 아비의 우거하던 땅"은 창세기 17장 8절에서 하
나님이 아브라함에게 약속하신 땅을 말한다. 야곱은 하나님의 이 약속을 믿
었기에 약속하신 가나안 땅에 거한 것이다.

　그런데 가나안 땅에 기근이 심해지자 그는 그 땅을 떠나 애굽으로 향할
수밖에 없었다. 그때 하나님은 브엘세바에서 야곱에게 나타나 말씀하셨다.
"나는 하나님이라 네 아비의 하나님이니 애굽으로 내려가기를 두려워 말라
내가 거기서 너로 큰 민족을 이루게 하리라 내가 너와 함께 애굽으로 내려가
겠고 정녕 너를 인도하여 다시 올라올 것이며 요셉이 그 손으로 네 눈을 감
기리라"(창 46:3-4). 이것은 지금 심한 기근 때문에 가나안 땅을 떠날 수밖에
없지만 언젠가 반드시 하나님이 약속하신 그 땅으로 다시 돌아오게 되리라
는 말씀이다.

　그래서 야곱은 애굽으로 내려갔다. 본문 27절은 애굽으로 내려간 야곱에
게 일어난 일을 말해준다. "이스라엘 족속이 애굽 고센 땅에 거하며 거기서 산

업을 얻고 생육하며 번성하였더라." 이것은 자손에 대한 하나님의 약속이 이미 성취되고 있음을 보여준다. "내가 거기서 너로 큰 민족을 이루게 하리라"는 말씀이 이미 성취되고 있는 것이다. 그렇다면 이런 상황에서 야곱은 땅에 대한 약속도 성취될 것을 믿지 않았을까? 그는 "정녕 너를 인도하여 다시 올라올 것이며"라는 약속도 성취될 거라고 믿지 않았을까? 그러기에 그는 요셉에게 자기를 애굽이 아닌 가나안 땅의 선영에 장사하도록 당부한 것이다.

믿음으로 죽음을 준비한 야곱

결국 요셉은 야곱의 당부대로 행할 것을 약속한다. "내가 아버지의 말씀대로 행하리이다." 그렇지만 야곱은 여기에 만족하지 않는다. 31절을 보자. "야곱이 또 가로되 내게 맹세하라 맹세하니 이스라엘이 침상 머리에서 경배하니라."

야곱은 요셉이 말한 것에 대해 맹세할 것을 요구한다. 요셉은 이 요구도 들어준다. 그랬을 때, 성경은 "이스라엘이 침상 머리에서 경배하니라"고 말한다. 그러면 이것은 무슨 의미일까? 왜 야곱은 요셉이 자신을 애굽이 아닌 가나안 땅 선영에 장사하기로 맹세했을 때 침상 머리에서 경배한 것일까? 그것은 자신의 소원이 이루어질 것을 확신했기 때문이다.

여기서 우리는 야곱이 묻히길 원하는 "선영"이 무엇을 가리키는지 생각해 보아야 한다. 그것은 문자적으로 지리적인 가나안 땅을 가리키지 않는다. 그것은 상징적으로 약속, 하늘에 있는 본향, 하나님이 예비하신 성을 가리킨다. 야곱이 믿은 것은 바로 이것이다. 히브리서 11장 13-16절은 여기에 대해 잘 말해 준다. "이 사람들은 다 믿음을 따라 죽었으며 약속을 받지 못하였으되 그것들을 멀리서 보고 환영하며 또 땅에서는 외국인과 나그네로라 증거하였으니 이같이 말하는 자들은 본향 찾는 것을 나타냄이라 저희가 나온 바 본향을 생각하였더면 돌아갈 기회가 있었으려니와 저희가 이제는 더 나은 본향을 사모하니 곧 하늘에 있는 것이라 그러므로 하나님이 저희 하나님이라 일컬음 받으심을 부끄러워 아니하시고 저희를 위하여 한 성을 예비하셨느니라."

가나안 땅 선영에 묻히려는 야곱의 소원은 이러한 믿음에 기초한 것이다. 따라서 요셉이 야곱을 애굽이 아닌 가나안 땅 선영에 장사하기로 맹세했을 때 야곱이 침상 머리에서 경배한 것은 그의 믿음에 따른 것이다. 그래서 히브리서 11장 21절은 이렇게 말한다. "믿음으로 야곱은 죽을 때에 요셉의 각 아들에게 축복하고 그 지팡이 머리에 의지하여 경배하였으며." 이때 "침상 머리"가 "지팡이 머리"가 된 것은 히브리서 기자가 히브리어 성경에서 인용하지 않고 히브리어 성경의 헬라어 번역본인 칠십인역 성경에서 인용했기 때문이다. 중요한 것은 히브리서 기자가 야곱이 죽을 때 침상 머리에서 경배한 것을 믿음의 행위로 본 것이다. "믿음으로 야곱은 죽을 때에 … 그 지팡이 머리에 의지하여[침상에서] 경배하였으며."

이와 같이 야곱은 믿음으로 죽음을 준비한 것이다. 야곱의 믿음은 죽음 앞에서도 역사하는 믿음이다(히 11:1). 이 믿음은 죽음도 끄지 못한다. 오늘 우리도 이러한 믿음으로 이 땅을 살아가야 한다.

35

약속과 믿음

창 48:1-7 1 이 일 후에 혹이 요셉에게 고하기를 네 부친이 병들었다 하므로 그가 곧
두 아들 므낫세와 에브라임과 함께 이르니 2 혹이 야곱에게 고하되 네 아들 요셉이 네
게 왔다 하매 이스라엘이 힘을 내어 침상에 앉아 3 요셉에게 이르되 이전에 가나안 땅
루스에서 전능한 하나님이 내게 나타나 복을 허락하여 4 내게 이르시되 내가 너로 생
육하게 하며 번성하게 하여 네게서 많은 백성이 나게 하고 내가 이 땅을 네 후손에게
주어 영원한 기업이 되게 하리라 하셨느니라 5 내가 애굽으로 와서 네게 이르기 전에
애굽에서 네게 낳은 두 아들 에브라임과 므낫세는 내 것이라 르우벤과 시므온처럼 내
것이 될 것이요 6 이들 후의 네 소생이 네 것이 될 것이며 그 산업은 그 형의 명의 하에
서 함께하리라 7 내게 관하여는 내가 이전에 밧단에서 올 때에 라헬이 나를 따르는 노
중 가나안 땅에서 죽었는데 그곳은 에브랏까지 길이 오히려 격한 곳이라 내가 거기서
그를 에브랏 길에 장사하였느니라 (에브랏은 곧 베들레헴이라)

본문은 야곱이 요셉의 두 아들 므낫세와 에브라임을 입양한 이야기이다.
이 내용은 두 부분으로 이루어져 있다. 1-2절은 요셉이 야곱에게 온 상황을

설명한 것이다. 3-7절은 야곱이 요셉에게 말한 내용이다.

요셉의 태도

그러면 먼저 1-2절의 상황 설명부터 살펴보자. "이 일 후에 혹이 요셉에게 고하기를 네 부친이 병들었다 하므로 그가 곧 두 아들 므낫세와 에브라임과 함께 이르니 혹이 야곱에게 고하되 네 아들 요셉이 네게 왔다 하매 이스라엘 이 힘을 내어 침상에 앉아."

이 설명은 "이 일 후에"라는 말로 시작된다. 이 말은 본문의 상황과 앞에 나 온 내용의 연관성을 나타낸다. 그러면 본문 앞에는 무슨 내용이 나왔을까? 본문 앞에는 야곱이 죽을 기한이 가까워 오자 요셉을 불러 자신을 선영에 장 사하도록 맹세하게 한 내용이 나온다. 따라서 요셉은 그런 일이 있고 나서 부친이 병든 소식을 들은 것이다. "이 일 후에 혹이 요셉에게 고하기를 네 부 친이 병들었다 하므로." 그렇다면 요셉은 부친이 병든 소식을 들었을 때 무슨 생각을 했을까? 그는 부친의 죽음이 가까워 왔다고 생각했을 것이다.

그래서 요셉은 부친에게 왔는데 두 아들을 데리고 왔다. "그가 곧 두 아들 므낫세와 에브라임과 함께 이르니." 요셉의 두 아들 므낫세와 에브라임은 애 굽에서 출생했고, 온 제사장 보디베라의 딸 아스낫이 낳았다(창 41장). 이런 점에서 그들은 요셉의 형제들이 낳은 아들들과 달랐다. 이 사실은 앞서 창 세기 46장에 나온 애굽으로 내려간 야곱 자손의 족보에도 나타난다. 그 족 보에는 총 52명의 야곱의 손자들이 나오는데, 그들 중 에브라임과 므낫세는 애굽에서 출생한 것으로 되어 있다. "애굽 땅에서 온 제사장 보디베라의 딸 아스낫이 요셉에게 낳은 므낫세와 에브라임이요 … 야곱과 함께 애굽에 이 른 자는 야곱의 자부 외에 육십육 명이니 이는 다 야곱의 몸에서 나온 자며 애굽에서 요셉에게 낳은 아들이 두 명이니 야곱의 집 사람으로 애굽에 이른 자의 도합이 칠십 명이었더라"(창 46:20, 26-27). 따라서 요셉이 이 두 아들을 데리고 부친에게 이른 것은 부친이 죽기 전에 이들도 야곱의 자손임을 분명히 하려는 의도에서였을 것이다.

여기서 우리는 애굽의 부귀영화를 누림보다 이스라엘의 자손이 되는 것을 큰 특권으로 여기는 요셉의 태도를 볼 수 있다. 이스라엘의 자손이 된다는 것은 하나님의 백성이 되는 것을 의미한다. 일찍이 요셉은 이 사실을 알고 형들에게 이렇게 말했던 것이다. "하나님이 큰 구원으로 당신들의 생명을 보존하고 당신들의 후손을 세상에 두시려고 나를 당신들 앞서 보내셨나니"(창 45:7). 우리는 하나님의 백성이 되는 것을 세상의 다른 어떤 것보다 더 큰 특권으로 여기는가? 그래서 세상에서 고난을 받더라도 하나님의 백성이 되기를 원하는가? 우리는 하나님의 백성으로서 장차 얻게 될 영광을 바라보고 세상의 모든 재물과 영화보다 그리스도의 몸 된 교회의 일원이 되는 것을 더 중요하게 여기는가? 이것이 바로 신자가 가져야 할 태도이다. 히브리서 11장 24-26절은 모세에 대하여 이렇게 말한다. "믿음으로 모세는 장성하여 바로의 공주의 아들이라 칭함을 거절하고 도리어 하나님의 백성과 함께 고난 받기를 잠시 죄악의 낙을 누리는 것보다 더 좋아하고 그리스도를 위하여 받는 능욕을 애굽의 모든 보화보다 더 큰 재물로 여겼으니 이는 상 주심을 바라봄이라."

하나님의 약속을 기억한 야곱

이러한 요셉의 태도와 함께 야곱의 태도 또한 주목할 필요가 있다. 본문에서 야곱은 요셉이 왔다는 소식을 들었다. "혹이 야곱에게 고하되 네 아들 요셉이 네게 왔다 하매." 그랬을 때, 그는 어떻게 했는가? "이스라엘이 힘을 내어 침상에 앉아." 야곱은 늙고 병든 몸이었지만 "힘을 내어" 침상에 앉았다.

그러면 야곱이 이렇게 병들어 약하고 힘든 몸을 애써 일으킨 것은 무슨 의도에서였을까? 그것은 그가 침상에 앉아 요셉에게 말한 내용을 보면 알 수 있다. 그 내용은 3-7절에 나오는데 세 가지로 요약할 수 있다. 첫째는 하나님의 약속이다. "요셉에게 이르되 이전에 가나안 땅 루스에서 전능한 하나님이 내게 나타나 복을 허락하여 내게 이르시되 내가 너로 생육하게 하며 번성하게 하여 네게서 많은 백성이 나게 하고 내가 이 땅을 네 후손에게 주어 영원한 기업이 되게 하리라 하셨느니라"(3-4절).

이것은 창세기 35장 9절과 11-12절에 나온 내용을 가리킨다. 그것은 야곱이 가나안 땅 루스, 곧 벧엘에 이르렀을 때의 일을 말한 것이다. "야곱이 밧단아람에서 돌아오매 하나님이 다시 야곱에게 나타나사 그에게 복을 주시고 … 그에게 이르시되 나는 전능한 하나님이니라 생육하며 번성하라 국민과 많은 국민이 네게서 나고 왕들이 네 허리에서 나오리라 내가 아브라함과 이삭에게 준 땅을 네게 주고 내가 네 후손에게도 그 땅을 주리라 하시고." 그때 하나님이 야곱에게 주신 약속의 내용은 두 가지다. 하나는 자손[후손]에 대한 것이고, 또 하나는 땅[기업]에 대한 것이다.

에브라임과 므낫세를 입양하기로 한 야곱

둘째는 에브라임과 므낫세의 입양이다. "내가 애굽으로 와서 네게 이르기 전에 애굽에서 네게 낳은 두 아들 에브라임과 므낫세는 내 것이라 르우벤과 시므온처럼 내 것이 될 것이요 이들 후의 네 소생이 네 것이 될 것이며 그 산업은 그 형의 명의 하에서 함께 하리라"(5-6절).

여기 야곱은 "내가 애굽으로 와서 네게 이르기 전에 애굽에서 네게 낳은 두 아들 에브라임과 므낫세는 내 것이라"고 말한다. 이 말은 에브라임과 므낫세를 입양하겠다는 뜻이다. 그런데 야곱은 여기에다가 "르우벤과 시므온처럼 내 것이 될 것이요"라는 말을 추가한다. 르우벤과 시므온은 야곱의 첫 두 아들이다. 따라서 야곱은 에브라임과 므낫세가 르우벤과 시므온을 대신하게 될 거라고 말한 것이다(그 이유에 대해서는 창세기 49장에서 보게 될 것이다). 이것은 사실상 장자권이 요셉에게로 넘어감을 의미한다. 실제로, 역대상 5장 1-2절은 이렇게 말한다. "이스라엘의 장자 르우벤의 아들들은 이러하니라(르우벤은 장자라도 그 아비의 침상을 더럽게 하였으므로 장자의 명분이 이스라엘의 아들 요셉의 자손에게로 돌아갔으나 족보에는 장자의 명분대로 기록할 것이 아니니라 유다는 형제보다 뛰어나고 주권자가 유다로 말미암아 났을찌라도 장자의 명분은 요셉에게 있으니라)."

여기서 야곱은 에브라임과 므낫세를 요셉의 다른 아들과 구분한다. 요셉의 아들 중에서 에브라임과 므낫세는 야곱의 양아들이지만, 나머지는 그냥 요셉의 아들인 것이다. 이렇게 구분하는 이유는 유산 문제 때문이다. "이들 후의 네 소생이 네 것이 될 것이며 그 산업[유산]은 그 형의 명의 하에서 함께 하리라." 야곱의 양아들인 에브라임과 므낫세는 유산이 있지만, 나머지 요셉의 아들은 따로 유산이 없는 것이다. 결국, 야곱은 요셉의 두 아들 에브라임과 므낫세를 입양함으로써 요셉에게는 다른 아들보다 두 배의 몫을 준 셈이 된다. 이것은 요셉이 장자라는 증거가 된다(신 21:17 참조).

하나님의 약속을 유산으로 준 야곱

그러면 여기서 야곱이 요셉에게, 또는 그의 두 아들 에브라임과 므낫세에게 준 유산[산업]은 무엇일까? 그것은 야곱이 어떤 맥락에서 이 말을 하는지 보면 알 수 있다. 야곱은 5-6절에서 에브라임과 므낫세의 입양과 그들에게 주어질 산업[유산]에 대해 말한다. 그런데 이 내용은 야곱이 3-4절에서 말한 하나님의 약속과 관련이 있다. 그래서 5절은 히브리어 문장에서 "그래서 이제"라는 말로 시작된다. 이 말은 논리적인 관계를 나타낸다. 즉 5-6절은 논리적으로 3-4절에 연결된다.

그러므로 야곱이 에브라임과 므낫세를 양아들로 삼고 그들에게 준 유산 [산업]은 "내가 이 땅을 네 후손에게 주어 영원한 기업이 되게 하리라"(4절)는 하나님의 약속에 근거한 것이다. 지금 야곱이 거하는 애굽 땅은 그 "산업"[유산]과는 무관하다. 창세기 47장 11절에는 이런 말씀이 나온다. "요셉이 바로의 명대로 그 아비와 형들에게 거할 곳을 주되 애굽의 좋은 땅 라암세스를 그들에게 주어 기업[소유]을 삼게 하고." 또한 창세기 47장 27절에는 "이스라엘 족속이('이스라엘'가 맞다) 애굽 고센 땅에 거하며 거기서 산업[소유]을 얻고"라고 되어 있다. 이때 "기업[소유]을 삼게 하고"나 "산업[소유]을 얻고"는 둘 다 애굽 땅과 관련이 있다.

그런데 이것은 창세기 48장 4절의 약속과는 다르다. 왜냐하면 여기서 하나님은 "내가 이 땅을 네 후손에게 주어 영원한 기업[소유]이 되게 하리라"고 약속하셨기 때문이다. 여기도 "기업[소유]"이란 말이 나온다. 그런데 중요한 것은 하나님이 약속하신 기업은 "영원한 기업[소유]"이란 사실이다. 그것은 가나안 땅과 관련이 있다. 이런 점에서 하나님이 약속하신 것은 애굽 땅과 무관하다.

그래서 야곱은 에브라임과 므낫세를 양자로 삼는다고 말할 때 이렇게 말한다. "내가 애굽으로 와서 네게 이르기 전에 애굽에서 네게 낳은 두 아들 에브라임과 므낫세." 이것은 에브라임과 므낫세가 야곱의 애굽 거주와는 무관하다는 말이다. 그들에게 주어질 산업[유산]은 애굽 땅과 무관함을 강조한 말이다.

이처럼 야곱이 에브라임과 므낫세의 입양과 그들에게 주어질 산업[유산]을 말할 때 그는 자신이 거하고 있던 애굽 땅을 생각한 것이 아니다. 그는 오래 전 가나안 땅을 영원한 기업[소유]으로 주시겠다고 하신 하나님의 약속을 생각한 것이다. "내가 이 땅을 네 후손에게 주어 영원한 기업이 되게 하리라."

여기서 우리는 다시금 하나님의 약속을 굳게 믿고 있는 야곱을 본다. 그는 지금 병들어 죽게 된 노인이다. 그는 지금 가나안 땅을 떠나 애굽 땅에 와서 거주하고 있는 나그네다. 그가 지금 가진 것이라고는 임시로 거주하고 있는 애굽의 고센 땅뿐이다. 그런 그가 요셉의 두 아들 에브라임과 므낫세를 입양 하고 그들에게 줄 유산을 말하는 것은 말도 되지 않는다! 칼빈은 여기에 대해 이렇게 말했다. "이 노쇠한 영감이 그의 손주들에게 그가 나그네로서 방황했으며 이제는 거기서 떠나 유랑민이 된 그 땅의 6분의 1을 왕족의 세습재산으로 할당하다니 어찌된 노릇인가? 그 누가 그가 농담을 하고 있는 것으로 생각하지 않았겠는가? 자기 수중에 없는 것을 누구에게 줄 수 없다는 것은 다들 아는 이치이다. 그러므로 요셉이 가상적인 권리증서에 따라서 그 땅의 주인으로 세워지는 것이 무슨 소용이 있었겠는가? 더욱이 그 땅으로 말하자면 그것의 수여자(야곱)조차 자기가 애써 판 우물의 물을 마시지 못할 정도였으며 거기서 마침내 기근 때문에 추방될 정도가 아니었는가?" 그렇지만 야곱이 요셉의 두 아들에게 가나안 땅을 유산으로 줄 수 있었던 것은 하나님의 약속을 굳게 믿었기 때문이다. 그는 "내가 이 땅을 네 후손에게 주어 영원한 기업이 되게 하리라"고 하신 하나님의 약속을 신뢰했다. 그래서 그가 애굽으로 올 때 "내가 너와 함께 애굽으로 내려가겠고 정녕 너를 인도하여 다시 올라올 것이며"라고 했던 하나님의 약속 또한 신뢰했다. 그래서 요셉의 두 아들을 입양하고 그들에게 가나안 땅을 유산으로 주었던 것이다.

이처럼 본문은 앞서 읽은 말씀과 함께 야곱의 믿음을 보여준다. 그 믿음은 가나안 땅을 야곱의 후손에게 주어 영원한 기업이 되게 하리라는 하나님의 약속에 대한 믿음이다. 그래서 야곱은 죽을 기한이 가까워 오자 요셉을 불러 자신을 애굽이 아닌 가나안 땅 선영에 장사할 것을 당부한다. 또한 야곱은 병든 침상에서 요셉의 두 아들을 입양하고 그들에게 가나안 땅을 유산으로 준다. 이러한 믿음은 앞으로 이루어질 하나님의 약속을 믿는 것이다. 히브리서 11장 1절은 이렇게 말한다. "믿음은 바라는 것들의 실상이요 보지 못하는 것들의 증거니." 믿음은 아직 없는 것을 있는 것처럼, 아직 보지 못하는 것을 보는 것처럼 생각하는 것이다. 그러기에 이런 믿음이 있는 사람은 당장 손에 잡히는 것이 없을지라도 참고 기다린다. 우리에게 이런 믿음이 있는가?

요셉의 믿음을 격려한 야곱

그 다음, 마지막 셋째는 라헬의 죽음과 장사이다. "내게 관하여는 내가 이전에 밧단에서 올 때에 라헬이 나를 따르는 노중 가나안 땅에서 죽었는데 그곳은 에브랏까지 길이 오히려 격한 곳이라 내가 거기서 그를 에브랏 길에 장사하였느니라 (에브랏은 곧 베들레헴이라)"(7절).

여기서 야곱은 다시 과거의 일을 회상한다. 이 내용은 창세기 35장 16-19절에 나온다. 문제는 왜 야곱이 여기서 이 말을 했을까 하는 점이다. 어떤 사람은 야곱이 요셉을 특별 대우한 이유가 그의 어머니 라헬 때문이란 점을 보여주기 위해서라고 말한다. 또 어떤 사람은 야곱이 라헬의 죽음과 장사를 말함으로써 멀지 않은 자신의 죽음과 장사를 미리 내비친 것이라고 말한다. 또 어떤 사람은 에브라임과 므낫세가 야곱의 양아들이 됨으로써 라헬 사후에 그녀의 아들이 된 것이라고 말한다. 과연 그럴까?

우리가 왜 야곱이 여기서 이 말을 했을까 알려면 야곱이 말한 내용과 실제 사건을 기록한 내용을 비교해 보아야 한다. 실제 사건을 기록한 내용(창 35:16-19)은 이렇다. "그들이 벧엘에서 길을 떠나 에브랏에 이르기까지 얼마간 거리를 둔 곳에서 라헬이 해산하게 되어 심히 고생하여 그가 난산할 즈음에 산파가 그에게 이르되 두려워하지 말라 지금 네가 또 득남하느니라 하매 그가 죽게 되어 그의 혼이 떠나려 할 때에 아들의 이름을 베노니라 불렀으나 그의 아버지는 그를 베냐민이라 불렀더라 라헬이 죽으매 에브랏 곧 베들레헴 길에 장사되었고." 이 내용은 라헬 위주로 되어 있고, 라헬이 난산 때문에 죽었다고 말한다. 그에 비해 본문에서 야곱이 말한 내용은 이렇다. "내게 관하여는 내가 이전에 밧단에서 올 때에 라헬이 나를 따르는 노중 가나안 땅에서 죽었는데 그곳은 에브랏까지 길이 오히려 격한 곳이라 내가 거기서 그를 에브랏 길에 장사하였느니라 (에브랏은 곧 베들레헴이라)." 이 내용은 야곱 위주로 되어 있고, 라헬이 밧단에서 와서 가나안 땅에서 죽은 것을 강조한다.

이것은 왜 야곱이 그리고 그와 함께 라헬이 밧단에서 가나안 땅으로 오게 되었는지를 상기시켜 준다. 창세기 31장은 야곱이 어떻게 밧단아람에서 가나안 땅으로 돌아오게 되었는지를 말한다. 그때 야곱이 라헬과 레아를 자기 양떼 있는 들로 불러다가 말한 내용은 결론적으로 이렇다. "나는 벧엘 하나님이라 네가 거기서 기둥에 기름을 붓고 거기서 내게 서원하였으니 지금 일어나 이곳을 떠나서 네 출생지로 돌아가라 하셨느니라"(창 31:13). 그랬을 때, 라헬과 레아의 대답은 결론적으로 이렇다. "이제 하나님이 당신에게 이르신 일을 다 준행하라"(창 31:16). 따라서 라헬과 레아는 벧엘에서 하나님이 야곱에게 주신 약속에 따라 그와 함께 가나안 땅에 오게 된 것이다. 그녀들은 자기들의 아버지와 고향을 떠나 하나님의 약속에 따라 가나안 땅에 오게 된 것이다.

야곱이 이 사실을 요셉에게 말한 이유가 여기에 있다. 야곱은 요셉의 어머니가 하나님의 약속에 따라 자기 부친과 고향을 떠나 가나안 땅으로 온 것을 상기시킴으로써 요셉의 믿음을 자극하려고 한 것이다. 요셉은 장차 애굽을 떠나 하나님의 약속대로 가나안 땅을 소유할 준비가 필요한 사람이 아닌가?

약속과 믿음

그렇다면 야곱이 병든 몸이었지만 "힘을 내어" 침상에 앉은 의도는 무엇이었을까? 그것은 자기가 죽기 전에 요셉에게 하나님의 약속에 대한 믿음을 전달하기 위함이다. 그 약속이란 가나안 땅을 야곱의 후손에게 주어 영원한 기업이 되게 하리라는 것이다. 그래서 야곱은 요셉의 두 아들 에브라임과 므낫세를 입양하고 그들에게 하나님의 약속을 유산으로 준 것이다. 그리고 요셉과 그 아들들은 이 유산을 믿음으로 받은 것이다.

우리도 요셉과 그 아들들처럼 믿음으로 하나님의 약속을 유산으로 받는다. "아브라함이나 그 후손에게 세상의 후사가 되리라고 하신 언약은 율법으로 말미암은 것이 아니요 오직 믿음의 의로 말미암은 것이니라 만일 율법에 속한 자들이 후사이면 믿음은 헛것이 되고 약속은 폐하여졌느니라 율법은 진노를 이루게 하나니 율법이 없는 곳에는 범함도 없느니라 그러므로 후사가 되는 이것이 은혜에 속하기 위하여 믿음으로 되나니 이는 그 약속을 그 모든 후손에게 굳게 하려 하심이라 율법에 속한 자에게뿐 아니라 아브라함의 믿음에 속한 자에게도니 아브라함은 하나님 앞에서 우리 모든 사람의 조상이라"(롬 4:13-16). "그러나 성경이 모든 것을 죄 아래 가두었으니 이는 예수 그리스도를 믿음으로 말미암은 약속을 믿는 자들에게 주려 함이니라"(갈 3:22). "우리가 간절히 원하는 것은 너희 각 사람이 동일한 부지런을 나타내어 끝까지 소망의 풍성함에 이르러 게으르지 아니하고 믿음과 오래 참음으로 말미암아 약속들을 기업으로 받는 자들을 본받는 자 되게 하려는 것이니라"(히 6:11-12).

하나님은 우리에게도 이런 영원한 기업의 약속을 주셨다. 우리에게도 하늘의 가나안 땅이 있는 것이다. 아브라함이 기대했던 약속이나 우리가 기대하는 약속이 사실은 같다. 우리에게도 그것은 약속으로 주어져 있다. 그래서 우리는 그 약속을 믿고 살아가는 것이다. 이 땅에서의 삶은 참고 기다리는 삶이지만 언젠가 그리스도께서 다시 오시면 그 약속은 반드시 현실로 이루어질 것이다. 우리는 그것을 바라보고 살아가는 것이다. 그리스도인의 삶이 세상 사람과 다른 이유 중 하나는 우리에게 그런 장래의 기업에 대한 소망이 있기 때문이다. 오늘날 우리는 예수님을 믿고 이 땅에서 복을 받고 살아가길 원한다. 돈도 많이 벌고 싶고, 성공도 하고 싶고, 출세도 하고 싶고, 원하는 것도 이루고 싶고, 많은 것을 누리고 싶은 것이다. 물론 그런 복도 하나님과 무관한 것은 아니다. 그러나 그런 것들보다 더욱 크고 영광스러운 복이 약속으로 주어져 있다. 그것은 당장 이 땅에서 누리는 것이 아니다. 그러나 그 약속을 믿음으로 받을 때 우리는 이 땅에서의 삶을 다르게 살아간다. 그 믿음이 우리의 삶을 바꾸는 것이다. 이 소망이 강하면 강할수록 우리는 이 땅에서의 삶에 집착하지 않을 수 있게 된다. 반면에 이 약속에 대한 믿음이 약하면 약할수록 우리는 이 땅에 집착하고 미련을 두게 된다. 그래서 이 땅에서 더 많이 가지려고 애쓰게 된다. 그러나 우리가 하나님이 주신 이 약속에 대한 믿음을 갖고 살아갈 때 우리는 이 땅의 것들을 다 놓을 수 있다. 그 소망 때문에 우리는 손해를 보고 고난을 당해도 참고 인내할 수 있는 것이다. 오늘 그리스도인들에게 이런 믿음이 있을 때 그리스도인들의 삶의 모습이 바뀔 수 있다. 그렇지만 이 약속에 대한 믿음이 없으면 우리는 세상 사람과 비슷한 모습으로 살아갈 수밖에 없다.

36

과거에 대한 감사와
미래에 대한 믿음

창 48:8-16 8 이스라엘이 요셉의 아들들을 보고 가로되 이들은 누구냐 9 요셉이 그
아비에게 고하되 이는 하나님이 여기서 내게 주신 아들들이니이다 아비가 가로되 그들
을 이끌어 내 앞으로 나아오라 내가 그들에게 축복하리라 10 이스라엘의 눈이 나이로
인하여 어두워서 보지 못하더라 요셉이 두 아들을 이끌어 아비 앞으로 나아가니 이스
라엘이 그들에게 입맞추고 그들을 안고 11 요셉에게 이르되 내가 네 얼굴을 보리라고
는 뜻하지 못하였더니 하나님이 내게 네 소생까지 보이셨도다 12 요셉이 아비 무릎 사
이에서 두 아들을 물리고 땅에 엎드려 절하고 13 우수로는 에브라임을 이스라엘의 좌
수를 향하게 하고 좌수로는 므낫세를 이스라엘의 우수를 향하게 하고 이끌어 그에게
가까이 나아가매 14 이스라엘이 우수를 펴서 차자 에브라임의 머리에 얹고 좌수를 펴
서 므낫세의 머리에 얹으니 므낫세는 장자라도 팔을 어긋맞겨 얹었더라 15 그가 요셉
을 위하여 축복하여 가로되 내 조부 아브라함과 아버지 이삭의 섬기던 하나님, 나의
남으로부터 지금까지 나를 기르신 하나님, 16 나를 모든 환난에서 건지신 사자께서
이 아이에게 복을 주시오며 이들로 내 이름과 내 조부 아브라함과 아버지 이삭의 이름
으로 칭하게 하시오며 이들로 세상에서 번식되게 하시기를 원하나이다

요셉의 아들임을 확인한 야곱

본문은 야곱이 요셉의 두 아들을 축복한 이야기이다. 그런데 이 장면은 이렇게 시작된다. "이스라엘이 요셉의 아들들을 보고 가로되 이들은 누구냐"(8절). 야곱이 여기서 이렇게 물은 것은 문맥에 비추어 이상하다. 왜냐하면 이미 애굽에 온 지 십칠 년이 지난 야곱은 요셉의 아들들을 알고 있었음이 분명하기 때문이다. 5절에 보면, 그는 이렇게 말했다. "내가 애굽으로 와서 네게 이르기 전에 애굽에서 네게 낳은 두 아들 에브라임과 므낫세는 내 것이라."

그렇다면 야곱이 여기서 이렇게 물은 것은 무슨 뜻일까? 우리는 이어지는 대화를 통해서 그것을 알 수 있다. 9절을 보자. "요셉이 그 아비에게 고하되 이는 하나님이 여기서 내게 주신 아들들이니이다 아비가 가로되 그들을 이끌어 내 앞으로 나아오라 내가 그들에게 축복하리라." 여기 보면, "이들은 누구냐"는 야곱의 질문에 대해 요셉은 이렇게 대답한다. "이는 하나님이 여기서 내게 주신 아들들이니이다." 요셉은 누가 에브라임이고 누가 므낫세인지 말하지 않고 "그들은 내 아들입니다"라고 대답한다. 그러자 야곱은 다시 요셉에게 말한다. "그들을 이끌어 내 앞으로 나아오라 내가 그들에게 축복하리라."

따라서 야곱이 "이들은 누구냐"라고 물은 것은 요셉의 아들들을 몰라서가 아니다. 그것은 그들이 요셉의 아들임을 확인하고 축복하기 위한 것이다. 이 점은 이삭이 야곱을 축복했던 때와 비슷하다. 그때에도 이삭은 자기가 축복할 사람을 확인하려고 물었던 것이다. "야곱이 아버지에게 나아가서 내 아버지여 하고 부른대 가로되 내가 여기 있노라 내 아들아 네가 누구냐"(창 27:18).

여기서 우리는 요셉이 자기 아들들에 대해서 쓴 표현을 주목할 필요가 있다. "하나님이 여기서 내게 주신 아들들." 요셉은 그의 아들들을 하나님이 주신 선물로 본 것이다. 이 점은 그의 아버지인 야곱도 마찬가지이다. "에서가 눈을 들어 여인과 자식들을 보고 묻되 너와 함께한 이들은 누구냐 야곱이 가로되 하나님이 주의 종에게 은혜로 주신 자식이니이다"(창 33:5).

이처럼 성경은 자식을 하나님의 선물로 간주한다. "자식은 여호와의 주신 기업이요 태의 열매는 그의 상급이로다"(시 127:3). 우리는 우리의 자녀를 하나님께서 주신 것으로 귀하게 대하는가? 우리는 우리의 자녀를 세상의 기준에 따라, 또는 상대적인 비교에 의해서 평가하고 대하지 않는가? 우리는 우리의 자녀를 향한 하나님의 뜻과 계획을 구하는가? 우리는 우리의 자녀를 우리의 욕심을 위한 도구로 생각하지 않는가? 자식을 하나님의 선물로 간주하는 것은 성경적인 자녀 교육의 전제다.

요셉의 두 아들을 입양한 야곱

자, 요셉의 아들임을 확인한 야곱은 요셉에게 이렇게 말한다. "그들을 이끌어 내 앞으로 나아오라 내가 그들에게 축복하리라." 여기서 요셉의 아들들을 축복하려는 야곱의 의도가 드러난다. 그런 다음, 10절에 이런 설명이 이어진다. "이스라엘의 눈이 나이로 인하여 어두워서 보지 못하더라 요셉이 두 아들을 이끌어 아비 앞으로 나아가니 이스라엘이 그들에게 입맞추고 그들을 안고."

여기 보면, 야곱이 요셉의 아들들을 축복하겠다고 말하면서 야곱이 눈이 어두워서 보지 못한다는 설명이 이어진다. 이것은 나중에 야곱이 요셉의 아들들을 축복할 때 팔을 어긋맞겨 얹은 것에 대한 요셉의 반응을 이해할 수 있게 해 준다. 그런 다음, 야곱의 말을 들은 요셉의 행동을 말한다. "요셉이 두 아들을 이끌어 아비 앞으로 나아가니." 요셉은 야곱의 말대로 한 것이다.

그랬을 때, 야곱은 어떻게 했을까? "이스라엘이 그들에게 입맞추고 그들을 안고." 야곱은 요셉의 아들들에게 입맞추고 그들을 안은 것이다. 그런데 12절상반절에는 "요셉이 아비 무릎 사이에서 두 아들을 물리고"라고 되어 있다. 그러니까 야곱은 요셉의 아들들을 자기 무릎 사이에 두고 입맞추고 안은 것이다. 이것은 단지 야곱이 손자들이 예뻐서 한 행동이 아니다(그들은 당시 20대 손자들이었을 것이다). 이것은 5절에서 그가 말한 대로 손자들을 입양하는 의미로 한 행동이다. "무릎 사이에" 또는 "무릎에"라는 말은 양자됨을 나타내는 표현인 것이다. "라헬이 가로되 나의 여종 빌하에게로 들어가라 그가 아들을 낳아 내 무릎에 두리니 그러면 나도 그를 인하여 자식을 얻겠노라 하고"(창 30:3). "므낫세의 아들 마길의 아들들도 요셉의 슬하(무릎의 아래라는 뜻으로 부모의 곁을 의미한다)에서 양육되었더라"(창 50:23).

그런데 이렇게 요셉의 두 아들을 입양하는 야곱이 요셉에게 한 말이 있다. 11절을 보자. "요셉에게 이르되 내가 네 얼굴을 보리라고는 뜻하지 못하였더니 하나님이 내게 네 소생까지 보이셨도다." 야곱은 요셉의 두 아들에게 입맞추고 그들을 안고는 감회에 젖은 것이다. 그는 과거 오랜 세월 동안 요셉이 죽은 줄로 알고 있었다. 그래서 그는 요셉의 얼굴을 다시 보게 될 거라고 전혀 기대하지 못했다. 이 사실은 이미 앞에서 여러 번 드러났다. "아비가 그것을 알아보고 가로되 내 아들의 옷이라 악한 짐승이 그를 먹었도다 요셉이 정녕 찢겼도다 하고 자기 옷을 찢고 굵은 베로 허리를 묶고 오래도록 그 아들을 위하여 애통하니 그 모든 자녀가 위로하되 그가 그 위로를 받지 아니하여 가로되 내가 슬퍼하며 음부에 내려 아들에게로 가리라 하고 그 아비가 그를 위하여 울었더라"(창 37:33-35). "그 아비 야곱이 그들에게 이르되 너희가 나로 나의 자식들을 잃게 하도다 요셉도 없어졌고 시므온도 없어졌거늘 베냐민을 또 빼앗아 가고자 하니 이는 다 나를 해롭게 함이로다 … 야곱이 가로되 내 아들은 너희와 함께 내려가지 못하리니 그의 형은 죽고 그만 남았음이라 만일 너희 행하는 길에서 재난이 그 몸에 미치면 너희가 나의 흰 머리로 슬피 음부로 내려가게 함이 되리라"(창 42:36, 38, 이때는 처음 요셉이 죽은 줄로 안 때로부터 약 20년이 지난 후이다). "하나는 내게서 나간고로 내가 말하기를 정녕 찢겨 죽었다 하고 내가 지금까지 그를 보지 못하거늘"(창 44:28, 이때는 처음 요셉이 죽은 줄로 안 때로부터 약 22년이 지난 후이다). "고하여 가로되 요셉이 지금까지 살아 있어 애굽 땅 총리가 되었더이다 야곱이 그들을 믿지 아니하므로 기색하더니"(창 45:26).

그렇지만 야곱은 이십이 년 만에 죽은 줄로만 알았던 요셉을 다시 만났다. 그때 야곱은 요셉에게 이렇게 말했다. "네가 지금까지 살아 있고 내가 네 얼굴을 보았으니 지금 죽어도 가하도다"(창 46:30). 거기서 야곱이 "네 얼굴을 보았다"고 말한 것은 과거 하나님의 얼굴을 보고, 형 에서의 얼굴을 보았던 놀라운 체험과 비교한 표현이다.

그런데 지금 야곱은 이렇게 말한다. "내가 네 얼굴을 보리라고는 뜻하지 못하였더니 (보라) 하나님이 내게 네 소생까지 보이셨도다." 야곱은 마치 이렇게 말한 것과 같다. '내가 요셉의 얼굴을 본 것만도 놀라운데 그 자식들까지 보게 되다니! 하나님이 하신 일이 얼마나 놀라운가!' 야곱은 말할 수 없는 감격을 그렇게 표현한 것이다.

그런데 야곱이 이렇게 감격해 한 데에는 중요한 이유가 있다. 그것은 그가 하나님께서 약속을 이루고 계심을 깨달았기 때문이다. 여기 야곱이 사용한 "소생"이란 말은 히브리어 "제라"이다. 이 말은 하나님이 약속하신 자손[후손, 씨]을 가리키는 말이다. 하나님은 족장들에게 이 자손에 대한 약속을 거듭 말씀하셨다. 야곱도 이 약속을 들었다. "아브라함에게 허락하신 복을 네게 주시되 너와 너와 함께 네 자손에게 주사 너로 하나님이 아브라함에게 주신 땅 곧 너의 우거하는 땅을 유업으로 받게 하시기를 원하노라"(창 28:4, 이삭이 야곱을 축복하며). "또 본즉 여호와께서 그 위에 서서 가라사대 나는 여호와니 너의 조부 아브라함의 하나님이요 이삭의 하나님이라 너 누운 땅을 내가 너와 네 자손에게 주리니 네 자손이 땅의 티끌 같이 되어서 동서남북에 편만할찌며 땅의 모든 족속이 너와 네 자손을 인하여 복을 얻으리라"(창 28:13-14). "주께서 말씀하시기를 내가 정녕 네게 은혜를 베풀어 네 씨로 바다의 셀 수 없는 모래와 같이 많게 하리라 하셨나이다"(창 32:12, 야곱이 형 에서를 만나기 전에 기도할 때). "내가 아브라함과 이삭에게 준 땅을 네게 주고 내가 네 후손에게도 그 땅을 주리라 하시고"(창 35:12). 그리고 야곱은 이 약속을 창세기 48장 4절에서 요셉에게 이렇게 말했다. "내가 너로 생육하게 하며 번성하게 하여 네게서 많은 백성이 나게 하고 내가 이 땅을 네 후손에게 주어 영원한 기업이 되게 하리라."

따라서 야곱이 "(보라) 하나님이 내게 네 소생까지 보이셨도다"라고 말할 때, 그는 하나님이 주신 자손에 대한 약속이 성취됨을 깨닫고 감격한 것이다. 이것은 이미 창세기 46장에서 드러난 사실이다. 거기 보면, 애굽으로 내려간 야곱의 아들들의 족보(8-27절)가 나온다. 거기에는 요셉의 두 아들이 포함된다. "애굽 땅에서 온 제사장 보디베라의 딸 아스낫이 요셉에게 낳은 므낫세와 에브라임이요"(20절). 그런데 그 족보 앞에는 이런 설명이 붙어 있다. "야곱이 브엘세바에서 발행할 쩨 이스라엘의 아들들이 바로의 태우려고 보낸 수레에 자기들의 아비 야곱과 자기들의 처자들을 태웠고 그 생축과 가나안 땅에서 얻은 재물을 이끌었으며 야곱과 그 자손들이 다 함께 애굽으로 갔더라 이와 같이 야곱이 그 아들들과 손자들과 딸들과 손녀들 곧 그 모든 자손을 데리고 애굽으로 갔더라"(5-7절). 중요한 것은 "이스라엘의 아들들"을 "그 자손(들)"로 표현한 것이다. 이때 "자손(들)"이란 말은 히브리어 "제라"이다. 따라서 족보에 나타난 야곱의 아들들은 "제라"로서 하나님의 약속이 성취됨을 보여준다.

이처럼 야곱은 그 손자들을 입양하면서 과거에 대한 감사로 감격한다. 우리에게도 이런 감사, 이런 감격이 있는가? 우리는 과거를 돌아볼 때 하나님의 약속이 성취됨을 깨닫는가? 우리는 하나님의 약속을 붙들고 있는가?

요셉의 두 아들에게 축복한 야곱

이처럼 자기의 두 아들을 아버지 야곱에게 입양시킨 요셉은 아버지의 무릎 사이에서 그들을 물러나게 하고 자신은 "땅에 엎드려 절한다"(12절하). 이것은 야곱의 축복을 받기 위한 행동이다. 왜냐하면 요셉의 두 아들에게 축복하겠다고 말한 야곱은 하나님의 축복을 전달하는 중개인이기 때문이다. 3절에 보면, 야곱은 "이전에 가나안 땅 루스에서 전능한 하나님이 내게 나타나 복을 허락하여[축복하여]"라고 말했다. 그러므로 요셉은 야곱을 통해 복을 전달하시는 하나님께 경의를 표하는 뜻에서 땅에 엎드려 절한 것이다.

그래서 그 다음 13절부터 야곱이 요셉의 두 아들에게 축복하는 장면이 이어진다. 먼저, 요셉은 자기의 두 아들을 데리고 축복을 받으려고 야곱에게 나아간다. "우수로는 에브라임을 이스라엘의 좌수를 향하게 하고 좌수로는 므낫세를 이스라엘의 우수를 향하게 하고 이끌어 그에게 가까이 나아가매"(13절). 오른 편은 힘과 권세와 영광의 자리이다. 그러기에 먼저 출생한 므낫세를 야곱의 오른 손을 향하게 한 것이다. 그에게 더 큰 축복이 주어지도록 하기 위해서이다.

그런데 야곱은 요셉의 의도와 달리 행동한다. "이스라엘이 우수를 펴서 차자 에브라임의 머리에 얹고 좌수를 펴서 므낫세의 머리에 얹으니 므낫세는 장자라도 팔을 어긋맞겨 얹었었더라"(14절). 그러면서 야곱은 그들에게 축복한다. "그가 요셉을 위하여 축복하여 가로되 내 조부 아브라함과 아버지 이삭의 섬기던 하나님, 나의 남으로부터 지금까지 나를 기르신 하나님, 나를 모든 환난에서 건지신 사자께서 이 아이에게 복을 주시오며 이들로 내 이름과 내 조부 아브라함과 아버지 이삭의 이름으로 칭하게 하시오며 이들로 세상에서 번식되게 하시기를 원하나이다"(15-16절).

야곱이 요셉의 두 아들에게 축복하는 것은 사실상 요셉을 장자로서 축복하는 것이다. "그가 요셉을 위하여 축복하여."

야곱은 요셉을 축복할 때 그를 아브라함, 이삭, 야곱과 연결시킨다. 그래서 요셉의 두 아들에게 복을 주시는 하나님을 이렇게 묘사한다. "내 조부 아브라함과 아버지 이삭의 섬기던 하나님, 나의 남으로부터 지금까지 나를 기르신 하나님, 나를 모든 환난에서 건지신 사자." 또한 하나님이 그들에게 주시는 복의 내용을 이렇게 말한다. "이들로 내 이름과 내 조부 아브라함과 아버지 이삭의 이름으로 칭하게 하시오며 이들로 세상에서 번식되게 하시기를 원하나이다." 이것은 야곱이 요셉을 축복할 때 하나님이 아브라함과 이삭과 야곱과 맺으신 언약 안에서 행한 것임을 보여준다.

여기서 우리는 두 가지 사실에 주목할 필요가 있다. 첫째, 아브라함과 이삭과 야곱에게 나타난 언약 안에서의 삶이다. 우선, 야곱은 아브라함과 이삭이 하나님을 섬겼다고 말한다. "내 조부 아브라함과 아버지 이삭의 섬기던 하나님." 이것은 문자적으로 그들이 하나님 앞에서 행했음을 의미한다(참조: 창 17:1 "아브람의 구십구 세 때에 여호와께서 아브람에게 나타나서 그에게 이르시되 나는 전능한 하나님이라 너는 내 앞에서 행하여 완전하라." 창 24:40 "주인이 내게 이르되 나의 섬기는 여호와께서 그 사자를 너와 함께 보내어 네게 평탄한 길을 주시리니 너는 내 족속 중 내 아비 집에서 내 아들을 위하여 아내를 택할 것이니라.") 하나님 앞에서 행하는 것은 경건을 뜻한다.

그 다음, 야곱 자신은 하나님을 체험했다고 말한다. "나의 남으로부터 지금까지 나를 기르신 하나님, 나를 모든 환난에서 건지신 사자." 이 가운데 첫 번째 묘사는 목자이신 하나님을 말한다. "여호와는 나의 목자시니 내가 부족함이 없으리로다"(시 23:1). "요셉의 활이 도리어 건강하며 그의 팔이 힘이 있으니 야곱의 전능자의 손을 힘입음이라 그로부터 이스라엘의 반석인 목자가 나도다"(창 49:24). 이것은 하나님이 공급하시고 회복하시고 보호하시고 인도하신 것을 의미한다. 두 번째 묘사는 구속자이신 하나님을 말한다. 이때 구속자는 고엘을 뜻한다. 예를 들어, 룻기의 고엘(기업 무를 자)은 근족 중에서 곤경에 처한 형제나 친족을 도와야 할 책임이 있는 자이다. 이것은 하나님이 보호하신 것을 강조한다. 야곱은 자기에게 복수하려고 했던 그의 형 에서에게서, 수 없이 자기를 속이고 이용해 먹었던 그의 외삼촌 라반에게서, 딸 디나 사건으로 보복이 두려웠던 가나안 사람에게서, 그리고 사랑하는 아들 요셉을 팔아버리고 자기를 속였던 아들들에게서 하나님이 건지신 경험이 있다.

우리에게도 이러한 언약 안에서의 삶이 있는가? 우리는 하나님 앞에서 행하는가? 경건을 실천하는가? 그럴 때 우리에게 베푸시는 하나님의 공급과 회복과 보호와 인도에 대한 체험이 있는가?

둘째, 아브라함과 이삭과 야곱에게 주신 약속에 대한 믿음이다. 야곱은 요셉의 두 아들을 위해 이런 말로 복을 기원한다. "이 아이(들)에게 복을 주시오며 이들로 내 이름과 내 조부 아브라함과 아버지 이삭의 이름으로 칭하게 하시오며 이들로 세상에서 번식되게 하시기를 원하나이다." 여기서 복의 내용은 두 가지다. 하나는 "이들로 내 이름과 내 조부 아브라함과 아버지 이삭의 이름으로 칭하게 하시오며"이다. 이것은 요셉의 두 아들이 야곱의 아들들 대열에 끼이게 됨을 말한다. 다시 말하면, 그들은 족장들의 반열에 끼어 이스라엘의 두 지파를 이루게 되는 것이다.

또 하나는 "이들로 세상에서 번식되게 하시기를 원하나이다"이다. 이것은 요셉의 두 아들을 통해 많은 자손이 나오게 됨을 말한다. 이것은 사실상 하나님이 야곱에게 주신 자손에 대한 약속이 이들을 통해 성취될 것을 말한 것이다. 하나님은 과거에 여러 번 야곱에게 자손에 대한 약속을 주셨던 것이다. "네 자손이 땅의 티끌 같이 되어서 동서남북에 편만할찌며 땅의 모든 족속이 너와 네 자손을 인하여 복을 얻으리라"(창 28:14). "나는 전능한 하나님이니라 생육하며 번성하라 국민과 많은 국민이 네게서 나고 왕들이 네 허리에서 나오리라"(창 35:11). "내가 너로 생육하게 하며 번성하게 하여 네게서 많은 백성이 나게 하고"(창 48:4). "나는 하나님이라 네 아비의 하나님이니 애굽으로 내려가기를 두려워 말라 내가 거기서 너로 큰 민족을 이루게 하리라"(창 46:3).

이처럼 야곱은 미래에 성취될 하나님의 약속에 대한 믿음을 가지고 요셉의 두 아들에게 축복한다. 이때 그의 믿음은 어느 때보다 더 확실하다. 왜냐하면 그는 요셉의 두 아들을 통하여 하나님의 약속이 이미 성취된 것을 깨달았기 때문이다.

과거에 대한 감사와 미래에 대한 믿음

결국, 본문에는 야곱이 요셉의 두 아들을 통하여 하나님의 약속을 바라보는 방식이 나타난다. "(보라) 하나님이 내게 네 소생까지 보이셨도다"(11절 하). 여기에는 하나님의 약속이 이미 성취된 것에 대한 감사가 들어 있다. 과거에 대한 감사다. "이들로 세상에서 번식되게 하시기를 원하나이다"(16절 하). 여기에는 하나님의 약속이 장차 성취될 것에 대한 믿음이 들어 있다. 미래에 대한 믿음이다. 그런데 하나님의 약속이 이미 성취된 것에 대한 감사는 하나님의 약속이 앞으로 성취될 것에 대한 믿음을 강화시킨다. 과거에 대한 감사는 미래에 대한 믿음을 강화시킨다. 따라서 과거에 대한 감사가 작을수록 미래에 대한 믿음도 약화된다. 반대로, 과거에 대한 감사가 클수록 미래에 대한 믿음도 강화된다. 우리의 신앙은 어떤가?

하나님의 주권에 대한
야곱의 믿음

창 48:17-22 17 요셉이 그 아비가 우수를 에브라임의 머리에 얹은 것을 보고 기뻐 아니하여 아비의 손을 들어 에브라임의 머리에서 므낫세의 머리로 옮기고자 하여 18 그 아비에게 이르되 아버지여 그리 마옵소서 이는 장자니 우수를 그 머리에 얹으소서 19 아비가 허락지 아니하여 가로되 나도 안다 내 아들아 나도 안다 그도 한 족속이 되며 그도 크게 되려니와 그 아우가 그보다 큰 자가 되고 그 자손이 여러 민족을 이루리라 하고 20 그 날에 그들에게 축복하여 가로되 이스라엘 족속이 너로 축복하기를 하나님이 너로 에브라임 같고 므낫세 같게 하시리라 하리라 하여 에브라임을 므낫세보다 앞세웠더라 21 이스라엘이 요셉에게 또 이르되 나는 죽으나 하나님이 너희와 함께 계시사 너희를 인도하여 너희 조상의 땅으로 돌아가게 하시려니와 22 내가 네게 네 형제보다 일부분을 더 주었나니 이는 내가 내 칼과 활로 아모리 족속의 손에서 빼앗은 것이니라

앞서 우리는 야곱이 요셉의 두 아들 에브라임과 므낫세를 입양하여 축복하는 장면을 살펴보았다. 그런데 야곱이 축복할 때 이상한 일이 벌어졌다.

그는 요셉의 의도와는 달리 오른 손을 펴서 장자인 므낫세가 아니라 차자인 에브라임의 머리에 얹은 것이다. 창세기 48장 13-14절을 보자. "우수로는 에브라임을 이스라엘의 좌수를 향하게 하고 좌수로는 므낫세를 이스라엘의 우수를 향하게 하고 이끌어 그에게 가까이 나아가매 이스라엘이 우수를 펴서 차자 에브라임의 머리에 얹고 좌수를 펴서 므낫세의 머리에 얹으니 므낫세는 장자라도 팔을 어긋맞겨 얹었더라." 출생으로는 므낫세가 앞서지만, 야곱은 축복할 때 에브라임을 앞세운 것이다.

이 사실은 이미 야곱이 요셉의 두 아들을 입양하겠다고 말할 때부터 드러난다. 창세기 48장 1절은 요셉이 두 아들을 데리고 병든 부친을 만나러 온 장면을 이렇게 말한다. "이 일 후에 혹이 요셉에게 고하기를 네 부친이 병들었다 하므로 그가 곧 두 아들 므낫세와 에브라임과 함께 이르니." 거기는 출생순으로 "므낫세와 에브라임"이라고 되어 있다. 하지만 5절에서 야곱이 요셉의 두 아들을 입양하겠다고 말할 때는 그 순서가 바뀐다. "내가 애굽으로 와서 네게 이르기 전에 애굽에서 네게 낳은 두 아들 에브라임과 므낫세는 내 것이라 르우벤과 시므온처럼 내 것이 될 것이요."

그렇다면, 왜 야곱은 요셉의 두 아들을 입양하겠다고 말할 때 에브라임을 므낫세보다 앞세운 것일까? 왜 야곱은 요셉의 두 아들을 축복할 때 그의 오른 손을 므낫세가 아닌 에브라임의 머리에 얹은 것일까? 본문이 여기에 대해 말해 준다.

야곱의 행동을 제지하려고 한 요셉

17-18절을 보자. "요셉이 그 아비가 우수를 에브라임의 머리에 얹은 것을 보고 기뻐 아니하여 아비의 손을 들어 에브라임의 머리에서 므낫세의 머리로

옮기고자 하여 그 아비에게 이르되 아버지여 그리 마옵소서 이는 장자니 우수를 그 머리에 얹으소서."

　여기에는 야곱이 요셉의 의도와 달리 오른 손을 에브라임의 머리에 얹은 것에 대한 요셉의 반응이 나타난다. 그런데 이때 성경은 요셉이 보인 반응을 상당히 강하게 묘사한다. 우선, 요셉의 마음에 대해선 이렇게 말한다. "요셉이 그 아비가 우수를 에브라임의 머리에 얹은 것을 보고 기뻐 아니하여." 여기 "기뻐 아니하여"라는 말은 상당히 강한 표현이다. 그 말은 기분이 안 좋다는 것이 아니라 보기에 악하다는 뜻이다. 따라서 그 말은 요셉이 부친 야곱의 행동을 잘못이라고 생각했음을 나타낸다. 창세기 21장 10-12절에 이런 내용이 나온다. "그가 아브라함에게 이르되 이 여종과 그 아들을 내어쫓으라 이 종의 아들은 내 아들 이삭과 함께 기업을 얻지 못하리라 하매 아브라함이 그 아들을 위하여 그 일이 깊이 근심이 되었더니 하나님이 아브라함에게 이르시되 네 아이나 네 여종을 위하여 근심치 말고 사라가 네게 이른 말을 다 들으라 이삭에게서 나는 자라야 네 씨라 칭할 것임이니라." 이때 "근심이 되었더니"라는 말이 "기뻐 아니하여"와 같은 표현이다. 그것은 아브라함이 여종과 그 아들을 내어쫓으라는 사라의 말을 잘못이라고 생각했음을 나타낸다. 또한 창세기 38장 8-10절에도 같은 표현이 나온다. "유다가 오난에게 이르되 네 형수에게로 들어가서 남편의 아우의 본분을 행하여 네 형을 위하여 씨가 있게 하라 오난이 그 씨가 자기 것이 되지 않을 줄 알므로 형수에게 들어갔을 때에 형에게 아들을 얻게 아니하려고 땅에 설정하매 그 일이 여호와 목전에 악하므로 여호와께서 그도 죽이시니." 이때 "악하므로"라는 말이 "기뻐 아니하여"와 같은 표현이다. 그것은 하나님이 오난의 행동을 잘못이라고 보셨음을 나타낸다. 마찬가지로, 본문에서 요셉은 부친 야곱의 행동을 잘못이라고 생각한 것이다.

그러기에 그는 강경한 태도로 부친 야곱의 행동을 제지하려고 한다. 이 점은 그의 행동과 말에 잘 나타난다. "아비의 손을 들어 에브라임의 머리에서 므낫세의 머리로 옮기고자 하여 그 아비에게 이르되 아버지여 그리 마옵소서 이는 장자니 우수를 그 머리에 얹으소서." 이처럼 요셉은 부친 야곱이 장자 므낫세를 놔두고 차자 에브라임의 머리에 오른 손을 얹은 행동을 잘못이라고 생각하여 제지하려고 한 것이다.

물론 요셉이 이렇게 강경한 태도로 부친 야곱의 행동을 제지하려고 한 데에는 그럴 만한 이유가 있다. 요셉은 부친이 사람을 분간할 수 없다는 것을 알았기 때문이다. 앞서 10절에 이렇게 말한 것이다. "이스라엘의 눈이 나이로 인하여 어두워서 보지 못하더라." 따라서 요셉은 부친 야곱이 장남과 차남을 혼동하고 있다고 생각해서 강경한 태도로 부친 야곱의 행동을 제지하려고 한 것이다.

요셉의 제지를 단호히 거절한 야곱

그랬을 때, 부친 야곱의 반응이 19절에 나온다. "아비가 허락지 아니하여 가로되 나도 안다 내 아들아 나도 안다 그도 한 족속이 되며 그도 크게 되려니와 그 아우가 그보다 큰 자가 되고 그 자손이 여러 민족을 이루리라 하고."

요셉은 강경한 태도로 부친 야곱의 행동을 제지하려고 했지만 야곱의 반응은 단호했다. "아비가 허락지 아니하여." 이때 "허락지 아니하여"라는 말도 상당히 강한 표현이다. 그 말은 적극적으로 거절했다는 의미이다. 같은 표현이 사용된 경우를 보면 알 수 있다. "그 모든 자녀가 위로하되 그가 그 위로를 받지 아니하여 가로되 내가 슬퍼하며 음부에 내려 아들에게로 가리라 하고 그 아비가 그를 위하여 울었더라"(창 37:35). 야곱은 자녀들의 위로를 단호히 거절한 것이다. "그 후에 그 주인의 처가 요셉에게 눈짓하다가 동침하기를 청하니 요셉이 거절하며 자기 주인의 처에게 이르되 나의 주인이 가중 제반 소유를 간섭지 아니하고 다 내 손에 위임하였으니 이 집에는 나보다 큰이가 없으며 주인이 아무 것도 내게 금하지 아니하였어도 금한 것은 당신뿐이니 당신은 자기 아내임이라 그런즉 내가 어찌 이 큰 악을 행하여 하나님께 득죄하리이까"(창 39:7-9). 요셉은 주인의 처가 청하는 것을 단호히 거절한 것이다. 이처럼 본문에서 야곱도 요셉의 제지를 단호히 거절한 것이다.

하나님의 주권에 대한 믿음

그러면서 그는 요셉에게 이렇게 말했다. "나도 안다 내 아들아 나도 안다." 야곱은 자신이 누가 장남인지 분간 못하는 것이 아님을 밝힌다. 그리고 왜 자신이 오른 손을 므낫세가 아닌 에브라임의 머리에 얹은 것인지 이런 말로 설명한다. "그도 한 족속이 되며 그도 크게 되려니와 그 아우가 그보다 큰 자가 되고 그 자손이 여러 민족을 이루리라."

이 말은 하나님이 야곱에게 주신 약속이 에브라임과 므낫세에게도 해당됨을 보여준다. 야곱은 므낫세에 대해서는 "그도 한 족속이 될" 것을 말한다. 또한 에브라임에 대해서는 "그 자손(제라)이 여러 민족을 이루리라"고 말한다. 이것은 사실상 창세기 48장 4절에서 말한 하나님이 야곱에게 주신 약속과 일치한다. "내가 너로 생육하게 하며 번성하게 하여 네게서 많은 백성(=족속)이 나게 하고 내가 이 땅을 네 후손(=자손)에게 주어 영원한 기업이 되게 하리라." 에브라임과 므낫세는 야곱이 받은 하나님의 약속을 계승하게 되는 것이다.

그런데 이때 강조되는 것은 형과 아우의 전도된 위치다. "그(므낫세)도 크

게 되려니와 그 아우(에브라임)가 그보다 큰 자가 되고." 출생 순으로는 므낫
세가 에브라임보다 우선이다. 그러나 하나님의 약속에 있어서는 에브라임이
므낫세보다 우선이다. 므낫세는 "한 족속"이 될 것이지만, 에브라임은 "여러
민족"을 이룰 것이다. 그래서 신명기 33장 17절에서 모세가 이스라엘 자손을
축복할 때에도 이렇게 말했다. "에브라임의 만만이요 므낫세의 천천이리로
다." 실제로 에브라임은 나중에 북이스라엘의 모든 지파를 대표하게 된다.

이러한 사실은 이어지는 설명을 통해서 더욱 분명해진다. "그 날에 그들에
게 축복하여 가로되 이스라엘 족속이 너로 축복하기를 하나님이 너로 에브
라임 같고 므낫세 같게 하시리라 하리라 하여 에브라임을 므낫세보다 앞세
웠더라"(20절).

여기 "그 날에"라는 말은 앞서 야곱이 요셉의 두 아들을 축복한 날을 가리
킨다. 앞서 14-16절에서 야곱은 요셉의 두 아들을 축복할 때 팔을 어긋맞겨
얹었다. 그래서 오른 손을 차자 에브라임의 머리에 얹고 왼손을 장자 므낫세
의 머리에 얹은 것이다. 그는 행동으로 에브라임을 므낫세보다 앞세운 것이
다. 그런데 20절에서 야곱은 같은 날 요셉의 두 아들을 축복하면서 이렇게
말했다. "이스라엘 족속이 너로 축복하기를 하나님이 너로 에브라임 같고 므
낫세 같게 하시리라 하리라." 그는 행동뿐 아니라 말로도 분명하게 에브라임
을 므낫세보다 앞세운 것이다. 이로써 야곱이 요셉의 두 아들을 축복할 때 팔
을 어긋맞겨 얹은 것은 에브라임을 므낫세보다 앞세운 것임이 분명해진다.

그렇다면 왜 야곱은 요셉의 두 아들을 축복할 때 오른 손을 장자 므낫세
가 아닌 차자 에브라임의 머리에 얹은 것일까? 왜 야곱은 요셉의 두 아들을
축복할 때 에브라임을 므낫세보다 앞세운 것일까? 그 이유는 에브라임과 므
낫세가 야곱으로부터 계승하게 된 하나님의 약속 때문이다. 그것은 19절에
서 말한 바로 이 약속이다. "그도 한 족속이 되며 그도 크게 되려니와 그 아

우가 그보다 큰 자가 되고 그 자손이 여러 민족을 이루리라.”

그런데 이 약속은 아우가 형보다 큰 자가 될 거라고만 말하지 그 이유에 대해선 말하지 않는다. 에브라임이 므낫세보다 큰 자가 되어야 하는 그 어떤 인간적인 조건이나 자격도 없다. 단지 그렇게 되는 것은 하나님이 기뻐하시는 뜻일 뿐이다. 에브라임이 므낫세보다 큰 자가 되어야 하는 이유는 하나님께 있지 사람에게 있지 않다. 이 점에서 에브라임이 므낫세보다 큰 자가 될 거라는 약속은 하나님의 주권적 표현이다.

따라서 야곱이 요셉의 두 아들을 축복할 때 에브라임을 므낫세보다 앞세운 것은 약속에 나타난 하나님의 주권을 믿었기 때문이다. 그래서 그는 장자권에 대한 사회적 통념과 관습을 깨고 요셉의 제지를 거절한 것이다.

사실, 야곱 자신이 하나님의 주권에 의해서 장자의 축복을 받은 사람이다. 창세기 25장 22-26절에 그 내용이 나온다. “아이들이 그의 태 속에서 서로 싸우는지라 그가 가로되 이같으면 내가 어찌할꼬 하고 가서 여호와께 묻자온대 여호와께서 그에게 이르시되 두 국민이 네 태중에 있구나 두 민족이 네 복중에서부터 나누이리라 이 족속이 저 족속보다 강하겠고 큰 자는 어린 자를 섬기리라 하셨더라 그 해산 기한이 찬즉 태에 쌍둥이가 있었는데 먼저 나온 자는 붉고 전신이 갖옷 같아서 이름을 에서라 하였고 후에 나온 아우는 손으로 에서의 발꿈치를 잡았으므로 그 이름을 야곱이라 하였으며 리브가가 그들을 낳을 때에 이삭이 육십 세이었더라.” 야곱은 출생부터 장자권을 놓고 에서와 경쟁했다. 그러나 하나님의 주권에 의해서 장자권은 사실상 야곱에게 주어지게 될 것이었다. 하나님은 야곱과 에서가 태어나기도 전에 “큰 자는 어린 자를 섬기리라”고 말씀하신 것이다. 이 사실은 장자권이 인간적인 자격이나 조건과 무관함을 의미한다.

사도 바울은 로마서 9장 10-13절에서 이 사건에서 드러난 하나님의 주권을 이렇게 설명한다. "이뿐 아니라 또한 리브가가 우리 조상 이삭 한 사람으로 말미암아 잉태하였는데 그 자식들이 아직 나지도 아니하고 무슨 선이나 악을 행하지 아니한 때에 택하심을 따라 되는 하나님의 뜻이 행위로 말미암지 않고 오직 부르시는 이에게로 말미암아 서게 하려 하사 리브가에게 이르시되 큰 자가 어린 자를 섬기리라 하셨나니 기록된바 내가 야곱은 사랑하고 에서는 미워하였다 하심과 같으니라."

그래서 나중에 이삭은 죽기 전에 에서를 축복하려고 했으나 결국 야곱을 축복하게 된다. 창세기 27장 27-29절을 보자. "그가 가까이 가서 그에게 입맞추니 아비가 그 옷의 향취를 맡고 그에게 축복하여 가로되 내 아들의 향취는 여호와의 복 주신 밭의 향취로다 하나님은 하늘의 이슬과 땅의 기름짐이며 풍성한 곡식과 포도주로 네게 주시기를 원하노라 만민이 너를 섬기고 열국이 네게 굴복하리니 네가 형제들의 주가 되고 네 어미의 아들들이 네게 굴복하며 네게 저주하는 자는 저주를 받고 네게 축복하는 자는 복을 받기를 원하노라." 야곱은 에서를 속이고 장자의 축복을 가로챘다. 그러나 사실상 이것은 하나님의 주권에 의해서 장자의 축복이 야곱에게 돌아간 것이다. 이삭은 야곱이 변장한 줄 모르고 "네가 형제들의 주가 되고 네 어미의 아들들이 네게 굴복하며"라고 축복한 것이다.

이런 야곱이기에, 그는 요셉의 두 아들을 축복할 때 에브라임을 므낫세보다 앞세운 것이다. 야곱은 이제 하나님의 주권에 대한 확실한 믿음이 있는 것이다. 모든 것의 궁극적인 원인은 하나님이시다. 에베소서 1장 4-5절과 11절을 보라. "곧 창세 전에 그리스도 안에서 우리를 택하사 우리로 사랑 안에서 그 앞에 거룩하고 흠이 없게 하시려고 그 기쁘신 뜻대로 우리를 예정하사 예수 그리스도로 말미암아 자기의 아들들이 되게 하셨으니 … 모든 일을 그마음의 원대로 역사하시는 자의 뜻을 따라 우리가 예정을 입어 그 안에서 기업이 되었으니." 그러기에 하나님은 인간의 자격과 조건에 대한 통념이나 관습에 제한을 받지 않으신다.

인간의 책임과 하나님의 주권

이렇게 요셉의 두 아들을 축복하고 난 다음, 야곱은 요셉에게 땅에 대해 말한다. "이스라엘이 요셉에게 또 이르되 나는 죽으나 하나님이 너희와 함께 계시사 너희를 인도하여 너희 조상의 땅으로 돌아가게 하시려니와 내가 네게 네 형제보다 일부분을 더 주었나니 이는 내가 내 칼과 활로 아모리 족속의 손에서 빼앗은 것이니라"(21-22절).

"나는 죽으나 하나님이 너희와 함께 계시사 너희를 인도하여 너희 조상의 땅으로 돌아가게 하시려니와"(21절). 이것은 야곱이 하나님의 약속이 성취될 것을 말한 것이다. 하나님은 야곱에게 이렇게 약속하셨기 때문이다. "내가 아브라함과 이삭에게 준 땅을 네게 주고 내가 네 후손에게도 그 땅을 주리라"(창 35:12, 창 48:4 참조). "내가 너와 함께 애굽으로 내려가겠고 정녕 너를 인도하여 다시 올라올 것이며"(창 46:4). 따라서 야곱은 요셉이 하나님의 약속이 성취될 것을 믿게 하려고 이 말을 한 것이다.

"내가 네게 네 형제보다 일부분을 더 주었나니 이는 내가 내 칼과 활로 아모리 족속의 손에서 빼앗은 것이니라"(22절). 여기 "일부분"에서 "부분"에 해당하는 히브리어는 "세겜"('어깨' 또는 '산등성이'라는 뜻)이다. 그래서 개정판은 이렇게 번역했다. "내가 네게 네 형제보다 세겜 땅을 더 주었나니 이는 내가 내 칼과 활로 아모리 족속의 손에서 빼앗은 것이니라." 실제로, 여호수아 24 장 32절은 세겜을 요셉 자손의 기업으로 말한다. "이스라엘 자손이 애굽에서 이끌어 낸 요셉의 뼈를 세겜에 장사하였으니 이곳은 야곱이 세겜의 아비 하몰의 자손에게 금 일백 개를 주고 산 땅이라 그것이 요셉 자손의 기업이 되었더라"(창 33:18-19 참조). 요한복음 4장 5절도 이 사실을 지지한다. "사마리아에 있는 수가라 하는 동네에 이르시니 야곱이 그 아들 요셉에게 준 땅이 가깝고."

그러면 "이는 내가 내 칼과 활로 아모리 족속의 손에서 빼앗은 것이니라"는 말은 무슨 뜻일까? 여기 "아모리 족속"은 이스라엘 이전에 가나안 땅에 거주한 사람들을 총칭하는 말이다. 예를 들면, 이런 구절들에서 그렇다. "네 자손은 사대 만에 이 땅으로 돌아오리니 이는 아모리 족속의 죄악이 아직 관영치 아니함이니라"(창 15:16). "저가 여호와께서 이스라엘 자손 앞에서 쫓아내신 아모리 사람의 모든 행한 것 같이 우상에게 복종하여 심히 가증하게 행하였더라"(왕상 21:26). "내가 너희를 애굽 땅에서 이끌어 내어 사십 년 동안 광야에서 인도하고 아모리 사람의 땅을 너희로 차지하게 하였고"(암 2:10).

그렇다면 이것은 그의 두 아들 시므온과 레위가 그들의 누이 디나의 일로 세겜 사람에게 보복했던 일을 가리킨다. 야곱은 분명 시므온과 레위가 한 일을 무자비한 만행으로 본다. "야곱이 시므온과 레위에게 이르되 너희가 내게 화를 끼쳐 나로 이 땅 사람 곧 가나안 족속과 브리스 족속에게 냄새를 내게 하였도다 나는 수가 적은즉 그들이 모여 나를 치고 나를 죽이리니 그리하면 나와 내 집이 멸망하리라"(창 34:30). "시므온과 레위는 형제요 그들의 칼은 잔해하는 기계로다 내 혼아 그들의 모의에 상관하지 말찌어다 내 영광아 그들의 집회에 참예하지 말찌어다 그들이 그 분노대로 사람을 죽이고 그 혈기대로 소의 발목 힘줄을 끊었음이로다 그 노염이 혹독하니 저주를 받을 것이요 분기가 맹렬하니 저주를 받을 것이라 내가 그들을 야곱 중에서 나누며 이스라엘 중에서 흩으리로다"(창 49:5-7).

그렇지만 여기서는 자신이 시므온과 레위의 만행을 통해서 세겜을 빼앗은 것으로 말한다. 그는 하나님께서 시므온과 레위를 통해서 세겜 사람의 죄를 벌하셨다고 본 것 같다. 창세기 34장 31절에서 시므온과 레위가 야곱에게 이렇게 반문한 것은 그 점을 암시하는 것은 아닐까? "그가 우리 누이를 창녀 같이 대우함이 가하니이까?" 여기에 대한 야곱의 대답이 없다.

인간의 책임이란 측면에서 보면, 시므온과 레위가 세겜 사람에게 보복한 것은 무자비한 만행으로 규탄 받아 마땅하다. 그렇지만 하나님의 주권이란 측면에서 보면, 하나님은 시므온과 레위의 만행을 사용해서 야곱이 세겜을 빼앗게 하신 것이라고 할 수 있다. 우리는 이 둘을 조화시켜 설명할 수 없다. 그렇지만 분명한 것은 성경이 인간의 책임과 하나님의 주권 둘 다를 말한다는 점이다.

38

징계도 축복이다

창 49:1-7 1 야곱이 그 아들들을 불러 이르되 너희는 모이라 너희의 후일에 당할 일을 내가 너희에게 이르리라 2 너희는 모여 들으라 야곱의 아들들아 너희 아비 이스라엘에게 들을찌어다 3 르우벤아 너는 내 장자요 나의 능력이요 나의 기력의 시작이라 위광이 초등하고 권능이 탁월하도다마는 4 물의 끓음 같았은즉 너는 탁월치 못하리니 네가 아비의 침상에 올라 더럽혔음이로다 그가 내 침상에 올랐었도다 5 시므온과 레위는 형제요 그들의 칼은 잔해하는 기계로다 6 내 혼아 그들의 모의에 상관하지 말찌어다 내 영광아 그들의 집회에 참예하지 말찌어다 그들이 그 분노대로 사람을 죽이고 그 혈기대로 소의 발목 힘줄을 끊었음이로다 7 그 노염이 혹독하니 저주를 받을 것이요 분기가 맹렬하니 저주를 받을 것이라 내가 그들을 야곱 중에서 나누며 이스라엘 중에서 흘으리로다

창세기에는 야곱이 축복한 내용이 세 번 나온다. 창세기 47장에는 야곱이 애굽에 내려갔을 때 바로에게 축복한 내용이 나온다. 창세기 48장에는 병든 야곱이 침상에서 일어나 요셉의 두 아들에게 축복한 내용이 나온다. 창세기

49장에는 야곱이 죽기 전 마지막으로 그의 아들들에게 축복한 내용이 나온다. 야곱이 이렇게 축복할 수 있는 것은 하나님이 직접 그를 축복하셨기 때문이다. 그는 하나님의 복을 중개하는 사람이 된 것이다.

그런데 야곱이 중개한 하나님의 복은 현실이 아니라 약속이다. 그러기에 야곱은 축복할 때 믿음으로 한 것이다. 히브리서 11장 21절은 이렇게 말한다. "믿음으로 야곱은 죽을 때에 요셉의 각 아들에게 축복하고." 따라서 야곱이 그 아들들에게 축복한 내용은 하나님의 약속에 근거한 것이다. 그런 만큼, 야곱은 하나님의 대리인으로서 그 아들들에게 축복한 것이다.

아들들에게 축복한 야곱

야곱이 그 아들들에게 축복한 이야기는 1절에 이런 설명으로 시작된다. "야곱이 그 아들들을 불러 이르되 너희는 모이라 너희의 후일에 당할 일을 내가 너희에게 이르리라." 야곱은 그 아들들을 불러 그들이 후일에 당할 일을 말했다. 따라서 야곱이 그 아들들에게 축복한 내용은 단지 그 아들들이 아니라 그들의 후손에 대한 것이다. 그래서 야곱이 그 아들들에게 축복한 내용에 이어서 28절에 이런 설명이 나온다. "이들은 이스라엘의 십이 지파라 이와 같이 그 아비가 그들에게 말하고 그들에게 축복하였으되 곧 그들 각인의 분량대로 축복하였더라."

야곱이 그 아들들에게 축복한 내용은 2절에 이런 말로 시작된다. "너희는 모여 들으라 야곱의 아들들아 너희 아비 이스라엘에게 들을찌어다." 그런 다음, 그가 축복한 내용은 이런 순서로 되어 있다. 먼저, 레아가 낳은 여섯 아들에 대한 것이 나온다(3-15절). 르우벤, 시므온, 레위, 유다, 스불론, 잇사갈 순이다. 그 다음, 빌하와 실바가 낳은 네 아들에 대한 것이 나온다(16-21절).

단, 갓, 아셀, 납달리 순이다. 마지막으로, 라헬이 낳은 두 아들에 대한 것이 나온다(22-27절). 요셉, 베냐민 순이다.

이 내용을 이들을 낳은 모친에 따라 배열하면 이렇게 된다. 레아(6명)-빌하(단)-실바(갓)-실바(아셀)-빌하(납달리)-라헬(2명). 이처럼 야곱이 그 아들들에게 축복한 내용은 교차대구 형식으로 되어 있어서 전체가 하나로 묶여진다. 이때 각각의 모친이 낳은 아들들은 출생순으로 배열되지만, 스불론, 잇사갈은 예외다. 이 가운데 본문의 내용은 르우벤과 시므온과 레위에 대한 것이다.

장자의 지위를 잃게 된 르우벤

먼저, 르우벤에 대해 말한 3-4절을 보자. "르우벤아 너는 내 장자요 나의 능력이요 나의 기력의 시작이라 위광이 초등하고 권능이 탁월하도다마는 물의 끓음 같았은즉 너는 탁월치 못하리니 네가 아비의 침상에 올라 더럽혔음이로다 그가 내 침상에 올랐었도다."

르우벤은 원래 야곱의 장자로서의 지위를 갖고 있었다. "너는 내 장자요 나의 능력이요 나의 기력의 시작이라 위광이 초등하고(개정판, 위풍이 월등하고) 권능이 탁월하도다마는." 하지만 그는 이 장자의 지위를 잃고 말았다. "물의 끓음 같았은즉 너는 탁월치 못하리니." 그 이유는 장자의 오만에서 비롯된 성적 방종 때문이다. "네가 아비의 침상에 올라 더럽혔음이로다 그가 내 침상에 올랐었도다." 이 사실은 창세기 35장 22절에 나온다. "이스라엘이 그 땅에 유할 때에 르우벤이 가서 그 서모 빌하와 통간하매 이스라엘이 이를 들었더라."

여기서 우리는 야곱이 르우벤에 대해 말한 내용이 어떤 맥락에서 나온 것인지 알 필요가 있다. 성경은 르우벤이 범죄한 후에 그에게 어떤 일이 일어났는지 말해 주기 때문이다.

르우벤은 범죄한 후에 사실상 장자의 지위를 잃고 말았다. 그래서 그는 더 이상 장자로서 지도력을 발휘하지 못했다. 우선, 요셉을 형제들의 손에서 구원하여 아버지에게 돌리려고 했던 그의 계획은 실패했다. 창세기 37장 21-22절과 29-30절에 그 내용이 나온다. "르우벤이 듣고 요셉을 그들의 손에서 구원하려하여 가로되 우리가 그 생명은 상하지 말자 르우벤이 또 그들에게 이르되 피를 흘리지 말라 그를 광야 그 구덩이에 던지고 손을 그에게 대지 말라 하니 이는 그가 요셉을 그들의 손에서 구원하여 그 아비에게로 돌리려 함이었더라 … 르우벤이 돌아와서 구덩이에 이르러 본즉 거기 요셉이 없는지라 옷을 찢고 아우들에게로 와서 가로되 아이가 없도다 나는 나는 어디로 갈까." 그래서 창세기 42장 22절에 보면, 르우벤은 나중에 형제들에게 이렇게 말했다. "내가 너희더러 그 아이에게 득죄하지 말라고 하지 아니하였느냐 그래도 너희가 듣지 아니하였느니라 그러므로 그의 피 값을 내게 되었도다." 르우벤은 형제들을 설득하는 데에 실패했던 것이다.

그 후, 베냐민을 애굽으로 데리고 가려던 그의 계획도 실패했다. 창세기 42장 37-38절에 그 내용이 나온다. "르우벤이 아비에게 고하여 가로되 내가 그를 아버지께로 데리고 오지 아니하거든 나의 두 아들을 죽이소서 그를 내 손에 맡기소서 내가 그를 아버지께로 데리고 돌아오리이다 야곱이 가로되 내 아들은 너희와 함께 내려가지 못하리니 그의 형은 죽고 그만 남았음이라 만일 너희 행하는 길에서 재난이 그 몸에 미치면 너희가 나의 흰 머리로 슬피 음부로 내려가게 함이 되리라." 르우벤은 아버지 야곱을 설득하는 데에도 실패했던 것이다.

그리고 야곱은 죽을 때가 가까워 오자 요셉의 두 아들을 입양하여 그들에게 축복했다. 창세기 48장 5절과 15-16절을 보라. "내가 애굽으로 와서 네게 이르기 전에 애굽에서 네게 낳은 두 아들 에브라임과 므낫세는 내 것이라 르우벤과 시므온처럼 내 것이 될 것이요 … 그가 요셉을 위하여 축복하여 가로되 내 조부 아브라함과 아버지 이삭의 섬기던 하나님, 나의 남으로부터 지금까지 나를 기르신 하나님, 나를 모든 환난에서 건지신 사자께서 이 아이에게 복을 주시오며 이들로 내 이름과 내 조부 아브라함과 아버지 이삭의 이름으로 칭하게 하시오며 이들로 세상에서 번식되게 하시기를 원하나이다." 이것은 사실상 야곱이 요셉에게 장자의 지위를 부여한 것이다.

자, 그런데 이제 야곱은 죽기 전 마지막으로 그 아들들에게 축복할 때 르우벤에 대해서 이렇게 말한 것이다. "너는 탁월치 못할 것이다." 이것은 3절에서 말한 장자의 지위를 잃게 될 것을 말한 것이다. 실제로 나중에 이스라엘 역사를 보면, 르우벤 지파에서는 어떤 왕이나 사사나 선지자나 제사장도 나오지 않는다.

결론적으로, 분명한 사실은 이것이다. 이 모든 일련의 과정은 르우벤이 아버지의 침상을 더럽히는 죄를 저질렀기 때문에 일어난 것이다. 르우벤은 근친상간을 범함으로써 장자의 지위를 잃고 만 것이다.

르우벤과 에서의 차이

주목할 것은, 이 사실이 어떻게 드러났느냐 하는 점이다. 이 사실은 야곱이 죽기 전 그 아들들에게 축복하면서 르우벤에 대해 한 말 가운데 분명히 드러난 것이다. 실제로 야곱은 르우벤의 범죄 사실을 강조하기 위해서 그 사실을 나타내는 동사를 세 번이나 사용한다. "네가 아비의 침상에 (1)올라 (2)더럽혔음이로다 그가 내 침상에 (3)올랐었도다." 이 가운데 첫 번째와 두 번째 동사는 르우벤에게 말하는 것으로 되어 있지만(2인칭), 세 번째 동사는 다른 사람에게 말하는 것으로 되어 있다(3인칭). 그것은 다른 아들들에게 경계로 삼기 위해 말한 것일 수 있다.

따라서 야곱이 르우벤에 대해서 말한 것은 그에 대한 징계다. 야곱은 르우벤이 자신의 범죄를 깨닫고 돌이키게 할 목적으로 말한 것이다. 그래서 다시는 장자의 자만심과 성적 방종에 빠지지 않게 하려는 것이다. 그러기에 야곱이 르우벤에 대해서 말한 것은 장자의 지위를 빼앗기게 될 거라는 내용임에도 사실은 축복인 셈이다. 이 점에서 르우벤은 분명 에서와 다르다. 에서도 르우벤처럼 범죄함으로 장자의 지위를 잃었다. 그는 장자의 지위를 경멸했다. 창세기 25장 34절은 "에서가 장자의 명분을 경홀히 여김이었더라"고 말한다. 르우벤이 장자의 지위를 남용했다면, 에서는 그것을 업신여기고 무시한 것이다.

그 결과 에서는 장자의 지위를 잃고 말았다. 그래서 이삭이 죽기 전에 축복할 때 장자의 축복은 에서가 받지 못하고 야곱이 받았다. 대신에 이삭은 에서에게 이렇게 말할 뿐이었다. "너의 주소는 땅의 기름짐에서 뜨고 내리는 하늘 이슬에서 뜰 것이며 너는 칼을 믿고 생활하겠고 네 아우를 섬길 것이며 네가 매임을 벗을 때에는 그 멍에를 네 목에서 떨쳐버리리라"(창 27:39-40).

그에 비해, 르우벤은 근친상간을 범함으로 장자의 지위를 잃었다. 그래서 야곱이 죽기 전에 축복할 때 장자의 축복은 르우벤이 아닌 요셉이 받았다. 대신에 야곱은 르우벤에게 이렇게 축복했다. "르우벤아 너는 내 장자요 나의 능력이요 나의 기력의 시작이라 위광이 초등하고 권능이 탁월하도다마는 물의 끓음 같았은즉 너는 탁월치 못하리니 네가 아비의 침상에 올라 더럽혔음이로다 그가 내 침상에 올랐었도다."

여기서 에서와 르우벤의 결정적인 차이가 나타난다. 이삭은 에서에게 장자의 지위를 잃게 될 것만 말했다. 그것은 심판을 의미한다. 그것은 앞으로 버림을 받아 망하게 될 것을 미리 알게 해 준 것에 불과하다. 그래서 히브리서 12장 16-17절은 이렇게 말한다. "음행하는 자와 혹 한 그릇 식물을 위하여 장자의 명분을 판 에서와 같이 망령된 자가 있을까 두려워하라 너희의 아는 바와 같이 저가 그 후에 축복을 기업으로 받으려고 눈물을 흘리며 구하되 버린 바가 되어 회개할 기회를 얻지 못하였느니라." 이삭은 결국 에서를 축복하지 않은 것이다. (성경이 에서의 망령된 행동을 음행하는 것과 같은 차원에서 말한 것에 주목하라. 이런 점에서 에서의 행동은 르우벤의 행동과 다를 바 없다.)

그러나 야곱은 르우벤에게 장자의 지위를 잃게 될 것과 함께 그 이유를 말했다. 이것은 징계를 의미한다. 이것은 잘못을 고쳐서 거룩하게 만들려는 것이다. 그래서 어쨌든 성경은 야곱이 르우벤에게도 축복했다고 말한 것이다 (28절). 그러므로 징계도 축복인 것이다.

이처럼 하나님은 자기 백성을 징계하신다. 그것은 그들로 잘못을 뉘우치고 돌이켜서 거룩한 삶을 살게 하려는 의도에서 비롯된 것이다. 이런 점에서 징계도 축복이다.

저주를 받은 시므온과 레위

그 다음, 시므온과 레위에 대해 말한 5-7절을 보자. "시므온과 레위는 형제요 그들의 칼은 잔해하는 기계로다 내 혼아 그들의 모의에 상관하지 말찌어다 내 영광아 그들의 집회에 참예하지 말찌어다 그들이 그 분노대로 사람을 죽이고 그 혈기대로 소의 발목 힘줄을 끊었음이로다 그 노염이 혹독하니 저주를 받을 것이요 분기가 맹렬하니 저주를 받을 것이라 내가 그들을 야곱 중에서 나누며 이스라엘 중에서 흩으리로다."

여기서 야곱은 시므온과 레위가 저질렀던 잔인한 폭력 사건을 언급한다. 그들은 자기들의 누이 디나가 세겜 땅의 추장 세겜에게 강간을 당하자 칼로 보복한 것이다. "시므온과 레위는 형제요 그들의 칼은 잔해하는 기계(개정판, 폭력의 도구)로다." 그래서 그들은 세겜 남자들을 속여 할례를 받게 한 후 무자비한 학살을 자행한 것이다. "그들이 그 분노대로 사람을 죽이고 그 혈기대로 소의 발목 힘줄을 끊었음이로다." 이 사실은 창세기 34장 25-26절에 나온다. "제 삼일에 미쳐 그들이 고통할 때에 야곱의 두 아들 디나의 오라비 시므온과 레위가 각기 칼을 가지고 가서 부지중에 성을 엄습하여 그 모든 남자를 죽이고 칼로 하몰과 그 아들 세겜을 죽이고 디나를 세겜의 집에서 데려 오고."

그런데 이런 만행을 저지른 뒤에 시므온과 레위는 뉘우치지 않았다. 창세기 34장 30-31절에 이런 대화가 나온다. 야곱은 시므온과 레위가 저지른 일에 대해 이렇게 나무랐다. "너희가 내게 화를 끼쳐 나로 이 땅 사람 곧 가나안 족속과 브리스 족속에게 냄새를 내게 하였도다 나는 수가 적은즉 그들이 모여 나를 치고 나를 죽이리니 그리하면 나와 내 집이 멸망하리라." 그랬을 때, 그들은 야곱에게 이런 말로 대꾸했다. "그가 우리 누이를 창녀같이 대우함이 가하니이까." 그들은 자신들이 저지른 일에 대해 회개할 줄 모른 것이다. 여기에 대해 야곱은 당시에는 아무 말도 하지 않았다.

그런데 야곱은 죽기 전 마지막으로 그 아들들에게 축복할 때 시므온과 레위에 대해서 이렇게 말한 것이다. "내가 그들을 야곱 중에서 나누며 이스라엘 중에서 흩으리로다." 이것은 시므온과 레위의 자손들에게 임할 저주를 말한 것이다. 실제로 나중에 이스라엘 역사를 보면, 시므온과 레위의 자손들은 야곱이 말한 대로 된다. 여호수아 19장 1절과 9절을 보면, 시므온의 자손들은 유다 지파의 땅으로 흡수되고 만다. "둘째로 시므온 곧 시므온 자손의 지파를 위하여 그 가족대로 제비를 뽑았으니 그 기업은 유다 자손의 기업 중에서라 … 시므온 자손의 이 기업은 유다 자손의 기업 중에서 취하였으니 이는 유다 자손의 분깃이 자기들에게 너무 많으므로 시므온 자손이 자기의 기업을 그들의 기업 중에서 얻음이었더라." 또한 여호수아 21장 41절을 보면, 레위의 자손들에게는 이스라엘 열두 지파의 땅 가운데 사십팔 성읍이 배분된 것을 알 수 있다. "레위 사람의 이스라엘 자손의 기업 중에서 얻은 성읍이 모두 사십팔 성읍이요 또 그 들이라." (민수기 35장 7절에는 모세가 모압 평지에서 이스라엘 자손에게 이렇게 말한 것이 나와 있다. "너희가 레위인에게 모두 사십팔 성읍을 주고 그들도 함께 주되." 이것은 처음에 저주에서 비롯된 것이었지만 나중에 여호와께서 그들의 기업이시라는 이유로 바뀐 것으로 볼 수 있다.)

그렇다면 야곱이 죽기 전 그 아들들에게 축복할 때 시므온과 레위에 대해서 저주를 말한 것은 그들에 대한 징계다. 야곱은 시므온과 레위가 자신들의 잔인한 폭력성에 대해 회개하게 하려고, 또한 다른 사람들이 그러한 폭력성에 물들지 않게 하려고 그렇게 말한 것이다.

이처럼 하나님은 자기 백성을 징계하신다. 그것은 그들로 잘못을 뉘우치고 돌이켜서 거룩한 삶을 살게 하려는 의도에서 비롯된 것이다. 이런 점에서 징계도 축복이다.

징계를 받을 때 낙심하지 말라

사실, 오늘날 우리 사회에서도 가장 문제가 되는 것은 성적 방종과 폭력이다. 그런데 이런 문제들은 야곱의 아들들에게서도 발견되고 기독교인들에게서도 발견된다. 하나님은 이런 문제들을 징계로 다루신다. 그래서 우리가 성적 방종에서 벗어나서 거룩한 삶을 살게 하시고, 우리가 폭력적인 삶에서 벗어나서 거룩한 삶을 살게 하시는 것이다. 만일 우리가 성적으로 방종하고 폭력적인 삶을 사는데도 아무 일이 없다면, 우리는 구원 받은 자가 아닐지 모른다. 그러나 만일 우리가 구원 받은 자로서 그러한 삶을 산다면, 하나님은 반드시 매를 드실 것이다.

히브리서 12장 5-13절은 이 사실을 잘 말해준다. "또 아들들에게 권하는 것 같이 너희에게 권면하신 말씀을 잊었도다 일렀으되 내 아들아 주의 징계하심을 경히 여기지 말며 그에게 꾸지람을 받을 때에 낙심하지 말라 주께서 그 사랑하시는 자를 징계하시고 그의 받으시는 아들마다 채찍질하심이니라 하였으니 너희가 참음은 징계를 받기 위함이라 하나님이 아들과 같이 너희를 대우하시나니 어찌 아비가 징계하지 않는 아들이 있으리요 징계는 다 받는 것이거늘 너희에게 없으면 사생자요 참 아들이 아니니라 또 우리 육체의 아버지가 우리를 징계하여도 공경하였거든 하물며 모든 영의 아버지께 더욱 복종하여 살려 하지 않겠느냐 저희는 잠시 자기의 뜻대로 우리를 징계하였거니와 오직 하나님은 우리의 유익을 위하여 그의 거룩하심에 참예케 하시느니라 무릇 징계가 당시에는 즐거워 보이지 않고 슬퍼 보이나 후에 그로 말미암아 연달한 자에게는 의의 평강한 열매를 맺나니 그러므로 피곤한 손과 연약한 무릎을 일으켜 세우고 너희 발을 위하여 곧은 길을 만들어 저는 다리로 하여금 어그러지지 않고 고침을 받게 하라." 이 내용을 요약하면 세 가지이다. 첫째, 징계는 우리가 하나님의 아들임을 나타낸다. 우리가 하나님께 징계를 받는 것은 우리가 하나님의 아들이기 때문이다. 남의 자식은 징계하지 않는 법이다. 둘째, 징계는 우리의 유익을 위한 것이다. 징계는 아프지만 망하라고 주시는 것이 아니라 잘못된 길에서 돌이켜서 바른 길 가게 하려고 하나님이 드시는 사랑의 매인 것이다. 따라서 셋째, 징계를 받을 때 낙심하지 말아야 한다. 징계도 축복이다.

39

하나님은 회개한 자를
사용하신다

창 49:8-15 8 유다야 너는 네 형제의 찬송이 될찌라 네 손이 네 원수의 목을 잡을 것이요 네 아비의 아들들이 네 앞에 절하리로다 **9** 유다는 사자 새끼로다 내 아들아 너는 움킨 것을 찢고 올라갔도다 그의 엎드리고 웅크림이 수사자 같고 암사자 같으니 누가 그를 범할 수 있으랴 **10** 홀이 유다를 떠나지 아니하며 치리자의 지팡이가 그 발 사이에서 떠나지 아니하시기를 실로가 오시기까지 미치리니 그에게 모든 백성이 복종하리로다 **11** 그의 나귀를 포도나무에 매며 그 암나귀 새끼를 아름다운 포도나무에 맬 것이며 또 그 옷을 포도주에 빨며 그 복장을 포도즙에 빨리로다 **12** 그 눈은 포도주로 인하여 붉겠고 그 이는 우유로 인하여 희리로다 **13** 스불론은 해변에 거하리니 그곳은 배 매는 해변이라 그 지경이 시돈까지리로다 **14** 잇사갈은 양의 우리 사이에 꿇어앉은 건장한 나귀로다 **15** 그는 쉴 곳을 보고 좋게 여기며 토지를 보고 아름답게 여기고 어깨를 내려 짐을 메고 압제 아래서 섬기리로다

우리는 지금 야곱이 죽기 전 그 아들들에게 축복한 내용을 살펴보고 있는 중이다. 앞에서는 레아가 낳은 세 아들 르우벤, 시므온, 레위에 대한 내용을

살펴보았다. 이제는 레아가 낳은 나머지 세 아들 유다, 스불론, 잇사갈에 대한 내용을 살펴보자.

우선, 주목할 것은 야곱이 축복한 내용 중에서 유다가 차지하는 분량이다. 유다는 요셉과 함께 야곱이 축복한 내용 중에서 가장 많은 분량을 차지한다. 유다와 요셉에 대한 내용은 각각 다섯 절씩 되어 있다. 그래서 스물다섯 절로 된 야곱의 축복 중에서 유다와 요셉에 대한 내용은 40%에 해당한다. 그런 만큼 야곱의 축복은 유다와 요셉에 대해서 절정에 이른다고 할 수 있다. 이것은 이후의 역사에 있어서 이들의 자손이 갖는 중요성을 반영한다.

유다의 죄를 언급하지 않은 야곱

그러면 유다에 대한 내용부터 살펴보자. "유다야 너는 네 형제의 찬송이 될찌라 네 손이 네 원수의 목을 잡을 것이요 네 아비의 아들들이 네 앞에 절하리로다 유다는 사자 새끼로다 내 아들아 너는 움킨 것을 찢고 올라갔도다 그의 엎드리고 웅크림이 수사자 같고 암사자 같으니 누가 그를 범할 수 있으랴 홀이 유다를 떠나지 아니하며 치리자의 지팡이가 그 발 사이에서 떠나지 아니하시기를 실로가 오시기까지 미치리니 그에게 모든 백성이 복종하리로다 그의 나귀를 포도나무에 매며 그 암나귀 새끼를 아름다운 포도나무에 맬 것이며 또 그 옷을 포도주에 빨며 그 복장을 포도즙에 빨리로다 그 눈은 포도주로 인하여 붉겠고 그 이는 우유로 인하여 희리로다"(8-12절).

여기 보면, 우선 눈에 띄는 사실이 있다. 그것은 유다에 대해서 과거에 그가 지은 죄를 전혀 언급하지 않은 점이다. 분명히 그가 지은 죄가 있는 데도 말이다. 이 점은 르우벤이나 시므온과 레위에 대해서 그들이 과거에 지은 죄를 언급한 것과 대조적이다. 우선, 유다는 요셉에게 지은 죄가 있다. 그는 요셉을 이스마엘 사람에게 팔자고 제안한 장본인이기 때문이다(창 37:26-27). 그리고 그 역시 요셉이 악한 짐승에게 먹혀 죽은 것처럼 아버지를 속이는 데 가담했다(창 37:31-35). 또한, 유다는 결혼할 때 지은 죄가 있다. 그는 탐욕에 이끌려 하나님의 약속을 저버리고 가나안 여자와 결혼했기 때문이다(창 38:2). 게다가, 유다는 며느리 다말과 관련해서 지은 죄도 있다. 그는 며느리를 창녀인 줄 알고 그녀와 동침함으로써 가나안 사람처럼 행동했다(창 38:15-16). 그리고 그는 다말을 속이기도 했다. 유다는 다말에게 그 아들 셀라가 장성하기를 기다리라고 했지만, 그가 장성한 후에도 다말을 그의 아내로 주지 않은 것이다(창 38:11, 14).

지은 죄를 회개한 유다

이처럼 유다의 지은 죄가 많은 데도 야곱은 거기에 대해서 아무 말도 하지 않는다. 왜 르우벤이나 시므온과 레위에 대해서는 그들의 죄를 말하면서 유다에 대해서는 아무 말도 하지 않는 것일까? 그 이유는 유다가 르우벤이나 시므온과 레위와 달리 지은 죄에 대해 회개했기 때문이다.

우선, 유다와 결혼했던 가나안 여자는 죽고 말았다(창 38:12). 그 다음, 유다는 며느리 다말과 관련해서 지은 죄에 대해 회개했다. 하나님은 유다가 다말에게 속임을 당하도록 허용하심으로써 그렇게 만드셨다. 그래서 그는 창녀와 동침하려고 한 자신의 부도덕함과 다말을 속인 사실을 회개했다. 창세기 38장 26절에서 유다는 다말에 대해 이렇게 말했다. "그는 나보다 옳도다 내가 그를 내 아들 셀라에게 주지 아니하였음이로다." 그리고 그는 그 죄에서 돌이켰다. "다시는 그를 가까이 하지 아니하였더라."

뿐만 아니라, 유다는 요셉에게 지은 죄도 회개했다. 우리는 창세기 42장

21절에서 유다를 비롯한 형제들이 요셉 앞에서 이렇게 말한 것을 본다. "우리가 아우의 일로 인하여 범죄하였도다." 또한 창세기 44장 16절에서 유다가 요셉 앞에서 이렇게 말한 것도 본다. "하나님이 종들의 죄악을 적발하셨으니." 그는 자신이 지은 죄를 깨달은 것이다. 그리고 이렇게 회개한 결과 그는 변화되었다. 그래서 베냐민이 애굽에 종으로 잡히게 되었을 때, 유다를 비롯한 형제들은 과거 요셉을 종으로 팔았을 때와 달리 행동했다. 그들은 베냐민의 괴로움을 헤아려 옷을 찢고 베냐민과 함께 애굽으로 돌아간 것이다(창 44:13). 이와 함께 유다는 아버지의 슬픔도 헤아려 베냐민 대신 자기가 종이 되겠다고 나선 것이다(창 44:33-34).

이처럼 유다는 자신이 지은 죄에 대해 회개했다. 그는 지은 죄를 뉘우치고 거기서 돌이켜 변화된 삶을 산 것이다. 그러기에 하나님은 더 이상 유다의 죄를 문제 삼지 않으신다. 그래서 야곱은 르우벤이나 시므온과 레위에 대해서는 그들의 죄를 말하면서 유다에 대해서는 아무 말도 하지 않은 것이다. 야곱은 르우벤이나 시므온과 레위의 회개하지 않은 죄는 언급한 반면, 유다의 회개한 죄는 언급하지 않은 것이다.

하나님은 우리가 지은 죄에 대해서도 마찬가지로 다루신다. 우리가 지은 죄에 대해 회개하면 하나님은 더 이상 그것을 문제 삼지 않으시고 용서하신다. 물론 회개한다는 것은 지은 죄를 뉘우치고 거기서 돌이키는 것을 의미한다. 그래서 진정으로 회개했다면 그것은 변화된 삶으로 나타나야 한다. 기억하라. 우리가 회개하면 하나님은 용서하시고 더 이상 문제 삼지 않으신다. 이사야 55장 7절은 이렇게 말한다. "악인은 그 길을, 불의한 자는 그 생각을 버리고 여호와께로 돌아오라 그리하면 그가 긍휼히 여기시리라 우리 하나님께로 나아오라 그가 널리 용서하시리라." 그래서 이사야 43장 25-26절에서 하나님은 이렇게 말씀하신다. "나 곧 나는 나를 위하여 네 허물을 도 말하는 자니 네 죄를 기억지 아니하리라 너는 나로 기억이 나게 하고 서로 변론하자 너는 네 일을 말하여 의를 나타내라."

성경에는 이러한 하나님의 용서를 경험한 사람들의 고백이 많다. 이사야 38장 17절에 보면, 히스기야는 병들어 죽게 되었다가 나았을 때 이런 고백을 했다. "보옵소서 내게 큰 고통을 더하신 것은 내게 평안을 주려 하심이라 주께서 나의 영혼을 사랑하사 멸망의 구덩이에서 건지셨고 나의 모든 죄는 주의 등 뒤에 던지셨나이다." 미가 7장 18-19절은 이렇게 말한다. "주와 같은 신이 어디 있으리이까 주께서는 죄악을 사유하시며 그 기업의 남은 자의 허물을 넘기시며 인애를 기뻐하심으로 노를 항상 품지 아니하시나이다 다시 우리를 긍휼히 여기셔서 우리의 죄악을 발로 밟으시고 우리의 모든 죄를 깊은 바다에 던지시리이다." 시편 103편 8-13절에서 다윗은 이런 고백을 했다. "여호와는 자비로우시며 은혜로우시며 노하기를 더디 하시며 인자하심이 풍부하시도다 항상 경책지 아니하시며 노를 영원히 품지 아니하시리로다 우리의 죄를 따라 처치하지 아니하시며 우리의 죄악을 따라 갚지 아니하셨으니 이는 하늘이 땅에서 높음 같이 그를 경외하는 자에게 그 인자하심이 크심이로다 동이 서에서 먼 것 같이 우리 죄과를 우리에게서 멀리 옮기셨으며 아비가 자식을 불쌍히 여김 같이 여호와께서 자기를 경외하는 자를 불쌍히 여기시나니."

유다의 지도력

이처럼 야곱은 유다의 지은 죄에 대해서 말하지 않고 그에게 축복한다. 그 내용을 살펴보자. 8절을 보자. "유다야 너는 네 형제의 찬송이 될찌라 네 손이 네 원수의 목을 잡을 것이요 네 아비의 아들들이 네 앞에 절하리로다." 이 것은 그가 원수를 정복하고 지도력을 갖게 될 것을 말한다. 9절을 보자. "유다는 사자 새끼로다 내 아들아 너는 움킨 것을 찢고 올라갔도다 그의 엎드리고 웅크림이 수사자 같고 암사자 같으니 누가 그를 범할 수 있으랴." 사자는 위엄과 힘의 상징이다. 그래서 종종 왕권의 상징으로 사용된다. 이 역시 지도력과 관련이 있다. 10절은 이 사실을 보다 분명하게 묘사한다. "홀이 유다를 떠나지 아니하며 치리자의 지팡이가 그 발 사이에서 떠나지 아니하시기를 실로가 오시기까지 미치리니 그에게 모든 백성이 복종하리로다." 여기 "홀"과 "치리자의 지팡이"는 왕권을 상징한다. 11-12절은 이러한 지도자의 통치를 받게 될 때 누릴 풍요와 번영을 상징한다. "그의 나귀를 포도나무에 매며 그 암나귀 새끼를 아름다운 포도나무에 맬 것이며 또 그 옷을 포도주에 빨며 그 복장을 포도즙에 빨리로다 그 눈은 포도주로 인하여 붉겠고 그 이는 우유로 인하여 희리로다." 포도나무를 짐승을 매는 말뚝처럼 사용하고, 포도주를 빨래하는 물처럼 사용하는 것은 풍요와 번영을 상징한다.

실제로 하나님은 이스라엘 역사에서 유다 자손을 지도자의 위치에서 사용하셨다. 우선, 이스라엘 자손이 광야에서 생활하는 동안 유다 자손은 지도자의 위치에 있었다. 이 사실은 유다 지파가 인구조사를 통해 가장 큰 지파로 확인된 점에서 알 수 있다. "유다 지파의 계수함을 입은 자가 칠만 사천육백 명이었더라"(민 1:27). "이는 유다 종족들이니 계수함을 입은 자가 칠만 육천오백 명이었더라"(민 26:22). 그 다음, 사사시대가 되어 이스라엘 자손이 남은 가나안 땅을 정복해야 했을 때 유다가 앞장서게 된다. "여호수아가 죽은 후에 이스라엘 자손이 여호와께 묻자와 가로되 우리 중 누가 먼저 올라가서 가나안 사람과 싸우리이까 여호와께서 가라사대 유다가 올라갈찌니라 보라 내가 이 땅을 그 손에 붙였노라 하시니라"(삿 1:1-2). 또한 이스라엘 자손이 베냐민과 싸워야 했을 때에도 유다가 앞장서게 된다. "이스라엘 자손이 일어나 벧엘에 올라가서 하나님께 묻자와 가로되 우리 중에 누가 먼저 올라가서 베냐민 자손과 싸우리이까 여호와께서 가라사대 유다가 먼저일찌니라"(삿 20:18). 그 후 왕조시대에는 유다 지파의 다윗이 이스라엘의 왕이 된다. "다윗은 유다 베들레헴 에브랏 사람 이새라 하는 자의 아들이었는데"(삼상 17:12). "네 집과 네 나라가 내 앞에서 영원히 보전되고 네 위가 영원히 견고하리라 하셨다 하라"(삼하 7:16). 그리고 신약에 오면 예수 그리스도는 유다 지파 가운데 다윗의 후손으로 등장하게 된다. "베들레헴 에브라다야 너는 유다 족속 중에 작을찌라도 이스라엘을 다스릴 자가 네게서 내게로 나올 것이라 그의 근본은 상고에, 태초에니라"(미 5:2). "우리 주께서 유다로 좇아 나신 것이 분명하도다"(히 7:14). "장로 중에 하나가 내게 말하되 울지 말라 유대 지파의 사자 다윗의 뿌리가 이기었으니 이 책과 그 일곱 인을 떼시리라 하더라"(계 5:5).

이처럼 하나님은 회개한 자를 용서하실 뿐 아니라 사용하신다. 여기서 우리는 유다가 이미 형제들 가운데 지도자의 지위를 차지한 사실에 주목해야 한다. 첫 번째 경우는 요셉의 형들이 베냐민을 애굽으로 데려가기 위해 아버지를 설득할 때이다. 그때 아버지를 설득하려고 먼저 나선 사람은 맏아들 르우벤이었다. 하지만 그는 아버지를 설득할 수 없었다. 왜냐하면 그는 아버지의 침상을 더럽히고 회개하지 않아 아버지로부터 신뢰를 얻을 수 없었기 때문이다. 그랬을 때 아버지를 설득할 사람은 둘째와 셋째 아들 시므온과 레위였다. 물론 시므온은 당시 애굽에 볼모로 잡혀 있었다. 하지만 그들 역시 야곱이 신뢰할 수 있는 아들이 아니었다. 왜냐하면 시므온과 레위는 과거 세겜 사람에게 자행했던 피의 보복에 대해 회개하지 않았기 때문이다. 결국 창세기 43장에 보면 아버지 야곱을 설득한 사람은 넷째 아들 유다였다. 맏아들 르우벤이 발휘해야 할 지도력을 유다가 발휘한 것이다.

두 번째 경우가 요셉의 형제들이 두 번째 애굽에 내려갔을 때이다. 그때 그들은 요셉이 베냐민의 자루에 넣어 둔 은잔 때문에 다시 돌아가 요셉 앞에 서게 된다. 창세기 44장 14절은 이렇게 말한다. "유다와 그 형제들이 요셉의 집에 이르니 요셉이 오히려 그곳에 있는지라 그 앞 땅에 엎드리니." 거기서 "유다와 그 형제들"이란 표현은 유다가 다른 형제들을 대표하고 있음을 보여준다. 유다는 형제들을 대표하는 지도자로서 등장하고 있는 것이다.

세 번째 경우는 야곱이 요셉을 만나러 애굽으로 갈 때이다. 그때 야곱은 유다를 먼저 보내 준비시킨다. 창세기 46장 28절은 이렇게 말한다. "야곱이 유다를 요셉에게 미리 보내어 자기를 고센으로 인도하게 하고 다 고센 땅에 이르니." 유다는 야곱과 요셉을 이별하게 만든 장본인이었지만 야곱은 이 유다를 시켜 요셉과의 재회를 준비시킨 것이다. 이 역시 유다가 형제들을 대표하는 지도자로서 등장하고 있는 것이다.

중요한 것은 언제부터 유다가 이런 지도자의 지위를 갖게 되었는가 하는 점이다. 그것은 그가 회개한 후부터이다. 유다는 회개한 후부터 앞서 말한 지도자의 지위를 갖기 시작한 것이다. 하나님은 유다가 회개한 후 그를 사용하신 것이다.

하나님은 언제나 회개한 자를 사용하신다. 사도 베드로는 세 번이나 주를 부인했다. 하지만 그가 회개했을 때 하나님은 그를 사도로서 사용하셨다. 누가복음 22장 31-34에 보면 예수님이 베드로와 나눈 대화가 나온다. "시몬아, 시몬아, 보라 사단이 밀 까부르듯 하려고 너희를 청구하였으나 그러나 내가 너를 위하여 네 믿음이 떨어지지 않기를 기도하였노니 너는 돌이킨 후에 네 형제를 굳게 하라 저가 말하되 주여 내가 주와 함께 옥에도, 죽는 데도 가기를 준비하였나이다 가라사대 베드로야 내가 네게 말하노니 오늘 닭 울기 전에 네가 세 번 나를 모른다고 부인하리라 하시니라." 그리고 누가복음 22장 61-62절에 가면 이런 장면이 나온다. "주께서 돌이켜 베드로를 보시니 베드로가 주의 말씀 곧 오늘 닭 울기 전에 네가 세 번 나를 부인하리라 하심이 생각나서 밖에 나가서 심히 통곡하니라." 베드로가 회개한 것이다. 그 후 부활하신 예수님은 디베랴 바다에서 베드로에게 나타나 "내 양을 먹이라"(요 21:17)고 말씀하셨다. 사도 바울은 교회를 핍박했다. 그렇지만 그가 회개했을 때, 하나님은 그를 이방인의 사도로서 사용하셨다. "나를 능하게 하신 그리스도 예수 우리 주께 내가 감사함은 나를 충성되이 여겨 내게 직분을 맡기심이니 내가 전에는 훼방자요 핍박자요 포행자이었으나 도리어 긍휼을 입은 것은 내가 믿지 아니할 때에 알지 못하고 행하였음이라 우리 주의 은혜가 그리스도 예수 안에 있는 믿음과 사랑과 함께 넘치도록 풍성하였도다 미쁘다 모든 사람이 받을만한 이 말이여 그리스도 예수께서 죄인을 구원하시려고 세상에 임하셨다 하였도다 죄인 중에 내가 괴수니라"(딤전 1:12-15).

존 뉴튼(John Newton)은 한때 노예선의 선장이었던 사람으로 찬송가 '나 같은 죄인 살리신'의 가사를 지은 사람이다. 그는 23세 때 항해 중 만난 큰 재앙 속에서 회개하고 구원을 받아 39세에 목사가 되었다. 그는 55세에 런던의 한 교회에 부임하였는데 그 후 20년간 그 교회를 통해 큰 영향을 끼쳤다. 이때 노예폐지운동을 이끈 윌리엄 윌버포스(William Wilberforce)도 그에게서 깊은 영향을 받았다. 하나님은 뉴튼이 회개했을 때 그를 놀랍게 사용하셨다. 하나님은 지금도 회개한 자를 사용하신다.

스불론과 잇사갈에 대한 축복

그 다음, 스불론과 잇사갈에 대한 내용을 살펴보자. "스불론은 해변에 거하리니 그곳은 배 매는 해변이라 그 지경이 시돈까지리로다 잇사갈은 양의 우리 사이에 꿇어앉은 건장한 나귀로다 그는 쉴 곳을 보고 좋게 여기며 토지를 보고 아름답게 여기고 어깨를 내려 짐을 메고 압제 아래서 섬기리로 다"(13-15절).

스불론과 잇사갈에 대한 축복은 물질적인 것에 대한 내용이다. 스불론은 주로 해상무역과 관련이 있다. 잇사갈은 주로 농업과 관련이 있다. 그들은 나태와 안일 때문에 주어진 자유를 잃게 될 것이다. 그렇지만 이 예언이 후대 에 어떻게 이루어졌는지에 대해서는 확실하지 않다.

40

하나님의 방법을 의지한
야곱

창 49:16-21 16 단은 이스라엘의 한 지파 같이 그 백성을 심판하리로다 17 단은 길의 뱀이요 첩경의 독사리로다 말굽을 물어서 그 탄 자로 뒤로 떨어지게 하리로다 18 여호와여 나는 주의 구원을 기다리나이다 19 갓은 군대의 박격을 받으나 도리어 그 뒤를 추격하리로다 20 아셀에게서 나는 식물은 기름진 것이라 그가 왕의 진수를 공궤하리로다 21 납달리는 놓인 암사슴이라 아름다운 소리를 발하는도다

지금 우리는 야곱이 죽기 전 그 아들들에게 축복한 내용을 살펴보고 있는 중이다. 앞에서 우리는 레아가 낳은 여섯 아들에 대한 내용을 살펴보았다. 이제 라헬의 여종 빌하와 레아의 여종 실바가 낳은 네 아들에 대한 내용을 살펴보자. 그 내용은 빌하가 낳은 단, 실바가 낳은 갓과 아셀, 빌하가 낳은 납달리 순으로 되어 있다.

단에 대한 축복

그러면 단에 대한 내용부터 살펴보자. "단은 이스라엘의 한 지파 같이 그 백성을 심판하리로다 단은 길의 뱀이요 첩경의 독사리로다 말굽을 물어서 그 탄 자로 뒤로 떨어지게 하리로다"(16-17절).

단은 빌하가 낳은 첫째 아들이자, 야곱이 낳은 다섯 째 아들이다. 그런데 야곱은 단에 대해 두 개의 구별된 축복을 말한다(16절과 17절). 이것은 유다나 요셉을 제외하면 특별한 경우다. 이런 점에서 단은 비록 첩의 소생이지만 주목할 만하다. 실제로, 이스라엘에서 단 지파의 비중은 이런 식으로 나타난다. 민수기에 보면, 이스라엘의 인구조사에서 단 지파는 유다 지파 다음으로 많은 수를 차지한다. 그리고 이스라엘 자손이 광야를 행진해 갈 때 단은 유다(동편), 르우벤(남편), 에브라임(서편)과 함께 북편 세 지파의 기수가 된다.

야곱은 단이란 이름의 의미를 살려 그를 축복한다. 이것은 유다나 스불론에게 축복한 것과 마찬가지이다. "유다('찬송함')야 너는 네 형제의 찬송이 될 찌라"(8절). "스불론('거함')은 해변에 거하리니 그곳은 배 매는 해변이라"(13절). "단은 이스라엘의 한 지파 같이 그 백성을 심판하리로다." 단은 라헬이 '억울함을 풀다'란 뜻으로 지은 이름이다. 단은 '변호하다' 또는 '심판하다'란 뜻이다. 그래서 야곱은 "단은 … 그 백성을 심판하리로다"라고 말한 것이다.

이때 "이스라엘의 한 지파 같이"는 "이스라엘 지파들 중 하나로서"의 의미이다. 따라서 야곱은 단 자손이 이스라엘 지파들 중 하나로서 그 백성, 즉 이스라엘을 변호하게 될 것을 말한 것이다. 이것은 사사기 14-16장에서 단 지파 출신의 삼손이 이스라엘을 블레셋의 압제에서 구해낸 것과 관련된 것일 수 있다.

또한 야곱은 단에 대해 이렇게도 축복한다. "단은 길의 뱀이요 첩경의 독사리로다 말굽을 물어서 그 탄 자로 뒤로 떨어지게 하리로다." 이것은 단 자손이 작지만 공격적이고 위협적이 될 것을 의미한다. 실제로 단 지파는 나중에 북쪽의 라이스를 정복하게 된다. "단 자손이 미가의 지은 것과 그 제사장을 취하고 라이스에 이르러 한가하고 평안한 백성을 만나 칼날로 그들을 치며 불로 그 성읍을 사르되 그들을 구원할 자가 없었으니 그 성읍이 베드르홉 가까운 골짜기에 있어서 시돈과 상거가 멀고 상종하는 사람도 없음이었더라 단 자손이 성읍을 중건하고 거기 거하며 이스라엘의 소생 그 조상 단의 이름을 따라 그 성읍을 단이라 하나라 그 성읍의 본 이름은 라이스더라"(삿 18:27-29).

야곱의 마지막 고백

이렇게 단에 대해 축복한 다음, 야곱은 갑자기 18절에서 이렇게 말한다. "여호와여 나는 주의 구원을 기다리나이다." 야곱은 그 아들들에게 축복하던 말을 멈추고 불쑥 이 말을 한 것이다.

그렇다면 왜 야곱은 여기서 이 말을 하는 것일까? 그 이유는 이렇다. 야곱이 그 아들들에게 축복하는 내용 중에는 전쟁을 예견하게 하는 말들이 들어 있다. 예를 들면, 야곱은 유다에 대해서 이렇게 말한다. "유다야 너는 네 형제의 찬송이 될찌라 네 손이 네 원수의 목을 잡을 것이요 네 아비의 아들들이 네 앞에 절하리로다 유다는 사자 새끼로다 내 아들아 너는 움킨 것을 찢고 올라갔도다 그의 엎드리고 웅크림이 수사자 같고 암사자 같으니 누가 그를 범할 수 있으랴"(8-9절). 또한 단에 대해서 이렇게 말한다. "단은 이스라엘의 한 지파 같이 그 백성을 심판하리로다 단은 길의 뱀이요 첩경의 독사리로다 말굽을 물어서 그 탄 자로 뒤로 떨어지게 하리로다"(16-17절). 또한 갓에 대해서 이렇게 말한다. "갓은 군대의 박격을 받으나 도리어 그 뒤를 추격하리로다"(19절). 또한 요셉에 대해서 이렇게 말한다. "활 쏘는 자가 그를 학대하며 그를 쏘며 그를 군박하였으나 요셉의 활이 도리어 건강하며 그의 팔이 힘이 있으니 야곱의 전능자의 손을 힘입음이라"(23-24절). 여기에 베냐민에 대한 말도 포함시킬 수 있다(27절).

이처럼 야곱은 자기가 축복하는 아들들이 장차 적과 싸우게 될 것을 안다. 그렇기 때문에 야곱은 그들의 이러한 미래를 하나님께 의탁한다. 야곱은 그들이 적과 싸워야 하는 상황에서도 하나님이 그분의 방법으로 그들에게 축복하실 거란 사실을 믿는다. 그래서 그는 축복하던 말을 멈추고 갑자기 이 말을 하게 된 것이다. "여호와여 나는 주의 구원을 기다리나이다." 이때 "여호와"란 말이 창세기에서 마지막으로 등장한다. 이것은 야곱이 죽기 전 마지막으로 하나님께 드린 고백인 셈이다.

여기서 우리는 야곱의 성숙한 믿음을 본다. 그는 그 아들들에게 축복하면서 그 축복의 성취도 하나님의 방법에 맡긴다. 그는 그들이 복을 받게 되는 것은 인간의 방법에 달려 있다고 보지 않았다. 그래서 그는 그들이 적과 싸워야 하는 상황에서 복을 받게 되는 것은 적과 싸우는 그들의 투지, 전술, 노력에 달린 것이 아니라, 하나님의 구원에 달린 것으로 보았다. 그래서 그는 그 아들들에게 축복하다가 이런 고백을 하게 된 것이다. "여호와여 나는 주의 구원을 기다리나이다."

이것은 과거 야곱이 아버지 이삭에게 축복을 받던 때와 비교하면 대조적이다. 왜냐하면 그때 야곱은 자신이 복을 받는 것은 인간의 방법에 달린 것으로 보았기 때문이다. 그래서 그는 자기의 의지와 술수와 노력을 통해 복을 받으려고 했던 것이다. 우리는 창세기 27장에서 그 사실을 확인할 수 있다. 거기에는 이삭이 죽기 전에 야곱을 축복한 장면이 나온다. 그런데 그때 야곱은 정상적으로 축복을 받은 것이 아니다. 그는 아버지 이삭을 속이고 형에서가 받을 복을 빼앗은 것이다. 그래서 나중에 이 사실을 안 이삭과 에서는 각각 이렇게 말했던 것이다. "네 아우가 간교하게 와서 네 복을 빼앗았도다"(창 27:35). "그의 이름을 야곱이라 함이 합당치 아니하니까 그가 나를 속임이 이것이 두 번째니이다 전에는 나의 장자의 명분을 빼앗고 이제는 내 복을 빼앗았나이다"(창 27:36).

이처럼 당시 야곱은 복을 받기 위해서 인간의 방법을 의지했다. 그래서 어머니 리브가와 모의해서 눈이 어두워서 잘 보지 못하는 아버지를 세 번씩이나 속이면서 형의 복을 가로챈 것이다(창 27:19, 20, 24). 그는 복을 받기 위해서 하나님의 방법을 의지하지 않았다.

이 사실은 야곱이 이삭의 축복을 받기 위해 리브가와 나눈 대화에서 잘 나타난다. 어느 날 이삭은 맏아들 에서를 불러 말했다. "내가 이제 늙어 어느 날 죽을는지 알지 못하노니 그런즉 네 기구 곧 전통과 활을 가지고 들에 가서 나를 위하여 사냥하여 나의 즐기는 별미를 만들어 내게로 가져다가 먹게 하여 나로 죽기 전에 내 마음껏 네게 축복하게 하라"(창 27:2-4). 그 말을 들은 리브가는 에서가 사냥하러 들로 나가자 야곱에게 이삭이 에서에게 한 말을 전해 주며 말했다. "그런즉 내 아들아 내 말을 좇아 내가 네게 명하는 대로 염소 떼에 가서 거기서 염소의 좋은 새끼를 내게로 가져오면 내가 그것으로 네 부친을 위하여 그 즐기시는 별미를 만들리니 네가 그것을 가져 네 부친께 드려서 그로 죽으시기 전에 네게 축복하기 위하여 잡수시게 하라"(창 27:8-10). 그때 야곱은 이렇게 말했다. "내 형 에서는 털 사람이요 나는 매끈매끈한 사람인즉 아버지께서 나를 만지실찐대 내가 아버지께 속이는 자로 뵈일찌라 복은 고사하고 저주를 받을까 하나이다"(창 27:11-12).

거기 보면, 야곱이 우려한 것은 아버지를 속이다가 들키게 되는 것이다. 들키지만 않을 수 있다면 아버지를 속여서라도 축복을 받으려는 것이 그의 생각이다. 그는 어떻게든 자신의 의지와 술수와 노력으로 복을 받으려는 것이다. 왜냐하면 야곱은 복을 받는 것이 하나님께 달려 있다고 생각하지 않았기 때문이다. 결국 그는 아버지를 속이고 축복을 받았다. 그는 축복을 받기 위해 인간의 방법을 의지했다.

사실, 원래 하나님의 뜻은 장자의 축복을 형 에서가 아닌 동생 야곱에게 주시는 것이었다. 그래서 하나님은 에서와 야곱이 태어나기도 전에 리브가에게 이런 말씀을 주셨다. "두 국민이 네 태중에 있구나 두 민족이 네 복중에서부터 나누이리라 이 족속이 저 족속보다 강하겠고 큰 자는 어린 자를 섬기리라"(창 25:23). 리브가는 처음부터 이런 하나님의 뜻을 알고 있었다.

그렇지만 리브가는 하나님이 그분의 뜻을 그분의 방법으로 이루실 거라고 믿지 않았다. 그래서 리브가는 하나님의 뜻을 이루기 위해 인간의 방법을 동원했다. 그녀는 야곱을 에서처럼 변장시켜 이삭을 속이고 축복을 받게 한 것이다. 그리고 처음에는 야곱도 주저하다가 결국 리브가가 시킨 대로 하고만 것이다.

이처럼 과거 야곱은 하나님의 축복을 인간의 방법으로 받으려고 했다. 그래서 그는 늘 자기 힘으로 남과 경쟁하곤 했다. 창세기 25장에 보면, 야곱은 잉태했을 때부터 형 에서와 싸웠다. "그 아내 리브가가 잉태하였더니 아이들이 그의 태 속에서 서로 싸우는지라"(창 25:21하-22상). 그리고 해산할 때에도 그랬다. "그 해산 기한이 찬즉 태에 쌍둥이가 있었는데 … 후에 나온 아우는 손으로 에서의 발꿈치를 잡았으므로"(창 25:24, 26상). 뿐만 아니라, 장성해서도 야곱은 장자의 명분을 두고 형 에서와 싸웠다. "그 아이들이 장성하매 … 야곱이 가로되 형의 장자의 명분을 오늘날 내게 팔라 … 야곱이 가로되 오늘 내게 맹세하라"(창 25:27상, 31, 33상). 그런데 이제 이삭이 나이 많아 늙었을 때에도 야곱은 축복을 놓고 형 에서와 싸운 것이다. "이삭이 나이 많아 …

야곱이 아비에게 대답하되 나는 아버지의 맏아들 에서로소이다 아버지께서 내게 명하신대로 내가 하였사오니 청컨대 일어나 앉아서 내 사냥한 고기를 잡수시고 아버지의 마음껏 내게 축복하소서"(창 27:1상, 19). 이처럼 야곱은 복을 받으려고 아버지를 속이고 형과 경쟁했다. 그는 하나님의 축복을 받으려고 인간의 방법을 의지한 것이다.

이런 야곱에게 변화가 일어나게 된 것은 벧엘에서 하나님이 그에게 나타나셨을 때다. 그때 하나님은 야곱에게 이렇게 말씀하셨다. "내가 너와 함께 있어 네가 어디로 가든지 너를 지키며 너를 이끌어 이 땅으로 돌아오게 할찌라 내가 네게 허락한 것을 다 이루기까지 너를 떠나지 아니하리라"(창 28:15). 그러자 야곱은 하나님께 이렇게 서원했다. "하나님이 나와 함께 계시사 내가 가는 이 길에서 나를 지키시고 먹을 양식과 입을 옷을 주사 나로 평안히 아비 집으로 돌아가게 하시오면 여호와께서 나의 하나님이 되실 것이요 내가 기둥으로 세운 이 돌이 하나님의 전이 될 것이요 하나님께서 내게 주신 모든 것에서 십분 일을 내가 반드시 하나님께 드리겠나이다"(창 28:20-22). 야곱은 자신의 미래를 하나님의 방법에 맡기기로 한 것이다.

그렇지만 그날로 모든 것이 다 바뀐 것은 아니다. 그래서 그 후로도 야곱은 불쑥 불쑥 인간의 방법을 의지하는 모습을 보인다. 예를 들면, 창세기 29장에서 야곱은 라헬을 만났을 때 자기 힘으로 아내를 얻으려는 모습을 보인다. 그래서 그는 이삭의 아내를 구하러 갔던 아브라함의 종과 달리 기도하지 않는다. 창세기 30장에서 야곱은 라헬의 불임에 대해 인간의 방법으로 문제를 해결하려고 한다. 그는 이삭이 리브가의 불임에 대해 기도한 것과 달리 라헬이 제안한 방법을 따른다. 또한 창세기 30장에서 야곱은 외삼촌 라반에 대해서 계략을 쓴다. 그래서 그는 실한 양이 새끼를 밸 때면 미신적인 방법으로 자기 품삯이 될 짐승을 낳게 한다.

그러나 이런 가운데서도 하나님은 외삼촌 라반과의 갈등과 형 에서와의 재회를 통해서 야곱을 변화시키신다. 야곱은 고난을 통해서 인간의 방법이 아닌 하나님의 방법을 의지하는 사람으로 바뀌는 것이다. 야곱이 결정적으로 바뀐 것은 얍복 나루에서였다. 어떤 사람과 씨름하던 야곱은 환도뼈가 위골되어 더 이상 힘을 쓸 수 없게 되자 말한다. "당신이 내게 축복하지 아니하면 가게 하지 아니하겠나이다." 야곱은 더 이상 자기 힘을 의지하지 않고 그 사람이 축복해 주는 것만 의지하겠다고 말한 것이다.

그랬을 때, 그 사람은 야곱에게 이스라엘이란 이름을 준다. 히브리어로 야곱(야아코브)이란 이름은 속임(아카브)이란 말과 발음이 비슷하다. 즉 야곱이란 이름은 남을 속이며 살아온 방식을 말해준다. 야곱은 속임수를 써서 형 에서를 이겼다. 그래서 그는 형 에서에게서 장자의 명분을 빼앗고, 또한 그 복을 빼앗은 것이다. 또한 그는 속임수를 써서 외삼촌 라반도 이겼다. 그래서 그는 외삼촌 라반의 소유를 빼앗은 것이다.

그에 비해 이스라엘이란 이름은 전혀 다른 생활방식을 의미한다. 지금까지 야곱은 자기 힘으로 속임수를 써서 남을 이겨 왔다면, 이제부터 그는 하나님을 의지해서 남을 이기게 될 것이다. 지금까지 야곱은 인간의 방법을 의지해서 살아왔다면, 이제부터 그는 하나님의 방법을 의지해서 살아가게 될 것이다. 그래서 야곱은 죽기 전 그 아들들에게 축복하면서 이런 고백을 하게 된 것이다. "여호와여 나는 주의 구원을 기다리나이다."

그런데 이 고백 앞뒤로 '발꿈치'를 뜻하는 말이 나온 것은 흥미롭다. "단은 길의 뱀이요 첩경의 독사리로다 말굽을 물어서 그 탄 자로 뒤로 떨어지게 하리로다"(17절, 이때 "말굽"으로 번역된 표현은 "말 발꿈치"이다). "갓은 군대의 박격을 받으나 도리어 그 뒤를 추격하리로다"(19절, 이때 "뒤"로 번역된 말은 같은 "발꿈치"를 말한다). 그런데 창세기 25장 26절에는 이런 말씀이 나온다. "후에 나온 아우는 손으로 에서의 발꿈치(아케브)를 잡았으므로 그 이름을 야곱(야아코브)이라 하였으며." 따라서 "발꿈치"란 말은 야곱이란 이름을 생각나게 한다. 그런데 이 대목에서 야곱은 이런 고백을 하는 것이다. "여호와여 나는 주의 구원을 기다리나이다." 그것은 마치 '나는 야곱이 아니라 이스라엘입니다'라는 고백과 같다. 그는 이제 과거처럼 속이고 경쟁해서 빼앗는 자가 아닌것이다. 그는 인간의 방법이 아닌 하나님의 방법을 의지하는 자인 것이다.

우리는 사람의 방법을 의지하는 자인가? 아니면 하나님의 방법을 의지하는 자인가? 우리는 야곱인가? 아니면 이스라엘인가?

갓에 대한 축복

그 다음, 갓에 대한 내용을 살펴보자. "갓은 군대의 박격을 받으나 도리어그 뒤를 추격하리로다"(19절). 갓은 실바가 낳은 첫째 아들이자, 야곱이 낳은일곱째 아들이다. 그에 대한 야곱의 예언은 이렇다. 그 자손들이 적에게 공격을 당하나 결국은 적을 공격하게 될 것이다. 실제로, 갓 자손은 요단 동편에 살면서 여러 적으로부터 공격을 받았다. 그들 중에는 암몬(삿 10-12장, 렘49:1-6), 모압, 아람(왕상 22:3; 왕하 10:32-33), 앗수르(왕하 15:29) 등이 있다.그렇지만 갓 자손은 여러 곳에서 용사로 묘사된다(신 33:20; 대상 5:18; 12:8).

아셀에 대한 축복

그 다음, 아셀에 대한 내용을 살펴보자. "아셀에게서 나는 식물은 기름진것이라 그가 왕의 진수를 공궤하리로다"(20절). 아셀은 실바가 낳은 둘째 아들이자, 야곱이 낳은 여덟째 아들이다. 야곱이 아셀에 대해 축복하는 말은 그 자손이 비옥한 토지를 차지하게 될 것을 말한다. 모세는 이 지파에 대해 이렇게 축복한다. "아셀에 대하여는 일렀으되 아셀은 다자한 복을 받으며 그 형제에게 기쁨이 되며 그 발이 기름에 잠길찌로다"(신 33:24). 실제로, 이 지파는 갈릴리 고지대의 서쪽 경사면에 있는 비옥한 땅을 차지했다(수 19:24-31).

납달리에 대한 축복

마지막으로, 납달리에 대한 내용을 살펴보자. "납달리는 놓인 암사슴이라 아름다운 소리를 발하는도다"(21절). 납달리는 빌하가 낳은 둘째 아들이자, 야곱이 낳은 여섯째 아들이다. 야곱이 말한 것은 납달리 자손의 자유, 민첩함, 빈번한 이동을 가리킬 수 있다. "납달리에 대하여는 일렀으되 은혜가 족하고 여호와의 복이 가득한 납달리여 너는 서방과 남방을 얻을찌로다"(신 33:23, 삿 4:6, 10; 5:18 참조).

41

야곱의 유산

창 49:22-28 **22** 요셉은 무성한 가지 곧 샘 곁의 무성한 가지라 그 가지가 담을 넘었도다 **23** 활 쏘는 자가 그를 학대하며 그를 쏘며 그를 군박하였으나 **24** 요셉의 활이 도리어 견강하며 그의 팔이 힘이 있으니 야곱의 전능자의 손을 힘입음이라 그로부터 이스라엘의 반석인 목자가 나도다 **25** 네 아비의 하나님께로 말미암나니 그가 너를 도우실 것이요 전능자로 말미암나니 그가 네게 복을 주실 것이라 위로 하늘의 복과 아래로 원천의 복과 젖먹이는 복과 태의 복이리로다 **26** 네 아비의 축복이 내 부여조의 축복보다 나아서 영원한 산이 한 없음 같이 이 축복이 요셉의 머리로 돌아오며 그 형제 중 뛰어난 자의 정수리로 돌아오리로다 **27** 베냐민은 물어뜯는 이리라 아침에는 빼앗은 것을 먹고 저녁에는 움킨 것을 나누리로다 **28** 이들은 이스라엘의 십이 지파라 이와 같이 그 아비가 그들에게 말하고 그들에게 축복하였으되 곧 그들 각인의 분량대로 축복하였더라

우리는 야곱이 죽기 전 그 아들들에게 축복한 내용을 살펴보는 중이다. 앞서 우리는 레아가 낳은 여섯 아들과 빌하와 실바가 낳은 네 아들에 대한 내

용을 살펴보았다. 이제 마지막으로 라헬이 낳은 두 아들 요셉과 베냐민에 대한 내용을 살펴보기로 하자.

먼저, 요셉에 대한 내용을 살펴보자. "요셉은 무성한 가지 곧 샘 곁의 무성한 가지라 그 가지가 담을 넘었도다 활 쏘는 자가 그를 학대하며 그를 쏘며 그를 군박하였으나 요셉의 활이 도리어 건강하며 그의 팔이 힘이 있으니 야곱의 전능자의 손을 힘입음이라 그로부터 이스라엘의 반석인 목자가 나도다 네 아비의 하나님께로 말미암나니 그가 너를 도우실 것이요 전능자로 말미암나니 그가 네게 복을 주실 것이라 위로 하늘의 복과 아래로 원천의 복과 젖먹이는 복과 태의 복이리로다 네 아비의 축복이 내 부여조의 축복보다 나아서 영원한 산이 한 없음 같이 이 축복이 요셉의 머리로 돌아오며 그 형제 중 뛰어난 자의 정수리로 돌아오리로다"(22-26절).

요셉을 통한 자손의 번식

야곱이 그 아들들에게 축복한 내용 중에서 요셉에 대한 내용은 가장 길고 복잡하다. 우리는 그 내용을 세 가지로 요약할 수 있다. 첫째는 요셉을 통한 자손의 번식이다. 22절을 보자. "요셉은 무성한 가지 곧 샘 곁의 무성한 가지라 그 가지가 담을 넘었도다."

여기 "무성한 가지"는 "샘 곁의"라는 설명이나 "그 가지가 담을 넘었도다"란 설명에 의해 의미가 강화되고 확대된다. 이때 "무성한 가지"는 '열매가 많이 열리는 가지'를 뜻한다. "무성하다"란 말은 '열매를 많이 맺다'는 뜻의 히브리어 단어 "파라"이다.

중요한 것은 이 말이 앞에서 이미 여러 번 등장한 용어라는 사실이다. 하나님은 인류의 번식을 명령하실 때 이 말을 사용하셨다. "생육하고(파라) 번성하여 땅에 충만하라 땅을 정복하라 바다의 고기와 공중의 새와 땅에 움직이는 모든 생물을 다스리라"(창 1:28). "생육하고(파라) 번성하여 땅에 충만하라 … 너희는 생육하고(파라) 번성하며 땅에 편만하여 그 중에서 번성하라"(창 9:1, 7). 또한 이 말은 하나님이 족장들에게 주신 약속에 사용된 용어이다. "내가 너로 심히 번성케 하리니(파라) 나라들이 네게로 좇아 일어나며 열왕이 네게로 좇아 나리라"(창 17:6). "전능하신 하나님이 네게 복을 주어 너로 생육하고(파라) 번성케 하사 너로 여러 족속을 이루게 하시고"(창 28:3). "그에게 이르시되 나는 전능한 하나님이니라 생육하며(파라) 번성하라 국민과 많은 국민이 네게서 나고 왕들이 네 허리에서 나오리라"(창 35:11, 창 48:4 참조).

그래서 성경은 이 약속의 성취를 나타낼 때 이 말(파라)을 사용한다. "이스라엘 족속이 애굽 고센 땅에 거하며 거기서 산업을 얻고 생육하며(파라) 번성하였더라"(창 47:27). 그렇다면, 야곱이 "요셉은 무성한 가지라"고 축복한 것은 마치 이렇게 말한 것과 같다. '하나님이 주신 자손 번식에 대한 약속은 요셉을 통해 성취될 것이다.'

이 사실은 이미 앞에서 드러났다. 원래, 라헬은 아이를 갖지 못했다. 하나님이 그렇게 하신 것이다(창 29:31; 30:1-2). 그러다가 마침내 하나님은 라헬도 레아처럼 아이를 갖게 하셨다(창 30:22-24). 그 후 라헬은 베냐민을 낳고 죽고 말았다(창 35:16-18).

그런데 창세기 41장 51-52절에 가면 요셉이 두 아들을 낳은 사실이 나온다. "요셉이 그 장자의 이름을 므낫세라 하였으니 하나님이 나로 나의 모든 고난과 나의 아비의 온 집 일을 잊어버리게 하셨다 함이요 차자의 이름을 에브라임이라 하였으니 하나님이 나로 나의 수고한 땅에서 창성하게 하셨다 함이었더라." 그때 "창성하게 하셨다"는 말이 "파라"이다. 그것은 자손에 대한 하나님의 약속이 요셉을 통해 성취되기 시작했음을 보여준다.

그 후 야곱은 죽을 기한이 가까이 오자 요셉의 두 아들 므낫세와 에브라임을 입양한다. 그리고 이렇게 축복한다. "내 조부 아브라함과 아버지 이삭의 섬기던 하나님, 나의 남으로부터 지금까지 나를 기르신 하나님, 나를 모든 환난에서 건지신 사자께서 이 아이에게 복을 주시오며 이들로 내 이름과 내 조부 아브라함과 아버지 이삭의 이름으로 칭하게 하시오며 이들로 세상에서 번식되게 하시기를 원하나이다"(창 48:15-16). 그리고 므낫세와 에브라임에 대해 이렇게 말한다. "그도 한 족속이 되며 그도 크게 되려니와 그 아우가 그보다 큰 자가 되고 그 자손이 여러 민족을 이루리라"(창 48:19). 이런 의미에서 야곱은 요셉에게 이렇게 축복한 것이다. "요셉은 무성한 가지 곧 샘 곁의 무성한 가지라 그 가지가 담을 넘었도다." 이처럼 야곱이 하나님이 주신 약속의 성취를 보기 시작했다면, 요셉은 더욱 그럴 것이다.

요셉의 고난 극복

야곱이 요셉에게 축복한 내용을 세 가지로 요약할 때 둘째는 요셉의 고난 극복이다. 23-24절을 보자. "활 쏘는 자가 그를 학대하며 그를 쏘며 그를 군박하였으나 요셉의 활이 도리어 견강하며 그의 팔이 힘이 있으니 야곱의 전능자의 손을 힘입음이라 그로부터 이스라엘의 반석인 목자가 나도다."

이것은 요셉의 과거를 말한 것이다. 이것은 앞서 3-7절에서 르우벤, 시므온, 레위의 과거를 말한 것과 같다. 하나님 앞에서 이들의 과거는 미래의 축복과 무관하지 않다. 그래서 야곱은 요셉을 축복하면서 그의 과거를 말한 것이다.

"활 쏘는 자가 … 그를 쏘며"는 요셉이 다른 사람들로부터 당한 고난을 회화적으로 묘사한 것이다. 이때 "그를 학대하며 … 그를 군박하였으나"(개 정판, "그를 학대하며 적개심을 가지고")는 요셉이 당한 고난이 얼마나 심한 것이었는지 말해 준다. 요셉의 형들은 요셉을 미워하고 시기한 나머지 그를 죽이려고 했고, 결국에는 그를 종으로 팔아 버렸다. 보디발의 처는 요셉을 유혹했고, 결국에는 그에게 누명을 씌워 죄수처럼 옥에 가두어 버렸다.

그렇지만 이런 심한 고난에도 불구하고, 요셉은 굴하지 않았다. 비록 요셉은 형들에 의해 애굽에 종으로 팔려 갔고, 보디발의 처에 의해 옥에 갇혔지만, 오히려 그는 애굽의 총리가 되어 꿈이 이루어지는 것을 보았고 많은 생명을 기근으로부터 구원할 수 있었다. "요셉의 활이 도리어 견강하며 그의 팔이 힘이 있으니."

중요한 것은 요셉이 이렇게 할 수 있었던 이유다. 야곱은 그 이유를 이렇게 말한다. "야곱의 전능자의 손을 힘입음이라 그로부터 이스라엘의 반석인 목자가 나도다." 개정판은 이 말씀을 이렇게 번역했다. "요셉의 활은 도리어 굳세며 그의 팔은 힘이 있으니 이는 야곱의 전능자 이스라엘의 반석인 목자의 손을 힘입음이라." 여기서 "야곱의 전능자"와 "이스라엘의 반석인 목자"는 동일하게 하나님을 가리킨다. 따라서 요셉이 심한 고난 속에서도 굴하지 않을 수 있었던 것은 하나님 때문이다.

그러면 야곱이 사용한 하나님에 대한 묘사를 살펴보자. 먼저, "야곱의 전능자"란 표현부터 살펴보자. 이것은 야곱을 형 에서와 외삼촌 라반과 가나안 족속들로부터 구원하신 하나님을 말한다. "나 여호와가 이같이 말하노라 용사의 포로도 빼앗을 것이요 강포자의 빼앗은 것도 건져낼 것이니 이는 내가 너를 대적하는 자를 대적하고 네 자녀를 구원할 것임이라 내가 너를 학대하는 자로 자기의 고기를 먹게 하며 새 술에 취함 같이 자기의 피에 취하게 하리니 모든 육체가 나 여호와는 네 구원자요 네 구속자요 야곱의 전능자인 줄 알리라"(사 49:25-26). "전에는 네가 버림을 입으며 미움을 당하였으므로 네게로 지나는 자가 없었으나 이제는 내가 너로 영영한 아름다움과 대대의 기쁨이 되게 하리니 네가 열방의 젖을 빨며 열왕의 유방을 빨고 나 여호와는 네 구원자, 네 구속자, 야곱의 전능자인줄 알리라"(사 60:15-16). "저가 여호와께 맹세하며 야곱의 전능자에게 서원하기를 내가 실로 나의 거하는 장막에 들어가지 아니하며 내 침상에 오르지 아니하며 내 눈으로 잠들게 아니하며 내 눈꺼풀로 졸게 아니하기를 여호와의 처소 곧 야곱의 전능자의 성막을 발견하기까지 하리라 하였나이다"(시 132:2-5).

그 다음, "이스라엘의 반석인 목자"라는 표현을 살펴보자. 여기 사용된 "반석[돌]"(히브리어 "에벤")이란 말이 하나님께 사용된 곳은 없다. 따라서 이것은 "바위"(히브리어 "추르")란 말 대신 사용된 것일 수 있다. "이스라엘의 하나님이 말씀하시며 이스라엘의 바위가 내게 이르시기를"(삼하 23:3). "여호와의 산으로 가서 이스라엘의 반석에게로 나아가는 자 같이 마음에 즐거워할 것이라"(사 30:29). 아니면, 야곱이 밧단아람에 갖다 돌아오기까지 자기의 목자가 되어 주신 하나님을 기념하여 세운 돌 기둥을 가리키는 것일 수 있다. "야곱이 아침에 일찌기 일어나 베개 하였던 돌을 가져 기둥으로 세우고 그 위에 기름을 붓고 … 야곱이 서원하여 가로되 … 내가 기둥으로 세운 이 돌이 하나님의 전이 될 것이요"(창 28:18, 20, 22). "야곱이 하나님의 자기와 말씀하시던 곳에 기둥 곧 돌 기둥을 세우고 그 위에 전제물을 붓고 또 그 위에 기름을 붓고"(창 35:14). 어쨌든 야곱은 하나님을 목자로 부른다. 이것은 자신이 경험한 목자이신 하나님을 말한다. "나의 남으로부터 지금까지 나를 기르신[나의 목자이신] 하나님"(창 48:15).

이처럼 야곱은 요셉을 도우신 하나님을 자기가 경험한 하나님으로 묘사한다. 요셉을 심한 고난 속에서도 굴하지 않게 하신 하나님은 "야곱의 전능자"요 "이스라엘의 반석인 목자"시다. 다시 말하면, 요셉의 하나님은 야곱의 하나님이시다. 이 사실은 이어지는 내용에서 더욱 분명하게 드러난다.

요셉이 받게 될 축복

야곱이 요셉에게 축복한 내용 가운데 셋째는 요셉이 받게 될 축복이다. 25-26절을 보자. "네 아비의 하나님께로 말미암나니 그가 너를 도우실 것이요 전능자로 말미암나니 그가 네게 복을 주실 것이라 위로 하늘의 복과 아래로 원천의 복과 젖먹이는 복과 태의 복이리로다 네 아비의 축복이 내 부여조의 축복보다 나아서 영원한 산이 한 없음 같이 이 축복이 요셉의 머리로 돌아오며 그 형제 중 뛰어난 자의 정수리로 돌아오리로다."

우선, 요셉이 받게 될 축복의 기원은 하나님께 있다. "네 아비의 하나님께로 말미암나니 그가 너를 도우실 것이요 전능자로 말미암나니 그가 네게 복을 주실 것이라." 이때 야곱은 "전능한 하나님"(히브리어 "엘 샤다이")을 둘로 나눠 말한 셈이다. "네 아비의 하나님(엘)"과 "전능자"(샤다이).

야곱에게 있어서 전능한 하나님은 그를 축복하시는 하나님이시다. 창세기 28장 3-4절에서, 이삭은 야곱이 밧단아람으로 갈 때 그에게 축복하며 이렇게 말했다. "전능하신 하나님이 네게 복을 주어 너로 생육하고 번성케 하사 너로 여러 족속을 이루게 하시고 아브라함에게 허락하신 복을 네게 주시되 너와 너와 함께 네 자손에게 주사 너로 하나님이 아브라함에게 주신 땅 곧 너의 우거하는 땅을 유업으로 받게 하시기를 원하노라." 이삭은 야곱에게 축복하실 하나님을 "전능하신 하나님"으로 불렀다. 이것은 하나님이 아브라함과 할례의 언약을 세우실 때 하셨던 말씀에 근거한 것이다. "아브람의 구십구 세 때에 여호와께서 아브람에게 나타나서 그에게 이르시되 나는 전능한 하나님이라 너는 내 앞에서 행하여 완전하라 내가 내 언약을 나와 너 사이에 세워 너로 심히 번성케 하리라 하시니"(창 17:1-2).

또한 창세기 35장 11-12절에서, 하나님은 야곱이 밧단아람에서 돌아왔을 때 그에게 복을 주시며 이렇게 말씀하셨다. "나는 전능한 하나님이니라 생육하며 번성하라 국민과 많은 국민이 네게서 나고 왕들이 네 허리에서 나오리라 내가 아브라함과 이삭에게 준 땅을 네게 주고 내가 네 후손에게도 그 땅을 주리라."

이처럼 야곱에게 있어서 전능한 하나님은 그를 축복하시는 하나님이시다. 그래서 창세기 43장 14절에서 야곱은 베냐민을 애굽으로 데려가는 것을 허락하면서 이렇게 말했다. "전능하신 하나님께서 그 사람 앞에서 너희에게 은혜를 베푸사 그 사람으로 너희 다른 형제와 베냐민을 돌려보내게 하시기를 원하노라 내가 자식을 잃게 되면 잃으리로다."

그 후 창세기 48장 3-6절에서, 야곱은 병들어 죽기 전 침상에 앉아 요셉에게 이렇게 말했다. "이전에 가나안 땅 루스에서 전능한 하나님이 내게 나타나 복을 허락하여 내게 이르시되 내가 너로 생육하게 하며 번성하게 하여 네게서 많은 백성이 나게 하고 내가 이 땅을 네 후손에게 주어 영원한 기업이 되게 하리라 하셨느니라 내가 애굽으로 와서 네게 이르기 전에 애굽에서 네게 낳은 두 아들 에브라임과 므낫세는 내 것이라 르우벤과 시므온처럼 내 것이 될 것이요 이들 후의 네 소생이 네 것이 될 것이며 그 산업은 그 형의 명의 하에서 함께 하리라." 야곱은 전능한 하나님이 자기에게 복을 주신 것을 말하면서 그 복을 요셉이 계승하게 될 거라고 말한 것이다.

그래서 본문에서도 야곱은 요셉이 받게 될 축복에 대해 이렇게 말한다. "위로 하늘의 복과 아래로 원천의 복과 젖먹이는 복과 태의 복이리로다." 이것은 주로 땅의 비옥함과 후손에 관련된 것이다. "네 아비의 축복이 내 부여조[선조]의 축복보다 나아서 영원한 산이 한 없음 같이 이 축복이 요셉의 머리로 돌아오며 그 형제 중 뛰어난 자의 정수리로 돌아오리로다." 이것은 요셉이 야곱의 축복을 계승하게 될 것을 말한 것이다. 이 내용은 신명기 33장

13-16절에서 모세가 요셉 지파에 대해 말한 것과 비슷하다. "요셉에 대하여는 일렀으되 원컨대 그 땅이 여호와께 복을 받아 하늘의 보물인 이슬과 땅 아래 저장한 물과 태양이 결실케 하는 보물과 태음이 자라게 하는 보물과 옛 산의 상품물과 영원한 작은 산의 보물과 땅의 보물과 거기 충만한 것과 가시떨기 나무 가운데 거하시던 자의 은혜로 인하여 복이 요셉의 머리에, 그 형제 중 구별한 자의 정수리에 임할찌로다."

이처럼 야곱은 요셉을 축복하실 하나님을 자기에게 축복하신 하나님으로 묘사한다. 그래서 요셉에게 "네 아비의 하나님(엘)"과 "전능자"(샤다이)로 말한다. 여기서도 요셉의 하나님은 야곱의 하나님이시다.

그러면 야곱이 요셉을 축복할 때 이렇게 말한 이유는 무엇일까? 왜 야곱은 과거 요셉을 도우신 하나님을 자기가 경험한 하나님으로 묘사한 것일까? 왜 야곱은 미래 요셉을 축복하실 하나님을 자기에게 축복하신 하나님으로 묘사한 것일까? 왜 야곱은 요셉을 축복할 때 요셉의 하나님을 야곱의 하나님으로 묘사한 것일까? 그 이유는 야곱이 자기가 믿고 아는 하나님을 요셉에게 유산으로 물려주기 위함이다. 야곱의 유산은 가축도, 돈도, 집도, 지위도, 명예도, 그 어떤 것도 아니다. 야곱의 유산은 그의 하나님이시다. 우리는 어떤가? 우리의 유산은 무엇인가? 우리는 무엇을 자녀에게 유산으로 물려주기를 원하는가? 나의 유산은 나의 하나님인가? 나는 자녀에게 유산으로 물려줄 그런 하나님을 모시고 살고 있는가?

베냐민의 용맹

그 다음, 베냐민에 대한 내용을 살펴보자. 27절을 보자. "베냐민은 물어 뜯는 이리라 아침에는 빼앗은 것을 먹고 저녁에는 움킨 것을 나누리로다."

이것은 베냐민 지파의 용맹을 예언한 것으로 볼 수 있다. 왜냐하면 이러한 특성이 이후 이스라엘의 역사에서 잘 나타났기 때문이다. 사사기 3장 15-30절에서 베냐민 사람 왼손잡이 에훗은 모압 왕 에글론을 죽이고 모압을 항복시켰다. 사사기 5장 14절에서 베냐민 지파는 가나안 왕 야빈과의 전쟁에 참여하여 승리에 기여했다. 사사기 20장에 보면, 기브아 사람의 만행 때문에 일어난 내전에서 베냐민 지파의 용맹이 다시 나타난다. 비록 패했지만 베냐민 지파는 불과 이만 육천칠백 명을 갖고 사십만 명의 이스라엘 자손과 싸웠다. 또한 두 용사 사울 왕과 그의 아들 요나단도 베냐민 지파 출신이다(삼상 9:1-2; 13:1-3; 삼하 1:19-27 다윗이 지은 애가 참조). 신명기 33장 12절에서 모세는 죽기 전 이스라엘 자손에게 축복할 때 베냐민에 대해서 이렇게 말한다. "여호와의 사랑을 입은 자는 그 곁에 안전히 거하리로다 여호와께서 그를 날이 마치도록 보호하시고 그로 자기 어깨 사이에 처하게 하시리로다."

야곱의 기대

마지막으로, 28절을 보자. "이들은 이스라엘의 십이 지파라 이와 같이 그 아비가 그들에게 말하고 그들에게 축복하였으되 곧 그들 각인의 분량대로 축복하였더라."

여기에 "이스라엘의 십이 지파"라는 표현이 성경에서 처음 나온다. 이것은 야곱이 그 아들들에게 축복할 때 그들을 통해 이루어질 한 민족을 생각하고 있었음을 보여준다. 그는 자신이 애굽으로 내려올 때 하나님이 주셨던 약속이 이루어질 것으로 기대한 것이다. "나는 하나님이라 네 아비의 하나님이니 애굽으로 내려가기를 두려워 말라 내가 거기서 너로 큰 민족을 이루게 하리라"(창 46:3).

또한 "그들 각인의 분량대로"라는 말은 문자적으로 번역하면 "그들 각인의 축복대로"이다. 이것은 야곱이 그 아들들에게 자기 임의로가 아니라 하나님의 뜻대로 축복했음을 보여준다. 그런 만큼 야곱은 이 축복이 반드시 그대로 이루어질 것으로 기대한 것이다. 이후 역사는 야곱의 기대대로 이루어졌음을 보여준다.

42

믿음의 계승

창 49:29-50:3 29 그가 그들에게 명하여 가로되 내가 내 열조에게로 돌아가리니 나를 헷 사람 에브론의 밭에 있는 굴에 우리 부여조와 함께 장사하라 30 이 굴은 가나안 땅 마므레 앞 막벨라 밭에 있는 것이라 아브라함이 헷 사람 에브론에게서 밭과 함께 사서 그 소유 매장지를 삼았으므로 31 아브라함과 그 아내 사라가 거기 장사되었고 이삭과 그 아내 리브가도 거기 장사되었으며 나도 레아를 그곳에 장사하였노라 32 이 밭과 거기 있는 굴은 헷 사람에게서 산 것이니라 33 야곱이 아들에게 명하기를 마치고 그 발을 침상에 거두고 기운이 진하여 그 열조에게로 돌아갔더라 50:1 요셉이 아비 얼굴에 구푸려 울며 입맞추고 2 그 수종 의사에게 명하여 향 재료로 아비의 몸에 넣게 하매 의사가 이스라엘에게 그대로 하되 3 사십 일이 걸렸으니 향 재료를 넣는 데는 이 날수가 걸림이며 애굽 사람들은 칠십 일 동안 그를 위하여 곡하였더라

본문은 야곱의 죽음을 기록한 것이다. 이것은 야곱이 죽음을 준비한 일련의 과정에 대한 결말이다. 창세기 47장 28-29절은 야곱의 죽음을 처음으로 언급한다. "야곱이 애굽 땅에 십칠 년을 거하였으니 그의 수가 일백사십칠

세라 이스라엘의 죽을 기한이 가까우매." 그러자 야곱은 그 아들 요셉을 불러 이렇게 말했다. "내가 조상들과 함께 눕거든 너는 나를 애굽에서 메어다가 선영에 장사하라"(창 47:30). 그리고 그렇게 할 것을 맹세하게 했다. 그래서 요셉이 맹세했고 이때 성경은 "이스라엘이 침상 머리에서 경배하니라"(창 47:31)고 말한다.

그 후 요셉은 부친이 병들었다는 소식을 듣고 두 아들 므낫세와 에브라임을 데리고 갔다. 이때 성경은 "이스라엘이 힘을 내어 침상에 앉아"(창 48:2)라고 말한다. 그리고 야곱은 요셉의 두 아들을 입양하여 그들에게 축복했다. 그럼으로써 그는 사실상 요셉에게 장자의 지위를 부여한 것이다. 여기서 야곱은 요셉에게 말하면서 자신의 죽음을 언급했다. "나는 죽으나 하나님이 너희와 함께 계시사"(창 48:21).

그런 다음, 야곱은 열두 아들을 불러 그들에게 축복했다. 그리고 죽기 전 마지막으로 그들에게 명령한다. 그것이 본문의 내용이다. 여기서도 야곱은 그 아들들에게 자신의 죽음에 대해 언급한다. "내가 내 열조에게로 돌아가리니 나를 헷 사람 에브론의 밭에 있는 굴에 우리 부여조와 함께 장사하라"(창 49:29). 이때 성경은 명령을 마친 야곱이 "그 발을 침상에 거두고 기운이 진하여 그 열조에게로 돌아갔더라"(창 49:33)라고 말한다. 야곱이 마침내 죽은 것이다.

아들들에게 자신의 장사에 대해 지시한 야곱

이처럼 창세기 47장 28절부터 49장 32절까지의 내용은 야곱이 죽음을 준비한 일련의 과정을 기록한 것이다. 이 과정은 야곱이 자신의 장사에 대해 지시한 것으로 시작하고 끝난다. 그리고 그 사이에 야곱이 요셉의 두 아들을 포함하여 그의 열 두 아들에게 축복한 것이 나온다(창 48:1-49:28). 창세기 47

장 28-31절에서 야곱은 요셉에게 자신의 장사에 대해 지시했다. 그 내용은 자신을 애굽이 아닌 가나안 땅 선영에 장사하라는 것이다. 그런데 본문 창세기 49장 29-32절에서 야곱은 다시 그 아들들에게 자신의 장사에 대해 지시한다. 이때 지시한 내용은 요셉에게 지시한 내용보다 훨씬 더 자세하고 구체적이다.

그러면 그 내용을 살펴보자. 29-32절을 보자. "그가 그들에게 명하여 가로되 내가 내 열조에게로 돌아가리니 나를 헷 사람 에브론의 밭에 있는 굴에 우리 부여조와 함께 장사하라 이 굴은 가나안 땅 마므레 앞 막벨라 밭에 있는 것이라 아브라함이 헷 사람 에브론에게서 밭과 함께 사서 그 소유 매장지를 삼았으므로 아브라함과 그 아내 사라가 거기 장사되었고 이삭과 그 아내 리브가도 거기 장사되었으며 나도 레아를 그곳에 장사하였노라 이 밭과 거기 있는 굴은 헷 사람에게서 산 것이니라."

여기 야곱이 그 아들들에게 자신을 장사하도록 명령할 때 요구한 것은 두 가지이다. 하나는 "헷 사람 에브론의 밭에 있는 굴에" 장사하라는 것이고, 또 하나는 "우리 부여조[선조, 조상]와 함께" 장사하라는 것이다.

"헷 사람 에브론의 밭에 있는 굴에"

이와 함께 야곱은 이 두 가지 사항에 대해 자세한 설명을 추가한다. 먼저, 30절을 보자. "이 굴은 가나안 땅 마므레 앞 막벨라 밭에 있는 것이라 아브라함이 헷 사람 에브론에게서 밭과 함께 사서 그 소유 매장지를 삼았으므로."

이것은 "헷 사람 에브론의 밭에 있는 굴"에 대한 설명이다. 이 내용은 창세기 23장에 나온다. 거기 보면, 아브라함은 그 아내 사라가 죽었을 때 헷 족속에게 매장지를 주어 장사하게 해 달라고 요청했다. 그러자 헷 족속은 아브라함이 자기들의 묘실을 사용하도록 허락했다. 그렇지만 아브라함은 다시 에브론의 밭에 있는 막벨라 굴을 사서 소유 매장지로 삼게 해 달라고 요청했다. 그때 에브론은 아브라함에게 그 밭과 그 속의 굴을 거저 주겠다고 대답했다. 그런데도 아브라함은 에브론에게 땅값을 주고 그 밭과 그 속의 굴을 사서 소유 매장지로 삼았다. 창세기 23장 16-18절과 20절은 이렇게 말한다. "아브라함이 에브론의 말을 좇아 에브론이 헷 족속의 듣는데서 말한 대로 상고의 통용하는 은 사백 세겔을 달아 에브론에게 주었더니 마므레 앞 막벨라에 있는 에브론의 밭을 바꾸어 그 속의 굴과 그 사방에 둘린 수목을 다 성문에 들어온 헷 족속 앞에서 아브라함의 소유로 정한지라 … 이와 같이 그 밭과 그 속의 굴을 헷 족속이 아브라함 소유 매장지로 정하였더라."

이처럼 야곱은 그 아들들에게 자신을 "헷 사람 에브론의 밭에 있는 굴에" 장사하도록 명령하면서 그 굴에 대한 자세한 설명을 추가한다. 여기서 야곱이 강조한 것은 두 가지이다. 하나는 그 굴이 "가나안 땅"에 있다는 사실이다. "이 굴은 가나안 땅 마므레 앞 막벨라 밭에 있는 것이라." 또 하나는 그 굴이 아브라함이 사서 "소유 매장지"로 삼았다는 사실이다. "아브라함이 헷 사람 에브론에게서 밭과 함께 사서 그 소유 매장지를 삼았으므로." 이 사실은 32절에서 한 번 더 언급된다. "이 밭과 거기 있는 굴은 헷 사람에게서 산 것이니라."

이 두 가지 사실은 하나님의 약속과 관련이 있다. 하나님은 아브라함에게 가나안 땅을 주시겠다고 약속하셨다. 아브라함이 헷 사람 에브론에게서 밭과 함께 굴을 사서 소유 매장지를 삼은 것은 그 약속의 성취에 대한 믿음의 표시였다. 따라서 야곱이 이 두 가지 사실을 언급한 것은 하나님의 약속을 의식했음을 보여준다. 왜냐하면 하나님은 야곱에게도 동일하게 가나안 땅을 주시겠다고 약속하셨기 때문이다. 그래서 창세기 48장 3-4절에서 야곱은 힘을 내어 침상에 앉아 요셉에게 이렇게 말한 것이다. "이전에 가나안 땅 루스에서 전능한 하나님이 내게 나타나 복을 허락하여 내게 이르시되 내가 너로 생육하게 하며 번성하게 하여 네게서 많은 백성이 나게 하고 내가 이 땅을 네 후손에게 주어 영원한 기업이 되게 하리라 하셨느니라."

그러므로 야곱이 자신을 "헷 사람 에브론의 밭에 있는 굴에" 장사하라고 한 것은 아브라함처럼 가나안 땅을 주시겠다는 하나님의 약속이 성취될 것을 믿었기 때문이다.

"우리 부여조와 함께"

그 다음, 31절을 보자. "아브라함과 그 아내 사라가 거기 장사되었고 이삭과 그 아내 리브가도 거기 장사되었으며 나도 레아를 그곳에 장사하였노라." 여기 "거기 … 거기 … 그곳에"는 앞서 말한 "헷 사람 에브론의 밭에 있는 굴"을 가리킨다.

이것은 "우리 부여조"에 대한 설명이다. 아브라함의 아내 사라가 이 굴에 장사된 것은 창세기 23장 19절에 나온다. "그 후에 아브라함이 그 아내 사라를 가나안 땅 마므레 앞 막벨라 밭 굴에 장사하였더라 (마므레는 곧 헤브론이라)." 또한 아브라함도 이 굴에 장사된 사실이 창세기 25장 9-10절에 나온다. "그 아들 이삭과 이스마엘이 그를 마므레 앞 헷 족속 소할의 아들 에브론의 밭에 있는 막벨라 굴에 장사하였으니 이것은 아브라함이 헷 족속에게서 산 밭이라 아브라함과 그 아내 사라가 거기 장사되니라." 그렇지만 이삭에 대해서는 그가 마므레에서 죽었고 그 아들 에서와 야곱이 그를 장사하였다는 사실만 나올 뿐이다(창 35:27-29). 그리고 리브가와 레아에 대해서는 그들을 장사했다는 기록이 앞에서 나온 적이 없다.

이처럼 야곱은 그 아들들에게 자신을 "우리 부여조와 함께" 장사하도록 명령하면서 그 부여조에 대한 자세한 설명을 추가한다. 여기서 야곱이 언급한 조상은 아브라함과 그 아내 사라, 이삭과 그 아내 리브가이다. 그리고 야곱 자신도 레아를 같은 곳에 장사했다고 말한다.

특이한 것은, 야곱이 레아를 말하면서 자기 아내라고 부르지 않은 점이다. 이것은 야곱이 라헬을 생각했기 때문이다. 원래 처음부터 야곱은 레아가 아닌 라헬을 연애했다(창 29:18, 20). 그런데 야곱은 외삼촌 라반의 속임수로 레아도 아내로 얻게 되었다. 그렇지만 야곱은 레아보다 라헬을 더 사랑했다(창 29:30, 31). 그래서 훗날 에서가 사백 인을 거느리고 오는 것을 알았을 때 (복수의 위협을 느꼈을 때) 야곱은 레아보다 라헬을 더 아낀 것이다. "여종과 그 자식들은 앞에 두고 레아와 그 자식들은 다음에 두고 라헬과 요셉은 뒤에 두고"(창 33:2). 그러기에 창세기 46장 19절은 "야곱의 아내 라헬"이라고 말한다. 그러나 야곱의 아내 레아라고 말한 곳은 어디에도 없다. 그래서 야곱은 죽기 전 자신이 레아를 장사한 사실을 말하면서도 레아를 자기 아내로 부르지 않은 것이다.

결국, 야곱은 먼저 라헬을 에브랏 길에 장사했다. 창세기 48장 7절에서 그는 요셉에게 이렇게 말했다. "내게 관하여는 내가 이전에 밧단에서 올 때에 라헬이 나를 따르는 노중 가나안 땅에서 죽었는데 그곳은 에브랏까지 길이 오히려 격한 곳이라 내가 거기서 그를 에브랏 길에 장사하였느니라 (에브랏은 곧 베들레헴이라)." 그리고 그는 나중에 레아를 헷 사람 에브론의 밭에 있는 굴에 장사했다. 그런데 야곱은 죽기 전 그 아들들에게 레아를 장사한 곳에 자기도 함께 장사하라고 명령한 것이다.

그렇다면 레아보다 라헬을 더 사랑했던 야곱이 그 아들들에게 자신을 라헬이 아닌 레아와 함께 장사하도록 명령한 것은 무슨 뜻일까? 그것은 그가 라헬에 대한 애정보다 선조들의 믿음을 좇았음을 뜻한다. 야곱도 아브라함과 이삭처럼 가나안 땅을 주시리라는 하나님의 약속이 성취될 것을 믿었다. 그래서 그들과 같은 믿음의 표시로 야곱은 그들과 함께 장사되기를 원한 것이다.

믿음의 계승

이처럼 야곱이 그 아들들에게 "나를 헷 사람 에브론의 밭에 있는 굴에 우리 부여조와 함께 장사하라"고 명령한 것은 그가 선조, 즉 아브라함과 이삭과 동일한 믿음을 가진 표시였다. 다시 말하면, 야곱은 자신이 선조의 믿음을 계승한다는 의미에서 그렇게 장사되기를 원한 것이다. 그렇다면 야곱의 이 최후 명령은 자신만이 아니라 그 아들들도 위한 것이다. 야곱은 그들도 자기와 같이 선조의 믿음을 계승하게 하려고 그런 명령을 내린 것이다.

여기서 우리는 왜 야곱이 죽음을 준비하는 일련의 과정 속에서 자신의 장사에 대해 두 번씩이나 지시했는지 알 수 있다. 앞서 살펴본 대로, 창세기 47장 28-31절에는 야곱이 요셉에게 자신의 장사에 대해 지시한 내용이 나온다. 그리고 창세기 49장 29-32절에 야곱이 다시 그 아들들에게 자신의 장사에 대해 지시한 내용이 나온다. 그리고 그 사이 창세기 48장 1절부터 49장 28절까지에는 야곱이 입양한 요셉의 두 아들을 포함해서 그의 아들들에게 축복한 내용이 나온다. 이것은 이런 의미이다. 야곱이 축복한 내용은 야곱이 자신의 장사에 대해 지시한 내용에 비추어 이해되어야 한다는 것이다. 그런데 야곱이 자신의 장사에 대해 지시한 의도는 믿음의 계승에 있으므로 이렇게 말할 수 있다. 야곱이 축복한 내용은 믿음의 계승에 달린 것이다. 만일 야곱의 아들들이 선조의 믿음을 계승하면 그들은 야곱이 축복한 것을 받게 될 것이다. 만일 야곱의 아들들이 선조의 믿음을 계승하지 못하면 그들은 야곱이 축복한 것을 받지 못하게 될 것이다. 그래서 야곱은 그 아들들에게 축복할 때 앞뒤로 두 번이나 자신의 장사에 대해 지시한 것이다.

이처럼 야곱의 후손들에게 있어서 하나님의 축복은 믿음의 계승에 달려 있다. 이 점은 우리 그리스도인들에게 있어서도 마찬가지이다. 우리가 아브라함의 복을 받느냐는 우리가 아브라함의 믿음을 계승하느냐에 달려 있는 것이다. 갈라디아서 3장 6-9절은 이렇게 말한다. "아브라함이 하나님을 믿으매 이것을 그에게 의로 정하셨다 함과 같으니라 그런즉 믿음으로 말미암은 자들은 아브라함의 아들인줄 알찌어다 또 하나님이 이방을 믿음으로 말미암아 의로 정하실 것을 성경이 미리 알고 먼저 아브라함에게 복음을 전하되 모든 이방이 너를 인하여 복을 받으리라 하였으니 그러므로 믿음으로 말미암은 자는 믿음이 있는 아브라함과 함께 복을 받느니라." 또한 로마서 4장 13절과 16절은 이렇게 말한다. "아브라함이나 그 후손에게 세상의 후사가 되리라고 하신 언약은 율법으로 말미암은 것이 아니요 오직 믿음의 의로 말미암은 것이니라 … 그러므로 후사가 되는 이것이 은혜에 속하기 위하여 믿음으로 되나니 이는 그 약속을 그 모든 후손에게 굳게 하려 하심이라 율법에 속한 자에게뿐 아니라 아브라함의 믿음에 속한 자에게도니 아브라함은 하나님 앞에서 우리 모든 사람의 조상이라."

따라서 우리의 자녀나 우리의 주일학교 학생들이 하나님의 축복을 받으려면 믿음의 계승이 이루어져야 한다. 그리고 이를 위해서 부모인 우리가 먼저 아브라함의 믿음을 계승한 자가 되어야 한다.

야곱의 죽음

이렇게 그 아들들에게 믿음의 계승을 위해 자신의 장사에 대해 명령한 야곱은 마침내 죽었다. 33절을 보자. "야곱이 아들에게 명하기를 마치고 그 발을 침상에 거두고 기운이 진하여 그 열조에게로 돌아갔더라."

이 장면을 간단히 줄여 말하면 '야곱은 죽었다'가 될 것이다. 그런데 성경은 그렇게 말하지 않고 복잡하게 설명했다. "그 발을 침상에 거두고 기운이 진하여 그 열조에게로 돌아갔더라." 이 설명에 따르면, 야곱은 마치 잠을 자듯 편안히 숨을 거둔 것이다. 우리가 임종의 순간을 지켜볼 때 알게 되는 사실이 있다. 그것은 죽음을 통과하는 것이 쉽지 않다는 것이다. 사람의 영혼이 육신을 벗어난다는 것은 힘든 일이다. 우리가 태어날 때도 힘들지만 우리가 이 육신을 벗고 죽음을 맞는 순간도 힘든 것이다. 그런데 우리가 하나님을 믿는 믿음을 갖고 있으면 그런 힘든 죽음의 문을 통과할 때도 우리는 편안할 수 있는 것이다. 이것이 믿는 사람들의 복이라고 할 수 있다. 사실 야곱은 파란만장한 삶을 산 사람이다. 그는 젊었을 때 얼마나 고생을 많이 했는지 모른다. 그는 온갖 모진 풍파를 다 겪은 사람인 것이다. 그러나 그는 죽을 때 편안히 죽었다. 그는 복되게 죽은 것이다. 왜냐하면 그의 마음속에는 하나님께 대한 보배로운 믿음이 있었기 때문이다. 아마 우리만큼 분명하지 않았을지 모르지만 그 역시 부활에 대한 소망을 갖고 죽었다. 그래서 세상 사람들이 죽음을 맞는 것과 달랐다. 하나님이 그의 영혼을 영접해 주신 것이다. 우리가 이 세상에서 아무리 화려하게 살았어도 죽는 순간이 비참하면 그 인생은 비참한 인생이다. 비록 야곱은 파란만장한 삶을 살았지만, 그는 믿음을 갖고 있었기에 죽음의 순간을 복되게 맞은 것이다.

그래서 그 다음 50장 1-3절은 이렇게 말한다. "요셉이 아비 얼굴에 구푸려 울며 입맞추고 그 수종 의사에게 명하여 향 재료로 아비의 몸에 넣게 하매 의사가 이스라엘에게 그대로 하되 사십 일이 걸렸으니 향 재료를 넣는 데는 이 날수가 걸림이며 애굽 사람들은 칠십 일 동안 그를 위하여 곡하였더라."

성경은 야곱이 죽었을 때 요셉과 애굽 사람들이 보인 반응을 보여준다. 요셉이 한 일은 당시에 존경 받는 사람이 죽으면 그랬듯이 아버지의 시신을 가지고 미이라를 만든 것이다. 애굽 사람들이 칠십 일 동안 곡한 것은 당시 바로가 죽었을 때와 비슷하게 애도한 것을 보여준다. 이때 성경이 다른 아들들의 반응을 말하지 않는 것은 하나님이 야곱에게 주셨던 약속과 관련된 것으로 보인다. 창세기 46장 4절에 보면, 야곱이 애굽으로 내려가려고 했을 때 하나님은 그에게 이렇게 말씀하셨다. "내가 너와 함께 애굽으로 내려가겠고 정녕 너를 인도하여 다시 올라올 것이며 요셉이 그 손으로 네 눈을 감기리라." 그때 "요셉이 그 손으로 네 눈을 감기리라"고 한 말씀은 요셉이 야곱의 임종을 지켜볼 것을 의미한다. 따라서 "요셉이 아비 얼굴에 구푸려 울며 입맞추고 그 수종 의사에게 명하여 향 재료로 아비의 몸에 넣게 한" 것은 그 말씀의 성취로 볼 수 있다. 그렇다면 이 사실은 죽음을 맞는 야곱에겐 또 다른 의미가 있었을 것이다. 그것은 다른 말씀, 즉 "정녕 너를 인도하여 다시 올라올 것이며"라고 한 약속도 성취될 것을 기대하게 만들었을 것이라는 점이다.

야곱에게 하나님의 약속은 그가 죽는 순간에도 이루어졌다. 그리고 그것은 하나님의 약속이 죽음 이후에도 이루어질 것을 나타내는 징조였다.

43

야곱의 장례식이 갖는 의미

창 50:4-14 **4** 곡하는 기한이 지나매 요셉이 바로의 궁에 말하여 가로되 내가 너희에게 은혜를 입었으면 청컨대 바로의 귀에 고하기를 **5** 우리 아버지가 나로 맹세하게 하여 이르되 내가 죽거든 가나안 땅에 내가 파서 둔 묘실에 나를 장사하라 하였나니 나로 올라가서 아버지를 장사하게 하소서 내가 다시 오리이다 하라 하였더니 **6** 바로가 가로되 그가 네게 시킨 맹세대로 올라가서 네 아비를 장사하라 **7** 요셉이 자기 아비를 장사하러 올라가니 바로의 모든 신하와 바로 궁의 장로들과 애굽 땅의 모든 장로와 **8** 요셉의 온 집과 그 형제들과 그 아비의 집이 그와 함께 올라가고 그들의 어린 아이들과 양 떼와 소 떼만 고센 땅에 남겼으며 **9** 병거와 기병이 요셉을 따라 올라가니 그 떼가 심히 컸더라 **10** 그들이 요단 강 건너편 아닷 타작마당에 이르러 거기서 크게 호곡하고 애통하며 요셉이 아비를 위하여 칠 일 동안 애곡하였더니 **11** 그 땅 거민 가나안 백성들이 아닷 마당의 애통을 보고 가로되 이는 애굽 사람의 큰 애통이라 하였으므로 그 땅 이름을 아벨미스라임이라 하였으니 곧 요단 강 건너편이더라 **12** 야곱의 아들들이 부명을 좇아 행하여 **13** 그를 가나안 땅으로 메어다가 마므레 앞 막벨라 밭 굴에 장사하였으니 이는 아브라함이 헷 족속 에브론에게 밭과 함께 사서 소유 매장지를 삼은

곳이더라 **14** 요셉이 아비를 장사한 후에 자기 형제와 호상군과 함께 애굽으로 돌아왔더라

본문은 야곱의 장례식 이야기이다. 이 이야기는 크게 세 부분으로 나눌 수 있다.

바로의 허락

첫째 부분은 요셉이 아버지를 가나안 땅에 장사하려고 바로에게 허락을 받는 장면이다. 4-6절을 보자. "곡하는 기한이 지나매 요셉이 바로의 궁에 말하여 가로되 내가 너희에게 은혜를 입었으면 청컨대 바로의 귀에 고하기를 우리 아버지가 나로 맹세하게 하여 이르되 내가 죽거든 가나안 땅에 내가 파서 둔 묘실에 나를 장사하라 하였나니 나로 올라가서 아버지를 장사하게 하소서 내가 다시 오리이다 하라 하였더니 바로가 가로되 그가 네게 시킨 맹세대로 올라가서 네 아비를 장사하라."

이 장면은 야곱이 죽기 전 요셉에게 시킨 맹세에서 비롯된 것이다. 야곱은 죽을 기한이 가까워 오자 요셉을 불러 자기를 애굽이 아닌 선영에 장사하도록 맹세하게 했던 것이다. 그 내용이 창세기 47장 29-31절에 나온다. "이스라엘의 죽을 기한이 가까우매 그가 그 아들 요셉을 불러 그에게 이르되 이제 내가 네게 은혜를 입었거든 청하노니 네 손을 내 환도뼈 아래 넣어서 나를 인애와 성심으로 대접하여 애굽에 장사하지 않기를 맹세하고 내가 조상들과 함께 눕거든 너는 나를 애굽에서 메어다가 선영에 장사하라 요셉이 가로되 내가 아버지의 말씀대로 행하리이다 야곱이 또 가로되 내게 맹세하라 맹세하니 이스라엘이 침상 머리에서 경배하니라." 그러면 왜 야곱은 요셉에게

이런 맹세를 시킨 것일까? 그 이유는 야곱이 가나안 땅을 주시겠다는 하나님의 약속을 믿었기 때문이다. 야곱이 죽어서 가나안 땅에 묻히려고 한 것은 그 땅을 주시겠다는 하나님의 약속에 대한 믿음의 표시였다.

장례 행렬과 애도

둘째 부분은 요셉이 아버지를 장사하러 가나안 땅으로 올라가는 장면이다. 7-11절을 보자. "요셉이 자기 아비를 장사하러 올라가니 바로의 모든 신하와 바로 궁의 장로들과 애굽 땅의 모든 장로와 요셉의 온 집과 그 형제들과 그 아비의 집이 그와 함께 올라가고 그들의 어린 아이들과 양 떼와 소 떼만 고센 땅에 남겼으며 병거와 기병이 요셉을 따라 올라가니 그 떼가 심히 컸더라 그들이 요단 강 건너편 아닷 타작마당에 이르러 거기서 크게 호곡하고 애통하며 요셉이 아비를 위하여 칠 일 동안 애곡하였더니 그 땅 거민 가나안 백성들이 아닷 마당의 애통을 보고 가로되 이는 애굽 사람의 큰 애통이라 하였으므로 그 땅 이름을 아벨미스라임이라 하였으니 곧 요단 강 건너편이더라."

우선, 7-9절은 야곱의 장례 행렬에 대한 설명이다. 여기 보면, 요셉과 함께 장례 행렬에 포함된 세 집단이 소개된다. 맨 먼저, "바로의 모든 신하와 바로 궁의 장로들과 애굽 땅의 모든 장로"가 나온다. 그 뒤로, "요셉의 온 집과 그 형제들과 그 아비의 집"이 나온다. 그리고 마지막으로, "병거와 기병"이 나온다. 이 세 집단을 포함하는 야곱의 장례 행렬은 그 규모가 상당히 컸다. 그래서 성경은 9절 끝에 "그 떼가 심히 컸더라"고 말한다. 이것은 그만큼 야곱의 죽음에 존경을 표하는 사람이 많았음을 뜻한다.

그 다음, 10-11절은 야곱의 장례 행렬이 아닷 타작마당에 이르러 애도한 것에 대한 설명이다. 여기 보면, "아닷 타작마당"은 "요단 강 건너편"(10절, 11절)에 있는 것으로 되어 있다. 그러면 "요단 강 건너편"은 어느 쪽을 말하는 것일까? 요단 강 동편일까? 서편일까? 가나안 땅일까? 그 맞은편일까? 그것은 말하는 사람의 입장에 따라 어느 쪽인지가 달라질 수 있다. 그런데 11절에 "그 땅 거민 가나안 백성들"이라고 했으므로 아닷 타작마당은 가나안 땅에 있는 것으로 보아야 한다. 오늘날 아닷은 여리고와 사해 사이에 위치한 것으로 추정된다. 중요한 것은, 야곱의 장례 행렬이 아닷 타작마당에서 애도 기간을 가진 것이다. 이미 애굽에서 애굽 사람들이 칠십 일 동안 애도 기간을 가진 바 있다(3절). 그런데 야곱의 장례 행렬이 가나안 땅에 들어와서 다시 애도 기간을 가진 것이다. 그들은 "크게(very great=9절의 "심히 크다") 호곡하고 애통했다"(10절). 그래서 가나안 백성들은 이 "아닷 마당의 애통"을 보고 "애굽 사람의 큰(great) 애통"(11절)이란 뜻으로 그 땅 이름을 "아벨미스라임"이라고 지었다. 이것은 그들의 슬픔이 심심한 애도의 표현임을 나타낸다.

이와 함께 요셉은 아비를 위하여 "칠 일 동안" 애곡했다. 이스라엘에서 칠 일은 큰 기쁨이나 큰 슬픔을 표현하는 기간이다. 그래서 혼인 잔치 기간이 보통 칠 일이다. 창세기 29장 27절에서 야곱과 레아의 혼인 때도 그랬고, 사사기 14장 12절에서 삼손과 블레셋 여자의 혼인 때도 그랬다. 칠 일은 혼인의 큰 기쁨을 표현하는 기간인 것이다. 마찬가지로, 사람이 죽으면 애도 기간도 칠 일이다. 그것은 죽은 자에 대한 큰 슬픔을 표현하는 기간인 것이다. 그래서 사무엘상 31장 13절에서 사울이 죽었을 때 사람들은 그를 장사하고 칠 일을 금식했다. 이처럼 요셉이 아비를 위하여 칠 일 동안 애곡한 것은 큰 슬픔의 표현인 것이다. 본문은 이러한 슬픔을 반복되는 표현을 통해 강조한다. "크게 호곡하고 애통하며 … 칠 일 동안 애곡하였더니 … 아닷 마당의 애통을 보고 … 이는 애굽 사람의 큰 애통이라 … 그 땅 이름을 아벨미스라임(애굽인의 곡함)이라 하였으니."

이처럼 야곱의 장례식은 많은 사람의 존경과 심심한 애도 속에서 치러졌다. 실제로 야곱의 장례식은 성경에 기록된 가장 장엄한 장례식이다. 이렇게 많은 사람이 존경과 심심한 애도를 표한 장례식은 없다. 그렇다면 이것은 무엇을 의미하는 걸까?

장사

여기서 우리는 본문의 마지막 셋째 부분을 살펴볼 필요가 있다. 이 부분은 야곱의 아들들이 아버지를 가나안 땅에 장사하는 장면이다. 12-14절을 보자. "야곱의 아들들이 부명을 좇아 행하여 그를 가나안 땅으로 메어다가 마므레 앞 막벨라 밭 굴에 장사하였으니 이는 아브라함이 헷 족속 에브론에게 밭과 함께 사서 소유 매장지를 삼은 곳이더라 요셉이 아비를 장사한 후에 자기 형제와 호상군과 함께 애굽으로 돌아왔더라."

13절에 보면, 야곱의 아들들은 아버지를 가나안 땅 마므레 앞 막벨라 밭 굴에 장사했다. "그를 가나안 땅으로 메어다가 마므레 앞 막벨라 밭 굴에 장사하였으니 이는 아브라함이 헷 족속 에브론에게 밭과 함께 사서 소유 매장지를 삼은 곳이더라." 그리고 14절에 보면, 요셉은 이렇게 아버지를 장사한 후 애굽으로 돌아왔다. 그가 5절에서 바로에게 "내가 다시 오리이다"라고 말한 대로 한 것이다. 그런데 야곱의 아들들이 아버지를 가나안 땅 마므레 앞 막벨라 밭 굴에 장사한 것은 아버지의 명령에 따른 것이다. 그래서 12절에 "야곱의 아들들이 부명을 좇아 행하여"라고 말한 것이다.

이 내용은 창세기 49장 29-32절에 나온다. "그가 그들에게 명하여 가로되 내가 내 열조에게로 돌아가리니 나를 헷 사람 에브론의 밭에 있는 굴에 우리 부여조와 함께 장사하라 이 굴은 가나안 땅 마므레 앞 막벨라 밭에 있는 것이라 아브라함이 헷 사람 에브론에게서 밭과 함께 사서 그 소유 매장지를 삼았으므로 아브라함과 그 아내 사라가 거기 장사되었고 이삭과 그 아내 리브가도 거기 장사되었으며 나도 레아를 그곳에 장사하였노라 이 밭과 거기 있는 굴은 헷 사람에게서 산 것이니라." 그러면 왜 야곱은 그 아들들에게 이렇게 명령한 것일까? 그 이유는 야곱이 가나안 땅을 주시겠다는 하나님의 약속을 믿었기 때문이다. 야곱이 죽어서 가나안 땅 마므레 앞 막벨라 밭 굴에 조상과 함께 묻히려고 한 것은 그 땅을 주시겠다는 하나님의 약속에 대한 믿음의 표시였다.

하나님에 대한 증언

자, 이렇게 야곱의 장례식은 세 부분으로 구성된다. 4-6절에서 요셉은 아버지가 시킨 맹세에 따라 아버지를 가나안 땅에 장사하려고 바로에게 허락을 받는다. 7-11절에서 요셉은 아버지를 장사하러 가나안 땅으로 올라간다 (야곱의 장례 행렬). 12-14절에서 야곱의 아들들은 아버지의 명령에 따라 아버지를 가나안 땅 마므레 앞 막벨라 밭 굴에 장사한다. 이러한 구조는 앞서 야곱이 죽음을 준비한 과정과 유사하다. 창세기 47장 28-31절에서 야곱은 요셉에게 자신을 가나안 땅에 장사하도록 맹세하게 한다. 창세기 48장 1절부터 49장 28절까지에서 야곱은 입양한 요셉의 두 아들을 포함하여 그 아들들에게 축복한다(야곱의 축복). 창세기 49장 29-33절에서 야곱은 그 아들들에게 자신을 가나안 땅 마므레 앞 막벨라 밭 굴에 조상과 함께 장사하도록 명령한다.

따라서 야곱의 장례식에 대한 해석은 야곱이 죽음을 준비한 과정에 대한 해석과 방식이 일치한다. 앞서 야곱의 축복은 야곱이 자신의 장례에 대해 요셉과 그 아들들에게 내린 지시에 비추어 이해되었다. 마찬가지로, 야곱의 장례 행렬은 요셉과 그 아들들이 아버지의 지시대로 치른 장례 절차에 비추어 이해되어야 한다.

중요한 것은, 야곱이 자신의 장례에 대해 요셉과 그 아들들에게 내린 지시가 가나안 땅을 주시리라는 하나님의 약속에 대한 믿음에서 비롯된 것이라는 점이다. 결국, 본문에서 야곱의 장례 행렬은 이러한 믿음에 비추어 이해될 수 있다. 그렇다면 많은 사람의 존경과 심심한 애도를 보여준 야곱의 장례 행렬은 무슨 의미일까? 성경에 기록된 가장 장엄한 장례 행렬이 의미하는 것은 무엇일까? 그것은 야곱의 인간적인 위대함과 업적을 의미하지 않는다. 그렇게 많은 사람이 야곱의 죽음에 대해 존경과 심심한 애도를 표한 것은 야곱의 위대함과 업적 때문이 아닌 것이다. 이 장엄한 장례 행렬이 의미하는 것은 다른 데 있다. 그것은 야곱의 믿음을 통해 이미 약속을 성취하기 시작하신 하나님의 신실하심과 위대함이다. 야곱은 단지 한 가정의 가장으로 죽은 것이 아니다. 그는 이스라엘이라는 한 민족의 조상으로 죽은 것이다. 이렇게 된 것은 하나님의 약속이 그의 믿음을 통해 성취된 결과였다.

원래 야곱은 자기중심적인, 지극히 인간적인 사람이었다. 그는 경쟁심이 많고 속이기를 잘하며 자기 힘으로 이뤄 보려는 성취욕이 강한 사람이었다. 그래서 그는 태 속에서부터 에서와 싸웠다(창 25:22). 리브가가 해산할 때 그는 형 에서의 발꿈치를 잡고 나왔다(창 25:26). 장성해서는 형에게서 장자의 명분을 빼앗았다(창 25:31-33). 이삭이 죽기 전에 축복할 때 그는 형 에서의 복도 가로챘다(창 27:27-29).

그렇지만 하나님은 야곱이 태 속에 있을 때 이미 그에 대한 놀라운 약속을 말씀하셨다. 하나님은 리브가에게 그의 태 속에 있는 쌍둥이에 대해 이렇게 말씀하셨다. "두 국민이 네 태중에 있구나 두 민족이 네 복중에서부터 나누이리라 이 족속이 저 족속보다 강하겠고 큰 자는 어린 자를 섬기리라"(창 25:23). 그것은 야곱이 사실상 장자로서 한 민족을 이룰 것이라는 약속이었다.

하나님이 야곱에게 이 사실을 처음으로 말씀하신 것은 야곱이 에서를 피해 밧단아람으로 갈 때였다. 하나님은 벧엘에서 야곱에게 꿈에 나타나 이렇게 말씀하셨다. "나는 여호와니 너의 조부 아브라함의 하나님이요 이삭의 하나님이라 너 누운 땅을 내가 너와 네 자손에게 주리니 네 자손이 땅의 티끌 같이 되어서 동서남북에 편만할찌며 땅의 모든 족속이 너와 네 자손을 인하여 복을 얻으리라"(창 28:13-14). 그 후로 야곱은 이 약속을 믿고 살았다. 그래서 그가 이십 년 만에 밧단아람에서 돌아와서 형 에서를 만나야 했을 때 그는 이렇게 기도했다. "내가 주께 간구하오니 내 형의 손에서 에서의 손에서 나를 건져내시옵소서 내가 그를 두려워하옴은 그가 와서 나와 내 처자들을 칠까 겁냄이니이다 주께서 말씀하시기를 내가 정녕 네게 은혜를 베풀어 네 씨로 바다의 셀 수 없는 모래와 같이 많게 하리라 하셨나이다"(창 32:11-12). 그리고 야곱이 밧단아람에서 돌아왔을 때 하나님은 다시 그에게 말씀하셨다. "나는 전능한 하나님이니라 생육하며 번성하라 국민과 많은 국민이 네게서 나고 왕들이 네 허리에서 나오리라 내가 아브라함과 이삭에게 준 땅을 네게 주고 내가 네 후손에게도 그 땅을 주리라 하시고"(창 35:11-12). 그 후 야곱이 애굽으로 내려가게 되었을 때 하나님은 그에게 말씀하셨다. "나는 하나님이라 네 아비의 하나님이니 애굽으로 내려가기를 두려워 말라 내가 거기서 너로 큰 민족을 이루게 하리라 내가 너와 함께 애굽으로 내려가겠고 정녕 너를 인도하여 다시 올라올 것이며 요셉이 그 손으로 네 눈을 감기리라"(창 46:3-4).

그런데 창세기 46장 6-7절은 자손과 관련된 하나님의 약속이 이미 성취되기 시작한 것을 보여준다. "그 생축과 가나안 땅에서 얻은 재물을 이끌었으며 야곱과 그 자손들이 다 함께 애굽으로 갔더라 이와 같이 야곱이 그 아들들과 손자들과 딸들과 손녀들 곧 그 모든 자손을 데리고 애굽으로 갔더라." 여기 같은 표현이 두 번 나온다. "그 자손들이 다"와 "그 모든 자손"이다. 이때 "자손(들)"이란 말은 히브리어 "제라"이다. "제라"는 하나님이 약속하신 자손을 가리키는 말이다. 그러니까 자손과 관련된 하나님의 약속이 이미 성취되기 시작한 것이다.

또한 창세기 47장 27절도 자손과 관련된 하나님의 약속이 이미 성취되기 시작한 것을 보여준다. "이스라엘 족속이 애굽 고센 땅에 거하며 거기서 산업을 얻고 생육하며 번성하였더라." 이 구절을 정확하게 번역하자면 이렇게 된다. "이스라엘이(이스라엘 족속이 아니다) 애굽 고센 땅에 거하며 그들이(이스라엘 족속을 가리킨다) 거기서 산업을 얻고 생육하며 번성하였더라." 이것은 분명 한 사람 이스라엘로부터 많은 자손이 나온 것을 말해 준다. 이것은 자손과 관련된 하나님의 약속이 성취된 것이다. 여기에 사용된 "생육하며 번성하였더라"는 표현이 그 점을 말해 준다. 왜냐하면 이 표현은 자손에 대한 하나님의 약속에 사용된 것이기 때문이다(예를 들면, 창 35:11).

뿐만 아니라, 창세기 48장 11절도 자손과 관련된 하나님의 약속이 이미 성취되기 시작한 것을 보여준다. 야곱은 요셉의 두 아들을 입양하면서 요셉에게 이렇게 말했다. "내가 네 얼굴을 보리라고는 뜻하지 못하였더니 하나님이 내게 네 소생까지 보이셨도다." 이때 야곱이 사용한 "소생"이란 말도 히브리어 "제라"이다. 이 말은 하나님이 약속하신 자손을 가리키는 말이다. 야곱은 하나님의 약속이 성취되고 있음을 알았기에 감격하여 그렇게 말한 것이다.

이러한 사실은 야곱이 죽음을 준비하는 과정에서 결정적으로 드러났다. 성경은 야곱이 열두 아들에게 축복한 내용에 이어서 이렇게 말하기 때문이다. "이들은 이스라엘의 십이 지파라 이와 같이 그 아비가 그들에게 말하고 그들에게 축복하였으되 곧 그들 각인의 분량대로 축복하였더라"(창 49:28). 이때 "이스라엘의 십이 지파"라는 표현이 성경에 처음 나온다. 이것은 야곱이 죽을 때가 되었을 때 이미 한 민족의 틀이 형성되기 시작했음을 보여준다. 야곱이 애굽으로 내려올 때 하나님이 야곱으로 큰 민족을 이루겠다고 하셨던 약속이 이미 이루어지기 시작한 것이다.

이처럼 야곱은 한 가정의 가장으로가 아니라 이스라엘이라는 한 민족의 조상으로 죽었다. 그것은 하나님의 약속이 그의 믿음을 통해 성취된 결과였다. 그러기에 야곱의 장례식은 많은 사람의 존경과 심심한 애도 속에서 장엄하게 치러졌다. 야곱의 장례식이 갖는 의미가 여기에 있다. 야곱의 장례식은 야곱에게 약속하시고 야곱의 생애에서 그 약속대로 이루시기 시작한 하나님을 증언하는 자리였다. 그 하나님은 신실하신 하나님, 전능하신 하나님이셨다!

여기서 우리가 잊지 말아야 할 사실이 있다. 이런 장례식이 가능할 수 있었던 것은 야곱이 하나님의 약속을 믿었기 때문이다. 한 편으로, 하나님은 그의 믿음을 통해 이미 자손에 대한 약속을 성취하기 시작하셨다. 그래서 야곱의 장례 행렬은 그가 이스라엘 민족의 조상임을 보여준 것이다. 다른 한 편으로, 가나안 땅에 대한 하나님의 약속은 아직 이루어지지 않았다. 하지만 야곱은 그 약속을 믿고 가나안 땅 마므레 앞 막벨라 밭 굴에 묻힌 것이다.

이처럼 야곱의 장례식은 한 편으로는 하나님의 약속이 이미 성취되기 시작한 것을 의미하고, 다른 한 편으로는 하나님의 약속이 장차 성취될 것을 의미한다. 그 이유는 야곱이 하나님의 약속을 믿었기 때문이다. 그렇다면 그리스도 안에서 우리의 장례식도 야곱의 장례식과 같은 의미를 가질 수 있다. 그렇게 되려면, 우리도 야곱처럼 하나님의 약속을 믿어야 한다.

요셉의
죽음

providence

44

악을 선으로 바꾸신 하나님

창 50:15-21 15 요셉의 형제들이 그 아비가 죽었음을 보고 말하되 요셉이 혹시 우리를 미워하여 우리가 그에게 행한 모든 악을 다 갚지나 아니할까 하고 16 요셉에게 말을 전하여 가로되 당신의 아버지가 돌아가시기 전에 명하여 이르시기를 17 너희는 이같이 요셉에게 이르라 네 형들이 네게 악을 행하였을찌라도 이제 바라건대 그 허물과 죄를 용서하라 하셨다 하라 하셨나니 당신의 아버지의 하나님의 종들의 죄를 이제 용서하소서 하매 요셉이 그 말을 들을 때에 울었더라 18 그 형들이 또 친히 와서 요셉의 앞에 엎드려 가로되 우리는 당신의 종이니이다 19 요셉이 그들에게 이르되 두려워 마소서 내가 하나님을 대신하리이까 20 당신들은 나를 해하려 하였으나 하나님은 그것을 선으로 바꾸사 오늘과 같이 만민의 생명을 구원하게 하시려 하셨나니 21 당신들은 두려워 마소서 내가 당신들과 당신들의 자녀를 기르리이다 하고 그들을 간곡한 말로 위로하였더라

요셉의 보복이 두려운 형제들

본문은 야곱의 장례를 치른 후 요셉과 그 형제들 사이에 벌어진 일을 기록한 것이다. 야곱이 죽자 요셉의 형제들에게 문제가 생겼다. 요셉이 보복하지 않을까 하는 두려움이 생긴 것이다. 15절을 보자. "요셉의 형제들이 그 아비가 죽었음을 보고 말하되 요셉이 혹시 우리를 미워하여 우리가 그에게 행한 모든 악을 다 갚지나 아니할까 하고."

여기 요셉의 형제들은 "그 아비가 죽었음을 보고" 말했다고 했다. 그러니까 아버지가 살아 있는 동안 그들은 이런 두려움을 느끼지 않은 것이다. 그들은 아버지가 요셉의 보복을 억제할 수 있다고 생각했기 때문이다. 그런데 아버지가 죽자 상황이 달라진 것이다. 이 상황은 에서가 아버지 이삭이 죽고 나면 야곱에게 보복을 하려고 했던 것과 비슷하다(창 27:41). 그래서 요셉의 형제들은 이런 말을 하게 된 것이다. "요셉이 혹시 우리를 미워하여 우리가 그에게 행한 모든 악을 다 갚지나 아니할까." 그들은 요셉의 보복이 두려웠던 것이다.

창세기 45장 5절에 보면, 아직 야곱이 살아있을 때 요셉이 형들에게 이렇게 말한 것을 볼 수 있다. "당신들이 나를 이곳에 팔았으므로 근심하지 마소서 한탄하지 마소서." 요셉은 그때 이미 형들에게 자기의 보복을 두려워하지 않도록 그렇게 말한 것이다. 그렇지만 아버지가 죽자 형들은 다시 요셉의 보복이 두려워진 것이다.

그래서 그들은 어떻게 했을까? 16-17절을 보자. "요셉에게 말을 전하여 가로되 당신의 아버지가 돌아가시기 전에 명하여 이르시기를 너희는 이같이 요셉에게 이르라 네 형들이 네게 악을 행하였을찌라도 이제 바라건대 그 허물과 죄를 용서하라 하셨다 하라 하셨나니 당신의 아버지의 하나님의 종들의 죄를 이제 용서하소서 하매 … "

여기 "요셉에게 말을 전하여"라고 했다. 요셉의 형제들은 요셉에게 직접 가서 말하지 못하고 다른 사람을 보낸 것이다. 이것은 그들이 요셉의 보복을 두려워하고 있음을 보여준다. 이것은 마치 야곱이 에서의 보복이 두려워서 직접 가서 말하지 못하고 먼저 사자들을 보낸 것과 같다(창 32:3-5).

형들이 요셉에게 전한 말은 이런 내용이다. "당신의 아버지가 돌아가시기 전에 명하여 이르시기를 너희는 이같이 요셉에게 이르라 네 형들이 네게 악을 행하였을찌라도 이제 바라건대 그 허물과 죄를 용서하라 하셨다 하라 하셨나니 당신의 아버지의 하나님의 종들의 죄를 이제 용서하소서." 이 말은 요셉에게 자기들이 지은 죄를 용서해 달라는 간청이다. 그런데 그들은 요셉에게 차마 이 말을 그냥 하지 못하겠는 것이다. 왜냐하면 요셉의 보복이 두렵기 때문이다. 그래서 그들은 요셉에게 돌아가신 아버지를 구실 삼아 이 말을 하게 된 것이다.

형들이 달라진 것을 확인하고 운 요셉

그랬을 때, 요셉이 보인 반응이 17절 끝에 나온다. "요셉이 그 말을 들을 때에 울었더라."

우리는 이미 앞에서 요셉이 형들의 말을 듣고 운 것을 보았다. 형들이 양식을 사러 처음 애굽에 왔을 때, 요셉은 그들이 하는 말을 듣고 울었다(창 42:24). 또한 형들이 양식을 사러 두 번째 애굽에 왔을 때, 요셉은 유다의 말을 듣고 울었다(창 45:1-2, 14-15). 요셉이 이렇게 운 것은 형들을 용서하고 화해했기 때문이다. 마찬가지로, 본문에서 요셉이 운 것도 이미 형들을 용서했기 때문이다.

중요한 것은, 언제 요셉이 울었느냐 하는 것이다. 창세기 42장에서 요셉은 형들이 과거 자신에게 지은 죄를 자백했을 때 운 것이다(창 42:21-23). 또한 창세기 45장에서 요셉이 운 것은 유다의 말을 통해서 형들이 달라진 것을 확인하고 운 것이다(창 44:18-34).

이 점은 본문에서도 마찬가지로 드러난다. 요셉의 형들은 이렇게 말했기 때문이다. "우리가 그에게 행한 모든 악"(15절), "네 형들이 네게 악을 행하였을찌라도"(17절). 뿐만 아니라, 그들은 자신들이 요셉에게 한 일을 가리켜 "허물과 죄 … 죄"(17절)라고 불렀다. 이처럼 형들은 과거 요셉에게 한 행동을 회개했음이 분명하다. 그러기에 요셉은 형들의 말을 들을 때 운 것이다. 요셉은 이미 형들을 용서하고 있었던 것이다.

이처럼 용서는 회개한 자에게 주어진다. 우리가 하나님께 지은 죄를 회개할 때, 하나님의 용서가 우리에게 임하는 것이다. 성경은 이 사실을 여러 곳에서 말한다.

악을 선으로 바꾸신 하나님

이처럼 요셉의 형제들은 자신들이 지은 죄를 회개했고, 요셉은 그들을 용서했음이 분명하다. 그렇지만 여전히 그들에겐 문제가 남아 있다. 그것은 요셉의 미움, 원한, 분노에 대한 두려움이다. 이 사실은 그 뒤에 오는 내용을 통해서 잘 드러난다. 18절을 보자. "그 형들이 또 친히 와서 요셉의 앞에 엎드려 가로되 우리는 당신의 종이니이다." 16절에서 다른 사람을 먼저 보내서 말을 전하게 했던 요셉의 형들이 이제야 직접 요셉에게 온 것이다. 그리고 그들은 요셉의 종 된 표시로 그 앞에 엎드린 것이다. 왜냐하면 그들은 요셉의 보복이 두려웠기 때문이다.

이것은 창세기 32-33장에서 야곱이 에서의 보복이 두려워서 취한 행동과 유사하다. 야곱은 에서를 만나기 전에 다른 사람을 먼저 보내서 말을 전했다. 그런 다음, 그는 에서를 직접 만나게 되는 데 몸을 일곱 번 땅에 굽히며 다가갔다. 이때 야곱의 두려움은 "야곱이 눈을 들어 보니 에서가 사백 인을 거느리고 오는지라"(창 33:1)는 말씀 속에 나타난다. 왜냐하면 에서가 사백 인을 거느리고 온다는 얘기를 들었을 때 이미 야곱은 심히 두렵고 답답했기 때문이다(창 32:6-7).

이처럼 본문에서 요셉의 형들은 요셉의 보복에 대한 두려움을 갖고 요셉을 대하고 있다. 결국 이 사실은 요셉이 그들에게 한 말 속에 분명하게 나타난다. 19-21절을 보자. "요셉이 그들에게 이르되 두려워 마소서 내가 하나님을 대신하리이까 당신들은 나를 해하려 하였으나 하나님은 그것을 선으로 바꾸사 오늘과 같이 만민의 생명을 구원하게 하시려 하셨나니 당신들은 두려워 마소서 내가 당신들과 당신들의 자녀를 기르리이다 하고 그들을 간곡한 말로 위로하였더라."

여기 보면, 요셉이 형들을 두려움에서 벗어나게 하려고 얼마나 애썼는지가 잘 나타난다. 요셉은 형들에게 강조하기 위해서 똑 같은 말을 두 번이나 반복했다. 그것은 "(당신들은) 두려워 마소서"라는 말이다. 또한 요셉은 자기가 보복을 하지 않을 거란 사실을 이런 말로 분명히 밝혔다. "내가 당신들과 당신들의 자녀를 기르리이다." 그리고 여기에 이런 설명이 추가된다. "그들을 간곡한 말로 위로하였더라." "간곡한 말"은 친절하고 따뜻한 말을 뜻한다. "위로하였더라"는 말은 두려워 말고 안심하도록 했다는 뜻이다. 이처럼 요셉이 말한 내용이나 태도로 볼 때 그에게는 형들에 대한 미움이나 원한이 조금도 없다. 그러기에 그들은 요셉의 보복을 두려워할 이유가 전혀 없다.

그런데 여기서 우리가 주목해야 할 것은 이 점이다. 그것은 요셉이 형들에게 두려워 말라고 한 이유다. 요셉은 형들에게 두 번이나 두려워 말라고 하면서 그 사이에 그 이유를 이렇게 말했다. "내가 하나님을 대신하리이까 당신들은 나를 해하려 하였으나 하나님은 그것을 선으로 바꾸사 오늘과 같이 만민의 생명을 구원하게 하시려 하셨나니." 요셉이 형들에게 두려워 말라고 한 이유는 이런 것이다. 형들에 대한 요셉의 미움, 원한, 분노를 하나님께서 처리해 주셨다는 것이다. 어떻게? 하나님께서 형들이 요셉에게 행한 악을 선으로 바꾸심으로써.

요셉은 일찍이 이 사실을 깨달았다. 그 점은 이미 요셉이 처음 자기를 형들 앞에 드러낼 때 한 말에서도 나타났다. "당신들이 나를 이곳에 팔았으므로 근심하지 마소서 한탄하지 마소서 하나님이 생명을 구원하시려고 나를 당신들 앞서 보내셨나이다 이 땅에 이년 동안 흉년이 들었으나 아직 오년은 기경도 못하고 추수도 못할찌라 하나님이 큰 구원으로 당신들의 생명을 보존하고 당신들의 후손을 세상에 두시려고 나를 당신들 앞서 보내셨나니 그런즉 나를 이리로 보낸 자는 당신들이 아니요 하나님이시라 하나님이 나로 바로의 아비를 삼으시며 그 온 집의 주를 삼으시며 애굽 온 땅의 치리자를 삼으셨나이다"(창 45:5-8).

형들은 요셉을 애굽에 팔아버림으로써 그에게 악을 행했다. 이 사실만 놓고 보면 요셉이 형들을 미워하고 분노하는 것은 당연하다. 그렇지만 하나님은 형들을 구원하시려고 요셉을 그들 앞서 애굽으로 보내심으로써 형들이 행한 악을 선으로 바꾸셨다. 그러기에 형들에 대한 요셉의 미움, 원한, 분노는 다 처리되었다. 그 결과 요셉은 형들에게 두려워 말라고 말할 수 있게 된 것이다.

따라서 아버지의 죽음으로 요셉의 형들이 갖게 된 두려움에서 벗어날 수 있는 길은 하나님의 뜻과 섭리를 믿는 것이다. 그 믿음은 악을 선으로 바꾸신 하나님을 믿는 것이다. 악을 선으로 바꾸신 하나님! "당신들은 나를 해

하려 하였으나 하나님은 그것을 선으로 바꾸사 오늘과 같이 만민의 생명을 구원하게 하시려 하셨나니"(20절). 사도 바울은 이러한 하나님의 섭리에 대한 믿음을 이렇게 표현했다. "우리가 알거니와 하나님을 사랑하는 자 곧 그 뜻대로 부르심을 입은 자들에게는 모든 것이 합력하여 선을 이루느니라"(롬 8:28). 또한 악을 선으로 바꾸시는 하나님의 섭리는 그리스도의 죽음에서 가장 잘 나타났다. "과연 헤롯과 본디오 빌라도는 이방인과 이스라엘 백성과 합동하여 하나님의 기름 부으신 거룩한 종 예수를 거스려 하나님의 권능과 뜻대로 이루려고 예정하신 그것을 행하려고 이 성에 모였나이다"(행 4:27-28).

이처럼 하나님은 그분의 영광과 우리의 선을 위해 악까지도 사용하신다. 그렇다면 이런 하나님의 섭리에서 벗어날 수 있는 것은 아무 것도 없다. 우리는 이런 하나님의 섭리를 믿는가?

하나님의 진노에 대한 두려움

본문은 요셉의 보복, 즉 그의 미움, 원한, 분노에 대한 형들의 두려움이 어떻게 해결되었는지 보여준다. 이것은 하나님의 진노에 대한 우리의 두려움이 어떻게 해결되었는지 보여주는 실례가 된다. 요셉의 형들이 요셉에게 죄를 지었을 때, 그들 사이에는 두 가지 문제가 놓이게 된다. 하나는 형들 편에서의 죄책이다. 또 하나는 요셉 편에서의 미움, 원한, 분노이다. 전자는 요셉의 용서를 통해서 해결된다. 이 용서는 창세기 42장 24절에서 요셉이 형들이 자기에게 지은 죄를 자백하는 말을 듣고 운 것에서부터 나타나기 시작했다. 그리고 창세기 45장 1-2절과 15절에서 요셉이 유다의 말을 통해 형들이 달라진 것을 확인하고 형들 앞에서 운 것을 통해 그들의 죄책은 해결되었다. 요셉의 용서를 통해서 요셉의 형들은 죄책에서 벗어나게 된 것이다.

후자는 요셉의 미움, 원한, 분노가 처리됨으로써 해결된다. 창세기 45장 5-8절에서 요셉은 이미 자신의 미움, 원한, 분노가 처리된 사실을 형들에게 말했다. 하나님은 형들이 요셉에게 행한 악을 선으로 바꾸심으로써 요셉의 미움, 원한, 분노를 처리하신 것이다. 그렇지만 본문 창세기 50장 15-21절에서 아버지 야곱이 죽자 형들에겐 요셉의 미움, 원한, 분노가 다시 문제가 되었다. 그들은 요셉의 보복을 두려워하게 된 것이다. 그랬을 때, 요셉은 하나님께서 자신의 미움, 원한, 분노를 처리하신 사실을 형들에게 다시 확인시켜 주었다. 그럼으로써 형들은 요셉의 보복에 대한 두려움에서 벗어날 수 있는 것이다.

우리가 하나님께 죄를 지었을 때에도 동일한 문제가 생기게 된다. 하나는 우리 편에서의 죄책이다. 또 하나는 하나님 편에서의 진노이다. 전자는 하나님의 용서를 통해서 해결된다. 후자는 하나님의 진노가 처리됨으로써 해결된다.

이 둘을 가능하게 한 것은 예수 그리스도의 대속적 죽음이다. 한 편으로, 예수 그리스도는 우리의 죄책을 대신 짊어지고 십자가에 달려 죽으셨다. 그래서 세례 요한은 예수님을 가리켜 "보라 세상 죄를 지고 가는 하나님의 어린 양이로다"(요 1:29)라고 말한 것이다. 우리가 지은 죄로 하나님께 우리가 받아야 할 형벌을 그리스도께서 대신 담당하신 것이다. 이것을 우리는 "속함"(expiation, 죄와 죄책을 처리함)이라고 한다. 이로 인해 하나님은 우리를 용서하셨고 우리는 죄책에서 벗어나게 된 것이다. 다른 한 편으로, 예수 그리스도는 하나님의 진노를 받아 버림을 당하셨다. 우리에게 쏟으셔야 할 하나님의 진노를 그리스도에게 쏟으신 것이다. 그래서 예수님은 십자가에서 절규하신 것이다. "나의 하나님 나의 하나님 어찌하여 나를 버리셨나이까"(막 15:34). 이것을 우리는 "화목"(propitiation, 진노를 달래는 것)이라고 한다. 하나님은 예수 그리스도를 화목 제물로 세우셨다. "이 예수를 하나님이 그의 피로 인하여 믿음으로 말미암는 화목 제물로 세우셨으니 이는 하나님께서 길이 참으시는 중에 전에 지은 죄를 간과하심으로 자기의 의로우심을 나타내려 하심이니"(롬 3:25). 하나님이 그리스도를 통하여 그분의 진노를 처리하신 사실을 알 때 하나님의 진노에 대한 우리의 두려움은 해결된다.

45

약속의 성취를 내다본
요셉의 죽음

창 50:22-26 22 요셉이 그 아비의 가족과 함께 애굽에 거하여 일백십 세를 살며 23 에 브라임의 자손 삼대를 보았으며 므낫세의 아들 마길의 아들들도 요셉의 슬하에서 양육되었더라 24 요셉이 그 형제에게 이르되 나는 죽으나 하나님이 너희를 권고하시고 너희를 이 땅에서 인도하여 내사 아브라함과 이삭과 야곱에게 맹세하신 땅에 이르게 하시리라 하고 25 요셉이 또 이스라엘 자손에게 맹세시켜 이르기를 하나님이 정녕 너희를 권고하시리니 너희는 여기서 내 해골을 메고 올라가겠다 하라 하였더라 26 요셉이 일백십 세에 죽으매 그들이 그의 몸에 향 재료를 넣고 애굽에서 입관하였더라

본문은 요셉의 죽음에 대한 것이다. 창세기는 이 요셉의 죽음으로 끝난다. 그런데 이 죽음은 단순한 죽음이 아니다. 이 죽음은 약속의 성취를 내다본 죽음이다.

요셉의 향년 일백십 세

요셉의 죽음에 대한 본문의 내용은 이런 식으로 구성되어 있다. 우선, 22-23절은 요셉의 노년을 말한다. "요셉이 그 아비의 가족과 함께 애굽에 거하여 일백십 세를 살며 에브라임의 자손 삼대를 보았으며 므낫세의 아들 마길의 아들들도 요셉의 슬하에서 양육되었더라." 여기에 "일백십 세"라는 요셉의 향년에 대한 언급이 나타난다. 그 다음, 24-25절은 요셉이 그 형제와 이스라엘 자손에게 한 말이다. "요셉이 그 형제에게 이르되 나는 죽으나 하나님이 너희를 권고하시고 너희를 이 땅에서 인도하여 내사 아브라함과 이삭과 야곱에게 맹세하신 땅에 이르게 하시리라 하고 요셉이 또 이스라엘 자손에게 맹세시켜 이르기를 하나님이 정녕 너희를 권고하시리니 너희는 여기서 내 해골을 메고 올라가겠다 하라 하였더라." 여기서 요셉은 "나는 죽으나"라고 말하고, 또한 "내 해골"이라고 말한다. 그는 임박한 자신의 죽음을 의식하고 있다. 마지막으로, 26절은 요셉의 죽음을 말한다. "요셉이 일백십 세에 죽으매 그들이 그의 몸에 향 재료를 넣고 애굽에서 입관하였더라." 여기에 "일백십 세"라는 요셉의 향년에 대한 언급이 다시 나타난다.

이처럼 요셉의 죽음에 대한 본문의 내용은 "일백십 세"라는 요셉의 향년에 대한 언급으로 시작되고 끝난다. 그렇다면 이것은 무엇을 의미할까?

우리는 앞서 성경이 아브라함과 이삭과 야곱의 향년을 언급하고 있는 사실을 보았다. 아브라함의 향년은 175세다(창 25:7). 이삭의 향년은 180세다(창 35:28). 야곱의 향년은 147세다(창 47:28). 그런데 각각의 나이를 인수분해하면 이렇게 된다.

아브라함   175=7×5×5

이삭   180=5×6×6

야곱   147=3×7×7

이처럼 각각의 나이를 구성하는 인수들 사이에는 어떤 규칙이 존재한다. 그리고 각각의 인수들의 합은 모두 17이다. 이것은 아브라함, 이삭, 야곱의 생애가 "우연한 사건들의 연결이 아니라 하나님의 거대한 계획에 따라 정해진 일련의 사건들"(Sarna)임을 보여주는 장치이다. 다시 말하면, 그들의 생애는 하나님의 섭리 아래 있는 것이다.

그런데 요셉의 향년은 110세다. 그의 나이를 인수분해하면 이렇게 된다.

요셉   110=1×(5×5+6×6+7×7)

여기에는 아브라함부터 요셉까지 7-5-3-1로 이어지는 연속성이 존재한다. 동시에 여기에는 5×5+6×6+7×7로 나타나는 아브라함과 이삭과 야곱을 아우르는 통합성이 존재한다. 따라서 이것이 보여주는 것은, 요셉의 생애가 아브라함, 이삭, 야곱의 생애와 연결되며, 그들의 생애를 결론짓는다는 것이다 (이 내용은 Waltke가 Hamilton의 창세기 주석에서 인용한 것을 재인용한 것이다). 이런 점에서 요셉의 생애 역시 아브라함, 이삭, 야곱의 생애와 마찬가지로 하나님의 섭리 아래 있다.

자, 그러면 요셉의 생애는 어떻게 하나님의 섭리 아래 있는 것일까? 본문의 내용을 살펴보자.

요셉의 노년

우선, 요셉의 노년을 말한 22-23절을 보자. "요셉이 그 아비의 가족과 함께 애굽에 거하여 일백십 세를 살며 에브라임의 자손 삼대를 보았으며 므낫세의 아들 마길의 아들들도 요셉의 슬하에서 양육되었더라."

여기에서 요셉의 노년은 세 마디로 요약된다. "요셉이 … 거하여 … 살며

… 보았으며." 히브리어 문장에서는 각각의 동사마다 "요셉"이란 주어를 붙여 강조한다. 이 세 가지 사실은 모두 요셉의 노년이 하나님의 축복을 받은 것임을 나타낸다. 첫째, "요셉이 그 아비의 가족과 함께 애굽에 거하여"에서 주목할 것은 "그 아비의 가족과 함께 애굽에"라는 표현이다. 요셉은 애굽에 홀로 거한 때가 있었다. 하지만 요셉은 결국 하나님의 계획대로 그 아비의 가족과 함께 애굽에 거하게 된 것이다.

둘째, "요셉이 일백십 세를 살며"에서 "일백십 세"란 나이는 이상적인 수명으로서 장수를 뜻한다. 그래서 여호수아의 향년도 요셉의 향년과 같다(수 24:29; 삿 2:8).

셋째, "요셉이 에브라임의 자손 삼대를 보았으며"에서 "에브라임의 자손 삼대" 역시 하나님의 축복을 받은 표시이다. 욥의 경우를 보라. "여호와께서 욥의 모년에 복을 주사 처음 복보다 더 하게 하시니 … 그 후에 욥이 일백 사십 년을 살며 아들과 손자 사대를 보았고"(욥 42:12, 16). 또한 시편 128편 5-6절은 이렇게 말한다. "여호와께서 시온에서 네게 복을 주실찌어다 너는 평생에 예루살렘의 복을 보며 네 자식의 자식을 볼찌어다."

또한 "므낫세의 아들 마길의 아들들도 요셉의 슬하에서 양육된" 사실 역시 요셉이 하나님의 축복을 받은 표시이다. "마길"은 므낫세의 장자로 길르앗의 아비가 된 사람이다(수 17:1; 민 32:39-40). 그러니까 마길은 므낫세 지파 중에서 가장 중요한 가문이다. 이런 마길의 아들들이 요셉의 슬하에서 양육된 것이다. "슬하에서 양육된" 것은 입양된 사실을 가리킨다(창 30:3; 48:12 참조). 야곱이 요셉의 두 아들 에브라임과 므낫세를 입양했듯이, 요셉은 므낫세의 장자 마길을 입양한 것이다.

이처럼 요셉의 노년은 하나님의 축복을 받은 것이었다. 비록 요셉은 젊을 때 환난이 많은 삶을 살았지만, 하나님은 그의 노년을 복되게 하신 것이다.

이런 점에서 요셉의 생애는 하나님의 섭리 아래 있는 것이다.

요셉의 죽음

그 다음, 요셉의 죽음을 말한 26절을 보자. "요셉이 일백십 세에 죽으매 그들이 그의 몸에 향 재료를 넣고 애굽에서 입관하였더라."

여기에서 "요셉이 일백십 세에 죽은" 사실은 "일백십 세"란 나이가 암시하듯 요셉의 죽음 또한 하나님의 섭리 아래 있음을 의미한다. 이때 주목할 것은 "애굽에서 입관하였더라"는 설명이다. 22절은 요셉이 "애굽에" 거했다고 말한다. 26절은 요셉이 죽었을 때 "애굽에서" 입관했다고 말한다. 이처럼 본문은 요셉이 애굽에서 살다가 죽었고 애굽에서 입관한 사실을 강조한다.

그런데 성경은 요셉이 죽었을 때 입관했다고만 말하지 장례했다고는 말하지 않는다. 왜 그럴까? 우리는 그 이유를 요셉이 죽기 전에 말한 내용에서 알 수 있다. 24-25절을 보자. "요셉이 그 형제에게 이르되 나는 죽으나 하나님이 너희를 권고하시고 너희를 이 땅에서 인도하여 내사 아브라함과 이삭과 야곱에게 맹세하신 땅에 이르게 하시리라 하고 요셉이 또 이스라엘 자손에게 맹세시켜 이르기를 하나님이 정녕 너희를 권고하시리니 너희는 여기서 내 해골을 메고 올라가겠다 하라 하였더라."

24절에서 "형제"란 말은 "친척"을 의미할 수도 있다. 만일 정말 요셉의 형제들을 뜻한다면, 요셉보다 오래 산 요셉의 형들이 있었다는 말이 된다.

어쨌든, 요셉이 그 형제에게 한 말이나 이스라엘 자손에게 한 말은 아버지 야곱이 요셉에게 했던 말과 비슷하다. "요셉이 그 형제에게 이르되 나는 죽으나 하나님이 너희를 권고하시고 너희를 이 땅에서 인도하여 내사 아브라함과 이삭과 야곱에게 맹세하신 땅에 이르게 하시리라 하고"(24절). "이스라엘이 요셉에게 또 이르되 나는 죽으나 하나님이 너희와 함께 계시사 너희를 인도하여 너희 조상의 땅으로 돌아가게 하시려니와"(창 48:21). 요셉은 야곱과 마찬가지로 자기가 죽은 후에 하나님이 하실 일을 말한 것이다.

또한 "요셉이 또 이스라엘 자손에게 맹세시켜 이르기를 하나님이 정녕 너희를 권고하시리니 너희는 여기서 내 해골을 메고 올라가겠다 하라 하였더라"(25절). "이스라엘의 죽을 기한이 가까우매 그가 그 아들 요셉을 불러 그에게 이르되 이제 내가 네게 은혜를 입었거든 청하노니 네 손을 내 환도뼈 아래 넣어서 나를 인애와 성심으로 대접하여 애굽에 장사하지 않기를 맹세하고 내가 조상들과 함께 눕거든 너는 나를 애굽에서 메어다가 선영에 장사하라 요셉이 가로되 내가 아버지의 말씀대로 행하리이다 야곱이 또 가로되 내게 맹세하라 맹세하니"(창 47:29-31). 요셉은 야곱이 요셉에게 맹세하게 한 것처럼 이스라엘 자손에게 맹세하게 한 것이다.

그런데 요셉이 그 형제와 이스라엘 자손에게 한 말과 아버지 야곱이 요셉에게 했던 말 사이에는 차이가 있다. 야곱은 요셉에게 "하나님이 너희와 함께 계시사"라고 말하거나 말하지 않았다. 그러나 요셉은 그 형제와 이스라엘 자손에게 "하나님이 너희를 권고하시고 … 하나님이 정녕 너희를 권고하시리니"라고 말했다. 여기 "권고(眷顧)하신다"(개정판, "돌보신다")는 말은 특별한 관심에서 개입하는 것을 가리킨다. 창세기 21장 1-2절에 이런 말씀이 나온다. "여호와께서 그 말씀대로 사라를 권고하셨고 여호와께서 그 말씀대로 사라에게 행하셨으므로 사라가 잉태하고 하나님의 말씀하신 기한에 미쳐 늙은 아브라함에게 아들을 낳으니." 이것은 사라가 약속의 성취로서 아들을 낳은 것을 말한 것이다. 이때 여호와께서 사라를 권고하신 것은 자손에 대한 약속의 성취를 위해 그녀의 삶에 개입하신 것을 뜻한다.

따라서 본문에서도 "권고하신다"는 말은 같은 의미로 이해되어야 한다.

그것은 약속의 성취를 위해 개입하시는 것을 뜻한다. 요셉은 하나님께서 아브라함과 이삭과 야곱에게 주신 땅에 대한 약속의 성취를 내다보고 이 말을 사용한 것이다. 실제로, 성경은 요셉이 약속의 성취를 내다본 그대로 이루어졌음을 보여준다. 출애굽기 3장 16-18절을 보라. "너는 가서 이스라엘 장로들을 모으고 그들에게 이르기를 여호와 너희 조상의 하나님 곧 아브라함과 이삭과 야곱의 하나님이 내게 나타나 이르시되 내가 실로 너희를 권고하여 너희가 애굽에서 당한 일을 보았노라 내가 말하였거니와 내가 너희를 애굽의 고난 중에서 인도하여 내어 젖과 꿀이 흐르는 땅 곧 가나안 족속, 헷 족속, 아모리 족속, 브리스 족속, 히위 족속, 여부스 족속의 땅으로 올라가게 하리라 하셨다 하면 그들이 네 말을 들으리니." 또한 출애굽기 4장 31절을 보라. "백성이 믿으며 여호와께서 이스라엘 자손을 돌아보시고[권고하시고] 그 고난을 감찰하셨다 함을 듣고 머리 숙여 경배하였더라."

또한 요셉이 한 말 속에는 야곱이 한 말과 달리 출애굽에 대한 강한 암시가 들어 있다. 우선, 야곱은 창세기 48장 21절에서 이스라엘 자손에 대해 이렇게 말했다. "나는 죽으나 하나님이 너희와 함께 계시사 너희를 인도하여 너희 조상의 땅으로 돌아가게 하시려니와." 그에 비해, 요셉은 창세기 50장 24절에서 이스라엘 자손에 대해 이렇게 말했다. "나는 죽으나 하나님이 너희를 권고하시고 너희를 이 땅에서 인도하여 내사 아브라함과 이삭과 야곱에게 맹세하신 땅에 이르게 하시리라." 요셉은 야곱과 달리 "이 땅에서 … 내사"라는 말을 추가함으로써 출애굽을 내다본 것이다.

그 다음, 야곱은 창세기 47장 30절에서 자신에 대해 이렇게 말했다. "내가 조상들과 함께 눕거든 너는 나를 애굽에서 메어다가 선영에 장사하라." 이것은 자기가 애굽에서 죽더라도 가나안 땅 선영에 장사하라는 말이다. 그에 비해, 요셉은 창세기 50장 25절에서 자신에 대해 이렇게 말했다. "하나님이 정녕 너희를 권고하시리니 너희는 여기서 내 해골을 메고 올라가겠다 하라."
이것은 이스라엘 자손이 가나안 땅으로 올라갈 때 자기 해골을 메고 올라가
라는 말이다. 그래서 26절은 요셉이 죽었을 때 이스라엘 자손이 그를 입관
하였다는 말로 끝난다. 그것은 머지않아 이스라엘 자손이 애굽을 떠나 가나
안 땅으로 올라가게 될 것이고, 그때 그들은 요셉의 해골을 메고 올라가 가
나안 땅에 장사할 것이기 때문이다.

이처럼 요셉은 약속의 성취를 내다보고 출애굽을 암시하는 말을 한 것이
다. 실제로, 성경은 요셉이 약속의 성취를 내다보고 말한 대로 이루어졌음을
보여준다. 출애굽기 13장 19절은 이렇게 말한다. "모세가 요셉의 해골을 취
하였으니 이는 요셉이 이스라엘 자손으로 단단히 맹세케 하여 이르기를 하
나님이 필연 너희를 권고하시리니 너희는 나의 해골을 여기서 가지고 나가라
하였음이었더라." 또한 여호수아 24장 32절은 이렇게 말한다. "이스라엘 자
손이 애굽에서 이끌어 낸 요셉의 뼈를 세겜에 장사하였으니 이곳은 야곱이 세
겜의 아비 하몰의 자손에게 금 일백 개를 주고 산 땅이라 그것이 요셉 자손의
기업이 되었더라."

그러므로 요셉은 죽을 때에 약속의 성취를 내다보고 그 형제와 이스라엘
자손에게 말한 것이다. 히브리서 11장 22절은 이렇게 말한다. "믿음으로 요
셉은 임종 시에 이스라엘 자손들의 떠날 것을 말하고 또 자기 해골을 위하여
명하였으며." 요셉은 죽음 앞에서도 하나님의 약속을 의지한 것이다. 그리고
그 약속은 마침내 이루어졌다. 이런 점에서 요셉의 생애는 하나님의 섭리 아
래 있는 것이다.

요셉은 하나님의 섭리 가운데 살다가 죽었다. 그의 인생살이는 결국 참으
로 놀라운 섭리살이였다. 오늘 우리의 인생살이도 그렇다.

청 교 도 신 앙 사 도 서 목 록

요셉의 섭리살이

초판 1쇄 펴낸날 2017년 4월 5일

지은이   도지원
펴낸이   전수빈
펴낸곳   청교도신앙사

주소   서울시 은평구 녹번로 3길 2(녹번동 98-3)]
전화   02-354-6985(Fax겸용)
전자우편 smkline@naver.com
등록   제8-75(2010.7.7)

디자인   백현아
출력,인쇄 예원프린팅

파본이나 잘못된 책은 구입처에서 바꾸어 드립니다.

ISBN 978-89-87472-38-6 94230

값 22,000원